深切悼念被德国纳粹政权屠杀的600万犹太人

沉痛悼念被日本法西斯杀害的30万南京市民

国家社会科学基金重大项目《来华犹太难民研究》最终成果
犹太难民与中国出版工程

来华犹太难民研究（1933—1945）：史述、理论与模式

Jewish Refugees in China (1933-1945):
History, Perspective and "Chinese Model"

潘　光　主编

Edited and with an Introduction

by PAN Guang

上海交通大学出版社
SHANGHAI JIAO TONG UNIVERSITY PRESS

图书在版编目（CIP）数据

来华犹太难民研究：1933—1945：史述、理论与模
式/潘光主编.—上海：上海交通大学出版社，
2017
ISBN 978-7-313-18039-1

Ⅰ.①来… Ⅱ.①潘… Ⅲ.①犹太人—难民—研究—
中国—1933—1945 Ⅳ.①K18

中国版本图书馆CIP数据核字（2017）第281432号

来华犹太难民研究（1933—1945）：史述、理论与模式

主　　编：潘　光
出版发行：上海交通大学出版社　　　　　　　　　地　　址：上海市番禺路951号
邮政编码：200030　　　　　　　　　　　　　　　电　　话：021-64071208
出 版 人：谈　毅
印　　制：当纳利（上海）信息技术有限公司　　　经　　销：全国新华书店
开　　本：710 mm×1000 mm　1/16　　　　　　　印　　张：26
字　　数：403千字
版　　次：2017年12月第1版　　　　　　　　　　印　　次：2017年12月第1次印刷
书　　号：ISBN 978-7-313-18039-1/K
定　　价：98.00元

国家社会科学基金重大项目
《来华犹太难民研究》
项目组成员

（排名不分先后）

首席专家：潘 光

子课题负责人：王 健 余建华 周国建

成员：斯蒂夫·霍却斯达特（Steve Hochstadt）

　　　索尼亚·谬伯格（Sonja Muehlberger）

　　　汪舒明 罗爱玲 戴轶尘 虞卫东

　　　陈心仪 周晓霞 刘夏妮 林春敏

　　　王 震 张健荣 李立凡 张忆南

　　　陈 俭 廖光军 沈国华 黄崇峻

　　　郑文韬 袁 帆 赵倩倩 赵 静

　　　张 健

最终成果（本书）撰稿人：潘 光 王 健 戴轶尘

　　　罗爱玲 汪舒明 林春敏 陈心仪

前　言

　　70多年前，当纳粹疯狂迫害、屠杀犹太人之时，世界上几乎所有地方都对急需救助的犹太难民关上了大门。它们对每一个挣扎在死亡线上的犹太人的拒绝，等于是扼杀了一个生命。回顾那段历史，我们可以自豪地说，中国人民和上海这个大都市在这生死攸关的时刻向犹太难民敞开了大门，为救助他们做了一切可能做的事。从1933年到1941年，大批从希特勒屠刀下逃生的欧洲犹太难民远涉重洋来到上海，也有少数人从其他城市进入中国，其总人数达到3万左右。除了其中数千人经上海等城市去了第三国外，至1941年12月太平洋战争爆发，仍有25 000名左右犹太难民把中国，特别是上海当作他们的"诺亚方舟"，人数超过了加拿大、澳大利亚、印度、南非、新西兰五国当时接纳犹太难民数量的总和。

　　当600万犹太人在欧洲被屠杀之时，来华犹太难民与中国人民同甘苦，共患难，在中国的土地上度过了艰难岁月，有的还直接参加了中国人民的反法西斯斗争和民族解放运动。目前，仍然健在的前来华犹太难民及其后代分布在世界各地，具有强烈的"中国记忆"和"上海情结"。这一重要历史事件，被公认为中国人民在反法西斯战争期间所做出的一大"善举"和贡献，受到各国人民和国际舆论的高度评价。我记得，1995年，在欧洲举行了许多纪念第二次世界大战胜利50周年的活动，但只有一个活动直接与中国有关，那就是在奥地利萨尔茨堡举办的"奥地利犹太人避难上海"研讨会。我参加了那次会议并做主题发言，见到了许多当年在上海避难的犹太老人。会后几天，奥地利议会决定设立基金，对纳粹暴政给犹太人造成的苦难给予赔偿。现在，每年都有奥地利"大屠杀纪念服务"项目的志愿者来到我担任主任的上海犹太研究中心工作。

1994年，上海市和虹口区政府在战时犹太难民聚居的虹口霍山公园建立了犹太难民纪念碑。前来参加揭幕仪式的美国犹太社团领导人施奈尔拉比激动地说："辛德勒的名单救了1 000多人，而上海拯救了整个犹太社区数万人。"进入21世纪，上海正式建立了犹太难民纪念馆。不仅是以色列总统、总理、各国犹太名流，其他领导人如德国总统和总理、奥地利总统、美国第一夫人等来上海也都曾访问该馆，来自中国和世界各地的青少年也纷纷来到纪念馆"上课"。

现在，"上海"一词在有关纳粹大屠杀的史料中已成了"拯救""避难地"的代名词。上海救助犹太难民和中犹人民互相支持的难忘历史成了学术研究、纪念活动、艺术创作的一个持续发展的热点，关于这个题材的论文、著作、小说、电影、戏剧、展览会不断涌现，因为这个题目不仅具有学术价值，而且具有重要的现实意义。这些年来，国际上霸权主义与强权政治横行，新纳粹、种族主义、极端主义和恐怖主义再次泛滥，"文明冲突"论甚嚣尘上，有人公然出来否定法西斯犯下的历史罪行和世界人民反法西斯战争的胜利成果，这就使来华犹太难民这个题目所具有的以史为鉴、温故知新、开创未来的意义越发突出。同时，这个题目因其特有的中犹友好内涵又在促进中国人民与各国人民的友谊方面发挥着重要作用。

我和我们上海犹太研究中心团队从20世纪80年代就开始进行来华犹太难民研究，推出了一系列成果，还通过研讨会、展览会、媒体和影视对此进行了广泛宣传。然而，由于条件所限，当时我们对该历史事件的基础研究还是十分欠缺的，特别是对许多还健在的犹太难民尚未进行采访，对一些第一手资料也没有进行深入剖析。

2010年底，"来华犹太难民研究（1933—1945）"被正式确立为国家社会科学基金重大项目，由我担任首席专家，使我们的研究质量和水平得到了极大的促进和提升。自2011年3月项目正式开题以来，本项目组全体成员以争分夺秒的精神采访仍然健在的前犹太难民及其后裔，抢救了一批口述和文字记忆，并收集了大量与犹太难民相关的文件、档案资料。经过对这些材料进行更加系统和深入的研究，我们课题研究的资料和理论基础更加稳固和扎实。

2015年，本项目的主要阶段性成果《艰苦岁月的难忘记忆——来华犹太难民回忆录》出版，使用了38位前来华犹太难民的第一手口述和文字史料，栩栩如生地展现了他们逃离纳粹统治下的欧洲、抵达上海和走进中国、在中国土地上闯荡和拼搏、在虹口隔离区度过最艰难时刻、与中国人民同甘共苦等难忘经历，以及离开中国后始终难以割舍的中国记忆和上海情结。书中还收录了目前掌握的1.37万余个来沪犹太难民的姓名。这一力作在纪念世界人民反法西斯战争和中国人民抗日战争胜利70周年之际推出，更具有特别重要的现实意义。

在此基础上，我们将已收集到的大量与来华犹太难民相关的文件、档案、报刊、记忆、人物、评析等各方面资料汇集、整理，于2016年完成了《来华犹太难民资料档案精编》四卷。第一卷是文件报刊资料，主要汇集了几方面的文件报刊资料："纽伦堡法案""最终解决"等纳粹迫害、屠杀犹太人的相关文件；埃维昂会议决定、英国白皮书等反映"文明社会"对犹太难民困境麻木不仁的相关文件；中国政府安置逃亡犹太人计划、中外慈善团体援助欧洲来沪犹太难民史料等关于中国各界及国际友人救助来华犹太难民的资料；上海公共租界工部局年报和上海中、英、德文报刊关于救助犹太难民以及犹太难民在华、在沪生活的报道和记录。此外，还选择了美国《纽约时报》刊登的关于犹太难民重聚活动的报道。第二卷是亲历记忆资料，包括口述和文字记忆，主要汇集了以下资料：宋庆龄、何凤山等人谴责纳粹屠杀犹太人、通过发签证救助犹太难民的文章和记录；齐拉赫·瓦尔哈夫蒂格、劳拉·马戈利斯、王替夫等人关于设法救助犹太难民的回忆；日本驻上海副领事柴田关于自己暗中给犹太人通风报信而遭逮捕、迫害的回忆；M.W.贝克曼关于天津犹太难民的记述；犹太难民的中国邻居们的回忆；瑞娜·克拉斯诺、岗特·诺贝尔、汤亚汀关于美国飞机轰炸虹口、犹太难民中的左翼人士、犹太难民的音乐生活等方面的回忆和记述；N.A.帕尔阔维茨、伊萨多尔·马吉德关于战后犹太难民状况的回忆和记述等。第三卷是关于犹太难民中杰出人物的资料，介绍了来华犹太难民中20位杰出人物：中国人民的伟大朋友罗生特、"洋八路"汉斯·米勒、牺牲在抗日战场的汉斯·希伯、音乐大师卫登堡、为中国精神卫生事业做出贡献的韩芬、与中国人民同甘共苦的爱泼斯坦、八宝山墓碑上的奥地利友人严斐德、"波兰白求恩"傅拉都、犹太难民画家白绿黑、从难民到巨富的艾森伯格、犹太作曲家弗兰克尔、担任美国财政部长的布鲁门撒尔、上海犹太画坛巨擘希夫、从难民少年成长为柏林爱乐乐团首席小提琴手的斯特恩、参加中国革命的红医战士傅莱、从跟着"阿妈"学画到为总统画像的皮特·马克斯、与中国人民风雨同舟的魏璐丝、视上海如故乡的工程师韩布葛、比较语言学专家罗逸民、职业革命家和优秀摄影师叶华。第四卷是本课题组专家和其他国内外学者关于来华犹太难民的研究的汇集，包括："纳粹大屠杀对犹太民族和文明的影响""欧洲犹太难民选择上海为避难地的内因外由""中国报刊对德国纳粹反犹暴行的揭露与谴责""犹太难民来上海的路线、时间、人数和安置情况""1941年波兰犹太人如何在上海沦为难民""上海的欧洲犹太难民社区""上海犹太难民社区面面观""上海犹太难民中的锡安主义活动""《上海犹太纪事报》的社会作用和历史意义""犹太难民与中国人民：同甘共苦的深厚友情""来沪犹太难民人数考""来到中国其他地方的犹太难民""犹太难民斯特恩一家在哈尔滨的流亡生活""1945—1947年德籍犹太人在青岛的归化问题和产业处理探究""'梅辛格计划'和'无国籍难民隔离区'""为什么犹太难民能够在上海幸存下来""'来华犹太人'——永远的热点"等17篇。该书于2017年8月由上海交通大学出版社出版。

同时，课题组成员也推出了一些个人编撰的阶段性成果，如斯蒂芬·霍奇斯塔特的著作《避难上海：逃离第三帝国的故事》（*Exodus to Shanghai: Stories of Escape from the Third Reich*）、王健的著作《逃亡与拯救：二战中的犹太难民与上海》、潘光与汪舒明的著作《离散与避难：犹太民族难以忘怀的历史》、汪舒明的著作《大屠杀记忆与美国外交》等。课题组成员还发表了"20世纪上半叶上海犹太社团的政治活动""哈尔滨犹太人的文化活动及其影响""大屠杀记忆与反犹主义的消解"等论文和文章十余篇。由潘光主编的中英文大型画册《犹太人在中国》和《犹太人在上海》也于2015年推出新版，并被译成法文和德文，誉满全球。

项目组还举行了一系列研讨活动。在第一子课题组收集资料的基础上，第二子课题组主要深化对在华犹太难民生活的研究，重点是拓展对上海犹太难民社区生活的研究，同时加强对哈尔滨、天津、大连和青岛等地犹太难民社区的研究。第三子课题组继续围绕"推拉理论"视阈下来华犹太难民动因探析、离散族裔理论视阈下的上海犹太难民探究、集体记忆和"中国情结"引发的理论思考三方面进行深入研究。第四子课题组则围绕纳粹大屠杀期间犹太人避难史上的"中国模式"这一课题核心进行深入研究。

在上述两个主要的阶段性成果和其他阶段性成果的基础上，项目组连续作战，终于在2017年4月完成了我们现在看到的最终成果《来华犹太难民研究（1933—1945）：史述、理论与模式》。本书分为三篇二十章。史述篇题目是"在华犹太难民社区的形成、发展和结束"，在掌握充分资料的基础上将来华犹太难民的历史做一个比较系统的梳理和考察。内容包括：第一章　欧洲犹太难民来华避难的远因近由；第二章　犹太难民来华的路线、时间、人数和安置情况（1933—1941）；第三章　上海的欧洲犹太难民社区；第四章　来到中国其他城市的犹太难民；第五章　上海"最后解决"方案和"无国籍难民隔离区"；第六章　犹太难民与中国人民：同甘共苦的患难友情；第七章　在华犹太人的离去和来华犹太难民社团的结束。理论篇题目是"理论视阈中的来华犹太难民和中犹关系"，主要从理论视阈对来华犹太难民和中犹关系进行深入研究，内容如下：第八章　犹太难民来华的国际背景：纳粹大屠杀对犹太民族的影响；第九章　"推拉理论"和犹太难民来华动因探析；第十章　流亡与坚守——离散族裔理论和来华犹太难民社区；第十一章　关于犹太难民集体记忆和"中国情结"的理论思考；第十二章　在夹缝中拼搏求生：来华犹太难民劫后幸存之原因；第十三章　传统史学、公众史学和口述史学的完美结合——20世纪中叶至今来华犹太人和来华犹太难民研究的演进。模式篇的题目是"犹太人避难史上的'中国模式'"，着重对纳粹大屠杀期间犹太人来华避难的一些主要特点进行深入研究，并将来华犹太难民与犹太人避难世界其他地方的经历进行比较研究，提出了纳粹大屠杀期间犹太人避难史上的"中国模式"的概念，并分析了该模式的五个特点。内容如下：第十四章　纳粹大屠杀之前的犹太避难史；第十五章　纳粹暴政期间的犹太难民：中国之外的避难和救助；第十六章　来华犹太难民之犹太避难"中国模式"特点一：开放型的大城市成为犹太难民的主要避难地；第十七章　来华犹太难民之犹太避难"中国模式"特点二：犹太难民生活在一个没有原发性反犹主义的氛围中；第十八章　来华犹太难民之犹太避难"中国模式"特点三：犹太难民的避难地有一个先期到达的实力雄厚的犹太社团；第十九章　来华犹太难民之犹太避难"中国模式"特点四：犹太难民群体本身具有很高的文化素质；第二十章　来华犹太难民之犹太避难"中国模式"特点五：犹太难民可以利用列强的矛盾在夹缝中求生存。最后还有"关于来华犹太人和来华犹太难民研究的主要参考书目和资料来源"。

　　需要指出，最终成果的完成和本项目的结项并不意味着我们关于来华犹太难民的研究就此结束。来华犹太难民研究领域的有些热点问题至今仍处于见仁见智的讨论之中，一些难点问题还有待于进一步深入研究以得出令人信服的结论，还有些疑点问题则需要发掘更多的材料加以佐证。可以相信，随着我们团队及国内外同行研究的深入，还会出现更多的关于来华犹太难民研究的新史料、独到见解和创新视点。还要指出，我们这一最终成果和我们的阶段性成果只是发表了我们收集的资料中的一小部分，将来我们当然还要把其他所有资料奉献给读者，也许不仅是通过出书的形式，还要发挥资料库或数据库的作用。为此，我们正与上海交通大学出版社、上海犹太难民纪念馆、上海各级档案馆、上海市政协及国外合作机构等相关单位进行商议和协调。

　　人类已经进入了21世纪，但历史上那些难忘篇章仍然闪烁着诱人的光彩。包括我们项目组成员在内的许许多多普通人长期以来辛勤工作，收集、整理、研究那浩如烟海的历史资料和当事人记忆中的活资料，就是要为后世保存重要的历史记忆，使子孙后代能记取历史留给我们的经验和教训，为使世界更美好而奋斗。

　　但愿本书能够通过宣扬人类历史上友好互助，抗邪扶正的感人业绩，以及传承人类文化中的真善美价值观，为努力构建一个和谐、包容、美好的世界做出微薄的贡献。

潘　光

2017 年 9 月 30 日

编辑说明

一、关于本书的注解，原则上中文著述用中文表述作者姓名、著述标题、出版发表处、出版发表时间、页数等，外文著述则用外文表述这些内容。但是，一些撰稿者更为细致，在外文著述的外文表述后面又加上了中文的作者姓名（音）和著述标题。为保持注解的原汁原味，我们对此予以保留。

二、本书中有些名词有多种表述或译法，但意思是一样的，如"锡安主义"和"犹太复国主义"均是Zionism的不同中文译法。"碎玻璃之夜""玻璃破碎之夜"和"水晶之夜"等等，也是同样情况。对此，我们没有强求统一。

三、本书各章的附录均具有重要价值，为保持其原汁原味，我们对原文一般不作修改或更新，只对个别有误处做了注解。

四、本书各篇、各章中有少数内容存在前后重复的情况，如中犹文化的共性、德日对犹政策分歧、俄国犹太人的特殊处境、"河豚计划"等，但考虑到各篇、各章的阐述角度不同，因此统稿时没有将它们删除，只是对词语做了一些技术性处理。

五、本书的撰写者分工如下：史述篇——潘光、王健撰写；理论篇——戴轶尘、罗爱玲、汪舒明撰写，林春敏修改充实；模式篇——潘光撰写，陈心仪、林春敏提供资料。潘光负责全书的审核和统稿。

目　录

模式篇:
犹太人避难史上的"中国模式"

史述篇：

在华犹太难民社区的
形成、发展和结束

    本篇在掌握充分资料的基础上对犹太难民来华的全过程做一个比较系统和全面的梳理和考察，主要剖析犹太难民来华的远因近由、犹太难民来华的路线、时间、人数和安置情况，犹太难民社区或群体在上海及中国其他地方的演变，德日法西斯对在华犹太难民的迫害，正处于反抗日本侵略之剧烈变动之中的中国社会与犹太难民的关系，在华犹太人的离去和来华犹太难民社团的结束。

古代来华犹太人在开封安居乐业，深受儒家文化的影响，他们建的犹太会堂酷似中国的寺庙

大批逃离纳粹魔掌的欧洲犹太难民抵达上海

犹太难民聚居的虹口舟山路，曾被称为"小维也纳"

犹太难民斯特恩一家在哈尔滨度过了避难岁月，这是赫尔穆特·斯特恩的回忆录中文版封面

希特勒派来上海提出"上海最后解决"方案的约瑟夫·梅辛格上校

反映宋庆龄率团到德国领事馆抗议纳粹排犹的木刻画

再见了，上海！战后犹太难民离开中国去新的定居地

第一章
欧洲犹太难民来华避难的远因近由

20世纪三四十年代，由于纳粹疯狂反犹，大批犹太人逃离德国及其占领区。当时通过上海进入中国的犹太难民有3万左右，除数千人又去了他国之外，至1941年12月太平洋战争爆发，仍有2.5万名左右犹太难民避难上海和中国其他城市，仅后一个数字就比当时加拿大、澳大利亚、新西兰、南非和印度五国所接受的犹太难民的总数还多。[1]为什么当时欧洲犹太难民选择中国，特别是上海作为避难的落脚点呢？这个问题长期以来一直引起学术界的兴趣，其成因错综复杂，需要从当时的国际环境、犹太人来华的历史背景、中犹文化的可融通性，以及上海的特殊地位等角度进行多方位的探讨。

一、犹太难民来中国避难的国际背景

希特勒于1933年初在德国上台，随即迫不及待地发动了反犹运动。从1933年到1945年的12年里，这场运动从没间断，而且逐步升级，就其全过程来看大致可分为三个阶段。第一阶段（1933—1938），主要是在德国本土颁布一系列反犹法令，在政治、经济、文化诸领域对犹太人进行大规模的、自上而下的、无孔不入的迫害。第二阶段（1938—1941），随着德国吞并和占领越来越多的国家和地区，纳粹的反犹政策和法令被照搬到德占地区，并发展为驱赶和隔离相结合的行动方针。第三阶段（1941—1945），纳粹当局转而实行"最后解决"政策——即从肉体上消灭整个犹太民族。

---

1 A. Grobman and D. Landes, ed., *Genocide, Critical Issues of the Holocaust*, Los Angeles, 1983, p.298.

当时，面对大批犹太人的出逃，世界各国所作出的反应却十分令人费解。许多国家除了口头上的同情之外，并没有采取什么实际援救行动。随着犹太难民人数的增加，不少国家甚至逐渐采取了严格限制犹太难民进入的政策，就连那些经济发达的国家也毫无例外。

造成这种状况的原因很多，但20世纪30年代的世界经济危机无疑是很重要的一个因素。这场空前的危机所造成的经济灾难和社会动荡，使各国政府疲于应付国内问题，而无暇他顾。当时孤立主义和民粹主义的倾向，在整个资本主义世界具有一定的代表性。因而，一些国家面对希特勒疯狂屠杀犹太人和大批犹太难民的外逃，依然无动于衷，反而把犹太难民看作是可能增添麻烦的包袱。1938年，在法国埃维昂举行了一次专门讨论犹太难民问题的会议，与会国对犹太难民都表示同情，但没有采取救助犹太难民的具体措施，甚至在对犹太难民"部分开放"这个问题上也未达成一致意见。用一位观察家的话来说，这次会议只是"文明政府用以掩盖它们无能为力的门面。"[2]此外，对纳粹淫威和战争威胁的一种恐惧心理，也影响到世界各国对犹太人的态度。20世纪30年代，随着德、意、日法西斯的崛起，战争威胁与日俱增。英法等老牌殖民帝国为保持自己的势力范围，竭力推行"绥靖政策"，对侵略者处处妥协退让。一些保持中立的国家，如瑞典、瑞士等，在处理对外关系时更是小心谨慎，唯恐得罪纳粹德国。由于希特勒已经把反犹看作是德国安全战略中的重要一环，以致任何偏袒犹太人的举动，都会被视为对德国不友好的表示，这就使许多中立国家都不敢碰这个极其敏感的问题。

上面谈到的只是两个全球性的原因，而对各国来讲，又有不同的情况。下面试对与犹太难民问题关系比较密切的一些国家和地区分别进行剖析。

首先，看一看英法等西欧国家及其属地对犹太难民的政策。20世纪30年代，英法受世界经济危机的打击特别沉重。据统计，在那场危机中，英法工业生产指数以危机前的最高点和危机中的最低点比较，分别下降了23%和36.2%。英国失业情况最严重，到1932年已接近300万人。[3]西欧其他国家也受

2　　Robert Dallek, *Franklin D. Roosevelt and American Foreign Policy, 1932—1945*, New York, 1979, p.167.

3　　沈永兴等编：《外国历史大事集》现代部分第二分册，重庆出版社1987年版，第10-11页。

到不同程度的打击，国内经济恢复十分缓慢。对此，西方国家竭力向殖民地附属国转嫁危机，从而将这些国家的经济也推入灾难之中。在这种情况下，重振国内经济成为西欧各国政府及其属地的当务之急。为此，各国政府普遍奉行紧缩通货、节约开支、平衡预算的方针。因此，他们不愿意因接受犹太难民而背上新的包袱，对犹太难民都采取拒之门外的政策。英法等国属地的情况也是如此。如南非联邦原来对欧洲人移入没有任何限制，但从1936年起转而拒绝犹太人移入。[4]英国委任统治下的巴勒斯坦也对犹太移民实行了严格控制。众所周知，在巴勒斯坦建立"犹太民族之家"是1917年的"贝尔福宣言"所赞同的，但在1939年5月，英政府却发表白皮书规定：在以后五年中，进入巴勒斯坦的犹太移民人数不得超过7.5万人；五年后，将不再允许犹太人移入，除非巴勒斯坦的阿拉伯人同意犹太人移入。[5]同时，白皮书对非法移民制定了严格的惩罚措施。英国之所以这样做绝非偶然。众所周知，自第一次世界大战后，巴勒斯坦阿拉伯人对英国支持锡安主义的政策一直不满，反抗运动一浪高过一浪，英国政府为了拉拢阿拉伯人抵抗德意对中东的进逼，不得不全面调整其巴勒斯坦政策。

其次，也来分析一下美国对犹太难民的态度。美国当时已是世界上犹太人最多的国家，理应多接收一些犹太难民，但从20世纪30年代中期后，美国对犹太难民进入也奉行严格的限制政策。美国对犹太难民实行这样的政策，与当时孤立主义在美国泛滥，并直接影响其对外政策密切相关。孤立主义主张美国对外应实行一种"不干涉"的自我保护政策，以避免卷入欧洲事务和国际冲突中去，强调外交首先要服从国内需要。在这一孤立主义外交方针指导下，美国当局当然不愿意背上犹太难民这一包袱，更不愿因此而与希特勒发生冲突。另外，美国国内的反犹主义也对政府采取的限制犹太难民入境的政策产生了一些影响。20世纪30年代，美国的反犹活动非常猖獗。当时，一些美国人把国内经济衰退的责任推在犹太人身上，理由是犹太人在金融事业中起着特殊的作用。也有一些别有用心的人声称布尔什维克主义是犹太人"发明"的制度，大

4　　前引 A. Grobman and D. Landes *Genocide, Critical Issues of the Holocaust*, p.298.

5　　J. C. Hurewrtz, *Diplomacy in the Near and Middle East, A Documentary Record*, Princeton, 1956, p.225.

肆渲染犹太人将对美国社会产生危险。一些美国人受此煽动，掀起了反犹鼓噪。南方各州的一些白人政治家要求限制迁入并详细审查所有来叩新大陆之门的犹太移民，有些地方甚至还发生了反犹暴力行动。这种反犹主义思潮同样也反映到美国的政坛上，以致替犹太难民说话成了一件相当冒险的事，为欧洲犹太人的利益呼吁常被那些具有反犹情绪的人视为"不爱国"的行为。

最后要谈一谈欧洲中立国家及部分亚非拉国家对犹太难民的态度。20世纪30年代后期，欧洲中立国家对犹太难民的态度要比英法等国好一些。它们一般对犹太难民的处境较为同情，并能够主动提供一些人道主义的援助，但对难民问题的解决依然起不了什么大作用。它们虽然接受了一些犹太难民，但数量十分有限。据统计，从1933年到1945年，西班牙、葡萄牙、瑞典等国所接受的难民，总共也不过几万人而已。中立国家之所以在犹太难民问题上不能够发挥更大作用，既是由于战前和战时国内经济条件难以承受大量外来移民，也是由于怕得罪纳粹德国。实际上，欧洲和世界局势的复杂性及中立国家对自身利益的考虑，在极大程度上限制了这些国家的行动。它们只能在处处考虑自身安全的前提下帮助犹太难民，这种帮助也只能在暗中进行。因此，这些帮助必然是有限的。人们也曾提出了将犹太难民集体移居到一些亚非拉国家去的想法，如马达加斯加、肯尼亚、阿根廷、菲律宾等。然而，这些努力最终都没有成功。原因很简单：一是这些国家经济落后，如要为犹太难民建立新的生活区需要大笔经费，而这笔资金是很难筹集的；二是那里生活水平低，民间习俗、文化环境都与犹太宗教、民族特性格格不入，因此许多犹太难民并不愿意去。

正是在这样一种国际环境中，面临绝境的犹太难民想到了中国，特别是上海。

二、历史上来华犹太人安居乐业

处在困境中的犹太人想到了中国，特别是上海，这当然不是没有道理的。历史上，中华民族和犹太民族一直友好相处。犹太人到中国至少有将近1 500年的历史，他们在中华大地上一直受到中国人的善待，开封犹太人甚至融合到中华民族大家庭之中。到了近代，随着中国大门的打开，越来越多的犹太人涌入中国，上海则成了犹太人在中国的最大聚居地。从古到今，在中国的土地上从来没有出现过土生土长的反犹主义。正因为如此，犹太人对中国怀有好感。

虽然有人认为犹太人在汉代，甚至周代就已来到了中国，但均缺乏确凿的证据。目前的考古发现证明犹太人至少在唐代（约7—8世纪）就已进入中国，宋元时期犹太人来华达到高潮。当时，仅开封犹太人就有5 000之多。开封犹太人被允许自由地信奉犹太教，这在当时的欧洲是不可能的。开封犹太人拥有自己的犹太会堂，他们严格按照犹太教教规行礼拜，礼拜时面朝圣地耶路撒冷。在政治、文化方面，开封犹太人享受与汉人平等的权利。犹太人被允许参加科举考试，与汉人平等竞争，不少人考取秀才、中举人，甚至成为进士。犹太人还可参与政治生活，担任重要官职。在经济领域，犹太人也未受到排挤和任何歧视，许多人靠经商致富。中国人与犹太人的友好同样也反映在社会生活方面，特别是在婚姻关系上。据一份调查资料显示，开封犹太人后裔的55户中，男性都娶汉族女性，女性都嫁汉族男性。[6]从总体看，犹太人与回族通婚的更多。这反映了历史上中国人与来华犹太人之间的通婚已很普遍。开封的犹太人也非常尊重中国的文化和习俗。他们对中国的儒学非常崇拜，认为自己的"一赐乐业教"与儒教有许多相同的地方，都是尊天崇祖，重视伦理道德。开封犹太人非常尊敬孔子，每年春秋两季都去文庙参与祭孔典礼。他们也按照汉人的习惯祭祖。在逐渐儒化的过程中，开封犹太人也开始采用儒家婚娶丧葬之礼，改用中国姓氏。如列维（Levy）家改姓"李"，艾兹拉（Ezra）家改姓"艾"等。经过上千年的潜移默化，安居乐业的开封犹太人终于逐步融入了中华民族大家庭之中。需要指出，当开封犹太人在中国这块土地上过着一种安宁、愉快的生活之时，欧洲的犹太人却受到排挤、迫害，甚至屠杀，这形成了鲜明的对照。

到了近代，随着中国大门的打开，越来越多的犹太人涌入中国，大都聚居在香港、上海、哈尔滨、天津等地。上海是1840年后犹太人来华的主要聚居地，先是英籍塞法迪犹太人前来上海经商办实业，后来又有大批俄国犹太人涌入上海谋生，到20世纪30年代初已形成了一个5 000多人的犹太社团。他们拥有自己的宗教公会、犹太会堂、学校、医院、养老院、商会、政治团体、报

6　张绥：《犹太教与中国开封犹太人》，上海三联书店1990年版，第117页。

刊，乃至公墓。上海犹太社团兴旺发展的时候，欧洲再次出现反犹恶浪，这就又一次向世界各地的犹太人提供了鲜明的对比：一边是诬陷、迫害、驱逐、屠杀，另一边是友好相处、安居乐业、发财致富。同时，上海又是当时中国乃至远东最西化的国际大都市，20世纪30年代居住在上海的有来自世界各国的侨民，这也为欧洲犹太难民提供了合适的谋生条件和生活环境。正因为此，在20世纪30年代又一场空前灾难降临之时，犹太人马上把目光转向了东方大都市上海。

尽管从古至今有这么多的犹太人在中国定居，但在中国的土地上从来没有出现过原发性的反犹主义。究其原因，主要有以下几点。

其一，反犹主义源自根深蒂固的宗教偏见，这一点在基督教盛行的欧洲表现得最为明显。然而，总体来说，中国是一个深受儒教、佛教和道教影响的国家，基督教传统在中国没有根基，因此，这种伴有宗教偏见的反犹狂热在中国没有思想基础。当然，一些白俄、日本法西斯分子、纳粹党徒和日本建立的傀儡政权曾在上海、哈尔滨等地搞过反犹活动，但那不是在中国土地上自发产生的，被称为"输入的"或"强加"的反犹动作，也没对中国人的生活产生过重大影响。

其二，19世纪中叶以来，中国人和犹太人一样历经磨难。过去几个世纪世界一些地方的反华行动，与在欧洲蔓延多个世纪的反犹恶行极其相似。相同的经历和磨难使中国人民对犹太人民寄予深深的同情，因而反对任何形式的反犹主义。1920年4月24日，"中华民国"的创建人孙中山先生在给上海犹太社团领袖埃兹拉的信中就表达了对于复兴犹太民族的锡安主义运动的理解和支持。这在后面还要详述。

其三，中犹两大文明之间具有许多相同和相似之处，这正是我们下面要讲的。

三、中犹文化的可融通性

为什么犹太人在欧洲屡遭排斥迫害，而在中国则受到如此友好的对待呢？这绝非是欧洲人比中国更加排外，而是因为欧洲的基督教文化与犹太文化有许多碰撞冲突的地方，而中国文化却与犹太文化有许多相互通融之处。从文化上对这个问题作深层次分析，也许更有助于我们更深刻地理解中国、上海成为犹太难民避难地的原因。

一些学者认为，世界上有许多古老的文化，但在数千年发展过程中能始终维护本文化主体精神而一脉相承的，仅存中华文化和犹太文化。犹太文化从萌芽至今已逾5 000年，虽历经盛衰，与各种文化碰撞、冲突、交汇、融合，但其主体犹太教却一以贯之，始终是维系世界各地犹太人的精神纽带。同样，中华文化虽屡遭外来文化的冲击，但其主体儒教却保留着最初的特征。而在这同时，其他许多文化在受到外来文化的冲击和影响下，却失去了原有的特征，如历史悠久的古罗马文化和古埃及文化就先后被基督教文化和伊斯兰教文化融合。当然，这只是中犹两大文化最根本的共同点。如具体研究中犹两大文化之内涵，它们还有许多相通之处。这些共同之处，也正是反犹主义难以在中国社会产生影响的一个重要原因。

开封犹太人在1489年树立的石碑上写道："我们的宗教与儒家学说只有很小的区别。两者都在言行上尊重天道，敬重祖先，忠于君王，孝敬父母，善待妻室。两者都重天伦，敬官长，广交友。"（原文为"其儒教与本教，虽大同小异，然其立心制行，亦不过敬天道，尊祖宗，重君臣，孝父母，和妻子，序尊卑，交朋友，而不外于五伦矣。"）[7]这在后面还要详细分析。

总体来看，中犹文化的可融通性主要表现在以下三个方面。

(1) 重视家庭伦理，是中犹两文化的一个共同特点。中国人和犹太人历来都十分重视家庭伦理。在中国，重视家庭的观念早在奴隶社会后期就已萌生。秦汉时期这种道德规范更加系统化。《孝经》开宗明义讲："孝为百行之首"，把孝看成是一切德行之根本。"三纲五常"中的"三纲"表现在家庭关系上，就是家长统治，父为子纲，夫为妻纲，强调"孝"和"顺"。这种家庭伦理观念，在中国一直长期沿袭，至今仍有很大影响。同样，犹太人也自古就重视家庭伦理，历来有孝敬父母的传统。"摩西十戒"把孝敬父母当作一条道德标准加以确立，希伯来律法则把敬重父母进一步规范化，这种道德规范千百年来一直沿袭，被犹太家庭奉为经典。维持家庭和睦，注重长子作用，也是中犹

7　陈垣和叶瀚：《开封一赐乐叶教考》，上海商务印书馆1923年版，第2页。

家庭伦理中一个重要的相通之处。中国人和犹太人的家庭意识一般都很强。无论是中国家庭还是在犹太家庭，三世同堂和四世同堂的情况都十分普遍。相比之下，基督教文化中家庭观念就比较淡薄。在中犹家庭观念中，长子的作用也十分突出。犹太人历来注重长子的作用，长子的权利在《圣经》中就被加以肯定。在中国人的传统观念中，长幼的区别也很突出。长子的地位仅次于父亲，所以封建伦理"孝佛"并提，就是要人们树立尊敬父兄的道德风尚。

(2) 重视教育的作用，是中犹文化价值观接近的又一表现。犹太人历来十分重视教育，千百年来，不管处境如何恶劣，他们的重教传统始终代代相传。中华民族注重教育的传统也是源远流长。早在2 000多年前，杰出的思想家荀子在《劝学》中就系统地阐发了学习的重要性。以后，历朝历代注重教育一直兴盛不衰。当然，除了中犹两民族外，世界上其他许多民族也都很重视教育。我们这里要研究的是，中犹两民族的教育价值观中还有许多具体的相同之处。下面试举两例。一是重视知识教育。犹太人十分重视实际知识教育。他们有一句名言"知识是最可靠的财富"。在犹太家庭中，为了接受良好的教育，父母可以不惜倾家荡产。犹太人中的识字率不论古今都一直是很高的，即使在中世纪欧洲的黑暗时代，犹太人中文盲也很少。在中国，知识也一向被当作万能的法宝，古人云"人有知学，则有力量""书乃随身之宝""家有万金，不如藏书万卷"都深刻地揭示了这一道理。二是重视德育。犹太教育把德育放在重要位置。《旧约：利未记》号召人们"要爱人如己"。[8]这种以善为根本的宗教观念，成为犹太人日常生活中的伦理规范。希伯来儿童从小就接受这种德育教育。中国重视德育的传统也由来已久。孔丘可谓是中国古时推行德教的一个典型代表。他提出的德育内容，可以用"仁""德"两个字来概括。孔丘的这种思想在我国的影响很大，在二千年封建社会中基本上一直影响着中国的伦理教育。

(3) 善于经商理财，是中犹两民族经济文化的相同之处。犹太人是有名的理财家，他们的经商才能早在欧洲的中世纪就已很有影响，当时"犹太人"和"商人"几乎成了同义词。同样，中国人的经商才能在世界上的影响也很大，

---

8   参见圣经《旧约：利未记》。

海外华侨、华人在这方面表现特别突出。在东南亚，华侨、华人就被称为"亚洲的犹太人"。在中国国内，温州人、上海人和潮州人也都曾被称为"中国的犹太人"。

中国文化与犹太文化的这些共性，自然为欧洲犹太难民来中国避难创造了有利的文化氛围。

四、战时上海所处的特殊环境

上海当时所处的特殊环境，也是犹太难民得以从上海进入中国，并能在上海幸存下来的重要原因。

上海自开埠之后，一直是一个可以自由出入的城市，特别对欧美人来说，进出上海一直十分方便。1843年后近一个世纪，上海的外国租界更是"国中之国"，任何外来的移民都可以在上海找到自己的位置，许许多多的难民和政治流亡者也把上海作为自己的栖身之处。如日本占领朝鲜后，许多朝鲜流亡者就避难上海，并在上海建立了"大韩民国临时政府"。

1937年"八·一三"事变后，日本军队占领了上海部分地区，使上海的公共租界和法租界成了"孤岛"，与外部的联系只能通过海路维持。当时，政府机构已撤出上海，无法对上海地区继续行使其职权。日本占领军当局一度还来不及在上海扶植傀儡政权，也无法对上海实行全面有效的控制，对租界更难以插手。在这种情况下，上海在一段时间里处于"大门洞开"的特殊开放状态，以致外国人从水路进入上海根本无须办理通常所需的一切手续。特别是1939年9月前，外国人进入上海不但不需要签证，而且不需要经济担保，不需要预先找到工作和出具警方提供的品德证明，[9]上海成了世界上唯一一个可以自由进入的大都市。这对于逃离纳粹控制区的欧洲犹太难民来说特别重要，因为他们中许多人是从集中营出来的"犯人"，往往没有签证甚至没有护照，有的还是以"非法途径"逃离欧洲的，而且几乎都身无分文。许多抵沪的犹太难民称，他们本来都是富商巨贾，但这次被驱逐出境，每人只准带现款10镑。在当时情况下，像这样的难民几乎不可能进入需办理正常入境手续

9　笔者访问旧上海海关关员戚维新先生的谈话记录。

的国家，更不要说进入严格控制外国人入境的国家了。只有上海，也只有在当时特殊条件下的上海，才为这些欧洲犹太难民提供了一个理想的登陆地和避难所。

综上所述，希特勒的疯狂反犹，"文明世界"对犹太难民关上大门，历史上来华犹太人的安居乐业，中犹两大古老文明的众多相同之处，以及上海在当时所处的特殊开放状态，使上海这个东方的"冒险家乐园"成了逃脱纳粹暴政亡命东来的成千上万犹太难民进入中国的落脚点，从而在上海的历史上，在中国的历史上，也在中犹人民友好相处的历史上写下了辛酸而又令人难忘的一页。

第二章

犹太难民来华的路线、时间、人数和安置情况（1933—1941）

由于绝大多数来华犹太难民都是从上海进入中国的，我们集中考察欧洲犹太难民来上海的路线、时间、人数及到上海后的安置情况。关于这个问题，国内外一些著述的说法很不一致。综合多年来的研究成果，本章分5个阶段来考察这几个问题。

一、从1933年希特勒在德国开始排犹到1937年8月日军侵入上海

在这几年里，纳粹德国开始排犹，大批德国犹太人被迫出走，但由于当时世界上许多国家还没有对犹太人关门，所以来到上海的德国犹太人数量并不多。其中大都是与上海有些联系的，或有亲戚在上海，或曾在上海生活过，或其工作过的德国企业与上海有关系等。1933年，纳粹开始排犹后首批抵沪的德国犹太人有约12个家庭百余人。[1]此后直到1937年夏，抵沪德国犹太人的总数很难精确统计，因为其中不少人又从上海转去其他地方。据估计，如不包括将上海作为中转站的人，这个数字大约在1 000～1 500人之间。有学者认为，从严格意义上说，这一阶段来沪的犹太人还不能算难民，只能算侨民。不过，由于希特勒的排犹开始于1933年，1933年后来沪的德国犹太人显然是受到迫害或威胁才被迫离开德国来沪避难的，因此他们事实上就是难民。这些人大都是掌握一定专业技能的知识分子，如医生、律师、教师和企业家，随身带有一

1 　马斯（A. Mars）:《浅论上海的犹太难民》（*A Note on the Jewish Refugees in Shanghai*），载《犹太社会研究》（Jewish Social Studies），第1卷第31期（1969年10月），第286页。

部分积蓄，因此较易在上海找到工作，生活水平居犹侨的中等水平，一般都居住在租界。由于当时欧亚两洲均无重大战事，他们一般都按正常的海路航线从德国直接到上海。

二、从1937年8月到1939年8月上海有关当局宣布对涌入的犹太难民实施限制措施

这两年是来自德国及其他中欧、东欧国家的犹太难民涌入上海的高峰期。之所以出现这种情况，一方面，是因为纳粹德国对犹太人的迫害变本加厉，到1938年11月9—10日的"碎玻璃之夜"后达到高潮，并且随着德国吞并奥地利和捷克斯洛伐克向欧洲其他国家扩展，使得中欧地区的犹太难民纷纷外逃，以求生存；另一方面，是由于世界各国对犹太难民的入境限制越来越严格，而上海却因战乱后出现的特殊情况大门洞开。这一时期离开纳粹德国统治地区来沪的犹太人的境况十分悲惨，据1938年12月抵沪的一批犹太难民称："我们187人中，有不少本为当地商界巨子，拥资千百万；但此次被逐出境，除船费以外，每人所带现款不得超过10镑，违者即被搜去充公。"[2]还有不少人，是通过所谓的"非法"手段逃离德、奥等国的，如偷越国境、偷搭外轮、持短期签证进入别国再设法逃离欧洲等。他们来上海的路线大有三条：大部分人先进入意大利，然后在意港口搭船来沪；一部分人则先进入法国、荷兰、比利时等国，再在那里的大西洋港口搭船来沪；还有少数人坐船经多瑙河抵巴尔干国家，在那里登上到上海的轮船东来。关于该阶段来沪犹太难民的人数，说法十分不一致，有人说15 000人左右，有人说17 000 ～ 19 000人，也有人说20 000人左右。据我们综合各类资料分析，前两个数字主要来自各难民安置点的统计，是很不完全的，因为有不少难民并没有去难民营，而是直接投奔亲友，或自行租房安顿下来，还有些难民在上海短暂停留后又去了其他地方。如将这些难民都算上，估计该阶段抵沪的犹太难民总数在20 000人以上，大约为21 000 ～ 22 000人。

2　《申报》，1938年12月5日。

　　这批难民人数多，抵沪时身无分文，生活十分困难。上海犹太社团和国际救援组织纷纷采取措施，帮助安置救济。1934年，早期来沪的德籍犹太人成立了"救济基金会"。这个组织曾积极救助了第一批从奥地利来的犹太难民。但是，随着难民人数的迅速增加，"救济基金会"已难以适应形势的需要。为此，1938年8月8日，由塞法迪犹太人和其他人士组成的"国际救济欧洲难民委员会"（International Committee for Granting Relief to European Refugees，IC）成立，委员会由匈牙利籍犹太人保罗·科莫尔（Paul Komor）担任领导，因此又称为科莫尔委员会。亚伯拉罕家族和托依格家族开设了公共厨房，维克多·沙逊爵士捐出河滨大楼作为接待站，阿哈龙犹太会堂也被用作接待站和难民厨房。为了加强救济活动的合作与协调，1938年10月，由犹太巨富嘉道理家族出面召集上海犹太社团人士和国际救济组织官员举行协调会议，成立了"援助欧洲来沪犹太难民委员会"（Committee for Assistance of European Refugees in Shanghai，CFA）。在这个委员会的董事会中，有塞法迪犹太人的代表如门德尔·布朗、D.E.J.亚伯拉罕和鲁本·D·亚伯拉罕父子，俄罗斯犹太人的代表H.根斯布格尔、迈耶·阿许根那齐拉比、刘易斯·格林伯格、H·卡默林和较早来沪的德籍犹太人代表伯纳德·罗森贝格博士和库特·马克斯博士。由于该委员会的领导工作不久转入了其首任司库米歇尔·斯皮尔曼（Michel Speelman）之手，因此通称该委员会为斯皮尔曼委员会。到1938年底，委员会共筹到约8 000美元。1939年1月，维克多·沙逊爵士捐助了一笔15万美元的特别款项作为"复兴基金"（Rehabilitation Fund, IC）。[3]嘉道理、海亦姆、约瑟夫等犹太富商也出资设立基金，帮助难民办一些中小实业，增强其自力更生的能力。[4]从1939年1月起，援助欧洲来沪犹太难民委员会相继建立了爱尔考克路（今安国路）、兆丰路（今高阳路）、熙华德路（今长治路）、华德路（今长阳路）和汇山路（今霍山路）等多个犹太难民营[5]。国外犹太人的捐助也源源而来，其中美国的"美犹联合分配委员会"（American Jewish Joint Distribution

---

3　上海档案馆存档：U1-4-2971。

4　《上海泰晤士报》（Shanghai Times），1939年1月12日。

5　上海档案馆存档：U1-4-0277。

Committee，JDC）捐款最多，"世界犹太难民救济组织"（HICEM）[6]也做出了较大贡献。1938年，"世界犹太难民救济组织"在上海设立办事处，1年后又将远东分部从哈尔滨迁到上海，为上海犹太难民提供联系、咨询、贷款等各种服务。同年，"美犹联合分配委员会"上海办事处成立，此后在援助上海犹太难民过程中起了重要的作用。据统计，救济上海犹太难民的大多数经费都是由它捐助的。此外，各国旅沪侨民，中国教会和其他一些非犹太救援或慈善团体，如伦敦会、上海难民收容所、上海基督教青年会、美国育婴堂等也都捐房，捐款帮助犹太难民。

这一阶段抵沪的犹太难民，绝大多数在虹口地区安顿下来，因为那里地处公共租界、日租界和华界的交叉地带，经过战乱后市面萧条，物价一般比上海其他地区低30%，房租则比公共租界和法租界低75%。[7]除少数难民自行租屋居住外，大多数难民都住进了临时租用或搭建的难民收容所，一般30～50人挤在一间房里，最拥挤的有100～200人住一间的。难民们很难找到正式工作，只能到处打零活，干杂差，如送煤球、修电器、烤面包、卖报等。一些犹太难民又发挥经商才能，成了活跃在虹口一带的街头小贩，有的还开起了小店铺。后来，随着来沪难民人数减少，其中有些人境况有所改善，也有迁往公共租界和法租界居住的。

三、从1939年8月到1940年6月意大利对英法宣战

随着来沪欧洲犹太难民越来越多，正常的租界生活遭到巨大冲击，租界管理也日益混乱，这引起了租界居民的不满和租界当局的关注。如当时租界里就流传由沙逊家族投资的中国公共汽车公司正考虑解雇白俄雇员，改聘犹太难民，造成俄侨的恐慌。租界当局担心犹太难民的大量涌入会产生巨大的财政和就业压力，带来严重的社会治安问题。同时，上海犹太社团也感到日益增加的犹太难民将超过其救助能力。于是，租界当局和犹太社团纷纷要求予以适当的

6　　HICEM这一简称是HIAS（希伯来侨民援助会）和JCA（犹太拓殖会）两词的组合。该会在美国称HIAS，在欧洲和其他国家称HICEM。在远东，特别是第二次世界大战爆发后，该会称DALJEWCIB（远东犹太情报署的简称）。

7　　金斯伯格（A. Ginsbourg）：《上海犹太难民》（*Jewish Refugees in Shanghai*），《密勒氏评论报》（The China Weekly Review）出版，上海1940年版，第7页。

限制。1939年5月25日，犹商沙逊和海亦姆也表示："如果难民的涌入能以某种方式加以限制的话，我们将感到满意。"此外，由于难民大量涌入虹口，使住房租金日涨，商业竞争愈益激烈，也使居住在此的日侨强烈要求日本政府采取措施。正是在这种背景下，1939年8月，上海公共租界、法租界当局和日本占领军当局达成协议，宣布护照上有"J"字的欧洲犹太难民进入上海须预先申请上陆许可，而获得上陆许可的条件是：每人交付400美元的保证金（13岁以下小孩100美元）；有近亲在上海居住；已在上海找到工作或准备与上海居民结婚。[8]此规定实施后，欧洲各轮船公司均拒绝向没有上陆许可的犹太难民出售赴上海的船票，已在途中的犹太难民更陷入进退两难的困境之中。不过，由于二战爆发后拥有欧洲最大犹太社团的波兰沦入纳粹手中，致使逃离欧陆的犹太难民急剧增加，而世界各地的犹太人组织也千方百计地援助这些犹太难民，因而仍有不少犹太难民通过各种渠道进入上海。同时，英国由于对德宣战而驱赶德侨，也导致百余名德籍犹太人从香港地区、新加坡等地来到上海。[9]可笑的是，按照希特勒的法令，这些犹太人实际上早已被剥夺了德国国籍。据统计，这一阶段来沪犹太难民的数量虽然锐减，但仍有2 000～3 000人，其中不但有来自德国、奥地利的，还有来自波兰、捷克斯洛伐克、匈牙利、罗马尼亚和波罗的。该阶段犹太难民的来沪路线和安置情况与前阶段相似。

四、从1940年6月到1941年6月德国入侵苏联

之所以将这一年作为一个阶段，主要原因是1940年6月后犹太难民的来沪路线有了较大的变化。1940年6月意大利对英法宣战，接着法国便战败投降，此后英国和德意在大西洋和地中海上展开激烈的海空战，战火还蔓延到了巴尔干半岛和北非西亚。这样，欧洲犹太难民从海上来沪的传统路线全部被切断了。同时，由于法国、荷兰、比利时、卢森堡等西欧国家和南斯拉夫、希腊等巴尔干国家先后沦入纳粹魔掌，波罗的海三国面临纳粹威胁，后又被并入苏联，而德国占领军在波兰等东欧国家开始有计划地排犹，使欧洲犹太人外逃的

8　前引马斯文：《浅论上海的犹太难民》，第291页。

9　前引金斯伯格书：《上海犹太难民》，第7页。

潮流更为汹涌，但成功的比例也日益降低。这一阶段仍有不少人希望来上海，但只能转而走陆路——穿越苏联西伯利亚，然后经中国东北、朝鲜或日本抵上海。走这条路线的犹太难民大都来自波兰、立陶宛、拉脱维亚、爱沙尼亚、捷克斯洛伐克等国，往往历尽千难万险，花几个月时间才到达上海。这一阶段抵沪犹太难民的确切人数特别难确定，因为这方面的资料非常缺乏，但笔者估计他们的人数大约在2 000人左右。值得一提的是，1941年3月，在"美犹联合分配委员会"的支持下，上海的东欧和俄国犹太人成立了"援助东欧犹太难民委员会"（EASTJEWCOM或EJC），专门救济来上海的东欧犹太难民（主要是波兰难民）。波兰流亡政府也在上海成立了"波兰在华战争难民组织"，并选出一个五人执行委员会。与前几个阶段相比，由于这一阶段来沪犹太难民人数大减，所有在沪犹太难民的食宿条件均有所改善。

五、从1941年6月到1941年12月8日太平洋战争爆发

1941年6月苏德战争爆发后，欧洲犹太难民从陆上来上海的路线也被切断。此后，再没有犹太难民能离开欧陆前来上海。然而，仍有一些在此之前离开欧洲而滞留在苏联远东、中国东北和日本的犹太难民，由于战火四起、各国严格限制移民入境而无处可去，结果又辗转来到上海，所以这一阶段仍有近2 000名犹太难民进入上海，其中大多数是来自波兰、立陶宛的犹太难民。值得一提的是1 100余名波兰犹太难民来沪的曲折经历，他们中包括著名的密尔经学院、卢布林经学院等犹太经学院的师生400多人。他们在1939年德国入侵波兰前后陆续逃往立陶宛，在走投无路的情况下想出了一个逃离欧洲的办法：以前往荷兰殖民地库拉索为由取得进入日本的过境签证，然后再设法从日本去美国。经过艰苦努力，并得到日本驻立陶宛领事杉原千亩的全力支持，他们居然获得了去日本的过境签证。后来，他们又获得苏联政府的离境许可（立陶宛此时已并入苏联），在苏联旅行社的安排下（每人付200美元）坐火车横越西伯利亚来到海参崴，再从那里乘船抵日本神户。在神户滞留了半年多，他们无法获得进入美国的签证，后在巴勒斯坦犹太代办处特派代表齐拉赫·瓦尔哈夫蒂格（Zorach Warhaftig）等人的帮助下获得了来上海的许可，于1941年下半年分批来到上海。他们是珍珠港事变前来到上海的最后一批犹太难民。这

批波兰犹太难民人数虽不多，但文化素质高，不少是拉比和经学院师生，因此后来在上海犹太社团的宗教生活中发挥了特殊的作用。值得一提的是，杉原千亩因违抗不得向犹太人发放签证的命令而被日本外务省解职，在困境中度过了余生。直到1985年，以色列正式将"国际义人奖"授予这位"日本的辛德勒"。[10]

太平洋战争爆发后，由于上海与外界的海上联系已全部被切断，犹太难民从海上进入上海已无可能。同时，由于欧亚大陆均处于战火之中，犹太难民从欧洲经陆路来上海也几乎不可能。因此，此后直至二战结束，进入上海的犹太难民虽不能说一个没有，也一定是极为罕见的。

---

10 英国《金融时报》，2000年5月13日。

附　录

来沪犹太难民人数考

2015年是世界反法西斯战争暨中国抗日战争胜利70周年。70年前中国人民经过八年艰苦卓绝的抗战，取得了抗日战争的伟大胜利，为世界反法西斯战争的胜利做出了巨大贡献。其中，就包括在战争期间拯救了3万名左右遭到纳粹迫害而走投无路的欧洲犹太难民。

当时，中国人民虽然自己身处日本法西斯的侵略迫害之中，绝大多数人流离失所，生活困难，但仍然关心着远在欧洲的犹太难民。以宋庆龄为首的中国民权保障同盟早在1933年就向德国驻沪领馆递交了抗议书，强烈谴责希特勒的反犹暴行。1939年2月，时任中华民国立法院院长的孙科提议在中国云南划定犹太人寄居区域，安置逃亡来华的犹太难民。1933年至1941年，上海接纳了大批犹太难民。专门研究纳粹大屠杀的西蒙·维森塔尔中心（Simon Wiesenthal Center）指出，当时上海一市接受的犹太难民比加拿大、澳大利亚、新西兰、南非和印度五国所接受难民数的总和还多。[1]

但是，有关来沪犹太难民的人数问题，国际学术界一直存在一些不同观点，在犹太难民中也有不同说法，甚至有些人指责中国媒体夸大了被救犹太难民的数量。本文拟从研究当时中国境内犹太人的主流报纸《以色列信使报》对来沪犹太难民人数的相关报道入手，就这个问题作一考证。

1　前引 A. Grobman & D. Landes, *Genocide, Critical Issues of the Holocaust*, p.299。

早期来上海的犹太难民人数

从1933年开始就有犹太难民来到上海。当时，虽然希特勒已经开始在德国排犹，但由于对面临的威胁认识不清，这一时期德国犹太人的外迁人数不是太多，再加上很多人以周边欧洲国家为避难的主要目的地，因此来上海的人很少，其中大都是与上海有些联系的，或有亲戚在上海，或曾在上海生活过，或其工作过的德国企业与上海有关系等。1933年纳粹上台后首批抵沪的德国犹太人约12个家庭百余人。[2]他们是坐意大利邮船公司的班船抵达汇山码头的。此后直到1938年夏，抵沪德国犹太人的总数也不是很多，大约在1 000人左右，有些人又经上海去了中国境内其他地方或离开上海去了其他国家。

有学者认为，从严格意义上说，这一阶段来沪的犹太人还不能算难民，只能算侨民。不过，也有学者认为，由于希特勒的排犹始于1933年初，在排犹开始后来沪的德国犹太人显然是感受到了迫害或威胁才被迫离开德国来沪避难的，因此他们都应该属于"难民"这一范畴之内。这一阶段来沪的犹太人大都是掌握一定专业技能的知识分子，如医生、律师、教师和企业家，随身带有一部分积蓄，因此较易在上海找到工作或者自己开业，生活水平居犹侨的中等水平，一般都居住在租界。

《以色列信使报》1933年10月1日报道称："根据我们收到的邮件信息，10名一流的德国犹太医生正在前往上海途中。"[3]到该年底，移民到上海的德国犹太医大约在30人，不少都是名医，并在租界开设了自己的私人诊所。理查德·罗文伯格医生曾在德国圣乔治医院担任神经科医生，并有多部医学专著。卡尔·摩西医生是柏林出版巨头摩西家族的后裔，擅长儿科疾病，在柏林享有极高声誉，并长期担任当地一家大型儿科诊所的首席医生，该诊所每月有大约4 000个门诊，是同业中的模范机构。加库伯维斯基医生是德国犹太裔牙医及口腔和下颚外科专家。一战期间，他在前线担任牙科和下颚医疗站负责人，被授予铁十字勋章。战后，他被任命为一家公立医院的牙科部主任。他们的到

2　前引马斯文"浅论上海的犹太难民"，第286页。

3　《以色列信使报》1933年10月1日。

来，给上海犹太社区带来了新的活力。《以色列信使报》主编，也是上海犹太社团领袖之一的埃兹拉夫妇在其位于太平花园6号的寓所为新来的德国犹太医生举行招待会，以示接风。当第一波德国难民潮开始席卷世界的时候，只有屈指可数的人敢于长途跋涉来到中国。这支主要由职业人士组成的先锋队毫不困难地取得了成功，定居上海、汉口、北平和南京等城市。

1938年8月开始，由于纳粹德国对犹太人的迫害变本加厉，逐步升级，并且随着德国吞并奥地利和捷克斯洛伐克向欧洲其他国家扩展，使得德国和中欧国家的犹太难民纷纷外逃，以求生存。以下是《以色列信使报》1938年8月到10月的一系列报道。

"1938年8月15日，德国兼并奥地利后，首批15名奥地利犹太难民乘意大利邮船公司康悌卑安克麦诺号邮船抵达上海。这批难民曾是维也纳的富有阶层，离开之前每人却只得到20马克的路费，令人悲痛伤怀。犹太人如此惨遭劫难，离乡背井，实在令人目不忍睹。上海犹太难民救援组织到码头迎接。"

"8月28日，又有10名奥地利犹太难民乘意大利邮船公司罗索号邮船抵达上海，其中包括1名妇女和2名儿童。他们离开奥地利经由意大利抵达上海，两周前先期到达的奥地利难民前往迎接，并负责把这批难民带到预先安排好的住所。刚到上海的这批难民遭遇了与第一批15人相同的困境，他们离开德国时，身上也只有20马克，即1英镑。由于在船上有所花费，到达上海后几乎身无分文，就连到安置住宿的交通费用也支付不起。"

"9月11日，一批欧洲犹太难民一行6人搭乘意大利邮船公司维多利亚号邮轮抵达上海。其中有1名德国犹太籍医生，其余5人均来自奥地利，3名商人，1名工程师，还有1位女士是其中1位商人的妻子。"

"10月18日，一批来自德国和奥地利的25名犹太难民乘康悌卑安克麦诺号邮船抵达上海。其中19位男士，5名妇女和一名儿童。少数难民可以讲英语，其中大多数陷入财政困难。"

"碎玻璃之夜"后来沪犹太难民人数剧增

1938年11月的"碎玻璃之夜"后，从幻想中醒来的德奥犹太人开始拼命逃离纳粹魔爪。但是，这批犹太难民没有先前的幸运，因为纳粹分子加强了对他们财产的剥夺，只允许他们带走很少钱物。据1938年12月抵沪的一批犹太难民称，他们一起抵达的187人中，有不少本来是德奥当地的商界巨子，拥资千百万英镑，但此次被逐出境，除船费以外，每人所带现款不得超过10英镑，违者即被搜去充公。当时上海的中外文报纸，特别是《以色列信使报》记录了这一批批登陆汇山码头的犹太难民情况：[4]

"11月24日，180名德国和奥地利犹太难民乘意大利邮船公司佛德号邮船抵达上海。这些难民在到岸后前往海关检查行李时显示出悲伤心情。他们的行李很少，因为大多数来自柏林的难民行李在经过德国边境时因可能携带现金而被扣留，这样多数人除了手提包之外一无所有，当他们带着这些手提包经过两天旅程从柏林到达的里雅斯德港时曾被告知其他行李将随另一邮船到达。其中至少有一人有在集中营拘禁的经历，他的前额缠着厚厚的绷带，但拒绝发表任何讲话。旁边的人告诉《字林西报》记者说，他在布痕瓦尔德的集中营中被打伤了头部，顺便说一下，大多数抵沪的德国人在离开之前都在那里被拘留了10周到3年不等的时间。到达的人中多数来自德国，只有三成来自奥地利。护照上有清晰的红色J字。在已到达的犹太难民中，最富有的人只有3个英镑，而绝大多数人一无所有。一下子涌入的这些难民要找到工作十分困难，但不应视为上海犹太社团的负担，他们也许会对上海作出精神贡献，特别是其中有不少是令人尊敬的医生。负责接待的委员会已成功地租赁了虹口华盛路（今许昌路——编者注）708号的英国妇女之家旧址，并将其整修为可以居住约50人的住所。"

"12月20日，自1918—1922年白俄移民潮以来的最大一批外国难民抵达上海，524名德国犹太男女老幼于当天乘康悌卑安克麦诺号邮船靠泊汇山码头。本来预计有526名移民来沪，但有2人在来沪途中去了香港或马尼拉。救援委员会面对这一复杂情况采取了有效措施。移民们被有序地排列成行并分批送往各难民营。这些人中有近120名儿童。许多住房拥挤的上海犹太家庭来到救援委员会表示愿意在其孩子父母安置下来之前暂时照顾1到2名儿童，这些

4　见《以色列信使报》这一期间相关报道。

犹太家庭绝大多数是并不富裕的俄国犹太人。"。

"12月31日，400名德国犹太难民乘意大利邮船公司波茨坦号和罗索号邮船抵达上海，这让救援委员会大吃一惊，因为原来预计的人数只有300人。从波茨坦号下船登陆的应是70人，但实际为大约120人；而罗索号则不是预定的240人而是280人。在这新一批移民中有28名儿童。大多数新来者先到河滨大楼居住。儿童的状况仍需要上海犹太家庭的帮助。现在有150多名犹太儿童生活在不稳定的条件下，只有25人被安置在愿意暂时照顾低龄儿童的本地犹太人家中。尽管起初移民父母们不愿意与孩子们分开，但是越来越多的人发现在他们安置下来之前将孩子们交托在舒适、温暖的家中还是可取的。"

"1939年1月14日，约有50名经跨西伯利亚铁路横穿俄罗斯的欧洲犹太难民经由大连乘日本邮船Sansho号到达汇山码头。"

"1月15日，约有250名德国和奥地利犹太难民乘维多利亚号到达上海。救援委员会在他们多数人登陆的汇山码头接待他们并引导他们至主要位于虹口和汇山码头附近的各自难民营。"

"1月29日，又有420名犹太难民乘佛德号邮船抵达上海。他们被暂时安置在河滨大楼和阿哈龙犹太会堂睡地铺。有些人每天只能吃上两顿饭。目前在上海有2 305名难民，其中400人可以自立，有1 905人需要救援委员会照顾，救济的压力很大。"

"2月10日，至少85名德国犹太难民乘法国邮船公司的阿陀斯二世号邮船抵达上海。据报道，这些移民都是偷越边界逃往法国马赛并继而乘船来到上海的。他们暂住河滨大楼。同时预计还有850名犹太难民乘意大利邮船公司康悌卑安克麦诺号邮船于2月21日抵达上海。这将使本地难民总人数达到3 155人。"

"2月24日，又有85名德国和奥地利犹太难民乘德国沙恩霍斯特号邮船抵达汇山码头。"

"3月5日，450名犹太难民乘罗索号邮船抵达上海。按照先前的惯例，许多照顾新来者的救援委员会成员在码头迎接并照料他们通过海关手续，同时有许多辆卡车在入口排队准备运送行李。新来的难民部分由救援委员会安排到河滨大楼住宿，同时一些单身汉则在可以容纳1 200人的华德路难民营找到了住处。现在上海居住着大约4 500名德奥犹太难民，这些纳粹统治下的逃亡者正继续不断涌入上海。在救援委员会登记的已有3 945名，但登记过程尚未完成。数以百计的已登陆犹太难民也还未联系救援委员会，因为他们能够依靠来自上海或海外的朋友或亲属的资金照顾自己。在河滨大楼一楼的大部分住房之外，救援委员会还管理着三个难民营，每个能容纳约1 000人。"

"4月3日，在纪念犹太人出埃及的逾越节前夕，又有400名犹太难民抵达上海。他们的应许之地不是巴勒斯坦，而是位于华德路一座学校大楼内的难民营。华德路难民营负责人温伯格也在码头拥挤的人群中迎接他的妻子和孩子。维克多·沙逊则在码头海关处为焦急等待难民的人群拍摄电影。"

"然而真正不详的状况是在未来。据统计，全世界接纳难民的月平均人数是3 000人，而本月仅上海就预计会有3 000多难民抵达。他们将乘三艘邮船前来，所有船只都是为运送这些难民到上海而专程从欧洲开来远东的。意大利邮船公司的朱利奥·切萨雷号将从中欧运送1 600名犹太男女老幼前来上海。另两艘载有约1 500名犹太难民的德国邮船则将经由好望角来到上海。这两艘德国邮船是德国盖世太保为驱逐德国犹太人而专门租用的。尽管难民每人为此支付了2 000马克，但还是由于付不起经过苏伊士运河而必需支付的外汇不得不绕道好望角。"

"上海犹太难民总数估计将达到13 000人。救援委员会如何帮助这些难民解决食宿问题的确看起来像一个奇迹。通过到处租借、募捐，帮助照料了大约7 000名犹太难民。本月三艘犹太难民专用船抵达上海，并不意味着移民潮的结束。其他犹太难民还会乘其他船只抵达。此外，每两周一班的意大利邮船公司每次至少带了300到500名犹太难民。为使进入上海的数以千计的德国犹太难民自立，救援委员会也设立了17万美元的专门财政基金帮助他们，其中维克多·沙逊一人就捐赠了15万美元。目前已有350名犹太难民创业成功，如果加上他们的家人，自立的移民总数达到了690人。此外还有270名移民或在上海就业，或得到私人资助，这又使392人获得自立。现在依靠私人收入生活的移民总数已上升到1 082人，还有6 000多人要依靠救援委员会照顾。自到达以来，能够自立的难民比例已达20%，但如果没有这17万美元的财政资金，这一比例将低得多。"

"4月25日，220名犹太难民乘日本轮船Hakusaku Maru号和格奈森瑙号分别抵达汇山码头。同时，还有850人乘康惕卑安克麦诺号邮船来到上海。这使得上海犹太难民总人数达到8 400人。"

"5月8日，又有440名犹太难民从德国乘罗索号邮船抵达汇山码头。新来者中有50名儿童。来自柏林、维也纳和汉堡的难民多数是男性，因为他们是从集中营中出来并被强迫离开德国的。许多人妻子和孩子已经在上海，也有许多人孤身而来。最初纳粹分子驱逐犹太人出境时还允许他们携带衣服和行李，但最近来到的难民仅仅带着手提包，他们说纳粹分子不允许他们携带其他任何财物。"

"5月14日，738名德国犹太人乘朱利奥·切萨雷号邮船抵达目的地汇山码头。在上岸和经过海关时，难民显得较为轻松。他们说邮船没有在新加坡或香港停留而直接从科伦坡来到上海。他们说旅途总体还是很愉快的，因为这艘特别租赁的意大利邮船公司班轮是设施最好的船只之一，拥有两个露天游泳池。由于买不到德国和意大利邮船公司的船票，因为它们已经预定到10月份，所以才租赁了这艘班轮。"

"其中一位难民说，这艘租赁的班轮的船票也是一票难求，即使有必要的证件和其他'官方批文'，也难以用正常费用购买船票。实际上他们要以一倍半或两倍的价格才能购买到船票。新难民的到达使上海的难民总数达到9 578人。许多是来与先期逃来的妻子和家庭团聚的。他们中有100人在汇山路难民营居住，100人在华德路难民营居住，120人在交由救援委员会处置的汇丰银行虹口分行旧址内居住，还有260人在兆丰路难民营居住，其余的则在河滨大楼居住。同时，救援委员会正在研究在其管理的住所数目不足的情况下建设大型难民营，以容纳预计年底要抵达的25 000名难民。难民登记中心位于九江路190号三楼。每位难民都要在这里登记最重要的个人信息并提供一张照片，同时要求随身携带登记卡并将另一张卡保存在该办事处的档案中。该项措施是为了控制和管理难民，并协助警方。"

"5月19日，德国沙恩霍斯特号邮船抵达上海，其中有155名犹太难民，包括45名夫妇和24名儿童。所有人的住宿都得到了预先安排。据悉，还有两艘专门租赁的德国邮船将运送犹太难民经南非和爪哇来到上海。这一路线的选取是为了避免支付苏伊士运河费用，因为这一收费只接受英国英镑，不接受德国马克。第一艘乌萨拉莫号定于6月24日携461名难民抵达，第二艘坦噶尼喀号定于7月中旬携450到500名难民抵达。难民委员会已从工部局获得了两所学校的使用权。这些学校整修后将可容纳1 400名难民。委员会预计6、7、8和9月都将有近3 000名难民抵达上海，因此需要建造更多难民营。这四个月约12 000名难民的到来有可能使上海犹太难民人数上升至21 000人。"

"5月22日，又有308名犹太难民乘维多利亚号邮船抵达。"

"6月4日，465名犹太难民乘佛德号邮船抵达汇山码头，救援委员会成员照看他们上岸并将他们运送到各难民营。多数人住在荆州路难民营，其他人则分配到华德路、兆丰路、汇山路难民营和河滨大楼居住。据估计，目前上海犹太难民总数为10 506人。"

"6月27日，862名犹太难民分乘两艘邮船抵达上海汇山码头。这使得上海的欧洲难民总人数超过了12 000人。

意大利邮船公司康悌卑安克麦诺号上有827名难民，而法国邮船公司舍农索号上有35人。除找到私人住所的100人外，所有人都安置在难民营。6月28日乘专门租赁的德国乌萨拉莫号邮船到达的459名难民也得到了安置。这批人中有114对夫妇，150名孩子，142名单身男子和33名单身女子。"

"8月7日，又一批265人的犹太难民男女老幼乘维多利亚号邮船抵达并被带往汇山路附近各个难民营。上海的欧洲难民总数超过了16 000人。"

由此可见，从1938年8月到1939年8月初，在一年的时间里，抵达上海的欧洲犹太难民一下达到了16 000人以上，已经远远超出了原来居住在上海的犹太人，塞法迪犹太人和以俄犹为主的阿什肯纳兹犹太人加在一起也不到6 000人，只及犹太难民人数的三分之一。

1939年8月限制令后的来沪犹太难民

虽然这些犹太难民的东方亲戚竭尽全力开展救援，但预计到1939年底至少还将有12 000名犹太难民抵沪，援助的压力可想而知。由于人手、财力等的限制，在犹太难民中已经出现了一些问题。1939年5月，猩红热在上海犹太难民营传播，情况非常严重，大约有200多人受到感染，超过150名的患者被送往兆丰路（今高阳路）的急诊医院，其余病人则在租界其他医院接受治疗。

上海犹太社团并没预料到纳粹德国最后会对欧洲犹太人采取大屠杀政策，而是根据上海的实际情况，深感日益增加的犹太难民将超过其救助能力，并导致难民灾难，于是建议予以适当的限制。与此同时，他们一再呼吁其他国家的犹太社团增强对欧洲犹太难民的接纳和救助。上海犹太救援组织负责人、法租界公董局董事，万国储蓄会总经理米歇尔·斯皮尔曼告知公共租界工部局和法租界公董局，持续的难民潮涌向上海，意味着一种无限度的危险。如果这个问题变得严重起来，那么工部局就有责任保护公共租界内上海犹太难民，采取措施禁止那些失去生存手段，或没有就业前景的犹太难民在上海登陆。他迫切希望有关国家的领事们将这种情况紧急通报各国海运公司。一些俄犹从事的是非专业、资质低、报酬少的职业，因此他们也非常担心新来的难民会以接受更低工资，甚至几小时无偿工作来与其竞争工作岗位。1939年5月，维克多·沙逊等与日本占领当局官员举行了会晤，表示如果对无限制流入的犹太难民予以适当的控制的话，不会遭到全体犹太人的普遍反对。

同时，随着来沪欧洲犹太难民越来越多，正常的租界生活遭到巨大冲击，租界管理也日益混乱，这引起了租界居民的不满和租界当局的关注。当时租界里就流传由沙逊家族投资的中国公共汽车公司正考虑解雇白俄雇员，改聘犹太难民，造成俄侨的恐慌，反犹主义也在他们中间蔓延。署名为反犹组织KKK的小册子《中国、日本和异教徒们的警告，难民入侵上海》在上海流传，其副标题为"准备抵抗经济入侵和准备迎接犯罪、暴力与阴谋的时代"。其中写道："上海突然间变成了那些分别在奥地利、德国和捷克斯洛伐克从事破坏的、过着寄生虫般的生活、普遍依靠德国、奥地利和捷克劳动者出钱供养的人之'福地乐土'。希特勒的'受害人'，连同他们的鹰钩鼻子和喇叭口形的鼻子，继续涌向上海。他们漂亮衣服的口袋里装满了英镑和美元。谁会真正相信犹太人的宣传呢？这种宣传断言，希特勒驱逐了奥地利和德国所有犹太人。这些'贫苦人'在一等或二等船舱中旅行，到处租借高价的房子，同时又要求上海的国际社团为他们找工作并养活他们。我们本来根本不会关注犹太宣传，只不过我们突然间在大街上发现这些'难民们'都携带着照相机，连续不断地出现在兑换所，在咖啡店大啃大嚼点心，并在时髦的饭店中用餐，你可以想象下那些致力于救助中国和俄罗斯难民的人该会多么惊讶！因为这些人刚刚还向他们呼吁'帮助我们吧！我们这贫苦的德国和奥地利犹太难民'。"

《大美晚报》上也有一篇题为《犹太难民构成经济威胁》的文章，副标题是《欧洲流亡者即将形成第4类洋人》，明白地表露了部分外侨对犹太难民工作竞争的担忧。租界当局也担心犹太难民的大量涌入会产生巨大的财政和就业压力，带来严重的社会治安问题。一些西方的富翁也有他们的不满，认为白色人种富裕而高贵的威严形象因为这些德、奥犹太人而黯然失色，因为后者不惜从事体力劳动，甚至从事当时仅仅留给中国人的职业。

同时，由于难民大量涌入上海，并且绝大多数生活在日本人聚居的虹口地区，使得当地住房租金日涨，商业竞争愈益激烈，日侨强烈要求日本政府采取措施。日本外务省的一份官方文件做出回应，表示："必须保卫日本不受犹太移民事业成功的伤害。"1939年7月16日，N.Y.K邮轮Suwa Maru号轮船从欧洲返回日本途中在上海靠岸，卸下64名犹太难民，他们被安置在虹口。日本当局随后宣布，今后不再允许犹太难民到虹口居住。但是，日本当时又担心限制犹太难民可能会引起美国、英国犹太人的不满，影响"河豚计划"的实施[5]。但在上海犹太人主动要求日本当局采取限制措施后，日本即抓住这个机会，决定对犹太难民进入上海予以限制，并强调这项措施是在援助欧洲来沪犹太难民委员会本身的要求下采取的。

就是在这一背景下，1939年8月9日，日本政府发布了一项政策声明，限制欧洲犹太难民进一步向上海移民。发布会上，有记者发问："日方有何权利采取这一在苏州河以北区域限制居住的政策？"日本发言人非常傲慢地答道："日本已军事占领并控制了部分公共租界，因此他们有权随时颁布相关法令。日方已将这一决定正式通知了德、意等国驻上海的领事机构。"他进一步指出，大量犹太难民的涌入将威胁到苏州河以北区域的居民日常生活。这也是上海犹

5　所谓"河豚计划"是日本在侵占中国东北后提出的一项计划，标题为"关于引进犹太资本的研究和分析"，主要内容是：在日本占领下的中国土地上建立一个"犹太人居留地"，先安置3万名犹太难民，然后逐步扩大；建立这一"居留地"的费用由美国犹太财团提供，首先需要1亿美元的安置费；应大力在美国等西方国家宣传该计划，邀请世界各地犹太知名人士来访问"居留地"；通过建立该"居留地"吸引犹太资本，并改善与美国等西方国家的关系。该计划之所以命名为河豚是因为河豚虽然是美食，但是有剧毒。日本人借河豚比喻吸收犹太人移民一方面有利可图，一方面又很危险，好比河豚，要去其"毒素"后再食其美味。

太组织的观点，他们也不希望有进一步的难民进入。不算难民营，居住在该地区的犹太人相当于居住在那日本人的十分之一，因而当局也非常担心两个外侨社团之间发生摩擦。

日本海军陆战队司令部给上海犹太救济组织的备忘录也明确提出，8月21日后抵达的犹太难民将不允许在虹口生活。日本当局本着人道主义精神，迄今为止没有对在日方占领土地上的犹太难民安置施加任何限制。但是，考虑到1937年淞沪会战对此地损毁严重，导致房屋减少，因此日本当局决定减少进入上述地区的人流。同时，考虑到各有关方面利益，在未来安置更多移民的可行性研究作出之前，将暂停新的犹太移民活动。备忘录要求制作一份上海犹太难民名录，并由救济委员会上交日本当局。登记完成后，经日本占领当局审查后向登记人员颁发身份证。只有那些拥有身份证的人才允许在苏州河以北地区经营商业。那些目前居住在虹口的犹太难民必须在8月22日前向日本当局登记，否则将不允许其合法居住在那里。

8月14日，上海公共租界工部局也通知所有领事馆和有关船运公司，不再允许欧洲难民进入公共租界，并采取严厉措施禁止登陆。工部局官员表示，为躲避迫害而逃到上海的犹太难民已达16 000人，年底之前预计还将有5 000人抵达。由于日方已禁止他们进入苏州河北地区，因此他们将被迫前往苏州河南地区居住。如果说，在有许多空置土地和空闲建筑的苏州河北地区已没有接纳新难民的居住空间的话，那么在淞沪会战后已人满为患的苏州河以南地区就更捉襟见肘了。由于居住、医疗等条件已极其紧张，上海已到了无法再接受更多难民的程度。任何传染病的爆发都将是灾难性的。数月前猩红热袭击苏州河北地区难民时，该传染病之所以得到成功处置是因为拥有足够的急诊医院，同时难民自己也还可以照顾他们的患病同胞。但如果在苏州河南地区数以千计的难民中爆发类似传染病，那么情况就会完全不同，因为整个地区没有一座空闲建筑可当作医院，而且所有医院都已经人满为患。但他同时指出，新规定将不适用于那些已经登船或者在前往上海途中的欧洲难民。由于在船只到达香港之前无法获得准确数字，因而到底有多少难民正在前往上海途中还难以确定。

在公共租界工部局做出限制来沪犹太难民的决定后，法国总领事也发布命令，禁止更多犹太难民在法租界居住。所有前往上海的船运公司也都获知了这一新规定。

上海犹太组织根据日本8月9日和工部局8月14日的通知，电告驻在伦敦的德国犹太人理事会，后者又通知了美犹联合分配委员会，从欧洲向上海的移民必须一律停止。在德国和意大利，各邮船公司张贴告示，宣称中国的经济前景非常黯淡，并以此希望能劝阻那些申请避难上海的犹太难民。这两条禁令8月16日在上海的报纸发表后，不难想象当地的犹太难民是何等焦虑不安。那些有亲戚即将乘船来沪或已在途中的人，受到的打击最大。那些预定了8月14日以后船票的人，立即就发生了邮船公司和某些航线退还定金的问题。后来，希伯来移民援助会接到通知，有4艘预定在8月14日至21离港的，载客631名的邮船将获准下客登陆。但是，上海的犹太难民仍然忧心忡忡，与上海各个行政当局秘密商谈，希望能改变相关规定。后来，终于与公共租界工部局达成了协议，并于10月22日公布。

新的协议指出，工部局8月曾宣布被迫禁止任何欧洲犹太难民进入公共租界，但该禁令不适用于符合下述条件的人：① 可支配资金不少于400美元或相同数值的其他外币的成年人，13岁以下儿童为100美元；② 船运、铁路公司或其他旅行代理公司有责确定购票者拥有这些资金。这些机构必须从上海的援助欧洲来沪犹太难民委员会获得相关资金证明。③ 拥有资金证明的上海犹太居民直系亲属、有合同可在上海就业者、上海居民的未婚妻或未婚夫者。符合这些条件的必须通过援助欧洲来沪犹太难民委员会向工部局申请，并由工部局审核。这样，就给欧洲难民进入上海重新开了一道口子。但是这一条例仅适用于工部局控制的公共租界，而不适用于日本人控制的虹口，也不适用于法租界。日本人删去了400美元这一条，并说他们将根据每项要求入境许可证申请的本身情况来加以考虑。援助欧洲来沪犹太难民委员会透露，除了极少数难民外，都将不会被允许进入虹口和法租界。1940年1月的一封日本在华外交官的通信显示，日本方面非常不满工部局改变措施向难民发放了许多入境许可证。而日本方面直到那时为止仅发放了25张许可证。

因此，虽然1939年8月上海各行政当局都发布了限制欧洲犹太难民入境的命令，有不少犹太难民仍然通过各种渠道进入上海，但人数急剧下降了。从

1939年8月到1940年6月意大利对英法宣战近1年的时间里，从海路和陆路，到达上海的犹太难民估计最多在1 000人左右。1939年8月28日，大约619名难民乘朱利奥·切萨雷号抵达上海，这些就是8月14日禁令之前离开意大利，并允许登陆的那批犹太难民[6]。9月1日二战爆发后，那些仍在海上的犹太难民的命运就更加难以确定。当时就有报道称，这些德国难民预计将在中立的荷属东印度群岛（即印度尼西亚）港口靠岸，但他们是留在东印度群岛还是换乘中立国船只来沪仍不得而知。同时，由于英国对德宣战而驱赶德侨，也导致百余名德籍犹太人从香港地区、新加坡等地来到上海。可笑的是，按照希特勒的法令，这些犹太人实际上早已被剥夺了德国国籍。

此后，只有零星的邮船携犹太难民从欧洲抵达上海。1940年1月22日，意大利邮船公司康悌卑安克麦诺号带着70名难民抵达上海。与那些先前到达，且已在上海安家的多数难民不同，因为要符合工部局1939年10月份颁布的新规，这些难民的经济状况还不错。多数人在证明他们拥有400美元后，在公共租界居住下来。一些人在获得日本当局的特别许可后在虹口安了家，这些难民中的大多数不是从德国直接过来而是在意大利居住了一段时间，并从海外获得了足以支付路费以及日用的资金资助。2月9日，又有161名犹太难民乘意大利邮船公司罗索号抵达上海。3月5日，经德国政府允许并经西伯利亚来到远东的德国犹太难民由大连转乘日本船Maru号抵达上海。4月4日，又有约100名难民乘意大利邮船公司佛德号抵达，他们获得了资金证明，主要是来自德国、奥地利、匈牙利、捷克斯洛伐克以及波兰的犹太人。5月9日，211名犹太难民乘罗索号邮船抵达上海，他们主要来自柏林、布莱斯劳（战后划归波兰后改名为弗罗茨瓦夫）、但泽和捷克斯洛伐克，他们大多是来上海与家人团聚的。6月6日，263名犹太难民乘佛德号来到上海。其中多数来自德国，但还有一些奥地利人和捷克斯洛伐克人。来自捷克斯洛伐克的大约有50人。据信，这很可能是从欧洲海路直接来上海的最后一批犹太难民，本来已预定5月6日搭乘佛德号来上海的犹太难民在德意边境的布雷纳被送回慕尼黑，因为意大利政府

6　《以色列信使报》，1939年9月12日。

担心即将来临的意英之间的战争将威胁到该船出航[7]。6月10日，意大利对英法宣战，接着法国便战败投降，此后英国和德意在大西洋和地中海展开激烈的海空战，战火还蔓延到巴尔干半岛和北非西亚。这样，欧洲犹太难民从海上来沪的传统路线全部被切断了。同时，由于法国、荷兰、比利时、卢森堡等西欧国家和南斯拉夫、希腊等巴尔干国家先后沦入纳粹魔掌，波罗的海三国面临纳粹威胁，后又被并入苏联，而德国占领军在波兰等东欧国家开始有计划地排犹，使欧洲犹太人外逃的潮流更为汹涌，但成功的比例也日益降低。这一阶段仍有不少人希望来上海，但只能转而走陆路——穿越苏联西伯利亚，然后经中国东北、朝鲜或日本抵上海。1940年6月后由陆路来到上海的难民估计在2 000人左右。

　　1941年6月德国入侵苏联后，欧洲犹太难民从陆上来上海的路线也被切断。此后，再没有犹太难民能离开欧陆前来上海。然而，仍有一些在此之前离开欧洲而滞留在苏联远东、中国东北和日本的犹太难民，由于战火四起、各国严格限制移民入境而无处可去，结果又辗转来到上海，其中大多数是来自波兰、立陶宛的犹太难民，这些人数应该在2 000人以上。值得一提的是1 100余名波兰犹太难民来沪的曲折经历，他们中包括著名的密尔经学院、卢布尔经学院等犹太经学院的师生400多人。他们在1939年德国入侵波兰前后陆续逃往立陶宛，在走投无路的情况下想出了一个逃离欧洲的办法：以前往荷兰殖民地库拉索为由取得进入日本的过境签证，然后再设法从日本去美国。经过艰苦努力，并得到日本驻立陶宛领事杉原千亩的全力支持，他们居然获得了去日本的过境签证。在立陶宛并入苏联后，他们又获得苏联政府的离境许可，在苏联旅行社的安排下，每人交付了200美元，坐火车横越西伯利亚来到海参崴，再从那里乘船抵日本神户。在神户滞留了半年多，他们始终无法获得进入美国的签证。后在巴勒斯坦犹太代办处特派代表齐拉赫·瓦尔哈夫蒂格（Zorach Warhaftig）等人的帮助下获得了来上海的许可证，于1941年下半年分批来到上海。据当时报纸记载："1941年8月22日，又有296名犹太难民从日本神户和横滨乘日本轮船Asama Maru号来到上海，其中有255名波兰犹太人和16名德

7　《以色列信使报》，1940年6月14日。

国犹太人。他们一年前就离开了战乱的欧洲，其在日本停留的签证期限尽管只有两周，但仍在那里居住了十个月。新来者中有许多犹太拉比，他们被送往阿哈龙犹太会堂并暂时居住在那里。"[8] 他们也许是12月7日 "珍珠港事变" 前来到上海的最后一批犹太难民。太平洋战争爆发后，由于上海与外界的海上联系已全部被切断，犹太难民从海上进入上海已几无可能。

结　论

据1941年2月21日公布的援助欧洲来沪犹太难民委员会1940年年报显示，1940年上海仅在该委员会登记的犹太难民就有23 310人。[9] 此后，人数略有变化：从俄罗斯西伯利亚地区、韩国、日本转来了部分滞留难民；同时，一些犹太难民前往了第三国，如1940年有102名德国犹太难民经西贡前往法国，加入法国外籍军团与纳粹作战，又如1941年下半年，29名波兰犹太难民前往巴勒斯坦，参加犹太复国主义拓殖工作。

综上所述，二战期间上海至少有2.5万左右的犹太难民长期居住，研究大屠杀问题的国际权威机构西蒙·维森塔尔中心的统计数字正好与此符合。[10] 根据这个数字，如再加上1933—1941年间途径或短暂居留上海后前往第三国的犹太难民，那人数就更多了，估计在3万人左右。

因此可以毫不夸张地说，上海是二战前及二战期间拯救犹太难民人数最多的国际大都市。

（作者王健系国家社科基金重大项目 "来华犹太难民研究" 课题组成员，子课题负责人，上海犹太研究中心副主任）

8　《以色列信使报》，1941年9月19日。

9　《以色列信使报》，1941年2月21日。

10　前引 A. Grobman & D. Landes, *Genocide, Critical Issues of the Holocaust*, p.299.

第三章
上海的欧洲犹太难民社区

欧洲犹太难民来到中国后，随即与先前来华的塞法迪犹太人和俄国犹太人建立了密切联系。但是，他们在宗教活动和生活习俗等方面又与塞法迪犹太人和俄国犹太人有许多不同之处，有时不免产生分歧和摩擦。久而久之，欧洲犹太难民便逐渐形成了自己的社区，还建立了自己的独立社区组织。由于到中国其他城市的欧洲犹太难民人数很少，本章重点考察人数超过2万的上海欧洲犹太难民社区。需要指出，由于犹太难民在中国境内是可以迁移流动的，因此上海犹太难民社区及其组织也对中国其他地方的犹太难民产生了影响。

一、欧洲犹太难民建立独立组织"中欧犹太协会"

欧洲犹太难民来沪后，起初并没有建立独立的社区组织，而是参加塞法迪犹太人和俄国犹太人建立的阿哈龙会堂、拉希尔会堂和摩西会堂的宗教仪式。随着人数的不断增加，中欧犹太难民[1]要求准许他们在这些会堂里按照德语犹太人的习俗单独举行宗教活动。这虽得到塞法迪犹太社区和俄罗斯犹太社区的同意，但上海的犹太教大拉比阿许根那齐要求他们只能按犹太教正统派的传统进行仪式[2]，这使欧洲犹太难民深感不便，遂开始计划建立自己的社区组织。

1　因为欧洲犹太难民主要来自德国、奥地利、波兰、捷克斯洛伐克等中部欧洲，所以也称中欧犹太难民，下同。

2　阿许根那齐拉比本人属犹太教正统派。

1939年3月，在利奥波德·施泰因哈特、格哈德·戈特沙尔克、伯纳德·罗森贝格博士等人的组织下，中欧犹太难民在百老汇大戏院（今东山电影院）举行了第一次独立的宗教仪式，以纪念"五旬节"。[3]这是中欧犹太难民建立自己独立社区组织的第一步。但当时出于维持与"援助欧洲来沪犹太难民委员会"的关系考虑，"五旬节"仪式后建立的宗教组织还只是隶属于"援助欧洲来沪犹太难民委员会"的一个公共宗教部，由库特·马克斯博士（Dr. Kurt Marx）居中进行协调。

1939年7月，在格奥尔格·格拉斯博士的领导下，中欧犹太难民成立了"犹太文化协会"（Juedische Kulturgemeinde），向建立独立的中欧犹太人社区迈出了重要的一步。在文化协会的组织下，难民们首次独立举行犹太新年仪式。这一仪式的成功举行进一步强化了中欧犹太人的宗教独立意识，要求建立自己的犹太社区的呼声也越来越高。1939年11月，中欧犹太难民不顾阿许根那齐拉比和"援助欧洲来沪犹太难民委员会"的反对，建立了独立的社区组织——"中欧犹太协会"（Juedische Gemeinde），本部设在东熙华德路（今东长治路），施泰因哈特出任协会主席。虽然中欧犹太协会缺乏资金，并一时无法得到"援助欧洲来沪犹太难民委员会"的支持，但是仍以勃勃向上的精神，团结在沪中欧犹太难民，积极开展宗教和其他社区活动。

中欧犹太协会相继成立了公益部、宗教部、法律部等机构，建立了"仲裁法庭""妇女联盟""圣葬社"等组织，以处理诸如法律诉讼、宗教活动、教育卫生、丧葬事务等各种具体问题，还出版了报道协会和社区活动的《犹太简讯》。该会的首任拉比是J·温特博士（Dr. J. Winter）。1939年10月，他离沪去美国后，约瑟夫·蔡廷博士（Dr. Josef Zeitin）继任。其他为难民服务的拉比还有卡尔·H·索伯（他和蔡廷都是温和正统派）、维利·泰希纳和格奥尔格·坎特罗夫斯基（两人都是自由派），以及属于极端改革派的E·西尔伯斯坦博士。尽管存在上述种种差异，但在太平洋战争爆发前的两年中，经过协会成员的共同努力，中欧犹太协会发展迅速。

虽然在百老汇大戏院举行的宗教仪式是由自己的拉比主持，并按照德国

3　五旬节，又称"七七节"或"收获节"，为犹太教七大节日之一。

的方式进行的，但仍有一批自由派难民认为这过于正统。于是，在胡戈·亚历山大（Hugo Alexander）的领导下，部分自由派难民于1940年逾越节在东海大戏院（今东海电影院）举行了标准的改革派宗教仪式。这批自由派难民后来独立出去成立了中欧犹太自由派协会（Juedisch-liberale Gemeinde），由胡戈·亚历山大任会长，并聘请西尔伯斯坦博士担任拉比。与此同时，中欧犹太协会也在协会内部设立了自由派难民活动的宗教场所，以防止协会的进一步分裂。

1941年6月29日，中欧犹太协会举行了第一次选举，共有1 000多人参加了投票。选举产生了21名代表，并由他们推选了7人组成理事会。F.莱塞博士（Dr. Fritz Lesser）和F.卡德格博士（Dr. Felix Kardegg）当选为正副会长，K.来狄许博士（Dr. Kurt Redlich）当选为理事会主席，并聘请R.D.亚伯拉罕任名誉会长。中欧犹太协会的理事会具有相当广泛的代表性，他们中有商人、职员、知识分子、政治活动家和宗教人士。协会有意建成一个符合欧洲犹太社区民主传统、接受会员监督的犹太代议机构。

1941年12月太平洋战争爆发后，日本当局"改组"了中欧犹太协会，以期越过林林总总的救援机构，加强对欧洲犹太难民的直接控制。改组后的中欧犹太协会逐渐由一个自发的社区组织演化成代表全体难民的政治实体，管理的范围扩大到几乎所有难民事务，成为犹太难民与日本当局联系的代表机构。二次大战后，中欧犹太协会还负责欧洲犹太难民的遣送工作。

二、欧洲犹太难民的"仲裁法庭"

在协会的各种组织中，最值得一提的是"仲裁法庭"的建立。作为侨居在中国的外国人，如涉及司法问题，理应由中国政府处理，任何一个国家及其公民均不得在中国设置独立的法庭，即使当初公共租界内的"会审公廨"，也是中国政府派出的司法机构。因此，犹太"仲裁法庭"的设立在上海乃至中国历史上是罕见的。究其原因，主要有两个方面：首先，当时统治上海的是日本军事当局。他们为了减少管理中的麻烦，有意让犹太人自己处理相关法律诉讼，解决犹太难民间的纷争。他们本来就是占领者，对此类侵犯中国主权的事当然也不会在意。其次，在社团内部建立具有宗教性质的仲裁法庭，是离散犹太社区的传统。早在希腊化时代，亚历山大城内的犹太社区就有自己的司法机关。[4]比中欧犹太社区更早的上海塞法迪犹太社区和俄罗斯犹太社区内部也都设有仲裁法庭，只是没有那么公开，那么完备，不太为外人所知罢了。如D.E.J.亚伯拉罕就是塞法迪犹太社区的民间治安判事。[5]俄罗斯犹太社区在1939年12月给远东犹太社团代表大会的报告中，也明确提出将在数月后设置社区附属的仲裁裁判所。[6]欧洲犹太难民大量涌入上海后，援助欧洲来沪犹太难民委员会和国际救济欧洲难民委员会也都建立了处理司法问题的机构，前者在1939年夏天成立了欧洲侨民仲裁庭，后者不久后也成立了一个调解庭，主要解决非犹太欧洲难民之间的纠纷。

上海中欧犹太难民"仲裁法庭"成立于1940年2月18日，设在唐山路416弄22号内，由裁判官、律师、协助律师、评判员组成，同时组成仲裁委员会。该委员会制定了仲裁法庭的有关章程和规则，明确法庭的主要任务是调解，没有处罚之权；规定仲裁法庭是四级四审制，第一、二、三审均为调解，第四审为最高法庭，由5人组成，庭长为曾担任过德国地方初审法院法官的阿尔弗雷德·拉斯科维茨博士。此外，中欧犹太人还成立了一个律师公会，共有约近百名律师，为犹太难民提供法律服务。这个犹太仲裁法庭在7年多时间里共处理了数以千计的诉讼，直到1947年才被取缔。中国政府有关文件称："旅沪犹太侨民设立仲裁法庭侵犯我国主权，应予封闭"，"嗣后凡犹太侨民等如有民、刑诉讼事件，并仰依法向我国司法机关申诉"。[7]

三、中欧犹太协会的其他附属组织

中欧犹太协会还设立了圣葬社、"妇女联盟"等附属组织。1937年中欧犹太难民大批来沪后，中欧犹太协会的弗里德里希·格卢克施特恩于1940年8月建立了自己的圣葬社，并于9月在哥伦比亚路购地建立了中欧犹太难民的第一座公墓。随着难民死亡人数的增加，圣葬社又在周家嘴路购地建立了第二座公

4　　阿巴·埃班：《犹太史》，中国社会科学出版社1986年版，第75页。

5　　宇都宫希洋：《上海犹太铭鉴》（日文），东京，国际政经学会1937年版，第5—7页。

6　　满铁调查部：《第三回极东犹太民团代表大会概观》（犹太问题调查资料第22辑）（日文），1940年，第52页。

7　　上海《大公报》，1947年8月23日。

墓。圣葬社很受难民们的欢迎，入社者人数高达1 800人以上。

"妇女联盟"创办于1940年，由格特鲁德·沃尔夫领导，成员最多时达1 000多人。联盟主要负责照顾老弱病残难民，烹制特殊的安息日和节日伙食。在太平洋战争爆发前，联盟的大半资金是由鲁本·D·亚伯拉罕夫人提供。

此外，中欧犹太难民于1942年8月成立了互助组织"厨房基金会委员会"，后来简称"厨房基金会"。基金会由一些经济境况较好的犹太难民组成，旨在筹措资金，采取"监护职责"的方法，帮助救济最贫困的犹太难民。中欧犹太难民还成立了犹太领唱者协会，难民中的锡安主义者还成立了诸如"西奥多·赫茨尔"锡安主义总会等组织（见本章附录二）。

四、欧洲犹太难民中的左翼人士

在犹太难民中有不少左翼人士，有的是德国共产党等左翼政党的成员，其中一些人形成了一个小组。据该小组核心人物岗特·诺贝尔（Gunter Nobel）介绍，他1933年加入德国共产党，纳粹上台后，大批德共党员被投入监狱和集中营，他也于1937年被捕。此后，他和夫人基尼亚·诺贝尔历经千难万险，终于逃离德国，来到了避难地上海。在此前后，不少德国共产党人和左翼分子也逃离纳粹魔掌来到了上海，他认识的就有上百人。

逐渐适应了上海的环境后，一些互相比较熟悉的德共党员和左翼人士开始经常聚会，在一起学习马克思、列宁等人的著作并交流信息，逐步形成了一个反纳粹地下小组。小组的成员有二三十人，都是犹太难民。小组虽然具有强烈的反纳粹立场，但没能与德国的反纳粹地下组织和中国共产党建立直接联系，也难以开展反对德日法西斯的抵抗活动，主要是组织学习和交流信息。

不过，小组的某些成员自行与苏联共产党和中国共产党建立了关系。如小组的创建人汉斯·希伯（Hans Shippe）是著名记者，德国共产党党员，后来直接参加了中国共产党领导的抗日斗争，于1941年11月牺牲在山东的抗日战场。中国人民为他建立了纪念碑，碑文上铭刻着"为国际主义奔走欧亚，为抗击日寇血染沂蒙"这几个大字。小组的领导人之一瓦尔特·祖列克（Walter Czollek）也通过参加中国革命的奥地利医生罗生特（Jacob Rosenfeld）与中国共产党建立了联系。小组的核心人物汉斯·克尼格（Hans Konig）等5人与苏联建立了联系，其中也包括岗特·诺贝尔的夫人基尼亚·诺贝尔。他们后来为苏联塔斯社工作，积极向外界报道中国人民的抗日斗争和世界人民的反法西斯斗争。

　　直到1941年6月，该小组的任务仍然是以发展队伍以及为成员提供教育为主，他们也为从上海返回欧洲后能立即投入到有效工作之中做了充分的准备。德国于1941年6月进攻苏联极大地改变了上海的政治局势，这一事件促使上海犹太难民中的左翼团体成员通过口头讨论和写作等多种形式表达了他们对于战争的看法，即纳粹在战争开始时的胜利只是其最后崩溃的前奏。苏联塔斯社在上海设立了自己的广播站。自1941年夏末，塔斯社开始以四种语言（俄语，英语，中文，德语）播报重要信息，例如前线的每日战报，反希特勒同盟领导人的演讲，军事和政治形势分析，战争进程评论等。来自德国的犹太共产党员积极参与了德语节目的录制工作。该小组的汉斯·克尼格还为塔斯社撰写了一些关于政治、军事事件的评论。包括岗特·诺贝尔在内的不少共产党员也试图向苏联驻沪领事馆申请加入苏联红军以抗击法西斯，但这些请求由于犹太人的敏感身份以及当时复杂的环境而被苏联方面拒绝了。

　　1943年进入虹口隔离区后，小组继续进行定期聚会，交流盟军取得胜利的好消息。1945年5月，纳粹德国投降和希特勒死亡的消息传来，小组成员欢欣鼓舞。8月6日，原子弹在日本爆炸的消息在上海流传，几天后日本人便投降了。1945年9月后，纳粹大屠杀的可怕内幕不断从欧洲传来，令小组成员十分震惊。与大多数在华犹太难民不愿再回欧洲定居不同，这些前德共党员和左翼人士还是想回德国。他们的理想就是建立一个自由、平等、社会主义的新德国，在中国的避难生活并没有改变他们的信念。以小组成员为核心，近300名前德共党员和左翼人士汇聚在一起，经过反复磋商，决定返回德国。

　　1947年8月，他们告别了上海和中国人民，踏上了返国之途。1947年8月21日，295名前德共党员和左翼人士及其家属抵达柏林。他们是来华犹太难民中极少的，甚至可能是唯一的返回前民主德国的数百人群体。在柏林车站，他们受到了盛大的、热烈的欢迎。1988年，邓小平同志邀请曾参加过中国革命的德国共产党老同志再访中国，诺贝尔夫妇也有幸参加了这个访华团。

五、来自波兰和捷克的犹太难民

波兰犹太难民是一个相对独立的群体。1941年10月援助东欧犹太难民委员会A·奥本海姆在致援助欧洲来沪犹太难民委员会负责人斯皮尔曼的信中就曾指出"波兰人和立陶宛人在宗教习惯、性格、语言方面所受的教育与其他难民全然不同，我不想说他们优于或劣于其他人，但是他们是不同的，因而必须单独组成一个团体。"[8]事实确是如此。波兰犹太难民虽然没有建立正式的社区组织，但他们始终抱成一团，在一起活动时讲波兰语，与德国犹太人和俄国犹太人之间总是存有无形的界线。当日本当局强迫欧洲犹太难民迁入虹口隔离区时，只有波兰犹太难民出来抵制，理由是他们与德奥犹太人不同，并非"无国籍难民"，因为波兰流亡政府还在活动。后来他们虽然不得不迁入隔离区，但这次抵制行动显示了波兰犹太人的独特性。波兰犹太难民的宗教活动也表现出独立性，体现了真正的犹太教正统派，特别是哈西德派的宗教文化和宗教教育特色。同时，密尔经学院及其他经学院的400多名学生和拉比们在一向冷清的阿哈龙会堂坚持攻读。结果，著名的密尔经学院没有像其他经学院那样被纳粹摧毁，反而在上海得到了进一步发展，为战后在耶路撒冷和纽约布鲁克林重建奠定了基础，以致人们至今仍在称颂上海在保护犹太正统派教育中发挥的历史性作用。

来自捷克斯洛伐克的犹太难民也在上海犹太难民社区中形成一个小团体。他们大多是"捷克斯洛伐克俱乐部"的成员，忠于捷克斯洛伐克流亡政府，经常在一起聚会。有意思的是，他们大都保留着旧的捷克斯洛伐克护照，来上海途中经过英国管辖地区时，他们就出示捷克斯洛伐克护照，结果避免了持纳粹德国护照引起的误会和麻烦。关于在沪捷克斯洛伐克犹太难民的人数，有着不同的说法。一些捷克斯洛伐克犹太难民在回忆录中写道："大约有40人来自捷克斯洛伐克。"[9]不过，近年来捷克科学院近代史研究所研究人员对战时在沪

8　Kranzler, David, *Japanese, Nazis and Jews: The Jewish Refugee Community of Shanghai, 1938—1945*, New York, 1976. 戴维·克兰茨勒著：《日本人，纳粹和犹太人：上海犹太难民社区1938—1945》，纽约，1976年版，p.219.

9　约瑟夫·舒霍夫（Joseph Schulhof）："中国九年"（Nine Years in China）。舒霍夫是战时从捷克斯洛伐克来沪避难的犹太难民，这是他的个人回忆录，由舒霍夫家属提供给上海犹太研究中心，对此表示感谢。

捷克斯洛伐克犹太难民进行了比较系统的研究，得出结论是人数约为100人左右。[10]据笔者判断，后一个数字基于深入研究，应该更为准确。

在大批中欧犹太难民中，还有一些人是具有犹太血统和部分犹太血统，但已改宗基督教的犹太人。他们同样得到了援助欧洲来沪犹太难民委员会等组织的援助。同时，这些非犹太教的犹太难民也在各种救济活动中发挥了作用。他们通过与美国基督教救济组织的联系，为上海犹太难民募集了一部分救援资金。为了维护自己的利益，他们还建立了几个独立的团体，如上海希伯来布道会、贵格会（公谊会）、天主教难民委员会、中欧新教徒联合会等。

---

10 这是捷克科学院近代史研究所赫列娜·科列科娃（Helena Krejcova）教授访问上海犹太研究中心时提供的数字。

附录一

上海犹太难民社区面面观

一

犹太难民面临的最大问题是维持最起码的生存。他们逃脱了纳粹的集中营和毒气炉，但如今面对着在一个完全陌生的环境里谋生的问题。

在上海登陆的难民中，很多人实际上身无分文。他们没有亲戚或朋友，他们不会说中文，他们对这座城市或它的居民一无所知——事实上，很多人只是凭一时冲动才决定来上海的。如果不是因为迅速采取的援助行动，我毫不怀疑数百，甚至数千难民将会死去。

按照西方的标准，上海没有有组织的社会机构。一贫如洗的中国人在街上乞讨，有的在冬天默默地死于严寒。白俄和葡萄牙人社区有很小的赈济组织来帮助它们自己的穷人。在难民到来之前，几乎没有欧洲人处于贫困之中。

当难民最初开始涌入时，长期居住在上海的犹太人迅速组织了援助欧洲来沪犹太难民委员会来帮助他们，但委员会相对贫乏的资源很快就被用尽了，因此正规的犹太人救济机构，像美犹联合救济委员会及国际犹太难民救济组织（HIAS）等取代它做了很多工作。

最初，委员会曾为难民们寻找住房，但是在劳埃德·特雷斯蒂诺号[1]邮轮一次次卸下数百名孤立无助的难民后，情况变得严重起来。有财力的难民只得自己寻找住房，较富裕的难民在公共租界和法租界搞到了房间或公寓套房，

1　运送犹太难民来上海的意大利轮船。

较贫穷的难民被迫越过苏州河在日租界[2]的虹口定居，那里的房租更低。虹口在1937年中日淞沪战役中被日本飞机大肆轰炸，1938年年底我们到达上海时，虹口的很多地方已成废墟，几乎空无一人。不久，新的房屋建成以供难民居住。

当我们家初到上海时，全部财产大约是10美元。我的双亲幸运地找到了工作，在最初的几年里，我们过着较为奢华的生活，在公共租界有一处公寓套房，甚至有钱去青岛等旅游胜地避暑。然而珍珠港事件后，情况急剧变化。日本占领军命令犹太难民搬入虹口的隔离区。我们被迫放弃了公寓，付了一笔荒谬的"钥匙钱"[3]后，在过去曾是中国人的学校里获得了一间小单间。我们在这个又小（9英尺×12英尺）又暗和通风不良的房间里一直住到战争结束前几个星期它被美国轰炸机摧毁为止，再搬入一间更小的房间。不用说，我们的房间没有独用浴室或厨房，甚至独用的自来水也没有。整幢建筑只有一间公共厕所，也没有自来水笼头。每天早晨，一名苦力推着被委婉地叫作"甜蜜车"的车子运走粪便污物，把它们当肥料卖掉。这幢建筑物也有一个公共淋浴设备，但只能在一定的时间里使用，大部分人宁愿在自己的房间里用小盆洗澡。我母亲不得不在一个小煤炉上烹煮所有的食物，小煤炉与花盆一样大，只有不断扇风才能保持火旺。烧开水花费时间太长，到老虎灶买热水成了我每天的使命。老虎灶在上海任何一个街角都能找到（至少在较贫困的地区）。

夏天气候炎热，我们没有空调器和电扇，穿着最少的衣服，但很快就因出汗而湿透，不得不一天换几次。冬天极冷。我们买了一个大肚盆状的小炉子，但燃料昂贵，只能在有限的时间里使用它。幸运的是，我们的楼里有电，但它只能用来照明，而日本人则经常切断电源实施灯火管制。

食物极其不足且昂贵，常有无数极端营养不良的病人。买新衣实际上已不可能，大多数人不得不穿他们从欧洲带来的衣服，很快就衣衫褴褛，甚至时常可见一些更穷的难民在冬天用破布裹脚，并把报纸塞在衬衣里。

还有数千名难民完全孤立无援，一无所有，委员会——得到来自维克

2　旧上海并无正式的日租界，虹口只是日本人的一个聚居区。

3　指正常房租外加付的不合理费用。

托·沙逊爵士和其他富裕的西方侨民的赞助（包括非犹太人）——建立了难民营。难民营由匆匆改造和重建的学校、仓库、兵营等拼凑而成。几十户人家挤在通风不良的小宿舍里，每个家庭要为自己及其财物划出几平方英尺，不断有划界纠纷，邻居们对一英寸地皮的争执，其激烈程度不亚于美国的房屋所有人争夺后院篱笆的界线。

随后委员会被美犹联合分配委员会取代，创办了临时厨房，供8000多人每天一餐，孩子们则多喝一瓶牛奶。

许多难民自己谋生，他们向富裕的外国人和中国人兜售从牙刷到鞋带等各类东西，随着他们的人数日趋增加，生意就很难做了，最后只有很少几个人才能够用这种方式谋得足够的生计。

绝大多数难民仍留在虹口，他们修复了数十个被毁坏的街道，盖起新的住房和商店，虹口开始呈现出德国或奥地利小城市的外观，数百家店铺开张了，大部分迎合难民顾客的需要，其中有杂货店、药房、面包店、水管铺、锁匠铺、理发店、裁缝店、修鞋铺、女帽商店等。当然也有不可缺少的维也纳式"咖啡屋"，没有它们，普通的维也纳人会感到难以生存。一些具有创业精神的人甚至建立了小工厂，出产诸如肥皂、蜡烛、编织品、皮革制品之类的产品，以及特具欧洲风格的食品——腊肠、糖果、软饮料等，其中不少产品在中国人中也很畅销。

医生包括牙医开办了小诊所，因为德国和奥地利的很多医生都是犹太人，尽管他们人数过多营业情况相当不错。工程师和建筑师在重建虹口方面出了很多力，但他们找工作遇到了更大的困难。律师、经济学家，大学教授等则无机会表现他们的才能了，一些人变成了小贩，另一些人卖报，很多人被迫在难民营里从事社区事务活动。

到1941年底，犹太难民已成功地建立起一介取得惊人成就的社区，如果没有太平洋战争，估计至少1/3的人能在上海定居。然而在珍珠港事件后，情况急剧恶化，难民的经济状况再次变得极为困难。日本人接管了整个城市，在花了一年时间学会管理这一复杂的大都市后，决定拘留所有的盟国公民，包括美国、英国和荷兰的侨民，但他们不知怎样对待犹太难民。一方面，这些犹太人显然是反轴心国的，至少在感情上是同盟国的支持者；但是另一方面，他们不是同盟国的人，不能被安置在拘留营里。战后发现，上海的德国纳粹分子曾就如何处置犹太难民提出了建议，包括使用毒气炉和焚尸炉之类手段。[4] 幸运的是，日本人拒绝采用这类措施。如前所述，他们最终决定将所有在1937年以后进入上海的犹太难民集中到虹口的隔离区里。隔离区被铁丝网和哨兵团团围住，全体犹太人都被禁止离开，否则便要受到监禁乃至处死。难民们处于类似被拘留的不正常状况之中。

几百名在市里有工作或营业机构的难民被准许白天离开居留区，他们必须带上特别的徽章和通行证，每几周更换一次。负责发放通行证的日本官员合屋是喜怒无常的虐待狂，他称自己是"犹太人的国王"，是虹口最可畏的人，他对那些要更换通行证的难民所造成的精神痛苦和屈辱简直难以描述。

塞法迪犹太人当然像英国公民一样被拘留，但俄国犹太人却争取到过着相对不受干扰的生活，可以不住在隔离区里。据说他们为了得到不受干涉的特别许可，向日本人支付了巨额的金钱，不管怎样，他们住在隔离区外就是幸运的。太平洋战争爆发后，来自美国的汇款被切断了，数千难民处境危险。美犹联合分配委员会驻上海代表只能在俄国犹太人和其他未被拘留的外国人中募集钱款，这些借款——战后它们与大量利息一起被迅速付还——帮助维持了数千名难民的生存，否则他们就会饿死。

二

各种救济委员会是犹太人所有政治组织的核心，往往被日本当局视为犹太社区的正式代表。每个难民营有自己选出的官员，也有自己的准警察力量，通称Heim Polizei[5]，职责是维持秩序和纪律。住在难民营外面的难民往往组成自己的小行政单位。我们住过的那所旧学校里的居民，就选出一个委员会来管理自己，其他地区的社团也同样如此。还有仲裁法庭，试图在不求助于日本当局的情况下，用友好的方式解决内部纠纷。

4　这里提到的就是纳粹派来上海的梅辛格上校向日本人提出的屠杀上海犹太人的"上海最后解决"方案。见第五章。

5　德文的"家园警察"之意。

然而没有社区政府，当然也没有社区范围内的选举。日本人让难民们管理自己的事务，但不能妨碍他们的计划。日本当局挑选一些著名的社区领袖，利用他们控制整个团体的活动。这些领袖不得不帮助日本人组织专门的犹太人巡逻队，在隔离区内值班放哨，确保他们的同胞不得在没有通行证的情况下离开隔离区。另外，建立了防空袭民防队和担架队，1945年7月遭轰炸时，它们发挥了重要作用。

日本人认为犹太隔离区的存在对他们有某种程度上的益处。他们估计美国人对轰炸隔离区会有所顾忌，因此，他们在隔离区堆积军火，存放油料，安置无线电发射台，驻扎军队等。显而易见，他们太过分了，战争结束前不久，一直小心翼翼避开虹口的美国人最终对这个地区进行了多次空袭，许多房屋（包括我们自己的）被毁坏，一些难民（加上数百名中国人）丧生。

三

如前所述，大多数难民来自中产阶级和低薪阶层，他们被迫混在一起。很多专业技术人员还是坚持保留他们的旧头衔，衣衫褴褛的报贩被尊称为"博士"，一位穿着破旧的老人坚持要人们以贵族头衔称呼他。

尽管有相当多的内部摩擦，但大体来说，犹太社区显示出惊人的团结。奥地利人和德国人经常互相争吵，也时常联合起来对付他们瞧不起的波兰籍犹太人。但有吵架和斗殴的双方一般不去求助于日本或中国当局，而是由难民仲裁法庭解决。人们实际上表现得非常克制。远离祖国，正为勉强维持生存奋斗，还遭美国人的轰炸，犹太人依然保持了明显的稳定和平静。

大多数难民认为他们在上海逗留是并不令人愉快的临时插曲，他们仅仅是为了能够漂泊到美国、澳大利亚，或重返欧洲而活着。他们以浓厚的兴趣注视着战争，尽管大部分新闻由日本人的宣传机构传播，但他们几乎可以凭本能得知什么时候同盟国又赢得了一场大胜仗。

犹太社区拥有一份日报——《上海犹太早报》，该报登载本地新闻和日本当局准许印行的国际新闻。一些难民拥有收音机，他们经常收听由日本人控制的英语电台，也从上海的一家苏联电台中收听到一些令人鼓舞的消息。俄国与日本没有交战，日本人被迫允许这家电台广播。收听短波被严厉禁止，但有一些胆大的人仍在偷听，并将好消息秘密传给他人。虹口商业中心舟山路以"小道消息之弄"而闻名，自然，最流行的小道消息之一便是"战争结束了"，而且有一天它终于成了现实——战争结束了！但小道消息并没有随战争的结束而终止，1947年7月我们离开上海时，制造小道消息仍是犹太社区的主要行业之一。

四

难民中有一些反希特勒的基督教徒，还有非犹太人妻子和孩子[6]，极少数难民改信了天主教和新教，并从传教士那里领取一些额外的救济金。

德国籍和奥地利籍犹太人并没有建立自己的犹太会堂，很难说是他们缺乏宗教热情，或是因为贫困，或两者兼而有之。原因在于，较正统的犹太人可以使用在这个地区的俄国犹太人小会堂，而改革派[7]的信徒在学校礼堂、会议厅等地聚会。总体上来看，宗教好像在社区里没有发挥突出的作用。

一个例外是波兰籍犹太人。他们大多数依然是纯粹的正统派，保持着若干经学院和学校，其中有一个经学院据说是世界上最古老的经学院，500名师生作为一个整体从波兰一路过来，到达上海时没有丢失一个学生、教师或书本，甚至连一堂课也没漏掉。他们刚到上海就马上建起了学校，并继续教学，几乎完全忘记了他们周围发生的事情[8]。

五

1938年，上海有许多英国、法国和美国的学校及大学。其中有一所上海犹太学校，由塞法迪和俄国犹太社区共同建立，学校位于市中心，有一个英国籍校长和很多英国籍教师，并严格按照英国方式管理，即使战争期间英国籍教

6　按正统派犹太教法规，母亲如果不是犹太人，即使父亲是犹太人，其子女也不是犹太人。

7　指反对严格遵循犹太教规的犹太人。

8　此处提及的即来自波兰的米尔经学院。

职员工被拘留，不得不由讲英语的俄籍教员代替时也是如此。

来到上海的第一批犹太难民，包括我的父母在内，都把他们的孩子送到上海犹太学校读书。但当数千名难民开始涌入虹口时，显然需要一所难民自己的学校。在富有的塞法迪犹太人嘉道理的支助下，虹口社区建立了自己的学校，大部分孩子在那里接受教育[9]。教师全部来自难民，用英语上课，英语很快变成了孩子们的第二母语。学校具有很高的欧式学术水准，太平洋战争期间，处于日本人监督之下，学校还是保持了这个水准。

除了这所初等和中等合一的学校外，难民们也创办了许多小的成人职业学校。当然，他们从未建立过大学，但据我看，犹太社区如果继续存在下去的话，他们准会办到这一点的。

六

对难民来说，可以忍受艰苦生活的主要原因之一是有较多形式的娱乐活动。

虹口有三四家中国人开的电影院，专放美国影片，难民们立即光顾。他们不仅渴望娱乐，还渴望有机会学英语。太平洋战争期间，美国影片当然被禁，但德国、法国、意大利和俄国的老片子还是使人得到相当令人愉快的享受。

难民中有许多专业演员，还有一些业余爱好者，这些人很快就组织了剧团。音乐家创办了管乐队和管弦乐团，几位歌唱家甚至还组建了一个轻歌剧团，上演了一些非常成功的小歌剧。

当然，到处都有咖啡馆和桥牌俱乐部，甚至还有夜总会，其中一个设在虹口最高建筑物之一的屋顶平台上，在酷暑时期是个好去处。然而没有像样的酒吧或街角小酒馆，一直到战后，才有几家开业。以迎合美国大兵的需要。

在这人紧挨着人、十分拥挤的社区里，必然有大量的家庭娱乐，谈话艺术达到了空前高的水平。由于缺乏食物，女主人通常只提供开水，客人们则自

---

9   即霍瑞斯·嘉道理创办的上海犹太青年会学校，也称"嘉道理学校"。

带咖啡（或代用品）、茶叶、糖或糖精。

难民们到后不久就组建了足球队，几个月后还建立了三区业余足球联合会，每年举办一次联赛，中国和其他外国球队也参加比赛，热情的观众可达数千。流行运动还有拳击、乒乓球，少数人打网球和棒球。

社区没有公共图书馆，一些有创业精神的难民却搜集了一小批图书，建立了流通图书馆，年轻人——如我个人经历过的那样——把交换连环画搞得十分红火。

七

总的来说，与中国人的关系相当好。当然，也发生过中国人骂难民的事情。但我深信，这些中国人没有受到任何反犹主义的煽动，只不过是为了利用这个机会对白人进行报复，他们在英国人和法国人统治下曾不得不忍受耻辱。起初，我们家较宽裕时，雇用了一名中国男仆，一名"阿妈"（保姆），乃至一名干钟点活的黄包车夫，但太平洋战争一开始，这些奢华就完结了。大多数难民从未与上层中国人接触，他们生存的紧迫需要迫使他们平等地与下层的中国人（他们的邻居和顾客）相处。尽管他们与中国人生活工作在一起，却很少有几个难民真正熟悉他们。尽管许多人确实学会了几句必需的单词和短语，我猜只有不到1%的人学会了正确地讲中文。我认识的人中，只有两个人学会了如何读写中文。大部分难民在试图掌握英语方面遇到了相当的麻烦，英语在这座使用两种语言的城市里是更重要的一种语言。与难民相反，很多中国人倒学会了讲流利的德语。虽然历史上中国人总是融合了入侵者和移民，但这次却是他们极大地吸收了难民的风俗和品质，反过来，难民们却没有那么做。不过，难民社区毕竟只存在了几年，所以我认为根据这点无法改变上述论断。

［作者威廉·肖特曼（William Schurtman）是犹太难民，战后在美国成为一名事业有成的律师，而且一直积极研究上海犹太难民社区，成了这方面的专家。本文摘译自威廉·肖特曼的《关于上海犹太难民社区的报告》（*Report on the Jewish Refugee Community in Shanghai*，January 1954），感谢他将这份报告提供给我们。另有部分内容源于本书主编对肖特曼本人的采访。此次撰写时编者对正文和注解做了若干修改、补充和更新。]

附录二

上海犹太难民中的锡安主义活动

从1937年到1945年，正是中国人民进行艰苦抗日战争的8年。在这一阶段前期，由于大批来自欧洲的犹太难民涌入上海，使中国、上海的锡安主义队伍骤然扩大，上海一时间成了远东锡安主义活动的中心。到该阶段后期，法西斯的侵略暴行不但使数百万欧洲犹太人惨遭杀戮，也使来华犹太人，特别是上海的犹太社团面临严重威胁。作为犹太人中较有组织的力量，锡安主义团体成了包括犹太难民在内的来华犹太人为生存而奋斗的中坚，并积极参与了反法西斯斗争。本文集中研究上海犹太难民中的锡安主义活动，但他们的活动也与塞法迪犹太人和俄国犹太人的锡安主义活动联系密切，并且与中国其他地方如哈尔滨、天津、香港等地的锡安主义组织紧密配合。

犹太难民来沪之前的上海锡安主义运动

1897年8月29日，第一届世界锡安主义者代表大会在瑞士巴塞尔举行。三年后，在上海建立了以伊利·嘉道理为首的支持锡安主义事业的基金组织。1903年，上海犹太人成立了"上海锡安主义协会"，由N.E.B.埃兹拉担任秘书长。1904年，上海锡安主义协会机关报，英文月刊《以色列信使报》创办，由埃兹拉兼任主编。《以色列信使报》在发刊词中宣称自己是"上海锡安主义协会的官方喉舌"。[1]

---

1 见《以色列信使报》报头栏。

这家报纸以宣传介绍锡安主义运动，报道上海犹太社团的活动为主，在中国及远东乃至全世界的犹太人中都颇有影响。

1917年，在世界锡安主义组织亲英派的努力下，英国政府出于战略需要决定支持锡安主义运动。是年11月2日，英国外交大臣贝尔福致信英籍犹太富商，锡安主义活动家罗思柴尔德勋爵，宣布："英王陛下政府赞成在巴勒斯坦建立一个犹太人的民族之家"[2]这就是标志英美等协约国列强正式承认并支持锡安主义运动的"贝尔福宣言"。该宣言的发表使世界各地的锡安主义组织大受鼓舞，"贝尔福宣言"发表后不久，埃兹拉以《以色列信使报》主编的名义致信中国及亚洲许多国家的政府和知名人士，呼吁他们支持锡安主义运动。他的大胆行动得到了意想不到的成功：当时中国政府的外交部次长陈录于1918年12月4日致信上海锡安主义协会主席伊利·嘉道理，代表中国政府表示尊重"贝尔福宣言"的精神。该信原文为："本国政府对于贵会之此种愿望（指在巴勒斯坦建立犹太国家——引者注）与英国政府取一致之态度。"[3]

埃兹拉取得的最大胜利则是收到了"中华民国"的创始人孙中山的一封复信。孙中山先生的信全文如下：

埃兹拉先生阁下：

我怀着极大兴趣拜读了您的来信和《以色列信使报》。我希望您能确信，我对这场运动——当代最伟大的运动之一满怀同情之心。所有爱好民主的人士，对于复兴你们伟大而历史悠久的民族，必然会给予帮助和支持。这一民族对世界文明作出了如此重大的贡献，理应在国际上赢得一个光荣的地位。

孙逸仙

1920年4月24日于上海[4]

随着1917年"十月革命"后更多俄罗斯犹太人经海参崴、哈尔滨、天津

2　J.C. Hurewrtz, *Diplomacy in the Near and Middle East, A Documentary Record,* Princeton, 1956, p.26.

3　锡安主义中央档案馆（Central Zionist Archives）：文献 Z4/2039号，耶路撒冷。

4　根据英文原信译出。可参阅《孙中山全集》第5卷，中华书局1985年版，第256—257页。

等地辗转来到上海，上海锡安主义协会的队伍迅速扩大。这样一来，上海锡安主义运动内部的阿斯肯那齐犹太人大增，以前由塞法迪犹太人一统天下的局面开始改变。俄国锡安主义分子在上海锡安主义运动内部一直具有相对独立性，后来逐步组成了阿斯肯那齐锡安主义团体"卡迪玛"（Kadimah）[5]组织。相对"卡迪玛"而言，塞法迪锡安主义分子的团体往往由于埃兹拉的声望而被称为"埃兹拉"组织。1928年，来自另一个塞法迪犹太家族的R.E.托依格夫人（Mrs. Raymond Elias Toeg）接替嘉道理担任上海锡安主义协会主席。次年，托依格夫人和埃兹拉应当时中国政府的邀请，参加了在南京中山陵举行的孙中山先生灵柩重新安葬仪式，这颇具象征性地显示了锡安主义运动在上海乃至中国已具有公认的地位和影响。

　　从1929到1937年，由于受世界锡安主义运动内部歧见和争吵的影响[6]，上海锡安主义运动也经历了一个内部分化、改组的时期。来自俄国的锡安主义分子因其特殊的经历而比较倾向于修正派。1929年在上海出现了一个名叫"中国锡安主义修正派联盟"的团体，可能是世界锡安主义修正派联盟在上海乃至中国的分支。到1931年，世界锡安主义修正派联盟的青年组织"贝塔"（Betar）[7]在上海建立了分支，上海的锡安主义修正派运动才开始形成了一定的势头。在上海"贝塔"的积极努力下，上海万国商团内于1932年正式建立了犹太分队，主要由受过军训的"贝塔"成员组成。当锡安主义修正派在上海逐步发展力量的时候，锡安主义运动内部其他一些派别（组织）的分支也在上海纷纷出现。如宗教锡安主义组织"精神中心党"（Mizrachi），从反对复国转向接受复国的以色列正教党（Agudat Israel），带有社会主义色彩的锡安工人党（Poalei Zion），左翼锡安工人党等都属此列，但它们的分支大多在上海只是打出旗号，并无什么积极活动。

5　卡迪玛（Kadimah），既有"向东方"之意，又有"前进"之意，原系欧洲锡安主义青年学生的组织，后不少阿斯肯那齐锡安主义组织也采用此名。上海的卡迪玛组织也称为上海锡安主义组织（Shanghai Zionist Organization）。

6　主要指锡安主义内部修正派与正统派之间的争论。

7　贝塔（Betar）是"特鲁姆佩尔道联盟"（Berit Trumpeldor）的缩写。原是纪念早期犹太军事指挥官特鲁姆佩尔道的团体，后发展为世界各地锡安主义修正派的青年组织，致力于文体活动和军事训练。

犹太难民积极参加上海锡安主义活动并建立自己的组织

1933年后，就有从希特勒德国来的犹太移民陆续到达上海。从1937年到1941年，涌入上海的德国、奥地利、波兰等欧洲国家的犹太难民形成难以阻挡的潮流，总数近3万人。在来沪的难民中，有相当一部分人本来就是锡安主义分子或同情者，其中不少青年人还是"贝塔"的成员或持修正派观点。即使那些原来不赞同锡安主义思想的人，在经历了纳粹如此野蛮的迫害、驱赶和屠杀后，也逐渐接受了锡安主义的一些主张。因此，犹太难民中的许多人一到上海就参加了锡安主义组织或各类锡安主义活动，既希望依靠锡安主义团体的力量来维持生存，又为了在精神上寻求寄托。

由于他们大都是阿斯肯那齐犹太人，所以一般都参加了阿斯肯那齐锡安主义团体的活动。上海的"卡迪玛"组织本来一直以俄语为主、英语为辅开展活动，但1937年后由于大批德奥犹太难民的加入而成立了一个德语分部。该分部成员均系德奥犹太难民中的锡安主义分子，负责人是B·罗森贝格（Bernard Rosenberg）和O·莱温（Ossie Lewin）。[8]同时，"贝塔"也为新加入的讲德语的青年们建立了一个分部，该分部设在虹口华德路犹太会堂内，主要以德语开展活动，成员有300多人。[9]

1939年9月9日，讲德语的犹太难民们建立了自己独立的锡安主义组织——"西奥多·赫茨尔"锡安主义总会（AZO "Theodor Herzl"）。创建人有J·瓦赫特尔（Jacob Wachtel）、O·科里茨考纳（Otto Koritschoner）等。该组织总部设在虹口，并在法租界和公共租界建立了分部，仅在一年之内就发展会员2 000多人，[10]在数量上大大超过了塞法迪锡安主义团体和俄国锡安主义团体。

来自波兰的1 000余名犹太难民于1940—1941年间陆续到达上海，其中约

8　前引克兰茨勒书：《日本人，纳粹和犹太人：上海犹太难民社区1938—1945》，第244页。

9　《贝塔在中国1929—1949，贝塔50周年纪念文集（1923—1973）》[Betar in China 1929—1949, Commemorative Anthology for the 50th anniversary of Betar (1923—1973)]，以色列，1973年版，第87页。

10　前引克兰茨勒书：《日本人，纳粹和犹太人：上海犹太难民社区1938—1945》，第244页。

有100余名锡安主义份子。他们几乎代表了锡安主义运动内部的所有派别，有些人如瓦尔哈夫蒂格（Zorach Warhaftig）、伊鲁托维奇（L. Ilutovich），伯格曼（S. Bergman），多伯基勒（Y. Dobekirer）等都是波兰和东欧锡安主义运动的重要领导人和活动家。除了这100多人外，其他波兰犹太难民也普遍同情锡安主义运动。这股波兰锡安主义力量注入上海锡安主义运动后，也在一定程度上增强了上海锡安主义运动的实力。

犹太难民锡安主义组织的分分合合

1939年9月第二次世界大战爆发后，世界局势的急剧变化使锡安主义运动内部由来已久的歧见进一步激化，主要围绕两个问题：① 是否要在反法西斯斗争中联合英国；② 在世界大战条件下如何推进锡安主义运动。

上海锡安主义运动内部同样因这些问题产生了争论，而且还在如何看待日本当局，怎样在上海的特殊环境里开展锡安主义活动等问题上出现了分歧。由于这些歧见，"西奥多·赫茨尔"锡安主义总会于1941年发生分裂，一部分成员退出该会，另外组织了"锡安人"（Zion Zioni）和锡安主义协会（Zionist Association）两个团体。1941年12月太平洋战争爆发，日本军队占领上海租界，将英、美等国公民作为"敌侨"对待，这对以英籍犹太人为主的上海锡安主义协会是个沉重的打击，使其处于瘫痪状态而难以开展活动。

1943年2月日本当局在虹口建立无国籍难民隔离区后，德奥籍锡安主义份子也陷入了困境，但又使他们团结起来。在进入所谓的隔离区后，"西奥多·赫茨尔"锡安主义总会、"锡安人"和锡安主义协会又联合成一个组织，起名为锡安主义组织（上海）（Zionist Organization Shanghai），选举P·帕纳斯（P. Parnes）为主席。由于当时日本与苏联没有打仗，俄罗斯犹太人的锡安主义组织仍能在上海不受限制地开展活动。

中国抗战期间上海锡安主义运动的主要活动

在这8年里，包括犹太难民锡安主义组织在内的上海锡安主义运动的活动主要表现在以下几个方面。

其一，大力救助犹太难民。由于各锡安主义团体均有严密的组织、固定的成员和较强的领导核心，因此在救助来沪犹太难民的工作中发挥了重要的组织和协调作用。犹太难民初抵上海时，塞法迪锡安主义分子立即号召整个犹太社团行动起来救助受难同胞。如前已提到，上海各界首次讨论救助犹太难民事宜的会议，就是由伊利·嘉道理之子霍瑞斯·嘉道理于1938年10月召集的。嘉道理家族还捐了大笔钱款在虹口办了一所专门免费接收难民子女的学校。俄国锡安主义团体虽然不如塞法迪团体那样财大气粗，但它们人数多，活动能力强，做了大量细致、繁杂的具体工作。前述1941年在上海建立了援助东欧犹太难民委员会，俄国锡安主义分子在其中就起了重要作用。太平洋战争爆发后，特别是无国籍难民隔离区建立后，俄国锡安主义团体更利用其合法地位发挥了其他锡安主义组织所无法发挥的作用。当然，德奥波犹太难民自己的锡安主义团体建立后，在组织难民团结互助，共同奋斗方面也发挥了独特的作用。

其二，办了一批宣传锡安主义的报纸杂志，为上海犹太社团（特别是犹太难民）提供了精神食粮。1937年后，上海犹太社团人数剧增，对精神文化生活的需求也日益强烈。在这种情况下，一批犹太人办的报纸便应运而生，其中办得比较出色的是几种锡安主义报刊。由D.拉宾诺维奇创办并任主编的《我们的生活》（Our Life）周刊，以俄、英、意第绪语三种文字出版，1941年后在上海犹太人（特别是俄国犹太人）中影响较大，一直积极宣传锡安主义思想。由O.莱温任主编的《上海犹太早报》（Shanghai Jewish Chronicle）也是一份影响较大的持锡安主义观点的报纸，以德、英两种文字发行，在讲德语的犹太难民中颇受欢迎。[11]其他如《黄报》（Die Gelbe Post）、《上海周报》（Shanghai Woche，后改为《8点钟晚报》——8 Uhr Abendblatt）、《上海邮报》（The Shanghai Post）、《言报》（Das Wort）、《我们的世界》（Unser Welt）等也都在不同程度上带有锡安主义色彩。1943年7—10月，在无国籍难民隔离区内还出现过秘密印刷的德语刊物《新闻》（Davar），在犹太难民中宣传锡安主义

---

11 《上海犹太早报》即《上海犹太纪事报》在二战后改名为《上海回声》（Shanghai Echo）。

和反法西斯思想。

其三，组织或参加与国际锡安主义运动协调一致的政治活动。如1937年底派代表出席在哈尔滨召开的远东犹太人大会的各项活动。又如1940年贾波丁斯基逝世，上海各锡安主义修正派组织均举行了悼念活动，并利用此机会宣传贾波丁斯基的思想[12]。不过，在日本占领租界后，上海各锡安主义组织与外部锡安主义运动的联系基本中断，同时因形势所迫也难以再开展政治色彩较浓的活动，于是不得不将活动重点转向文化体育领域。

其四，在上海犹太青年中积极组织文体活动，增强了犹太社区的凝聚力。如前所述，上海"贝塔"一直致力于组织犹太青年参加体育活动和军事训练。大批难民涌入后，参加"贝塔"此类活动的人数逐渐增多。到世界大战爆发后，这些活动的军事色彩越来越浓。1941年12月日军占领全上海后，特别是1943年2月建立虹口隔离区后，以俄国锡安主义分子为主的"贝塔"及其德语分部仍能坚持组织这方面活动。不过，为避免招致日本当局的怀疑和干预，军事训练不得不秘密进行，在公开场合则主要举办体育比赛（如足球、网球、游泳等）和文娱活动（如周末舞会、业余音乐会、演出意第绪戏剧等）。有一段时期，"贝塔"还为难民中的青壮年举办职业培训、文化补习，特别是组织他们学习犹太文化宗教知识和希伯来文、意第绪文。这些活动，无疑加强了使处于艰难困苦中的犹太社团能够团结奋斗的精神纽带。

尾　声

1945年7月17日，美国飞机在轰炸上海日军设施时误炸了虹口犹太难民区，锡安主义组织（上海）在虹口"匈牙利餐馆"的总部也被炸毁，[13]这可能是上海锡安主义运动在整个战争年代遭受的最后一次打击。一个月后，日本宣布投降，第二次世界大战终于结束，上海锡安主义运动又进入了一个新的，也

12　贾波丁斯基是锡安主义修正派的领袖。

13　参见格伦伯格（F. Gruenberger）："上海犹太难民"（Shanghai Jewish Refugees），载《犹太社会研究》第12卷（Jewish Social Studies, Vol.12），第344页。

是最后一个发展阶段。

　　从1945年到1949年，由于巴勒斯坦形势的急剧发展和以色列国的建立，也由于包括犹太难民在内的大多数犹太人陆续离开上海前往美国、加拿大、澳大利亚和以色列，上海锡安主义运动逐步将活动重心移出上海（以及全中国），转向以色列、美国等主要犹太人聚居国，并最终结束了其在上海和中国的历史使命。

　　（本文作者虞卫东系国家社科基金重大项目"来华犹太难民研究"课题组成员，上海犹太研究中心副主任）

第四章
来到中国其他城市的犹太难民

　　20世纪三四十年代，上海成了欧洲犹太难民的诺亚方舟，他们历经艰辛，从海路、陆路来到上海寻求庇护。同时，在前往上海的途中，一些难民因种种原因滞留并定居在中国其他城市。来到上海的犹太难民中，也有一些因各种原因又去了中国其他城市。还有部分欧洲犹太难民利用各种关系逃离纳粹统治区域，直接来到了中国其他城市。像在上海一样，他们在那里同样得到了中国人民的救助和善待，在血与火的战争中幸存了下来，从此与中国结下了深厚的情缘。我们不知道到底有多少中国城市接待过犹太难民，也难以在这里一一介绍所有接纳过犹太难民的城市，本章只能选择几个接待犹太难民较多或者较有影响的城市做一个简要的综述。

一、哈尔滨和大连

　　哈尔滨、大连等东北城市是犹太难民横跨西伯利亚前往上海的必经之路，也是有些难民的避难目的地。到达这些东北城市的犹太难民中，有去上海途中滞留下来的，有的是到上海后又离开上海来东北的，也有拿了"满洲国"驻德机构发的"签证"直接来东北的。[1]

　　在此期间，哈尔滨犹太社团为接纳来到哈尔滨的德、奥犹太难民做了很多工作。例如，奥地利维也纳著名钢琴家、指挥家维里莫施·津格尔带其乐队及家属一行19名犹太难民辗转来哈，就得到了当地犹太慈善组织的精心安排。

---

[1]　参见王替夫口述，杨明生执笔：《见过希特勒与救过犹太人的伪满外交官》，黑龙江人民出版社2001年版。

赫尔穆特·斯特恩是德国犹太难民，后来成为柏林爱乐乐团首席小提琴家。他在回忆录《弦裂》中详细描述了自己经上海流亡哈尔滨的经历。[2]

当年在哈尔滨避难的犹太难民鲁滨孙（W. Z. Rubinsohn）回忆道："1939年，正是这座城市接受了当时逃难来华的我们。当时大约有150人从德国逃亡到这里——一个对我们来说，语言、文化和生活方式完全不同的城市。对于我们中的大多数人来说，哈尔滨成了我们的'新家'，从此便一直在这里居住生活。"[3]根据这一亲历者的回忆，如果1939年哈尔滨已有欧洲犹太难民150人，那么到1941年底太平洋战争爆发，这个数字估计要上升到200～250人。

大连的犹太社团在哈尔滨犹太中央机构的领导下，充分利用自己特殊的地理位置，将大连变为来自上海的犹太难民走进东北的入口。《以色列信使报》的一则报道显示，1939年1月乘意大利邮船到达上海的一批犹太难民中，有20人准备前往大连，共有近300名移民从大连港口当局获得了定居许可。[4]1939年12月，出席第3届远东犹太社团代表大会的大连犹太社团代表，无国籍商人考涅尔称，1939年夏天，犹太商人比尔布莱耶尔在大连发起建立犹太难民儿童收容所，收容了来自上海的贫穷的难民儿童50人，其中男孩34人，女孩16人，经费则由哈尔滨犹太社团和大连犹太社团共同资助。[5]

美国学者赫尔曼·迪克在《远东的移居者和定居者》一书中也提到在大连的欧洲犹太难民。他指出："1938—1939年，不少中欧犹太难民因在上海谋生不易，不经允许乘船来到大连，要求获得'满洲国'护照。1941年，大连犹太人共259人，其中无国籍143人，苏联64人，德国5人、拉脱维亚3人、波兰12人、立陶宛20人、捷克3人。"[6]从这一统计可看出，在1941年，来自德国及德国占领或即将占领的拉脱维亚、波兰、立陶宛、捷克的犹太人肯定是难民，无国籍犹太人中大多数也是难民，还有一些人则是获得了苏联国籍的犹太

2　赫尔穆特·斯特恩著，李士勋译：《弦裂——柏林爱乐乐团首席小提琴家斯特恩回忆录》，人民文学出版社2003年版，第31，35-38页。

3　摘自编者对鲁滨孙的采访记录。

4　《以色列信使报》，1939年1月20日。

5　房建昌："20世纪三四十年代中国各地犹太人概貌"，《近代史研究》1997年第6期。

6　赫尔曼·迪克（Dicker, Herman）著：《远东的流浪者和定居者，犹太人生活在中国和日本的一个世纪》（*Wanderers and Settlers in the Far East: A Century of Jewish Life in China and Japan*），纽约，1962年版，第53页。

难民。因此，当时在大连的欧洲犹太难民至少有150～200人。

二、青岛

虽然最早定居青岛的犹太人来自德国，但这个犹太人聚居地是随着1917年俄国革命后大批俄国犹太人的来到而发展起来的。作为原来德国殖民地的青岛，相对熟悉的生活环境也吸引了部分德、奥犹太难民前往避难。随着纳粹反犹恶浪的升级，有65名说德语的无国籍中欧犹太难民在1940年来到青岛，使犹太社团的德国色彩有所增强[7]。1941年，北平《中国公论》刊有《犹太人在东方》一文。据该文统计，到1940年10月，青岛有犹太人约221人，其中无国籍173人、德国48人、英国12人、美国7人、其他5人。[8]可以肯定，无国籍或德籍犹太人中有不少逃离欧洲的犹太难民。德国教授威尔·马扎特经研究发现，在青岛的山东大学中有不少犹太裔教授和讲师。1933—1937年，至少有两名在山东大学教书的教授和讲师是逃避纳粹德国来华的犹太难民。一位是乔·斯特恩博士，另一位是马丁·伊格尔博士，他是由斯特恩介绍而来。此外，库特·佩菲尔教授的妻子也是犹太难民。1938年，山东大学因日军占领而关闭，他们也被迫离开了青岛。

根据上述资料推断，到1941年太平洋战争爆发，青岛至少有100余名犹太难民，绝大多数是1939年至1941年之间抵达，主要来自德国、奥地利、波兰等国，其中有不少是大学教授，医生。有一些后来又去了哈尔滨、天津及周边城市烟台、德州等。1937年、1938年和1939年，青岛犹太社团派代表参加了3届远东犹太人大会。1939年，青岛犹太社团主席托瓦宾斯基在会上宣读了青岛犹太社团报告，称社团已经过了初创时期，打下了稳固的基础。社团接受的犹太难民得到了妥善安置，生活安定。[9]

犹太难民费里德里希·格罗希回忆道："1939年，经过30天的海上航行之后，我们终于到达了上海……此时，一个住在青岛的名叫金斯伯格的法国

7　马查特（W. Matzat）：《青岛德国学校简史1924—1946》（*Short Chronicle of the German School in Tsingtao 1924—1946*），波恩，2001年版，作者自行印制。

8　东山紫明著，吴明堂译：《犹太人在东方》，美国斯坦福大学胡佛档案馆。

9　房建昌："青岛犹太人小史"，《青岛市文史资料选辑》第十辑《青岛涉外足迹》，中国文史出版社1996年版。

犹太人建议我们移居到青岛，因为在那儿可以谋得一份工作，生活质量要比在上海好得多……我们在一天的时间内就得到了日本人签发的由上海到青岛的通行证。到了青岛后，我们在广西路42号搞到了一间公寓，位于具有维多利亚风格的警察局对面，距离码头也不是很远。美国人到青岛之后，我们靠着把房间和公寓出租给美国海军人员获得一些收入。查尔斯学会了说中国话，成为一名初级接待员。从1939年到1940年期间，他供职于犹太人开设的艾吉瓦尔特酒店，该酒店被美国海军官员租用，1940年之后由日本人接管……那时，在青岛所有的外国人一律被要求佩戴显示其国籍的臂章，我已记不起我们臂章上写的是'奥地利人'还是'犹太人'。在第二次世界大战期间，仅有2 000名欧洲人住在青岛，其中一半是德国人，只有一个很小的犹太社团定居在青岛，其中大多数人来自哈尔滨，像我们家那样从上海来的很少。"[10]从这段亲历者的回忆中，我们可以看到一个犹太难民家庭在战时青岛的真实生活写照。

三、天津

1901年，居住在天津的犹太人大约有100人。1920年时，增加到200人。到了1930年，已有500多人。到1935年以后，犹太人的数量达到了1 500人。特别是1938年以后，200多名来自德国和奥地利的犹太难民来到了天津。这200名来自德国和奥地利的难民也先后参加了天津犹太人的主要组织——天津希伯来协会。不过，他们也建立了自己的组织，名字叫欧洲犹太移民协会，这个协会吸收了所有为逃离纳粹迫害而来到天津的犹太难民。德奥犹太难民中大约有20名犹太人接受了天津希伯来协会的帮助，他们所接受的来自天津希伯来协会的帮助每月大约130 000元国币。[11]

此后，在犹太难民直接进入上海变得越来越困难的情况下，一些犹太难民获得了前往某些国家的临时签证或中转签证，然后持这样的签证经由苏联和"满洲国"来到日本人控制下的中国北方，其中就包括天津。本来，持这些

10　潘光主编：《艰苦岁月的难忘记忆：来华犹太难民回忆录》，时事出版社2015年版，第96—97页。

11　贝克曼（M. W. Beckelman）："天津犹太社团"（The Jewish Community of Tientsin），载《犹太中心》（The Jewish Center）1946年6月号。

签证的犹太难民只被允许短期居住，但后来有些人设法获得签证延期，得以长期居住在此。二战期间出版的《天津避难民问题报告》称："1939年12月8日，已有169名欧洲犹太难民申请者获准来天津居住，还有128名未定，持许可证已经抵达的有56人。天津犹太人会尽力解决有关难民问题，如就业，财政支持等，但天津仅有犹太人1 800人，至此经济恐慌时期，如过量流入难民，必然会对生活稳定造成冲击。作为解决之策，可考虑农业移民，如向内蒙古三河地区移民。"1941年12月"珍珠港事变"后，日本当局对持证旅行控制更为严格，此后几乎再没有犹太难民进入天津。[12]

1943年，人们获知大约有7个欧洲犹太难民家庭接受了德国驻天津领事馆的资金帮助，于是难民组织内部发生了矛盾。受援者声称，德国驻天津领事给犹太人援助是因为他是反纳粹人士[13]，因此对犹太人表现出一些同情。不过，大多数欧洲犹太移民协会里的犹太难民认为德国领事的用意十分险恶，不应接受他给的钱。到底谁对谁错，确实很难判断。经过激烈的争论以后，那七个犹太家庭被开除出了协会，后来又被开除出了天津希伯来协会。直到1945年，在那七个犹太家庭保证不再接受德国官方的援助以后，他们才被协会重新接纳。其中两个家庭未能实现承诺，后来再一次被开除出去。人们并不知道他们后来是否继续接受德国领事的援助。在天津犹太社团的历史上，这是唯一一次因政治问题将若干家庭开除出社团组织的事件。除了这次事以外，天津犹太人所经历的困难要比人们想象的在战争期间经历的困难小一点，因为包括天津在内的中国北方在1937年的卢沟桥事变以后就被日本人占领了，并没有经历淞沪战争那样的激烈战事。

伊莎贝尔·玛纳德在她的自传《中国梦———一个犹太人在天津长大》中记述了有关犹太难民的情节。位于小白楼的维多利亚咖啡店里有一个四重奏小乐队，其中的小提琴手、犹太人勃曼也来自德国。战前，他是柏林爱乐乐团的演奏家，为逃避纳粹的迫害来到天津，与他的伙伴们组成小乐队，靠在餐馆里为食客表演乐曲来赚取部分生活费用。维多利亚咖啡店里的收入不足以弥补家

12　前引贝克曼（M. W. Beckelman）："天津犹太社团"。

13　有文章称当时德国驻天津领事魏德曼是反纳粹分子，但也有一些著述否定这一说法。

用，勃曼还要另外再打两份工。他和伙伴们走遍天津的大街小巷，在婚礼和有钱人家的宴会上演奏；他还开设了小提琴课程，收取授课费。他将自己的时间安排得很紧，人们总能看到他流着汗演奏，看到他飞快地抹去脸上的汗水而不丢掉任何一个音符。他的琴弦上总是缭绕着多瑙河的波声和维也纳森林的气息。对故乡的思念让他的心经常隐隐作痛。[14]

现居以色列的天津犹太人卡布宁斯基回忆二战期间难民来津的情况时指出，天津犹太社区的存在在很长时间内具有十分重要的意义。它成为逃过大屠杀后的犹太人安全的避难所。难民们逃出纳粹德国，刚一踏上天津的土地，在社会、教育以及文化设施等方面的事情就已被安排妥当了。他们可以在犹太会堂里祷告，可以随时出入犹太俱乐部，他们的孩子可以在天津犹太学校里读书。这些难民中很多人都是某些领域的专家，他们对天津犹太社区起到了很多积极的影响。[15]

四、香港

据1939年2月的一项统计，自德国大规模排犹以后，大约有2 500名犹太人通过各种途径来到香港，其中许多来自上海，也有直接从欧洲过来的。可以肯定，这些人中的大部分是欧洲犹太难民。

据《以色列信使报》报道，就在上海日本当局和租界当局对犹太难民进入上海开始实施限制措施时，1939年8月28日，有数百名来自德、奥的犹太难民乘意大利邮船公司的康悌卑安克麦诺号邮船在香港登陆。[16]

但是，到1939年9月，第二次世界大战爆发，英国与德国进入战争状态，英国开始在其控制区域驱赶德侨，竟然又将百余名早已被剥夺了德国国籍的德奥犹太人作为"敌侨"，从香港地区、新加坡等地赶到了上海。不过，就连英国人控制的上海公共租界，也不愿接收这些"敌侨"。

14　参见宋安娜主编：《犹太人在天津》，五洲传播出版社2004年版（中英文）和宋安娜著：《神圣的渡口——犹太人在天津》，天津人民出版社2007年版。

15　摘自编者对卡布宁斯基的采访记录。

16　《以色列信使报》，1939年9月12日。

五、重庆

从最新出版的犹太人回忆录中，我们发现还有极少数欧洲犹太难民到了中国的战时首都重庆。沃尔夫岗·卡佛岗的回忆录《重庆往事》详细记述了他和父亲逃亡重庆的经历：

> 大多数到上海的移民都是从意大利乘船去，到达上海后，他们得到了庇护。也有一部分人乘火车从波兰经俄罗斯西伯利亚到达"满洲"的大连港。从那里再乘日本的海岸蒸汽船，花三天的时间到达上海。我们去问过船票，船票早就预订到了明年了。并且，我们的火车要经满洲再到上海，而满洲已经被日本占领，需要过境签证。日本领事馆很干脆地拒绝了我们的签证申请。
>
> 父亲的哥哥，我的伯父里昂从中国来信，告诉我们他和现在的妻子弗莱德尔，还有儿子全家，住在中国的战时首都重庆……伯父根据亲身经历和较为灵通的信息认定，跟中国的政府部门转移到大后方比较安全。那时太平洋战争即将爆发，旅行社已找不到任何一条水路或陆路让我们能够到达上海，到重庆也是战时的形势所迫。后来的事实证明，太平洋战争爆发后日本放弃了利用在东北犹太人的方案，犹太人在哈尔滨的处境就很困难了，而上海的犹太人被迫迁入小小的虹口区隔离地带，生存条件极其糟糕，毫无自由可言。因此，到重庆是英明、圆滑且有社交能力的伯父的明智选择。
>
> 父亲和伯父兄弟俩之间的通信很费时，几个星期才能收到一封信。伯父在信上说，他和中国的高层人士有关系，有办法签发一个到中国内地的入境签证。而到上海，是不需要签证的，坐船或者乘横贯西伯利亚的火车去都行。我们听到这个消息都很高兴，就是说，我们可以在中国驻柏林的大使馆拿到去中国内地的签证，不是去上海，而是去中国的战时首都！每天，我和父亲一家家旅行社跑，想打听出一条去中国的通道。他们都说可以坐横跨西伯利亚的火车，经俄罗斯到满洲再转上海。但这样要先取得日本的过境签证，那是完全不可能

的。每个地方我们都要等上几个小时，最后得到的只是："不行！下一个，请！"

总算有一家叫库克的旅行社让我们见到一线曙光。他们说，新开了一条俄中航线，在俄国境内离中国边境不远的阿拉木图，有航班飞往乌鲁木齐。到了乌鲁木齐，有中德合资的欧亚航空公司的航班再从乌鲁木齐飞往重庆，那就是我伯父里昂住的城市，只要我们取得俄罗斯过境签证就行。我们在苏联领事馆排长队递交了申请，得到的回答是，我们必须耐心等待莫斯科的批准。我父亲告诉苏联人，德国共产党的罗莎·卢森堡[17]是我们的亲戚，希望这会有所帮助，但我们还是等了很长时间⋯⋯

终于，在几个月的等待后，我们接到通知，可以拿护照到俄国领事馆盖章。我无法描述当时有多么激动兴奋，甚至梦想在沙漠里生活，住在帐篷里过夜。几天以后，我们和一起生活了两年的姑妈夫妇告别。那时，纳粹对犹太人的出境课以越来越高的移民税，除了随身带5个马克出境外，所有存款予以冻结，实际上就是明目张胆地侵占。接受国家的门槛也高，除了有配额限制以外，对申请人有财产、职业和技术等诸多选择，比如巴勒斯坦就需要2 000英镑的入境费。这样高的移民费用对穷人来说几乎是天文数字，能够逃脱厄运的犹太人到了异地几乎是身无分文。不是所有的人都能逃出德国的。我的姑妈和姑父，他们就几乎没有丝毫希望离开德国。尽管那时候还没有奥斯维辛集中营，还没有听说毒气室，但我知道留在德国将会是什么样的命运等待着他们。而几年以后，我们就听说他们"消失"在集中营里了。[18]

怀着复杂的心情，卡佛岗父子登上了去莫斯科的火车。一路上，他们还时时担心会出什么事，毁了他们的"中国梦"。最后，他们总算到了阿拉木图。在那里住了五天，然后乘苏联飞机到了中国的乌鲁木齐，进入了中国。又经过

---

17 罗莎·卢森堡（Rosa Luxemburg，1871—1919）出生于犹太家庭，德国、波兰工人运动的领袖，德国共产党的创建人，在领导1919年1月柏林工人起义时被杀害。

18 沃尔夫岗·卡佛岗：《重庆往事：一个犹太人的晚年回忆 1940—1951》，陕西人民出版社2014年版，第23—37页。

在兰州转机，最后的航程终于把他们带到了目的地重庆。[19]

就这样，卡佛岗父子在重庆度过了战争时期。卡佛岗的父亲战后在重庆去世，卡佛岗本人与中国姑娘刘素兰结婚，于1951年移居以色列。

六、几点结论

通过上面的简要综述，我们可以得出以下几点结论。

（1）不仅上海向来自欧洲的犹太难民敞开了大门，中国的其他许多城市也为犹太难民们提供了避难地。从这个角度看，我们在将上海作为在华犹太难民研究的重点时，也应以更开阔的视野来研究到达中国其他地方的犹太难民。

（2）除上海外，犹太难民们主要来到了中国北方的城市，如前面提到的哈尔滨、大连、天津、青岛等，以及前面无法一一提及的城市，如北京、沈阳、长春、齐齐哈尔、海拉尔、满洲里等。之所以出现这一情况，是因为1931年后日本在东北建立了"满洲国"，1937年后又占领了华北大片土地，因此那里不像中国其他地方那样战火频频，比较有利于犹太难民暂时避居。

（3）重庆这个例子说明，也有少数犹太难民来到了仍在中国控制下的地区，如战时首都重庆，这在一定程度上也表明他们对中国坚持抗战具有信心。以此推断，在当时中国的"后方"城市如西安、成都、昆明、兰州、乌鲁木齐等也可能有犹太难民避居，对此我们还需进一步收集线索、资料并进行深入研究。

19　前引沃尔夫岗·卡佛岗：《重庆往事：一个犹太人的晚年回忆 1940—1951》，第23—37页。

第五章
上海"最后解决"方案和
"无国籍难民隔离区"

　　随着1941年12月太平洋战争的爆发,上海犹太难民社区的生存环境发生了巨大变化,从而处于极其危险的境地。首先,由于日本与英美开战并进占上海租界,美犹联合分配委员会等组织遵照美国等盟国政府的有关规定,停止向处于敌国日本控制下的上海汇款。其次,塞法迪犹商大多属英籍而被列为"敌侨",因而被集中监禁,且丧失了所有产业,自然无法继续提供援助资金,致使上海犹太难民社区出现了前所未有的经济窘境。在这种情况下,美犹联合分配委员会办事处等召集上海各犹太社区负责人开会,想方设法精简救济机构,削减日常开支,并在上海较富有的犹太人中筹措资金以缓危局。同时,俄罗斯犹太人则利用日苏处于非战状态使自己拥有"中立国"侨民身份的有利条件,更加积极地投入难民救助工作,救助对象由东欧犹太人逐渐扩大到德、奥等国的中欧犹太难民。如有一部分俄罗斯犹太人成立了"中欧难民委员会",赡养了600至700名赤贫的中东欧犹太难民儿童。[1]德、奥犹太难民也组成了厨房基金会(Kitchen Fund),并计划发起一个"监护职责"(Patenschaft)运动来筹款。

　　就在犹太难民们为生存而拼搏、奋斗之时,一个不仅针对他们,而且是针对上海所有犹太人的险恶阴谋正在策划之中。

1　戴维·克兰茨勒:《上海犹太难民社区1938—1945》,上海三联书店1991年中文版,第302页。

一、上海"最后解决"方案——"梅辛格计划"

1941年12月太平洋战争爆发后，日本开始调整对犹太人的政策，转而对犹太人采取压制措施。就在这时，纳粹德国盖世太保驻日本首席代表约瑟夫·梅辛格（Josef Meisinger）上校于1942年夏抵达上海，向日本当局提出了"最后解决"（Final Solution in Shanghai）上海犹太人的计划，要求日本当局按照"德国方式"抓捕、屠杀所有在上海的犹太人，该计划也被称为"梅辛格计划"。

根据著名学者托克耶的描述，大致可以看出该计划的一个轮廓。它分两个步骤实施：首先，利用上海犹太人在1942年犹太新年（一般在公历9月）合家团聚的机会，以突然袭击方式围捕所有在沪犹太人，不让一人漏网；接着，用果断措施"解决"这些犹太人。至于用什么方法来"解决"他们，该计划提出了三个供选择的方案：① 用几艘旧船将犹太人运至东海，然后让他们在海上随波漂流，饥渴而死；② 强迫犹太人去黄浦江上游废弃的盐矿做苦工，使他们劳累而死；③ 在崇明岛上建立若干集中营，在营中用犹太人做医学试验，使他们在痛苦中慢慢死去。[2]美犹联合分配委员会常驻上海代表劳拉·马戈利斯回忆道："当时（指1942年——引者注）日本当局的反西方情绪明显高涨，从东京新来的宪兵军官每天光顾虹口地区。犬冢大佐已离开上海，取代他的实吉大佐对犹太人问题不像他那样感兴趣。某天，佩雷茨告诉我们日本人正在对犹太难民策划一场灾难性的事件，将把难民装在船上驶到海上去沉掉，要我们尽快想对策。我们从其他可靠来源也听到了同样的消息。"[3]

二、"无国籍难民隔离区"

德国人提出的"最后解决"上海犹太人计划在日本占领军当局内部引起了激烈争论，有支持者，也有反对者，最终的方案是不杀犹太人，但也要采取一些措

---

[2] 马文·托克耶和玛丽·斯沃茨著：《河豚计划：二战时日本人与犹太人之间一段不为人知的故事》（Tokayer, Marvin and Swartz, Mary, *The Fugu Plan: The Untold Story of the Japanese and Jews during World War II*），纽约，伦敦，2004年版。

[3] 潘光等主编：《犹太人忆上海》，上海市政协文史资料编辑部1995年版，第27页。

施以应对纳粹的压力，其中的复杂原因在本书第十二章第三节会做详细分析。

虽然这个按照希特勒"最终解决"思想精心泡制的计划最终并没有实施，但上海的日本当局还是在1943年2月采取了一个近似于建立集中营的措施，搞了个"无国籍难民隔离区"，这是各派势力达成妥协的结果。2月6日，《上海时报》上登载了一篇文章，为建立无国籍难民隔离区制造舆论。文章点了亚伯拉罕家族、海亦姆家族、维克多·沙逊爵士和许多上海著名的犹太富豪的名，提到他们如何靠贩卖鸦片和其他不光彩的手段致富，把这些人作为国际犹太人的典型例子。2月18日，上海报纸和电台都宣布了上海日本当局的《关于无国籍难民之居住及营业之布告》：

（1）依据军事上之必要，自本日起，凡居住于上海地区内之无国籍难民，其居住及营业地区，以下列地区为限：公共租界内兆丰路（今高阳路）、茂海路（今海门路）及邓脱路（今丹徒路）一线以东，杨树浦河（今杨树浦港）以西，东熙华德路（今东长治路）、茂海路及汇山路（今霍山路）一线以北，公共租界之界线（引者注：指公共租界北界）以南。

（2）目前在前项所指定地区以外居住或营业中之无国籍难民，应自本布告公布之日起至昭和18年（中华民国32年）5月18日止，将其住所或营业所迁移至前项所指定地域内。目前在前项所指定地区以外之无国籍难民，其居住或营业上所需要之房屋、商铺及其他设备，如拟买卖、转让或租借者，应先得当局之许可。

（3）除无国籍难民外，其他人等非得许可，概不准迁移至第1项所开地域内。

（4）凡违反本布告或有妨碍本布告之实施者，决予严惩不贷。

上海方面大日本陆军最高指挥官

上海方面大日本海军最高指挥官

昭和18年（中华民国32年）

2月18日[4]

4　《新闻报》，1943年2月18日。

　　虽然布告中未用"犹太人"或"隔离区"的字样，但与布告同时发表的一篇文章将"无国籍难民"一词定义为"1937年以来由德国（包括以前的奥地利和捷克）、匈牙利和以前波兰、拉脱维亚、立陶宛、爱沙尼亚等国来上海避难至今无国籍者"，指的就是欧洲犹太难民。于是，约有1.4万（一说1.8万）名犹太难民，包括收容所的2 800名住户在内，被迫迁入"指定地域"。23日晚，主管搬迁事务的日本官员久保田在犹太总会召集了上海阿斯肯那齐犹太人开会。会上久保田辩解说，发布这一公告并不反映日本人民的反犹情绪，而是因为上海的住房与食品供应问题严重，必须对几千名无国籍者进行某种控制，并呼吁俄国犹太人与他们合作。实际上，久保田的讲话是一份最后通牒，威胁犹太人如不与日本当局合作就会受到"严惩"。

　　于是，欧洲犹太难民们开始了他们上海避难生涯中最为艰难的"隔都时期"。在此之前，英籍塞法迪犹太人已被作为"敌侨"而监禁。俄国犹太人虽然仍没有失去自由，但也面临着随时可能降临的危险。

三、战后关于"梅辛格计划"的争议

　　第二次世界大战结束后，国际上关于"梅辛格计划"一直存在着很大的分歧和争议。焦点是：其一，到底有没有"梅辛格计划"？ 其二，"梅辛格计划"的主要内容是什么？

　　关于第一个问题，起因在于上海"最后解决"方案的原始书面文件一直没有被找到。实际上，德国和日本当局在战争结束前销毁了大量可能被作为罪证的文件，因此许多涉及屠杀和迫害的文件档案消失了，上海"最后解决"方案也许就是其中之一。于是，就有人提出，这个"梅辛格计划"可能根本就不存在，因为没有书面证据，就像有些人否定南京大屠杀、奥斯维辛集中营等法西斯罪行的论调一样。感谢国际上一批具有正义感的学者，他们认为口述史料同样可以作为证据，于是开始采访许多亲历者。特别是美国著名学者马文·托克耶，几十年如一日，采访了许多亲历者，包括1942年时担任日本驻上海副领事的柴田和美犹联合分配委员会常驻上海代表劳拉·马戈利斯等人，初步搞清了"梅辛格计划"的基本情况。研究大屠杀问题的国际权威机构西蒙·维森塔尔中心、上海犹太研究中心、斯坦福大学胡佛研究所、美国中犹研究会、依

浮研究所（The Yivo Institute），利奥·贝克研究所（The Leo Baeck Istitute）、上海犹太难民纪念馆等机构的研究人员也采访了许多当年在上海的犹太人，基本确认了上海"最后解决"方案/"梅辛格计划"的存在。

关于第二个问题，主要是对马文·托克耶所著《河豚计划：二战时日本人与犹太人之间一段不为人知的故事》（Tokayer, Marvin and Swartz, Mary, *The Fugu Plan: The Untold Story of the Japanese and Jews during World War II*, New York, London, 2004）一书中所叙述的"梅辛格计划"两个实施步骤有些不同看法。一些人认为，这些叙述可能是被采访者的道听途说，然后被作者编写成了骇人听闻的惊险故事。不过，近年来人们对这方面的争论已经不再有什么兴趣，因为这个杀害犹太人的计划已被公认为是历史存在，那么计划以什么具体方法杀害犹太人这样的细节也就无足轻重了。

第六章

犹太难民与中国人民：
同甘共苦的患难友情

犹太难民来到中国，就必然要与中国人接触和交往。在他们来到之前，中国人与塞法迪犹太人和俄国犹太人之间的关系已经历了近百年的变迁，而犹太难民与中国人民之间的关系，在纳粹大屠杀和世界反法西斯斗争这一大背景下，更具有互相援助、同甘共苦的特征。

一、犹太难民到来之前中国境内的中犹关系

1840年后在沪港两地形成的塞法迪犹商集团带有浓厚的英国色彩，高居于一般中国人之上。这其中主要有几个原因：其一，塞法迪犹太人虽然加入了英国籍，但在那些正统的盎格鲁——撒克逊绅士们眼中仍是"异族异教"之人，因此他们不得不努力融入英国文化，以冲淡英国上流社会对他们的偏见；其二，在中国，他们的英国身份倒使他们可以获得所有英国人都能得到的特权，这是他们在中国这样一个半封建半殖民地社会中经商致富所必不可少的，所以他们一般都积极参加英国社团的各项活动；其三，他们也与中国人交流，但主要接触的是中国社会中最为洋化的买办、官僚和富豪这三类人，而很少有机会与代表真正的中国文化传统的中下层民众打交道。一个最能说明问题的例子是：大多数在华塞法迪犹太人平时都讲英语，很少有人认真学习中文，会讲国语或地方语言如上海话、广东话的更是极为稀罕。塞法迪犹太人办的文化事业如报纸杂志等，也都是面向他们自己那个小小的社区的。1925年，一位英国犹活动家在访问了香港犹太俱乐部后写道："这个俱乐部的摆饰颇具伦

敦西区社会或政治俱乐部那种舒适的特点。在一间大而装修的很有品位的屋子里，摆放着一架大钢琴，可以休憩，欣赏音乐或讲演；还有一间很少让人忽略的台球室，及一个由穿白衬衣的能调配各种鸡尾酒的中国调酒师照管的吧台。"[1]在这里你不但看不到中国特色，也很少发现犹太特色。

当然，凡事都不可一概而论。在塞法迪犹商集团的上层中，不多的例外之一就是哈同。此人确实受中国文化影响甚深，一个重要原因是他娶了中国女子为妻，这在塞法迪犹商中是极为少见的。到了中年以后，他更是笃信佛教，醉心于佛教研究，也喜读中国的文史书籍。他不但喜爱中国传统文化，还积极支持研究和弘扬中国传统文化。经他大力支持而在事业上取得成就的包括王国维、罗振玉、邹景叔、章一山、费恕皆、徐悲鸿等名家。据哈同的女儿回忆，哈同家吃饭时也有两套饭菜，一套是中国式的，另一套是犹太式的，家庭成员可以各择其好；哈同本人一般吃犹太式的，但有时也来尝尝中国菜肴。[2]就连哈同去世后的丧礼也有两个，一个是按犹太教的方式，另一个则完全以佛教的方式进行。[3]

需要提一下的是，虽然在华塞法迪犹太人与中国文化之间始终存在隔阂，但由于他们财力雄厚，出于对中国文化的尊重及宣传自身、广交朋友的目的，也经常出资支持中国的文教福利事业。除了哈同家族外，嘉道理家也在上海、香港、广东等地兴办了不少主要面向中国学生的学校。

深受反犹主义迫害的来华俄国犹太人一般都不将俄国视为自己的祖国，而希望在中国长久居留下来。比如，出生在上海的俄国犹太人瑞娜·克拉斯诺（Rena Krasno）在描写俄国犹太人对上海的感情时写道："他们强烈地感觉到自己是这个城市的一部分，没有离开的打算。"[4]天津的俄国犹太人也说："我们从来就不曾打算离开天津。有谁愿意离开这么好的地方？再到哪里去找这么好的

1　伊斯雷尔·柯亨（I. Cohen）：《一个犹太旅行者的记述》（*The Journal of a Jewish Traveller*），伦敦，1925年版，第116页。

2　笔者采访诺拉·哈同（Nora Hardoon）记录，1999年6月22日于上海。

3　前引潘光等主编：《犹太人忆上海》，第130页。

4　瑞娜·克拉斯诺著：《上海往事1923—1949，犹太少女的中国岁月》（中英文版），五洲传播出版社2008年版第67页。

地方？"[5]哈尔滨等地方的俄国犹太人也都有相同的感情。因此，与塞法迪犹太人相比，俄国犹太人在了解中国社会，熟悉中国文化方面更加积极和主动，与中国各阶层人民的接触和交往也更为密切。

在华俄国犹太人大都从事小本经营或担任中下层职员，这就使他们有机会与中下层的中国老百姓经常接触。他们一般很少炫耀自己的俄国身份，这也使他们与普通中国人之间减少了隔阂。曾在中国北方从事肠衣生意多年的俄犹商人本·列瓦柯（Ben Levaco）回忆道，为了收购原料，他走遍了东北、内蒙古、华北的许多城镇和乡村，结识了许多中国朋友，有时就与中国伙伴一起睡在大车店的炕上。[6]新中国成立后任山东大学教授的俄国犹太人金诗伯（S. Ginsbourg）还记得，他父亲在满洲里一家为中东铁路加工木材的公司当职员，整天四处奔波，走遍了方圆几千里的林区，几乎天天与中国人打交道。[7]由于与中国人打交道多，俄国犹太人中学习中文，能讲国语乃至地方语言的要比塞法迪犹太人多得多。哈尔滨犹太社团领袖A·考夫曼之子T·考夫曼（T. Kaufman）告诉笔者，当时在哈尔滨有不少俄国犹太人能讲带有浓重东北味的国语。[8]出生在天津的俄国犹太人S·缪勒（Sam Muller）至今仍能讲一口标准的天津话，据他回忆，当时天津俄犹中会讲天津话的不在少数。[9]

虽无精确统计，但俄国犹太人与中国人通婚的要比塞法迪犹太人多得多，这也是俄犹与中国人关系密切的一个表现。有趣的是，在哈尔滨、天津、上海等地，几乎所有的俄犹孩童都是由被称为"阿妈"的中国保姆带大的，从小就受到中国文化的哺育。在阿妈的影响下，他们往往把中文当成了母语，而且到长大后还深受影响。两位来自天津的犹太人在美国遇到了一位出生于中国的犹太小伙子，此人离开中国的时候还是个孩子，现在正在学习中文。他说："我想学好了中文再回到中国去找我的阿妈，或许她还会像我小时候那样喜欢

5　福尔曼（Leora Shluger Forman）和斯沃茨（Monica Morris Schwartz）："中国天津的俄国犹太人1900—1950"（The Russian Jews of Tientsin, China, 1900—1950）。两位作者是当年居住在天津的俄国犹太人，这是她们在芝加哥大学的讲演稿。

6　笔者采访列瓦柯记录，1992年4月20日于上海。

7　金诗伯：《我在中国的六十年》，北京，中国青年出版社1991年版，第2页。

8　笔者采访特迪·考夫曼记录，1994年4月18日于上海。

9　笔者采访S·缪勒记录，1999年8月11日于上海。

我的。"[10]

由于比较贴近中国社会，许多俄国犹太人不由自主地为中华文化的博大精深所吸引，进而受到这一文化的影响和熏陶。金诗伯描述了自己看京剧《霸王别姬》的感受："剧中处处采用夸张的手法，还在幕启之前，就已是锣鼓铿锵、号角齐鸣；演员的动作手势都富有戏剧性；服装富丽绚烂、又宽又长的袖子甩进甩出，奇形怪状的脸谱，白的、黑的、黄的、红的、花的、无色不有。但在这一切中，都闪烁着一种美——在音乐中，在表演中，特别是在王妃的剑舞中……梅兰芳的动作雍容大度、精妙优雅，简直使我忘记了他是男扮女装。"[11]他的这种感受在俄国犹太人中是比较普遍的：不了解中国文化，但努力尝试去了解它；逐步感受到中国文化中蕴含着无限的美好，因而为其所吸引。俄国犹太音乐家阿甫夏洛穆夫也是一例。他喜爱并努力研究中国音乐，又在自己的音乐创作中尝试吸收中国传统音乐的精华，因而他的许多作品都带有中西合璧的独特风格。不少俄国犹太人迷上了中国戏剧（如京剧和越剧），相信中医，练习中国太极拳和气功，爱吃中国菜，还给自己起了中国名字。这种深受中国文化影响的情况，在塞法迪犹太人中相对而言要少得多。

当然，俄国犹太人在受到中国文化影响的同时，也以自己的文化传统影响了他们客居的国家和城市。他们带来了富有俄国风味的犹太音乐，将俄罗斯犹太作家的作品译成中文介绍给中国读者。如俄罗斯犹太裔钢琴家亨利·马戈林斯基将俄罗斯民族乐派奠基人格林卡的传世之作《伊万·苏萨宁》介绍到中国。来自俄罗斯的犹太翻译家还首次将犹太作家肖洛姆·阿莱赫姆，海姆·比阿利克（Haim Bialik）等人的希伯来语和意第绪语作品译成英文乃至中文，介绍给了中国读者。许多俄罗斯犹太音乐家、舞蹈家在中国院校里辛勤教学，培养出了一批批中国学生。如新中国最早在国际重要钢琴比赛中获奖的傅聪，就是在俄罗斯犹太钢琴家阿达·勃朗斯坦夫人的悉心指导下脱颖而出的。[12]

10　福尔曼和斯沃茨讲演稿 "中国天津的俄国犹太人1900—1950"。

11　金诗伯书：《我在中国的六十年》，第85页。

12　傅敏编：《傅雷家书》，三联书店1990年版，第156页。

二、犹太难民与中国人民的患难之交

就与中国人民的交流而言，欧洲犹太难民与俄国犹太人既有相同之处，又有不同之点。相同的是，两者所处的生存环境都使其能够广泛接触中国的中下层百姓，因而与真正的中国传统文化比较贴近。不同的是，俄国犹太人在与中国人打交道时有一种长远观点，准备长期在中国文化圈中生活下去，而为生存而逃离欧洲的犹太难民只把上海视为临时避难地，因而在与中国人和中国文化交往中总有一种临时心理。还有一点不同的是，俄犹与中国文化的接触发生在全中国范围，且经历了一个相当长的过程，而欧洲犹太难民是在患难中接触中国人民和中国文化的，这一文化交流主要发生在1938—1945年的上海。

刚到上海，大多数欧洲犹太难民身无分文，举目无亲，不会说中文，甚至连英语都不会说，对这个东方大都市及其居民一无所知。因此，他们是在走投无路的艰难状况下开始接触中国社会的。他们住进了中国人的房子，到中国医院里看病，开始吃不太合口味的上海式食品，有的还穿起了中式服装，在各个方面都试着按中国人的方式去过日子。犹太难民弗兰克·塞莱格（Frank Theyleg）在回忆录中写道："一到上海，我就尽量使自己'当地化'。我开始吃几乎所有的中国食品，并无不良反应。"[13]现住纽约的威廉·肖特曼回忆道："我母亲不得不在一个小煤炉上烹煮所有的食物，小煤炉与花盘一样大，只有不断煽风才能保持火旺。烧开水花费时间太长，到老虎灶买热水成了我每天的使命。老虎灶在上海任何一个街脚都能找到（至少在较贫困的地区）。"[14]这些描述，将当时犹太难民努力适应中国穷苦百姓所过的贫寒生活的情景生动地展现在我们面前。

不过，当他们逐步适应了周围的环境，基本解决了温饱问题后，便开始试图在这个客居地构建具有自己文化特色的生活氛围。犹太难民乔治·赖尼希（George Reinisch）在回忆录中写道："随着时间的推移，难民们虽被本地文化逐渐同化，但也极力保留他们源自欧洲中部的生活方式。"[15]在犹太难民聚居的

13　潘光等主编：《犹太人忆上海》，第148页。

14　笔者采访威廉·肖特曼（William Schurtman）记录，1996年6月16日于纽约。

15　潘光等主编：《犹太人忆上海》，第40页。

上海虹口地区，难民们搬砖砌瓦，修复了数十个在"八·一三"战争中被毁的街区，盖起新的住房和商店。难民经营的店铺一家接一家开张，其中有饭店、杂货店、药店、面包铺、理发店、裁缝店、鞋帽店、服装店等，当然也有维也纳人不可缺少的奥式露天咖啡馆。后来，一些难民甚至建起了小工厂，生产肥皂、蜡烛、编织品、皮革制品及欧式食品——腊肠、糖果、软饮料等。这些商店和工厂最初主要是面向犹太难民的，但后来在中国百姓中也发现了广阔的市场，一些欧式商品越来越受中国人欢迎。虹口地区一时间德文招牌林立，好像是德国或奥地利的一个小镇，甚至被戏称为"小维也纳"。

在这样的气氛中，中犹人民的接触更趋密切。在虹口一带许多中国人学会了讲德文，也有一些犹太难民学会了讲中文，甚至上海话。前面提到的塞莱格回忆道："我向任何一个碰到的中国人求教所见的事物的中文叫法，去看中国电影，还学写中文字。我获得了成功。在电话里，人们认为我是中国人，我大体上已能看懂中文报纸。"[16]由于能讲流利的汉语，他还与中国朋友合伙做生意，并且取得了成功。当然，像塞莱格这样精通中文的在犹太难民中可能并不很多，但大多数难民都能用简单的国语或上海话与中国人交流，他们的子女则在与中国孩子共同玩耍时学会了纯正的上海话。

1943年2月日本当局设立无国籍难民隔离区后，犹太难民经历了他们居留上海期间最困难的两年半，但这并没有影响他们与周围中国百姓的交往，反而使这种交往在患难中更为紧密。犹太难民莉莉·芬克尔斯坦（Lilli Finkelstein）在回忆录中写道："我们发现中国邻居非常友好，他们知道我们的处境是多么困难，但他们并没有利用我们的困境牟利。不要忘记，他们都是最穷苦的老百姓，也没有受过什么教育……我和他们中的一两个妇女还交上了朋友。有一次，有家中国人邀请我们在过年的时候到他们家中吃年夜饭。"[17]战时与犹太难民一起居住在虹口的王发良老人回忆道："那时希特勒迫害犹太人，日本人迫害我们中国人，我们与犹太难民同处患难之中，大家在一起友好相处，互相帮助；到战后他们离去时，我们之间都有些难舍难分了。"[18]肖特曼认为，生活

---

16 潘光等主编：《犹太人忆上海》，第148页。

17 潘光等主编：《犹太人忆上海》，第163页。

18 笔者采访王发良记录，1994年4月18日于上海。

在中国人中间，犹太难民感受到在欧洲从未体验到的友好气氛；要是在欧洲，若犹太人遭难之时，周围基督教世界里一定会有些人跳出来利用犹太人的困境趁火打劫，落井下石。[19]顺便提一下，虽然中犹人民在那困难的岁月里同甘共苦，但犹太难民中与中国人通婚的很少，这一是因为犹太难民大都是举家逃难来沪的，二是因为他们的临时避难心理。

在犹太难民中有诸多人才，他们将自己的文化带到了上海，介绍给上海人民和中国人民。如他们首次在上海演出了意第绪戏剧，演奏了意第绪音乐，使中国人第一次领略了中欧犹太文化的风采。至少有13位犹太难民音乐家受聘到上海国立音乐专科学校（今上海音乐学院）任教，[20]培养出了许多中国学生，其中不少后来成为中国乐坛上的名家高手。难民中的众多医学教授和医生也将欧美最先进的医学理论和技术带到了中国，并在大学中培养了一批中国学生。

经历了种种困难和曲折，犹太难民们也逐渐熟悉并喜欢上了起初他们不太适应的中国传统与文化。像俄国犹太人一样，许多人迷上了中国戏剧，喜爱中国菜，学说中国国语或地方话，还起了中国名字并刻一个中国式姓名图章。犹太难民画家弗里德里希·希夫（Friedrich Schiff，中文名：许福）画了一幅漫画，用的标题是"我爱中国人"，这反映了大多数犹太难民的心声。中国前驻奥地利大使王殊回忆道：他在维也纳任职时，经常会见曾在上海住过的犹太难民，他们都能用上海话与他交谈；当他招待他们吃饭时，这些上海犹太人提出要吃过去在上海常吃的大饼、油条、豆浆，再加上红乳腐和酱瓜；他们有时也请大使夫妇去家中坐坐，但事先总要用地道的上海话声明：家里"嘎小嘎脏，勿好意思的。"[21]

在第二次世界大战中最艰苦的年代，来自欧洲的犹太难民在远东大都市上海与普通的中国百姓的这段交往，真是一种"患难中的文化交融"，在中犹关系史上谱写了难忘的一章。

19　采访肖特曼记录。

20　汤亚汀："上海犹太难民社区的音乐生活"，载《音乐艺术》1998年第4期。作者此后出版的专著《上海犹太社区的音乐生活》（上海音乐学院出版社2007年版）又记述了犹太音乐家在上海其他大学任教的情况。

21　许步曾著：《寻访犹太人：犹太文化精英在上海》，上海社会科学院出版社2007年版，第2页。

三、反法西斯斗争中的中犹友谊和参加中国革命建设的犹太友人

中华民族和犹太民族在历史上都遭受过深重的灾难，法西斯主义的兴起及第二次世界大战爆发，又使中犹两大民族遭受了一场浩劫。当犹太人惨遭德国法西斯屠杀之时，中国人民正在为抗击日本法西斯的侵略浴血奋战，这相同的遭遇，使中国人民和在华犹太人在反法西斯斗争中互相同情，互相支持，结成了深厚友谊，在中犹关系史上写下了难忘的一页。

中国人民不但在口头上抗议纳粹暴行，而且在行动上积极救援避难来华的犹太难民。前已提及上海虹口一带的中国人是如何克服种种困难帮助犹太难民的。请勿忘记，他们中许多人在"八·一三"战争后自己也沦为难民，生活在水深火热之中。作为犹太难民的邻居，王发良老人回忆道："我们那时也是饱一顿，饿一顿，过了今天不知明天怎样，但我们还是尽一切可能帮助来到虹口的犹太难民"。[22] 当年的犹太难民，现居洛杉矶的海因茨·柯恩（Heinz Cohn）回忆当时中国人民的无私救助时感慨万分地说："我永远感谢中国人民，因为若没有他们，我也不可能在这里讲述过去了。"[23] 为感谢中国人民的无私援救，当时的犹太难民及其后代要求在虹口建一块纪念碑，以表达他们对中国人民的感激之情，这一愿望终于在1994年实现了。

（一）中国国民政府的"犹太寄居区"计划

正当纳粹德国反犹、屠犹愈演愈烈之时，美、英等西方国家因种种原因拒绝接纳在死亡线上挣扎的犹太难民，而中国上海却成了接纳犹太难民的唯一大城市。不仅如此，从最近发现的一些材料来看，当时中国政府还曾计划在云南建立一个犹太人寄居区，以接纳更多的犹太难民。

1939年2月17日，当时的中华民国立法院长、国防最高委员会委员孙科提出一项议案，建议在西南边区划定犹太人寄居区域，以容纳无处可去的欧洲犹太难民。他在议案中指出，全世界约有1 600多万犹太人，其中美国犹太人

22　前引采访王发良记录。

23　美国《洛杉矶时报》，1997年7月15日。

最多，近400万，波兰，苏联次之，约皆300余万，其余则散居各国，踪迹几
遍全球。犹太民族受亡国之苦痛最深，备受各方压迫。最近欧洲法西斯势力张
盛，犹太民族更饱受了无情的虐待，其中以德国为最甚。自希特勒吞并奥地利
后，纳粹屠杀犹太人更是变本加厉。最近，德国借口德驻法大使秘书遭到犹太
人的杀害，发动了更大规模的排犹运动，其手段之毒辣亘古未闻。上海最近因
被逐犹太人汹涌而至，苦于无法容纳，正计划限制欧洲难民的进入。为此，拟
在西南边区划定犹太人寄居区域。孙科认为，建立犹太寄居区，不仅完全符合
孙中山关于联合并援助弱小民族的遗教，而且还可以进一步改善并增强与英美
两国的关系，因为援助犹太人势必会增加英美两国人民对中国人民的好感和在
华英美富商和银行家对中国的支持。而这些富商和银行家大多是犹太人，并与
英美政府关系密切，将直接影响到两国的远东及对华政策。同时，犹太人财力
丰盈，人才尤多，吸纳犹太难民能够赢得全世界犹太人的好感，有利于国家今
后的经济建设。

孙科建议，① 在西南边区接近国际路线之处，划定若干方里，为犹太人
寄居区域。② 由中央指定中央及地方该管长官组织委员会，负责筹划该区域
建设及管理事宜。③ 由上述委员会负责发动国内外有地位声望之犹太领袖，
一致响应并参与推进此项计划。④ 另设犹太人失业技术人员登记机关，尽量
介绍其专门人才，为我后方建设各部门之用。

国防最高委员会3月7日原则通过孙科的提案，并致函国民政府，要求将
孙科的提案转陈密饬行政院讨论，制定出相应的实施计划。行政院经饬据内
政、外交、军政、财政、交通五部签注意见后，发交政务处长蒋廷黻详细研
究，于4月22日制定了实施计划纲要，并呈送国防最高委员会和国民政府。实
施计划纲要如下：

> "有国籍之犹太人保有其本国国民之权利和义务，如欲来华，必以某
> 国国民之资格，其入境手续及入境后之居留地点，可照现行条约及惯例
> 办理。如欲予以特惠，在我受条约及政治、经济各种困难之牵制，在彼
> 又受其本国政令之阻碍，诚如内战，外交等部所言，诸多不便。是以关
> 于有国籍之犹太人，似无特订办法之必要。

无国籍之犹太人则情形特殊。我国素重人道，先总理亦常以人类大同之义训诲同志，吾人理应尽力之所能，予以协助。但犹太人问题复杂，我方对彼辈所表示之好感，颇易引起他方之误会。兹就国内及国际情形所许可之范围，拟协助犹太人之办法三项：

（一）入境之协助

凡国联之救济机关或国际著名之慈善团体认为品行端正而确为无国籍之犹太人，我国驻外使领馆得给予特别护照，许其入我国国境，惟享受此种特殊权利之犹太人，应先向我具呈志愿书，声明两点：（甲）入境后遵守我国法律并接受我国法庭之约束。（乙）入境后不作任何政治活动或主义宣传，不批评或反对三民主义，如有违者，我国得驱逐出境。

（二）入境后之居留

无国籍之犹太人入境后应暂寄居于通商口岸，不得杂居内地，其愿入我国籍者，依照我国法律手续办理，入籍后与一般国民享受平等权利，绝不因种族与宗教之差别而有所歧视。

（三）职业之介绍

现在无国籍之犹太人多处境困难，职业上有予以协助之必要。吾国在建设过程中，所需各种专门技术人员颇多，如科学家、工程师、医生、机械修理员等，政府机关应各就主管范围调查需要情形，开具详细清单，注明所需要之人员及所拟之待遇，由外交部转发使领馆注意延聘，并请国联协助罗致，如觅得适当人员而能自备川资，或由国联或国际慈善团体代备川资来华者，各使领馆于得国内任用机关许可后，得与签订服务契约。其无契约而自动来华者，我国虽不负任何职业上之义务，政府似可训令各省市指定机关举行失业登记，并在可能范围之内介绍职业。

以上办法如蒙通过，政府似应训令驻国联代表，将办法正式通知国联，并同时在重庆发表声明。至于宣传之措辞，即以本办法为根据。"[24]

5月2日，国防最高委员会审议通过了行政院的实施计划，并决定不正式

---

[24]　中国第二历史档案馆："重庆国民政府安置逃亡犹太人计划筹议始末"，《民国档案》1993年第3期，第19页。

通知国联。行政院也于次日令饬内政、外交、军政、财政、教育、交通各部分别遵办，并密令各省市政府遵照执行。

此建议也得到了世界犹太人的积极呼应。1939年7月，德国著名银行家雅克布·保格拉斯（Jacob Berglas）专程来到上海，在华懋饭店举行记者招待会，宣布了一个向云南移民10万欧洲犹太人的计划，并称中国政府正在积极实施，特别是云南省政府已做好了安置准备。保格拉斯还于9月携计划前往美国，寻求美国犹太人的捐助。上海犹太社团也表示支持此项计划，犹太社团领袖海亦姆称云南是犹太人新的"希望之乡"，《以色列信使报》《黄报》等也多次报道了计划内容。虽然由于缺少经费等原因，这一计划最后没有全面实施，但从中我们可以看出，虽然当时中国人民也处于水深火热之中，但仍然对危难中的犹太民族充满同情和援助之心。[25]

（二）"中国的辛德勒"何凤山

中国前驻维也纳总领事何凤山以发放赴中国签证的方式救助犹太难民的事迹，又是当时中国人努力帮助犹太人的一个明证。

何凤山博士，1901年生于湖南益阳，1932年毕业于德国慕尼黑大学，获政治经济学博士学位。1938—1940年，他出任中国驻维也纳总领事，正值纳粹在德国掀起反犹狂潮，后这股浪潮又随着纳粹吞并奥地利而席卷奥国，使成千上万犹太人惨遭迫害和关押。当时，纳粹当局发出指令，只要犹太人持有"合法"前往其他国家的签证或其他文件，即可马上离开奥地利。但是，包括英、美等西方大国在内的绝大多数国家均以各种借口拒绝发给他们签证。正是在这种情况下，许多奥地利犹太人转而向中国驻维也纳总领事馆申请入境上海的签证。何凤山知道，欧洲犹太难民不需要签证就可进入上海，但为了帮助他们逃离奥地利，他立即以发放签证的方式全力救助犹太人。17岁的犹太青年埃里克·戈尔德施陶伯为了替自己和家人取得签证，在数月内奔走了50多个国家的领事馆，均遭拒绝。最后，在走投无路的情况下，他向中国总领馆申请签证，立即获得了何凤山签发的20份签证。这20份签证中的每一份都救了一位

---

25 王健著：《上海犹太人社会生活史》，上海世纪出版集团2008年版，第295页。

埃里克的家人或亲属，如埃里克的父亲在"玻璃破碎之夜"暴行中被捕，但因为他持有中国签证，几天后即被释放并前往上海。[26]

消息传出，大批犹太人都来到中国总领馆申请签证。何凤山对来者一概不拒，以最快速度向他们发放签证。据何凤山的学生刘冠初回忆，何凤山亲口告诉他，为了方便犹太人申办签证，他专门派了一位领事在总领馆后面小巷的酒吧内接待犹太人，帮助他们办理签证，最忙的时候一天办了上百份。[27]许多当年的犹太难民仍记得他们拿到何博士发放的签证时的激动心情，对他们来说，这个签证就仿佛是茫茫苦海中的一个救生圈。当然，也有很多人利用手中的赴上海签证到了世界其他地方，如现任世界犹太人大会秘书长兼以色列大屠杀纪念馆委员会副主席辛格的父母，当时就拿着何凤山发给他们的签证逃到了古巴。何凤山究竟给犹太难民发了多少签证？一般的说法是相当模糊的"数千份"。[28]刘冠初先生给了一个比较具体的估计数字：根据签证收费统计，何凤山任职期间总共发放了签证10 047份，其中大多数是发给犹太人的，所以他给犹太难民发放的签证可能高达8 000～9 000份。[29]

值得一提的是，何凤山向犹太人发放大量签证的行动引起了当时中国驻德国大使陈介的不满，担心因此影响德国与中国的关系，曾对何凤山施加压力，还派人来调查所谓驻维也纳总领馆通过发签证"获利"的谣传，结果查无实据。尽管承受种种压力，何凤山丝毫没有动摇救助犹太人的决心。同时，纳粹当局也对何凤山向犹太人发放大量签证十分恼怒，以总领馆使用的楼房属犹太人财产为借口，强行没收了这一房产。何凤山在向政府申请迁移经费未果的情况下，自己掏钱在附近租下公寓作为办公处，继续发放"生命签证"。[30]在他身上，充分体现了中华民族疾恶如仇，乐善好施的传统美德。1940年后，何凤山又出任旧中国派驻若干国家的大使，直到20世纪50年代中期退休，后定居美国，1997年在旧金山家中去世，享年96岁。难能可贵的是，他生前对

26　蒋作斌主编：《国际义人何凤山》，岳麓书社2007年版，第35页。

27　采访刘冠初记录，2006年11月23日于上海。

28　前引蒋作斌主编书：《国际义人何凤山》，第37页。

29　前引采访刘冠初记录。

30　前引蒋作斌主编书：《国际义人何凤山》，第37页。

救助犹太人的义举从不宣扬，直到去世后才逐渐为人们所知。现在，何凤山博士已被誉为"中国的辛德勒"。2000年10月，经过以色列相关部门的周密调查，耶路撒冷的大屠杀纪念馆正式授予何凤山"国际义人"称号。2007年9月，以色列政府又授予何凤山以色列荣誉公民证书。

（三）参加反法西斯斗争和中国革命建设事业的犹太友人

一方面，在华犹太人，特别是上海的犹太难民得到了中国人民的支持和援助；另一方面，在华犹太人自身也积极投入了反法西斯斗争。1933年后，中国各地的犹太人都纷纷组织抗议纳粹德国屠杀犹太人的集会和示威，获得了中国人民和国际舆论的广泛同情，犹太难民们还曾冲击纳粹分子在上海搞的庆祝"胜利"的活动。[31]1937年7月中国抗日战争全面爆发以后，在华犹太人坚决支持中国人民的抗日斗争。10月25日，上海犹太人的喉舌《以色列信使报》发表文章明确表示："我们以人道和公正的名义呼吁世界列强竭尽全力阻止正在中国境内发生的对生命和财产的肆意剥夺。中国人民正在勇敢地为保卫祖国而战，我们非常赞赏这种英勇的抵抗。面对恐怖的毁坏力量所采取的抵抗令人敬佩，我们真诚地希望中国人民最终能获得胜利，因为中国的事业是正义的，她是在为自身权利而战。"[32]1941年12月太平洋战争爆发后，一些日占地区的俄国犹太人利用其合法地位为苏联和其他盟国做情报工作，为反法西斯事业出了力。1943年初，日本当局在上海虹口着手建立无国籍难民隔离区时，上海锡安主义团体曾组织犹太难民，特别是波兰犹太难民对此进行抵制，迫使日本人做出了一些让步。如前所述，在无国籍难民隔离区内曾出现过反法西斯地下刊物；同时，人们在那里还发现过传播盟军获胜消息的油印传单。尽管在是否要与英国并肩战斗问题上曾有过分歧，一些受过上海"贝塔"组织的军事训练的犹太青年后来还是参加了英军，其中许多人在缅甸战场上献出了自己的生命。[33]所有这些活动，对中国的抗日斗争和世界反法西斯战争无疑是一种

31　格·卡明斯基和埃·翁特里德着：《奥中友谊史》，北京，1986年版，第251页。

32　《以色列信使报》，1937年10月25日。

33　《贝塔在中国1929—1949，纪念贝塔成立50周年文集（1923—1973）》[*Betar in China 1929—1949, Commemorative Anthology for the 50th anniversary of Betar (1923—1973)*]，以色列1973年版，第88页。

支持。

特别值得一提的是，许多在华犹太人还直接参加了中国人民的抗日战争。他们中有的人积极地向世界报道中国人民，特别是中国共产党领导下的抗日军民进行反法西斯斗争所取得的伟大胜利；还有的人则参加了中国军队，特别是中国共产党领导的八路军、新四军，同中国人民并肩抗日、浴血奋战。抗战胜利后，一些犹太朋友继续留在中国，参加了中国人民的解放战争和新中国成立后的建设事业，其中一些人至今仍在中国为改革开放和现代化建设做贡献。

下面着重介绍其中的几位：汉斯·希伯（Hans Shippe），魏璐丝（Ruth Weiss），罗生特（Jacob Rosenfeld），傅莱（Richard Frey 原名 Richard Stein），沙博理（Sidney Shapiro），爱泼斯坦（Israel Epstein），汉斯·米勒（Hans Miller）。

汉斯·希伯，犹太作家兼记者，德国共产党员。他于1925年来到中国，1926年赴广东，在北伐军中任国际宣传部的负责人。大革命失败后，他逃到了上海租界，写了一本颇为引人注目的书《从广东到上海 1926—1927》，于1928年在欧洲出版。此后，希伯一直在上海从事写作，为美国的一家杂志《太平洋事务》撰稿。在上海期间，他还组织了一个由外国人参加的研究马克思主义和中共文件的学习小组，讨论政治问题，后来犹太难民中的不少左翼人士都参加了这个小组（见第三章第四节）。抗战爆发后，希伯积极投身到中国人民的抗日运动中。他致电自己的私人朋友、蒋介石的政治顾问拉铁摩尔先生，痛陈反共摩擦必须制止，主张民主团结、共同抗日。[34] 他还冒着生命危险深入抗日前线采访，向世界人民宣传中国的抗日斗争。1938年秋天，他以记者身份到皖南新四军驻地进行采访，见到了叶挺、项英、周子昆、袁国平等新四军领导人，此后写了大量宣传新四军的文章。[35] 1941年10月，希伯到山东根据地考察，受到当地各界人士的热烈欢迎。中共代表、八路军代表、山东抗日民主政府及各界代表在欢迎宴会上致辞，对希伯深入抗日第一线的英勇精神及帮助中国抗日的正义行动深致敬意，并号召全省党政军民各界以实际工作与反"扫荡"的胜利来回答国际友人的愿望。新华社对此做了报道，称希伯"系一

34　《大众日报》，1942年7月7日。

35　黄瑶和张惠新：《一个大写的人——罗生特在中国》，解放军出版社1992年版，第23页。

有名之新闻记者，乃中国革命老友，曾先后来华六次。对中国问题著作颇多。此次来游系应太平洋学会之约，专门搜集中国人民在敌后坚持抗战之英勇事迹。"[36]一个多月后，希伯在山东沂南县的一次战斗中牺牲，战死后手中还紧握钢枪。中国人民为他建立了纪念碑，碑文上铭刻着"为国际主义奔走欧亚，为抗击日寇血染沂蒙"这几个大字，以纪念希伯为世界反法西斯斗争和中国人民的抗日斗争做出的功绩。[37]

　　魏璐丝，奥地利犹太人，记者。她于1908年12月11日出生在维也纳一个犹太家庭，1932年毕业于维也纳大学，获哲学博士学位。在大学期间，魏璐丝对中国文化产生了兴趣。大学毕业后，她决定到中国考察一段时间，并准备为几家报纸写一些旅途见闻。1933年10月2日，魏璐丝抵达上海，写了几篇报道中国情况的文章发回维也纳发表，因其中有谴责日本侵略者的内容，遭到日本驻维也纳领事馆的抗议。此后，她暂搁写作，到上海一家犹太人办的学校教书，同时着手对中国进行进一步考察。在这期间，她结识了路易·艾黎、史沫特莱等人，并通过他们认识了宋庆龄、鲁迅及其他中外进步人士，加深了对中国社会的认识。后来，她成为史沫特莱在中国从事革命活动的助手，担任史沫特莱与红军领导人秘密会见时的翻译，并协助史沫特莱进行抗日宣传。在著名的"一二·九"运动中，她受史沫特莱之托采访和报道上海学界为抗日救国向南京国民政府请愿的活动。为了更好地研究中国问题和提高自己的思想理论水平，她还参加了希伯等人组织的学习小组。1937年7月中国抗日战争全面爆发后，魏璐丝离开上海去了成都，并积极投身中国的抗日民族解放事业。她帮助美国友人创办了英文报纸《成都新闻》，目的是将国外电台报道的世界各地反法西斯斗争的消息及时地介绍给中国读者。她参加了战时服务队、慰问和护理中国的伤病员。她还在一个由5所大学学生联合组成的抗战服务团中担任顾问，并协助宋庆龄领导的保卫中国同盟做一些抗战工作。1939年9月，纳粹德国入侵波兰，第二次世界大战全面爆发，魏璐丝的父母和千百万犹太人一同被关进了集中营惨遭迫害。出于对法西斯的愤恨和对中国的热爱，同年，她申

36　《解放日报》，1941年10月7日。

37　王翟（译音）（Wang Huo）："他倒在中国土地上—汉斯·希伯的故事"（He Died on China's Soil, The Story of Hans Shippe），《中国建设》（英文）（China Reconstructs），北京，1979年12月号，第17–19页。

请加入了中国国籍。[38]新中国建立后，在联合国工作的魏璐丝毅然决定回到中国，继续为中国的社会主义事业贡献力量，直至去世。2009年4月25日，魏璐丝墓碑揭幕仪式在上海宋庆龄陵园举行。[39]

罗生特是位奥地利犹太人，1903年1月生于当时属奥匈帝国的莱姆贝格。1922年他考入著名的维也纳大学医学系。1928年5月毕业，获博士学位。毕业后，他在维也纳大学医院当住院医生。1933年希特勒上台后，加紧了对犹太人的迫害，纳粹势力也开始渗透到奥地利。1934年2月，奥国内冲突爆发，身为社会民主党人的罗生特被捕入狱。出狱后，罗生特便离开了维也纳大学医院，自己开了一家泌尿科诊所。1938年3月德国吞并奥地利后，既是犹太人，又是社会民主党员的罗生特自然难逃厄运，再次被捕并被投入集中营。一年后，他被释放，并被限令两周内离境。最近发现的材料显示，他也获得了何凤山签发的赴中国上海的签证。[40]1939年8月，罗生特来到上海，在法租界开了一家泌尿科和妇产科诊所，生活逐渐安定下来。随后，他找到了希伯，并参加了政治学习小组。在学习小组中，罗生特了解到中国共产党领导的抗日武装的英雄事迹，为此深为感动，多次向希伯提出要到新四军中去，用自己的医术为抗日军民服务。经严格考察，1941年3月，罗生特来到苏北盐城，加入了新四军，担任新四军卫生部顾问。中共中央华中局机关报《江淮日报》对他进行了采访，称"在苏北，参加新四军的国际友人，罗生特大夫还是第一个"。[41]在新四军中，他除了医治抢救了许多抗日军民外，还为部队培养了大批医护人员，受到大家的爱戴和尊敬。1942年，他加入了中国共产党，成为中共特别党员。1943年4月，为诊治罗荣桓同志严重的肾病，罗生特转赴山东担任了山东军区卫生部顾问。在山东抗日根据地，罗生特一方面为罗荣桓等同志精心医治；另一方面积极培养医药卫生人才。他还多次奔赴前线救护伤员，给当地的老乡治病，其名字家喻户晓，被人们誉为"再世华佗""白求恩式的国际主义战士"。抗战胜利后，他又随军转战东北，担任了东北民主联军第一纵队

38　叶丽茶主编：《来自异国的朋友——在中国有过特殊经历的外国人》，解放军出版社1993年版，第209—211页。

39　《解放日报》，2009年4月26日。

40　采访罗生特侄女维维安·罗森费尔德（Vivian Rosenfeld）记录，2008年5月21日，美国华盛顿。

41　《江淮日报》，1941年3月25日。

卫生部长，成为在我军中担任医务职务最高的外国友人。罗生特在根据地还经常以其亲身经历撰文、讲演、揭露德日法西斯主义的暴行，赞扬中国共产党领导下英勇的抗日军民。他在《郁积的仇恨》一文中写道："法西斯集中营是一种民族的牢狱"[42]；他认为："新鲜的空气在整个北中国吹荡着……共产党将领导中国在新民主主义的大道上转变成近代的国家。"[43]1949年，罗生特回奥地利探亲，后又到以色列探亲，于1952年病逝于以色列。中以建交后，访问以色列的中国代表团都要去位于特拉维夫附近的罗生特墓献花。今天，在其生前战斗过的山东，中国人民还建立了以其名字命名的医院。有关研究罗生特的著述和纪念罗生特的活动，后面还要提及。

傅莱，奥地利犹太人，1920年2月出生于维也纳的一个普通职业家庭。1934年，他参加了工人保卫团的斗争，并从那时起成为一名救护员。为了掌握更多的医学知识，后来他参加了各种医学训练班，并到医科大学去旁听，逐渐成长为一名医生。1938年德国法西斯吞并奥地利后，奥地利共产党人，革命分子和犹太人遭到残酷迫害，成批逃往国外。傅莱也不得不告别父母、战友，作为犹太难民于1939年1月15日来到上海。这时他身上只剩下5个马克。因一时难以找到中共地下党组织，只好住在虹口一个慈善团体开办的接待站，一面在一所临时传染病医院工作，一面继续打听投奔八路军的线索。同年3月，傅莱北上，在天津一家奥地利医生开设的医院任X光及化验技师，后又转入天津马大夫医院工作。在这期间，他多方探询，终于与晋察冀根据地取得了联系。1941年秋，在八路军地下交通员的护送下，他经北平到达了平西根据地。在那里，傅莱见到了肖克司令员。两星期后，他又在平西根据地部队的护送下，到达晋察冀军区的中心地区。聂荣臻司令员对他表示热烈欢迎，亲切地为他起了个中文名字"傅莱"，并安排他在白求恩卫生学校任教员。在严酷的战争年代里，傅莱始终以饱满的革命热情投入战斗。1942—1944年两次反"扫荡"中，他一边在白求恩卫生学校担任传染病的教学工作，一边又积极地同学员一起参加战地救护和部队卫生工作。他对教学十分认真，平时下苦功夫

42　罗生特：《郁积的仇恨》，《先锋》杂志第三，四期合刊，1944年4月。

43　罗生特："请英美莫再消耗金钱和时间给中国国民政府"，《大众日报》，1944年12月3日。

学习汉语，努力克服语言障碍。他1944年调到延安，在中国医科大学从事传染病和内科教学工作，此时已能自如地运用中文了。傅莱在极其困难的条件下建立了生产粗制青霉素的实验室，解决了部分药品短缺问题，为此受到了毛主席等中央领导亲切接见，并加入了中国共产党。[44]傅莱新中国成立后一直留在中国工作，任全国政协委员。

　　沙博理，1914年出生在美国纽约一个犹太家庭，二战前已成为华尔街的一名执业律师。他不远万里来到中国，起初只是为了寻找谋生的机会，但后来认识了进步作家、演员凤子，并与她结为终身伴侣，便逐渐投身于中国革命。解放战争时期，为了向解放区和人民军队运送药品，他曾以美国律师的身份作掩护，在白色恐怖笼罩下的上海滩与国民党特务周旋，多次顺利完成了党组织交给的任务。[45]他在上海四马路上的办公室，一度成了地下党组织和进步人士的联络点。夜深人静之时，地下党员和进步青年就来到他的办公室，拉上窗帘，围拢在沙博理从美国带来的小收音机前收听延安的广播。[46]1949年初，为了迎接北平的解放，他曾和矛盾、阳翰笙等人一起通宵达旦练习革命歌曲。1949年10月1日，他应邀作为贵宾参加了开国大典。新中国成立后，沙博理担任外文出版局英文专家，翻译了大量中国文学作品，向世界介绍中国文化。《水浒传》《家》《林海雪原》等一批中国小说就是通过他的笔走向世界的。1983年，沙博理当选为全国政协委员，又开始积极参政议政。在自传《我的中国》里，沙博理把自己的一生形容为"创造中国历史上最重大变革的超速离心器"中的"一颗微粒"。[47]

　　爱泼斯坦，1915年出生于波兰（一说立陶宛）的犹太家庭，自幼随父母移居中国，在天津长大。1931年后，他担任英文《京津泰晤士报》记者、编辑。1933年，他结识了埃德加·斯诺，深受其进步思想和《西行漫记》一书之影响，开始投身于中国的民族民主运动和革命事业，曾出任斯诺创办的英文杂志《民主》的编委。抗日战争爆发后，爱泼斯坦的父母移居美国，而他则只身

44　冯彩章和李葆定著：《红医将领》，北京科学技术出版社1991年版，第683页。

45　《人民日报》(海外版)，1999年11月27日。

46　《人民日报》(海外版)，1999年11月27日。

47　沙博理：《我的中国》，北京十月文艺出版社1998年版，第445页。

留下，与中国人民并肩战斗。1938年，他参加保卫中国同盟中央委员会，直接协助宋庆龄、廖承志等领导人工作，后又到香港保卫中国同盟总部工作，并编辑英文《保卫中国同盟通讯》。他的第一部著作《人民之战》就在此期间写成出版，热情赞扬中国人民反抗日本侵略的正义斗争。他还把中共中央的重要文件，中共领导人的重要著述（包括毛泽东的《论持久战》）等译成英文发行到国外。[48]1941年12月"珍珠港事变"后，爱泼斯坦在香港被日寇逮捕，关押于集中营中。不久后，他和几位英美难友一起逃出集中营，辗转来到重庆，任美国《劳动联合新闻》记者。1944年，他首次访问延安，见到了毛泽东、周恩来、朱德等中共领导人，从他们身上看到了新中国的缩影，看到了中国的希望。二战后他到美国任《劳动联合新闻》总编辑，但没过几年，又于1951年重返"故乡"中国。此后，他在宋庆龄直接领导下筹办《中国建设》杂志，并出任杂志执行编辑。1957年，他加入中国国籍。1964年，他加入中国共产党。1979年后，他出任《中国建设》总编辑，中国福利会和宋庆龄基金会的领导人，还被选为全国政协常委。他经常对友人说："在我的一生中只有10年没有在中国，我能够从中国看到这个时代的伟大变革，这是我莫大的幸运。"[49]1985年、1995年、2005年他七十、八十、九十诞辰之时，中国领导人邓小平、江泽民、胡锦涛曾亲自前来向他祝贺。他于2005年九十诞辰后不久去世。[50]

　　汉斯·米勒，1915年出生于德国杜塞尔多夫的犹太平民家庭。1933年希特勒上台后，刚高中毕业的汉斯被迫进入纳粹设立的"青年劳动服役营"，后不堪忍受那里的粗暴强制，在同伴帮助下逃了出来。当时德国的反犹暴行愈演愈烈，犹太青年进大学深造已十分困难，他便在父亲朋友的帮助下来到瑞士，进入巴塞尔大学医学系学习。就在巴塞尔大学，他结识了中国同学蒋兆先，从蒋那里了解到中国的文化历史，中国人民正在进行的抗日斗争以及中国共产党领导的革命运动，由此萌生了前往中国与中国人民共同战斗的想法。1938年，汉斯的父母在德国被投入集中营，瑞士在德国压力下也出现了反犹气氛。汉

48　晓姜："爱泼斯坦：从集中营到延安"，《国际人才交流》1995年第8期。关于爱泼斯坦在中国的经历，还可参见他去世前一年的新着《见证中国——爱泼斯坦回忆录》，新世界出版社2004年版。

49　晓姜文"爱泼斯坦：从集中营到延安"和《见证中国——爱泼斯坦回忆录》。

50　晓姜文"爱泼斯坦：从集中营到延安"和《见证中国——爱泼斯坦回忆录》。

斯抓紧时间写出论文，获得了博士学位，随即离开瑞士前往向往已久的中国。9月，他终于来到了延安，受到了延安群众的热烈欢迎。毛主席亲自会见他，并为他设宴洗尘。[51]年底，他来到太行山前线，此后曾任晋东南国际和平医院医生，八路军卫生部流动手术队队长，一二九师医务顾问，治疗了无数抗日军民，受到战友们的一致赞扬。1943年后，他又任延安国际和平医院内科主任，为八路军带出了一批高徒。抗战胜利后，组织上批准他回国探亲，为他所做的工作鉴定充分肯定了他作为一个反法西斯战士在中国战场上的卓越表现。[52]由于内战爆发，汉斯毫不犹豫地放弃了探亲机会，又投身于解放战争，随即出任冀热辽军区野战总医院院长。1949年，就在新中国诞生前夕，他与也在解放军工作的日本护士中村京子结婚。1950年，汉斯·米勒正式加入中国国籍，6年后又加入了中国共产党。此后几十年，他仍然工作在医疗卫生战线，曾任北京医学院副院长，并兼任中央人民广播电台国际部顾问，外文出版社德文编辑。之后，他还被选为全国政协委员，积极为中国的改革发展出谋献策。

这里必须要介绍一批参加过1936—1939年西班牙内战的反法西斯国际纵队的医生，他们后来也来到了中国，投入了反抗日本侵略的斗争。据爱泼斯坦回忆："他们总共约20多人，都来自中欧和东欧，其中一半以上是犹太人。"[53]他们的领队斯坦尼斯拉夫·弗莱托（Stanislaw Flato，汉名傅拉都，犹太裔）来自波兰，曾为董必武、邓颖超等中国共产党领导同志治病，因医术高超而被董老称为"华佗—傅拉托"，也是周恩来的亲密朋友，1957年后曾任波兰驻华公使。[54]这个国际医疗队的副领队是来自保加利亚的简托·凯奈第（Janto Kaneti，汉名甘扬道，犹太裔），来华后任红十字会救护总队三中队中队长，战斗在贵州、湖南、云南等地，救护了许多中国士兵和平民，曾三次见到周恩来，后与燕京大学护理系毕业的张荪芬女士结婚，新中国成立后多次访华。[55]医疗队成员弗里兹·杰森（Fritz Jensen，汉名严斐德，犹太裔）是来自奥地利的医生兼

51　冯彩章和李葆定：《红医将领》，第658页。

52　冯彩章和李葆定：《红医将领》，第659页。

53　潘光主编：《犹太人在中国》，五洲传播出版社2005年版，"序"。

54　王砚："他们战斗在国际主义的旗帜下——抗战时期国际援华医疗队纪实"，《参考消息》，2005年8月31日。

55　张至善编译：《1936—1939西班牙反法西斯战争时期的国际纵队与中国》，北京大学出版社2007年版，第243—247页。也可参见前引王砚文。

作家，来华后参加了中国人民的抗日战争，新中国成立后继续在新中国工作，写出了颇具影响的著作《中国胜利了》。1955年4月，他以记者身份随周恩来总理赴印尼采访在万隆召开的首届亚非会议，在"克什米尔公主"号飞机被炸事件中遇难。[56]医疗队其他犹太裔成员也有许多感人事迹，这里不一一介绍，中国人民将永远铭记他们的名字。

像这样参加反法西斯斗争和中国革命建设事业的犹太友人还有许许多多。如曾经担任孙中山先生侍卫长的犹太人"双枪科亨"（莫里斯·科亨）也积极参加了抗日战争，在国民党军队的对外联络和军备采购方面发挥了特殊的作用。1949年后，他又成为新中国的好朋友，多次应宋庆龄之邀来中国访问。[57]前面提到的弗兰克·塞莱格是犹太难民中的一位工程师，当日本当局要他帮助指导生产手榴弹和其他军火时，他便与中国工人密切配合，设法使生产的手榴弹不能爆炸，以这种间接的方式打击日本侵略者。[58]德国犹太人威廉·迈因策尔（Wilhelm Mainzer）抗战时期参加中国军队，后升任高级医官，战后与中国护士结婚，双双移民以色列。[59]德国犹太人汉斯·克尼格（Hans Konig）战时担任塔斯社上海分社记者，积极向外界报道中国人民的抗日斗争，后来曾任民主德国首任驻华大使。上海锡安主义修正派领导人J·汉瑟也冒着生命危险，为重庆方面传送情报，曾多次被日本宪兵队传讯。[60]美国犹太人李敦白（Sidney Rittenberg）1945年来到中国，积极参加了中国人民争取解放和建设新中国的事业。[61]汉斯·希伯的遗孀格图德·罗森伯格（Gertrude Rosenberg）是宋庆龄的亲密战友，在希伯牺牲后继续为中国的革命和建设事业做出了重要贡献。[62]美国共产党的创始人之一曼尼亚·雷斯（Manya Reiss）

56 张彦："八宝山墓碑上的外国人——忆医生、诗人、记者、烈士严裴德"，载《百年潮》2000年第7期。也可参见前引张至善编译书和前引王砚文。

57 参见丹尼尔·列维（Levy, Daniel）著：《双枪科亨》（*Two-Gun Cohen: A Biography*），纽约，1997年版。

58 潘光等主编：《犹太人忆上海》，第150页。

59 潘光主编：《犹太人在上海》，上海画报出版社2005年版，第94页。

60 潘光等主编：《犹太人忆上海》，第65—77页。

61 参见李敦白等着：《李敦白回忆录》，上海人民出版社2006年版。

62 潘光主编：《犹太人在中国》，2005年版"序"。

也在中国工作多年，特别在新华社的工作倍受赞扬。[63] 还有前面提到的叶华和金诗伯等人，新中国成立后也都留在中国，为中国的建设和发展努力工作。以上这些在华犹太人为中国人民的民族解放和革命建设事业做出的贡献，中国人民是永远不会忘记的。

63　潘光主编：《犹太人在中国》，2005 年版"序"。

第七章
在华犹太人的离去和
来华犹太难民社团的结束

　　第二次世界大战结束后，由于种种复杂因素，在华犹太人逐渐离去。到"文化大革命"爆发，除香港地区、台湾地区外，中国境内老的犹太社团和聚居点已不复存在。不过，在"文革"前的17年里，仍然有许多犹太人生活在新中国的土地上，代表他们的主要组织——上海犹太社团委员会（简称"犹联"）在中国政府支持下顺利开展工作。同时，那些离开中国的犹太人来到世界各地定居，形成了一个"中国犹太人"群体，保持着强烈的中国情结。需要说明的是，由于在华犹太人在本章涉及的时段内逐渐离开中国，因而在提及离去的犹太人时再用"在华犹太人"的提法就不合适了，为此笔者逐步将"在华犹太人"改为"中国犹太人"。后者并非一个精确的概念，使用它只是为了我们论述的方便。

一、二战后初期部分在华犹太人的离去

　　西方一些著述在提到二战后初期部分在华犹太人离去的原因时，总是刻意强调意识形态因素，认为他们是因为"害怕"新政权而离开中国的。这种说法显然是片面的，而且缺乏对具体问题的具体分析，又带有对中国国内发展进程的严重偏见。实际上，欧洲犹太难民、塞法迪犹商和俄国犹太人离去的原因是各不相同的，而在这三个群体的内部，不同的人在不同时候离去的原因也是不一样的。

（一）欧洲犹太难民离开避难地
　　第二次世界大战一结束，首先离去的当然是来自欧洲的犹太难民。他们

感谢中国，特别是上海这个避难地使他们免遭纳粹毒手，但他们毕竟只是把上海看作避难地，并没有在上海长期居留下去的思想准备。一俟世界各地硝烟散尽，和平恢复，他们便着手去寻找一个可以永久居留的新家园。此外，他们大都有家属和亲友没能逃离欧洲或是逃到了世界其他地方，在战时与他们失去了联系，因此战争一结束他们便急于探寻亲人的下落或去与亲人团聚。这也是他们在战后急于离开上海的一个原因。经上海或其他地方到天津、哈尔滨等城市的欧洲犹太难民人数不多，也因相同原因在战后初期陆续离开了中国。

有关战后欧洲犹太难民离开上海的具体统计数字难以找到，但将手头掌握的各类资料进行综合研究，可得出如下不完全的统计：1946年离沪的犹太人约为3 000～4 000人，1947年约为8 000～9 000人，1948年5 000人左右，1949年约为5 000～6 000人，1950年2 000人左右，1951年也在2 000人上下。[1] 也就是说，从1946年到1951年，离沪犹太人总数约为25 000～28 000人，其中多数是欧洲犹太难民。据估计，离开天津、哈尔滨的欧洲犹太难民也有数百人。

关于离沪欧洲犹太难民的去向，主要是美国、加拿大、澳大利亚、以色列四国，也有一些人去了南非和拉美国家，只有很少一部分人回到了欧洲。目前有据可查的最大一批离沪返德的犹太难民是1947年8月21日抵达柏林的295名左翼人士及其家属，其中包括前面提到的地下反纳粹小组的成员，后来在东德身居高位的岗特·诺贝尔和后来的民主德国首任驻华大使汉斯·克尼格等人，民主德国的统一社会党还承认克尼格等人为苏联塔斯社工作时期的党龄。[2] 1997年8月21日，他们曾在柏林集会纪念他们从上海返回柏林50周年，笔者也应邀参加了活动并作讲演。后面还要对此作详细介绍。据估计，当时回到德奥等欧洲国家的上海犹太难民总数不会超过千人。需要提一句的是，移居美、加、澳、以等国的犹太难民中一些人年迈时又回到了德、奥等欧洲国家，因为那里毕竟是他们的"故乡"，而且已不存在战前那种反犹主义。看来，"叶

1　这些数字系综合多种资料得出，主要参考了以下来源：托克耶等书《河豚计划》，克兰茨勒书《上海犹太难民社区1938—1945》，迪克书《远东的流浪者和定居者，犹太人生活在中国和日本的一个世纪》，世界犹太人大会犹太事务研究所1949年2月发表的关于中国犹太人的报告。

2　作者采访岗特·诺贝尔（Gunter Nobel）记录，1997年8月21日，柏林。

落归根"的观念在犹太文化中也是根深蒂固的。

从以上事实看，欧洲犹太难民离开中国（上海）与中国国内政治形势的发展并无直接关联，主要是出于他们自身寻求家园和团聚的需求。当然，中国内战爆发造成的不稳定因素也可能对他们决定离去有一定影响，但对大多数人来说显然并非主要原因。

（二）部分俄国犹太人的离去

谈到俄国犹太人的离去，还需追述一下历史。早在20世纪30年代，由于政治局势的恶化，特别是日本法西斯入侵中国和"满州国"的建立，已有数万俄国人离开哈尔滨等地返回苏联，其中包括许多俄国犹太人。令他们没有想到的是，从1937年开始，在苏联展开的针对为德国、日本等西方国家从事间谍活动的犯罪分子的大清洗逐渐扩大化，结果不少"哈尔滨犹太人"被逮捕，其中一些人被处决。[3]到1941年12月珍珠港事变后日军进占上海租界并攻占香港，仍留在中国境内的俄国犹太人几乎都已处于日本统治之下。然而，与逃难来沪的欧洲犹太难民和沦为敌侨的塞法迪犹太人相比，他们的处境要好得多，主要原因正在于他们的俄国背景。就在珍珠港事件前8个月——1941年4月，日本与苏联签订了《苏日中立条约》。条约规定：缔约双方保证维持两国之间的和平友好关系，并互相尊重缔约另一方的领土完整与不可侵犯；如缔约一方成为第三方的一国或数国的军事行动的对象时，缔约另一方在整个冲突过程中将保持中立。[4]1941年6月苏德战争爆发后，该条约使苏联得以免遭德日两国的两面夹攻。同样，1941年12月日本与英美开战后，也希望利用该条约阻止苏联加入对日作战，因此想尽一切办法与苏联维持友好关系。如前所述，这样一种国际态势对处于日本统治下的俄犹是十分有利的：部分俄犹出于自身安全的考虑领取了苏联护照，因而享有中立国侨民身份；那些正在申请苏联护照的人，也置于苏联的保护之下；到后来，所有具有俄罗斯背景的犹太人无形中都有了"中立国人员"的保护伞。这样，在日本及其傀儡统治的区域里，

---

3 参见玛拉·穆斯塔芬（Mara Moustafine）：《秘密和间谍：哈尔滨档案》（*Secret and Spies: The Harbin Files*），澳大利亚，2002年版。中文版书名为《哈尔滨档案》，由中华书局于2008年推出。

4 李巨廉、金重远主编：《第二次世界大战百科词典》，上海辞书出版社1994年版，第184页。

俄国犹太人一般都可自由迁移、工作、上学、经商等。如在上海，日军进占租界后，塞法迪犹商的部分财产便转入俄裔犹商名下或手中。华北各地俄国犹太人的情况与上海差不多：利用其中立国侨民身份继续经商办实业，同时小心翼翼地维持与日本当局的友善关系，尽可能避免介入一切政治纷争。因为"满洲国"被日本人视为一个独立国家，因此东北各地俄犹的境况又具特殊性：所处的环境比较安定，与日本上层的关系更为密切，在救助上海等地犹太人方面能发挥独特的作用。如在说服日本决策集团不要执行"梅辛格计划"方面，哈尔滨犹太社团就发挥了重要作用。总体而言，除了极少数人以外，大多数俄国犹太人在日占时期并没有与日本法西斯同流合污。

正是由于战时这种特殊的历史条件，到战争结束之时，中国境内俄国犹太人的境况要比遭受重重磨难的欧洲犹太难民和塞法迪犹太人好得多，因此他们中大多数人都希望长久在中国居留下去，有的人还准备利用和平重建的好时机大显身手，再图进取。不过，1946年后中国内战爆发使他们中不少人的希望破灭。因此一些俄犹，特别是那些比较富裕的人便也随着欧洲犹太难民离去的潮流移居北美、澳洲等地。到1948年，由于国民党政府与苏联的关系急剧恶化，一批持苏联护照的俄国犹太人也被迫离去，但只有少数人真正回到苏联，大多数人还是移居到了其他国家。1948年12月，刚成立不久的以色列国政府派摩西·尤瓦尔（Moshe Yuval）作为外交部代表来到上海，向犹太人发放前往以色列的签证。同时，耶路撒冷的犹太代办处也积极配合此事，帮助在华犹太人预订赴以色列的船票和机票。1949初，尤瓦尔离开上海，以色列政府任命伊萨多·马吉德（Isador Magid）为驻上海名誉领事，直至1951年。1951年后，阿比什博士（Dr. Abish）又短暂地行使了领事职责。[5] 据马吉德回忆，尽管当时中国和以色列国并未建立正式外交关系，但中国政府和上海有关部门并没有阻止他们的活动。[6] 据估计，他们共签发了7 000多份以色列护照和赴以色列签证，实际到达以色列的上海犹太人约有4 000～5 000人[7]，其中大多数

5　高斯坦主编：《中国与犹太——以色列关系100年》，中国社会科学出版社2006年版，第58–59页。

6　前引高斯坦主编：《中国与犹太——以色列关系100年》，第58–59页。

7　奥弗（D. Ofer）："以色列政府和犹太组织：来自上海的犹太移民研究""The Israeli Government and Jewish Organizations: the Case of the Immigration of Jews from Shanghai"。载《锡安主义研究》（*Studies in Zionism*）1990年春季号，以色列特拉维夫大学出版。

是俄国犹太人和欧洲犹太难民，塞法迪犹太人极少。

　　前"满洲国"境内俄国犹太人的遭遇又颇为奇特。1945年4月5日，苏联宣布《苏日中立条约》失效。此后不少俄犹便已丧失了中立国侨民的礼遇，处在严密监视之下。8月8日，苏联正式对日宣战，百万苏军攻入中国东北。自知大势已去的日寇遂对一些苏联公民下了毒手，其中包括不少持苏联护照的俄国犹太人。如在海拉尔，日本宪兵队于8月9日逮捕了18名"内控"的苏侨，其中就有12人是犹太人，他们全部被杀害。[8]正因为此，大多数俄国犹太人是欢迎苏军进驻的。但苏军进占了东北一些大城市后，又逮捕了一些俄犹领袖，指控他们与日本当局勾结。如哈尔滨犹太社团领导人A.考夫曼，便被逮捕并押往苏联，罪名是反苏，与日寇勾结，从事间谍活动和锡安主义活动。这些事态剧变是使东北地区一些俄国犹太人离去的原因，这与关内的情况又有不同。不过，由于战后中国共产党的力量很快在东北占了上风，哈尔滨、大连等大城市解放都比较早，因此后来内战愈演愈烈及国民党政府与苏联关系恶化对东北俄犹的影响又要比关内小得多。不少持有苏联护照的俄国犹太人更是利用这有利时机经商办实业，有的还成了"苏联专家"。

　　总体来看，战后这几年虽有部分俄国犹太人因种种原因离去了，但到1949年10月中华人民共和国成立之时，原居住在中国境内的俄国犹太人中的多数仍然没有离去。如1945年8月战争结束时哈尔滨约有俄国犹太人2 000人，到1949年8月新中国诞生前夕，仍有1 600名俄国犹太人在该市，离开的只占20%。[9]同样，到1949年10月，在上海的俄国犹太人中的多数也没有离去。

（三）塞法迪犹商集团的撤出

　　塞法迪犹太人的撤离，其中倒确实有不少政治和意识形态因素。

　　1931年"九·一八"事变后日军占领中国东北，并开始向华北步步进逼，塞法迪犹商在东北和华北的发展受阻，但在华东和华南的业务仍能够维持。

8　　魏寿山："日伪宪警在海拉尔市对苏联侨民进行集体屠杀见闻片断"，《海拉尔文史资料》1992年第4辑，第53–55页。

9　　高斯坦（Goldstein, Jonathan）编：《中国的犹太人，卷1　历史和比较研究》（*The Jews of China, Vol. 1 Historical and Comparative Perspectives*），纽约州阿蒙克，2000年版，第211–212页。

1937年"七·七"事变标志中国人民的抗日战争全面爆发，到"八·一三"事变后日军占领上海，租界成为孤岛，使上海的内外贸易受到严重影响，塞法迪犹商在沪利益也遭受重大损失。据上海英国商会1938年10月的统计，英商在一年左右时间里已损失约500～600万英镑，英国在华投资价值的下降要超过1.2亿英镑。[10]这其中很大一部分即是在沪塞法迪犹商集团的损失。面对这一困境，塞法迪犹商集团开始从上海撤出。如沙逊集团便大量抛售各附属企业和投资关系公司的股票，并出售了部分房地产，估计共抽走资金1 000万美元以上。[11]1941年12月8日太平洋战争爆发后，日军进占上海租界，不久又占领香港，使沪港塞法迪犹商财团遭受了其发展史上最为沉重的一次打击。

　　第二次世界大战结束后，塞法迪犹商曾一度大量购进日本留下来的产业和物资，冀图在上海等地东山再起，但很快就停止了这一计划，并再次开始撤退。主要原因是：其一，战时英、美已与中国政府签约，放弃在华租界、治外法权及一切特权，因此英籍犹商不再享有战前的种种有利因素。连维克多·沙逊也承认："在中国开展大规模业务的日子已成过去……今后外国人只能从旁协助……企业要由中国人而不是外国人来经营了。"[12]其二，战后不久中国便爆发了内战，国内形势动荡，经济状况急剧恶化，此后国民党政府将要倒台，一个新中国将要出现的形势已日趋明朗，这就使作为英商财团一部分的塞法迪犹商财团在中国再图进取的可能性化为乌有。

　　1946年后塞法迪犹商财团开始将财产转移出上海，将业务重点转向香港。沙逊集团便将原设在上海的各直属公司全部迁往香港，资本额亦改以港币计算，上海只设立分支机构，尽量压缩上海的业务。作为沙逊集团之核心企业，新沙逊洋行总部也迁往巴哈马群岛的拿骚，同时开始有计划地出售房地产和股票，逐步抽走资金。在伊利·嘉道理去世后由其长子劳伦斯·嘉道理（Lawrence Kadoorie）执掌大权的嘉道理集团也收缩上海的业务，将经营中心转移到香港。进入1948年，塞法迪犹商集团开始全面大撤退，将所有在上海的动产和

10　费里德曼（I.S. Friedman）：《英中关系，1931—1939》（*British Relations with China, 1931–1939*），纽约，1940年，第219–220页。

11　张仲礼、陈曾年著：《沙逊集团在旧中国》，人民出版社1985年版，第153页。

12　中央社1945年9月21日印度孟买电。

不动产悉数抛售，终于退出了上海这个冒险家的乐园。到20世纪50年代初，塞法迪犹商在中国内地的工商业活动均告结束，其在华资产大部撤到香港，反倒使香港的犹太社团更趋兴盛。犹太财团从香港出发对上海及中国内地的工商拓展，在经历了近一个世纪的曲折历程后，又以犹资退回其出发点香港而告终。

从上述情况看，塞法迪犹商之所以撤离中国内地，的确有意识形态因素的作用，但关键还在于它失去了赖以发展的政策依托和经济氛围。实际上，同一意识形态指导的政府是可以奉行不同的政策的。理解了这一点，就不难理解中国走上改革开放之路后大批犹商再次向中国内地进行工商拓展的原因了。

二、"文革"前新中国境内的犹太人和上海犹联

（一）"文革"前新中国境内犹太人离去的原因和老犹太社团的终结

关于中华人民共和国成立之时中国境内究竟还有多少犹太人，目前尚没有精确的统计，但可综合手头的资料做出不太精确也并不完全的估计：最高的数字约为9 000～10 000人，最低的估计也至少有5 000～6 000人。他们中大多数是俄国犹太人，其中许多人拥有苏联国籍。

此后十多年，他们陆续离去，主要因为以下六方面原因。其一，少数尚未离境的犹太难民继续移居新的家园或与亲人团聚，个别犹太难民直至20世纪60年代初才离去。其二，冷战在全球范围愈演愈烈，特别是朝鲜战争爆发后新中国与西方资本主义大国处于激烈对抗态势，使部分对社会主义、共产主义存有偏见或疑虑的犹太人出于政治意识形态考虑离去。其三，新中国推出一系列向社会主义过渡的经济政策，特别是开始对私营工商业实行改造，这就使外国人在中国经商办实业日趋困难，使少数留下来观望的塞法迪犹商和几乎全部俄裔犹商逐步离去。其四，1960年后中苏关系急剧恶化，致使一些持苏联护照的俄国犹太人不得不离去。其五，到"三年自然灾害"时期国内经济形势恶化，人民生活比较困难，也是使一些犹太人离去的原因。最后，1966年"文革"爆发，在当时那种特殊的历史条件下，包括在华犹太人在内的外侨几乎全部被迫离去。

由于在华犹太人的陆续离去，哈尔滨、天津、上海等城市老的犹太社团

和聚居点逐渐萎缩，走向终结。到1953年末，哈尔滨犹太社团只有453人。1954年和1955年，又有大批苏联籍犹太人归国。到1955年底，哈尔滨犹太社团所余人数已不足百人。[13]到1960年，哈尔滨仅有一个犹太会堂还有活动，但已没有拉比主持宗教仪式。后来，随着这一犹太会堂的自行关闭，哈尔滨犹太社团的历史终告结束。1946年末，天津犹太宗教公会向天津市社会局申请立案登记时，呈报的在津各国犹太人数为1 600人左右[14]。此后十多年，犹太人陆续离开天津，到1958年1月，天津犹太社团仅余32人。[15]在这种情况下，天津希伯来协会已无存在之必要。1957年9月，协会开始对自己的财产进行清理，举办了一些公开拍卖会以拍卖不再需要的物品。天津犹太会堂的经卷由离去的犹太移民带往以色列，一些档案被送往上海犹太社团保存。[16]当年，天津市有关当局批准了关闭天津希伯来协会的申请，并在犹太报纸上刊登了关闭广告。所有清理工作于1958年1月结束，存在了半个世纪的天津希伯来协会就此结束。[17]20世纪60年代初，剩余的少数在津犹太人也全部离去，此后在天津的户籍登记册上已找不到一个犹太人或他们的后裔了。同时，上海犹太社团也日趋萎缩，到"文革"爆发时已不复存在。下面还要详述。这里要提一下的是，在哈津沪三大犹太社团消亡的同时，满洲里、海拉尔、齐齐哈尔、沈阳、大连、青岛等地的犹太人也陆续离去，这些犹太人聚居地到"文革"爆发时也已不存在了。

尽管上述复杂因素使在华犹太人逐步离去，但在新中国从没出现过欧洲那种反犹主义。中国政府和人民与在华犹太人一直保持着友好关系，并积极协助他们按自己的愿望移居他国，帮助处理已离去犹太人的善后事宜，维护仍居留在中国的犹太人的合法权益。所有这些，在新中国成立后中国境内犹太人的主要组织——上海犹太社团委员会的活动中可以充分体现出来。

13　黑龙江省地方志编纂委员会编：《黑龙江省志69卷·外事志》，黑龙江人民出版社1993年版，第138页。

14　天津市档案馆藏，天津市社会局档案之《犹太宗教会请备案》（全宗号25，类别号2，目录号2，案卷号3726）。案卷第一册，总卷第一号，团体第236号，《犹太宗教会请备案》档案之二，天津市社会局团体科报告，民国35年11月23日。

15　王立新："天津近现代史上的犹太人及其经济社会生活"，载张国刚编《中国社会历史评论》（第五辑），商务印书馆2007年8月。

16　前引福尔曼和斯沃茨讲演稿"中国天津的俄国犹太人1900—1950"。

17　前引福尔曼和斯沃茨讲演稿"中国天津的俄国犹太人1900—1950"。

（二）上海犹太社团委员会的活动（1949—1967）

上海解放后，留在上海的犹太侨民绝大多数是俄罗斯犹太人，也有少数塞法迪犹太人和中欧犹太难民。1949年6月1日，他们成立了上海犹太社团委员会（Council of the Jewish Community of Shanghai，简称"犹联"），并于1950年9月1日在上海市军事管制委员会外事处注册登记。犹联的初旨是协调上海犹太社区活动，帮助在沪犹太人移居国外。1951年，曾在上海十分活跃的美国犹太人联合分配委员会上海办事处关闭，上海犹联又承接了美犹联合分配委员会原从事的中国境内犹太人的救济和移民工作，而美犹联合分配委员会则向犹联提供财政援助。同时，随着许多犹太人离开中国，包括上海犹太社团协会和上海犹太宗教公会在内的一些犹太组织纷纷停止在华、在沪的活动。1953年8月起，上海犹太社团协会和上海犹太宗教公会将部分职能转交犹联。1956年7月，上述两组织将财产管理权和内部事务全部转交给犹联。

上海犹联的工作主要有教育与医疗卫生、移民事务、福利与救济、宗教和文化活动、提供证明文件等几个方面。

1. 教育与医疗卫生

新中国成立初期，随着许多犹太家庭离沪，犹太学生人数越来越少，原有的犹太学校陆续停办。在这种情况下，犹联便接管了教育工作，集中开办了一个高小水平班，还办了一个对所有学生开放的希伯来语基础班，以解决留沪犹太孩子的教育问题。犹联负责支付学费和接送学生。

在医疗卫生方面，由出售上海犹太医院所获资金设立的"医疗信托基金"（Medical Trust Fund）给予生活贫困的犹太人以必要的医疗帮助。该基金由托管人理事会负责管理。理事会由三人组成，分别由犹联、上海犹太宗教公会和上海犹太社区协会推荐。1956年1月，基金停止运作，并将其结余资金约14 000美元交给犹联，由犹联统一管理。基金为生活贫困的上海犹太人所支付的医疗费用年均高达8 000多美元。

2. 移民事务

这是犹联日常工作中非常重要的一个方面，主要是协助上海及哈尔滨、天津、大连、青岛等地的犹太人移居国外。犹联一方面通过与世界各犹太组织、以色列政府和联合国难民事务署的联络，帮助中国境内的犹太人申请移居名额和签证；另一方面还负责提供移民出境前在中国境内办有关手续及交通的费用。据不完全统计，经犹联安排，1952年移居国外的在华犹太人为364人，其中去以色列的99人。1953年为301人（其中上海161人），主要前往以色列，计有201人。1954年上半年85人。1955年169人（其中上海69人），去以色列49人，去苏联87人。1956年上半年114人（其中上海44人），去以色列82人。每个犹太移民所需的费用：1952年为47美元，1953年为35美元，1954年为31美元，1955年为41美元，1956年上半年为76美元。[18]

犹联在移民事务方面的另一个工作就是在美犹联合分配委员会和世界犹太难民救济组织的帮助下，为中国境内老弱病残，不易获得签证的犹太人寻找接收国家。经过各方努力，1954年上半年共有21人获准去瑞士，2人被安排去了爱尔兰。1955年又为这一特殊移民群体中的大部分人在以色列和其他国家的养老院找到了落脚点，后陆续出境。随着绝大多数中国境内的犹太人移居国外，特别是1955年以色列犹太代办处取消了移居以色列犹太人的年龄和经济限制，上海犹联于1956年6月31日起不再办理移民事务，将之交由设在香港的西特林（W.J. Citrin）办事处。西特林是以色列政府名誉移民官员和美犹联合分配委员会驻远东代表。

3. 福利与救济

1956年以前，少数留沪塞法迪犹太人的福利与救济工作主要由上海犹太社团协会主管，而俄罗斯犹太人和其他犹太人则归上海犹联资助的上海希伯来救济会（The Shanghai Hebrew Relief Society）和收容院负责。1953年10月，希伯来救济会和收容院合并。1956年7月1日起，上海犹太社团协会将塞法迪犹太人的福利与救济工作也交给犹联。这样，整个上海犹太社团的福利与救济工作就由犹联统一实施了。其采取的主要方式有：现金补助、免费供餐、资助收容院和养老院等慈善机构、提供医疗补助等。据统计，1952年至1959年上半年的现金补助和维持收容院及其食堂的费用为：[19]

18　《上海犹太社团委员会年度报告》（简称"犹联"年报）（*Council of The Jewish Community Shanghai, Report*），1953年7月—1954年6月，第3页。1955年7月—1956年7月，第9—12页。

19　前引"犹联"年报1955年7月—1956年6月，第4页。1958年7月1日—1959年6月30日，第2—3页。

年 份	现金补助（单位：美元）	维持收容院及其食堂费用（单位：美元）
1952	10 850.00	7 930.00
1953	9 704.00	9 155.00
1954	7 062.00	7 730.00
1955	8 979.00	8 937.00
1956	18 234.30	8 476.00
1957	17 347.92	6 099.80
1958	15 767.26	5 430.20
1959 上半年	7 814.80	2 754.60

同时，犹联也给予哈尔滨、天津、大连等地犹太人乃至散居在安徽、新
疆等地的少数犹太家庭以补贴和救济。如1956年上半年，犹联给天津希伯来
协会的资助每月达4 100元。直到1958年7月至1959年6月的一年内，虽然天
津犹太人已所剩无几，上海犹联给天津犹太人的救济金总计仍达15 400元。[20]

4. 宗教和文化活动

新中国成立初期，塞法迪犹太社区和俄犹社区的宗教活动仍然各自独立
进行。1951年，上海犹太社团协会将上海犹太学校和拉希尔会堂出租，此后
塞法迪犹太人的宗教活动也借用俄犹的拉都路新会堂举行。随着越来越多的上
海犹太人移居国外，参加宗教活动的人数日益减少。为了节省开支，1953年8
月，上海犹太社团开始重组和合并，宗教事务也归由塞法迪犹太人和俄国犹太
人代表联合组成的犹联宗教事务分委会主管，上海犹太社团协会负责提供宗教
活动的一半经费。在宗教事务分委会主持下，每天举行早、晚两次礼拜，生产
和分发不发酵面包等宗教食物。由于上海犹太人越来越少，1956年7月，犹联
将拉都路新会堂出售，另在由犹太收容院改建的上海犹太活动中心里设立了一
个礼拜堂，供宗教活动使用。同时，犹联还将新会堂中的圣经古卷和一些珍贵
的宗教典籍捐赠给了以色列政府。

---

20   前引"犹联"年报1955年7月—1956年6月，第5页，1958年7月1日—1959年6月30日，第14-15页。

上海犹太总会仍负责上海犹太人的文化活动，主要是举办哈努卡节和普洱节的儿童节目表演，有时也在小礼堂举行古典音乐独奏，很受上海犹太人的欢迎。1955年12月31日，上海犹太总会关闭，精选了3 000多册图书作为上海犹太社团的礼物送给以色列教育文化部，图书馆剩下的报纸杂志则陈放在上海犹太活动中心阅览室免费供上海犹太人阅读，哈努卡节和普洱节儿童晚会也照常在活动中心举行。

新中国成立初，上海共有4个犹太公墓，即惠民路（前倍开尔路）公墓、周家嘴路（前波因特路）公墓、黄坡北路（前马霍尔路）公墓和番禺路（前哥伦比亚路）公墓，一直由犹联，上海犹太社团协会和上海犹太宗教公会共同照管。1958年，犹联接上海市人民政府通知，鉴于卫生和市政考虑，市区公墓将统一迁往郊外新建的公共公墓。犹联协助市政府圆满完成了犹太公墓的搬迁工作。同年，天津犹太公墓也在当地政府的协助下搬迁到郊区。[21]

同时，上海犹联也继续关注中国境内其他地方犹太人的宗教社会生活。如1958年7月1日—1959年6月30日的一期年报中就详细介绍了哈尔滨犹太公墓在当地政府支持下顺利迁移至远郊的情况及哈尔滨犹太人的宗教活动。[22]

5. 提供证明文件

所谓提供证明文件，主要是指为1943—1945年间居住在虹口"无国籍难民隔离区"内的中欧犹太难民发"犹太隔离区居住证书"（Ghetto Letters）和提供中欧犹太难民死亡证明，以便他们及其家属据此向德、奥等国政府有关部门索回财产或索取赔偿。犹联存有美犹联合分配委员会于1951年转给他们的纳粹迫害欧洲犹太人期间避难来沪的近2万中欧犹太难民完整的个人档案和记录。1958年7月至1959年7月，犹联共发出"犹太隔离区居住证书"401份（其中发往德国的有287份），死亡证明386份（其中发往德国218份），其他证明文件29份。[23]

上海犹联的工作始终得到世界各犹太组织和以色列政府的支持。如美犹联合分配委员会一直向犹联提供资金援助，还与世界犹太难民救济组织一起为

21　前引福尔曼和斯沃茨讲演稿"中国天津的俄国犹太人1900—1950"。

22　前引"犹联"年报1958年7月1日—1959年6月30日，第16—17页。

23　前引"犹联"年报1958年7月1日—1959年6月30日，第13页。

上海犹太人移居国外而奔波。西特林一直作为以色列政府名誉移民官员在香港
与犹联保持联系。香港的犹太社团在这方面也起到了中间桥梁的作用。霍瑞
斯·嘉道理长期担任美犹联合分配委员会香港办事处名誉财政官，负责JDC与
上海犹联之间的钱款往来。

尤其需要指出的是，中国政府、上海市政府和各有关部门对犹联的工
作一直非常支持，对仍居住在上海等地的犹太人也非常关心，并根据情况给
予适当的补助。1956年，周恩来总理在与来访的新加坡犹裔政治家戴维·马
歇尔（曾任新加坡首席部长和驻法国大使）交谈中，了解到一些在华犹太
人在移居其他国家方面仍面临若干政策性障碍，随即指示有关部门协助他
们尽快办理离境手续，使这些犹太人很快就顺利离境移居其他国家。[24]经
过中国方面做工作，苏联政府也改变了政策，同意接收部分在华犹太人移
居苏联。[25]1952年，上海有关部门解除了对金额达40万美元的"帕拉姆特"
（Palamt）基金[26]的冻结，供上海犹联使用。上海粮食局在新中国成立初期粮
食十分紧张的情况下，仍然低价向犹联提供高标准面粉，满足其生产无酵面
包等宗教食品的需要。上海房地局为帮助犹联救济上海的贫困犹太人，主动
将拉都路新会堂的买价提高了50%以上。1955年后，上海市政府还减免了很
大一部分上海犹太社团的财产税。上海犹联对此深表感激，在年度报告里一
再指出，所有与犹联和其他犹太组织接触的政府官员始终富有同情心，乐于
助人。

据统计，在犹联注册的上海犹太人1950年有2 000人左右，1951年也在
2 000人上下。到1952年，还有600 ～ 700人。[27]1954年6月底，在犹联登记
的上海犹太人有310人。到1956年6月底，上海犹太人还有171人，其中苏联
公民87人，平均年龄40.86岁，其他84人的平均年龄为46.98岁，有10人已获
签证准备离境。到1958年6月30日，上海犹太人只有84人。当年天津希伯来

---

24 陈庆珠（Chan Heng Chee）：《独立之激情：戴维·马歇尔政治传记》（*A Sensation of Independence: David Marshall. Political Biography*），新加坡，2001年版，第220–223页。参见比德（Joan Bieder）：《新加坡的犹太人》（*The Jews of Singapore*），新加坡，2008年版，第131页。

25 前引陈庆珠：《独立之激情：戴维·马歇尔政治传记》，第131页。

26 此处指当时巴勒斯坦犹太代办处在华机构拥有的一笔资金。

27 前引迪克书：《远东的流浪者和定居者，犹太人生活在中国和日本的一个世纪》，第150页。

协会宣布停止活动，大连、沈阳、青岛的犹太人基本都已离去。到1959年中，根据犹联统计，中国境内的犹太人总共不过251人，全部集中在上海、天津和哈尔滨，其中上海72人，天津26人，哈尔滨153人。[28]1966年"文化大革命"爆发，剩下的犹太人也纷纷离去，上海"犹联"于1967年自行停止活动。到那时，上海的犹太居民已不足10人。

据了解，此后只有个别犹太孤老或中犹混血后裔仍居住在上海和哈尔滨。如俄罗斯犹太人列伊·伊麦斯是在第二次世界大战期间穿过西伯利亚，经我国东北辗转逃到上海，并在虹口定居。在年过50岁时，他与一位江苏姑娘结婚，后生下一双儿女，儿子叫伊斯加，女儿叫莎拉。儿子伊斯加三岁时不幸因患脑膜炎并发小儿麻痹症，从此落下终身残疾。伊麦斯经常带儿女去上海犹联聚餐，或去摩西会堂参加宗教活动。新中国成立后，他们一家不仅得到美犹联合分配委员会提供的每月300港币生活费，还享受中国政府给予犹太人的特殊经济补贴。20世纪60年代初，在国内最低生活费用每月人民币13元的情况下，他们一家共能得到中国政府每月69元的生活补贴。1962年伊麦斯患中风去世后，伊斯加和莎拉兄妹继续依靠美犹联合分配委员会的接济和中国政府的补贴生活，伊斯加还开始经营水产和果品。1992年，伊斯加与江苏姑娘潘桃英结婚，几年后生了一个儿子，取名伊凡。莎拉则移居以色列，成为中以建交后第一个从中国移居以色列的犹太后裔。[29]2007年6月30日，笔者在上海会见了美犹联合分配委员会的主席贺勒（Ellen M. Heller）法官。据她介绍，当时美犹联合分配委员会仍按时汇款给三位上海犹太人或其后裔。[30]她给笔者看了三人的名字，其中一人是伊斯加·伊麦斯，另两人则从没听说过。可见，老犹太社团仍有一些不为外人所知的"遗产"。另据一些材料提到，直到1985年，仍有一位犹太孤老哈娜·阿格雷（Hanna Agre）居住在哈尔滨。[31]

28　前引"犹联"年报1953年7月—1954年6月，第14页。1955年7月—1956年7月，第5页。1958年7月1日—1959年6月30日，第19页。

29　《新民晚报》，1998年2月9日。

30　潘光会见美犹联合分配委员会主席贺勒（Ellen M. Heller）法官谈话记录，2007年6月30日，上海。

31　I.埃班（Irene Eber）：《中国和犹太人》（China and the Jews），马萨诸塞，剑桥，1992年版，第46页。

　　总体而言，到"文革"爆发，老的犹太社团在新中国境内已不复存在，但中国的土地上仍然存在着活跃的犹太社团——香港犹太社团及少数生活在台湾、澳门的犹太人。在相当长的时间里，即使在"文革"期间，他们仍然是新中国与犹太文明和犹太世界密切联系的重要纽带。

附 录

改革开放以来原来华犹太难民及其后裔重返"故乡"的热潮

20世纪70年代末以来，犹太人来华形成三波热潮。第一波发生在20世纪80年代。当时，中国重新向世界打开大门，中国社会经历着前所未有的变革，吸引了许多犹太人到中国访问，工作，经商，旅游。不过，当时在中国长期居住，工作的犹太人还是少数，在中国投资办实业以图进取的更少。第二波发生在20世纪90年代中期，主要的推动因素是1992年中以两国建交，导致以色列官员、企业家、学者和旅游者纷纷来华，带动了全球犹太人来华再掀热潮，以色列人在来华犹太人中的比例大幅度上升。进入新世纪，来华犹太人数量呈现迅速上升趋势，形成了第三波热潮。其动因主要有两方面，一是中国的迅速发展，特别是中国加入世贸组织后进一步融入国际经济体系，为犹太人来华发展创造了有利的氛围；二是"9·11事件"后国际恐怖主义日趋猖獗，对犹太人来说，中国比世界上其他许多地方都显得更安全、稳定和繁荣。

一、"中国犹太人"引领来华新高潮

在中国走上改革开放之路以后，特别是中以建交之后，越来越多的当年在中国生活过的"中国犹太人"及其子女从世界各地重返"故乡"中国寻根、访友、参观、旅游，引领着新时期犹太人来华的潮流，谱写了中犹人民之间友好情谊的新篇章。笔者收集了其中不少感人的故事。

1979年，时任美国财政部长的M.布卢门撒尔应邀访华，曾专程来上海虹口寻访旧居，与当年邻居共忆难忘的战争年代。他对随行的记者说，与他1939年13岁时自德国逃难来沪时相比，一大变化是"街上已没有乞丐和倒毙者。"[1]此后他每隔几年就要来上海看看，笔者曾多次陪同他去舟山路59号二楼旧居，每次他回忆起当年全家4口居住在这10平方米亭子间的艰难情景，都要热泪盈眶。1989年，时任以色列本·古里安大学校长的Y.特科阿来上海访问，曾在一次宴会上深情地说："一生中最美好的时光在于青年时代，我在上海度过了我的青年时代。现在我回来追寻那美好的时光。"[2]1996年，91岁的前以色列宗教部长Z.瓦尔哈夫蒂格重返上海，深情地亲吻上海的土地，并寻访当年住过的迈耶·阿许根那奇拉比的旧居。[3]1994年，以中友协主席T.考夫曼率以中友好人士代表团重返哈尔滨，找到了自己度过童年的旧居，并到保存完好的哈尔滨犹太公墓祭扫，那里仍有600多座墓碑静静肃立。[4]2005年8月，英国上议院议员，哈尔滨犹太富商斯基德尔斯基家族的成员之一R.斯基德尔斯基勋爵重返出生地哈尔滨，专程到犹太公墓祭扫亲人。[5]1994年以来，以色列实业家S.缪勒多次重返他的出生地天津，在旧居与当年的左邻右舍畅叙昔日友情。[6]1984年，原上海杜美大戏院创办人冈勃特携夫人重返"杜美"（东湖电影院），高兴地与老职工叙谈并合影留念。[7]1994年，当年的犹太难民，现纽约实业家B.菲肖夫（Benjamin Fishoff）携全家重返上海，在虹口摩西会堂陈列室居然看到了自己50年前身份证的复制品在展出，使他万分激动。[8]出生于上海俄国犹太人家庭的E.克雷默（Eve Kramer）夫人1994年回到上海旧居，发现"密苏扎"（mezzuzah，犹太人门上传统饰物）仍在她当年出生的房间的门上，那是她父亲

1   美国《华盛顿邮报》，1979年3月4日和美国《时代》杂志，1979年3月12日。

2   前引潘光主编《犹太人在上海》2005年版，第110页。

3   笔者还陪同他访问了上海犹太研究中心。

4   曲伟、李述笑主编：《犹太人在哈尔滨》，社会科学文献出版社2006年版，第150页。

5   前引曲伟、李述笑主编：《犹太人在哈尔滨》，第186–187页。

6   前引宋安娜：《神圣的渡口——犹太人在天津》，第131–142页。

7   上海市电影局史志办公室：《上海电影史料》第五辑，1994年版，第305页。

8   前引潘光主编：《犹太人在上海》，2005年版，第107页。

50年前钉在门框上的。[9]这样的故事实在太多，难以一一列举。

一些当年"中国犹太人"的后代也纷纷来到"故乡"圆梦，其中也有许多动人的故事。以色列总理埃胡德·奥尔默特的父母均出生于哈尔滨，其祖父去世后就葬在哈尔滨犹太公墓。2004年6月，奥尔默特首次访华就在笔者陪同下参观了上海犹太遗址，并专程去哈尔滨扫墓。那次他带了200多名企业家来华考察，推动了中以经贸合作。[10]他的哥哥欧慕然·奥尔默特放弃了去美国任外交官的机会，来到中国担任以色列驻华农业参赞，为促进中以农业合作做出了贡献。在华任职期间，欧慕然多次回到哈尔滨拜谒先人墓地。[11]1998年9月，美国安利公司纽崔莱健康研究中心总裁山姆·宏邦带一双儿女来到上海，寻访他父亲卡尔工作和生活过的地方。卡尔1915年来到上海，在北苏州路上的"三花牛奶公司"做代理人。他接触到了中国传统中医中药的配方法，逐渐对营养学产生了浓厚的兴趣。卡尔回到美国后，运用他在中国学到的传统中医方法，终于在1934年研制出世界上最早含有多种维生素和矿物质的补充食品之一——DOUBLE X，并凭着这一产品创办了纽崔莱公司。卡尔生前一直想回上海看看，但没能实现愿望。今天，他儿子山姆终于圆了父亲的梦。山姆激动地对记者说："在上海，我父亲找到了制造营养食品的奥妙；70年后，我终于让它回娘家了，总算完成了父亲的夙愿。"[12]丹麦籍犹太人伟贺慕·马易尔曾任上海慎昌洋行总经理，在中国生活多年。他的外孙白慕申（C.B. Bramsen）经多年收集材料和刻苦研究，于1993年完成了关于其外祖父的传记《马易尔——一位丹麦实业家在中国》，此书现已译成中文出版。[13]1995年9月1日，白慕申作为新任驻华大使向江泽民主席递交国书。江主席对白慕申说，我知道大使一家在上海的根，而且还记得大使外祖父的公司慎昌洋行，这使白慕申兴奋不已。[14]

一些曾在中国生活过的犹太实业家或"中国犹太人"的后代更是纷纷来华投资、经商、交流，分享"故乡"新一轮大发展的成果，为中国拓展对外经

9　前引潘光主编：《犹太人在上海》2005年版，第105页。

10　潘光："奥尔默特的中国情"，《解放日报》2006年2月6日。

11　中国中央电视台网站www.cctv.com，2007年1月5日。

12　《申江服务导报》，1998年9月29日。

13　白慕申著：《马易尔：一位丹麦实业家在中国》，团结出版社1998年版。

14　前引白慕申书第111页。

贸、文化联系牵线搭桥，为加速中国现代化建设献计出力。当年的犹太难民肖尔·艾森伯格以极大的热情关注并投入上海的改革开放事业，他在上海投资建造了耀华—皮尔金顿玻璃厂，直到去世前三天还签署了在浦东建立钻石交易所的协议。那天他对记者说："把建这样的中心选择在上海，是因为这里与以色列有着十分友好的关系，二战期间帮助了许许多多的犹太人。而我，就是其中之一。"[15]他去世后，他的家属继续积极推动这一项目的实施。2000年10月，上海钻石交易所正式成立。到2004年，该所钻石交易额已达到3.68亿美元，生意非常红火。[16]劳伦斯·嘉道理勋爵积极支持大亚湾核电站的建设。1994年2月6日，大亚湾核电站一号机组正式投入商业运行，李鹏总理在庆典上特别赞扬了"港方开拓者"嘉道理勋爵的功绩。[17]最近嘉道理勋爵之子米高·嘉道理也多次访问中国，并且在上海建立了办事处，准备再图进取。前面提到的山姆·宏邦博士于1998年将全球保健品最富竞争力的纽崔莱引入中国市场，此后在中国发展迅速，已经成为中国国内销售量最大的保健品品牌。[18]纽崔莱健康研究中心所在的安利公司在中国的直销业务也飞速发展，2003年其中国营业额已超过在美、日的营业额达到全球第一，到2005年其中国营业额已高达175亿元人民币。值得一提的是，安利公司还曾积极帮助中国入世，并在中国赞助、支持了许多慈善、教育、文体和社会公益活动。[19]曾在中国十分活跃的司带集团于20世纪50年代逐渐退出中国市场，但在中国实行改革开放后，又是最早"回到"中国保险市场的外资企业。该集团现在上海和中国各地投资各行各业，特别是其开办的友邦保险公司，生意做得非常红火。

二、"中国犹太人"在全球犹太人中引起"中国热"

当年在中国生活过的"中国犹太人"及其子女重返"故乡"，中国也在

---

15 《新民晚报》，1997年3月27日。

16 《解放日报》，2005年2月22日。

17 《人民日报》，1994年2月7日。

18 《国际金融报》，2004年10月20日。

19 参见安利中国公司网站www.amway.com.cn。

国际上的犹太实力派人物中引起了一股"中国热"，使其中不少人前来中国寻求发展机遇。曾任世界犹太人大会主席的加拿大犹太首富E.勃兰富曼（Edgar Bronfman）多次来华访问，不但在上海投资建立了饮料厂，还到中国西部拓展实业。司带集团的最高领导人，美国著名犹太实业家，美国国际集团总裁格林伯格（Morris Greenberg）不仅在中国积极投资，还多次出任上海市市长国际咨询顾问委员会主席，为上海的对外开放出了许多好主意，因此获得了白玉兰奖和上海荣誉市民称号。高盛、摩根斯坦利、所罗门兄弟等具有犹太背景的投资公司在中国的业务也在不断扩大。近期，罗斯柴尔德家族也开始在中国投资高档酒业。

　　这股"中国热"也扩展到了文化、体育等其他领域。犹太裔小提琴大师艾萨克·斯特恩于1979年来到中国进行演出和讲学，推动了古典音乐在中国的发展，一大批当时聆听他演奏和讲课的天才儿童后来都成了著名的音乐家。[20]犹太裔传媒大亨默多克（Keith Rupert Murdoch）所创建的新闻集团十多年来对中国投注了超过20亿美元的资金，其综艺频道进入了广东有线电视网，成为首个被允许进入大陆的全新境外频道，中央电视台的英语频道也通过其在美国的福克斯新闻网播出。2003年10月，他还受邀走上中共中央党校的讲台，成为第一个在此发表演说的外资传媒大亨。2004年10月，美国NBA总裁大卫·斯特恩（David Stern，犹太裔）率领NBA代表团来到上海，立即去参观上海犹太遗址，特别是二战期间犹太难民生活的虹口地区。参观后他对记者说："这个城市让我感到非常亲切"。[21]在他的积极推动下，NBA篮球赛来到了姚明的故乡，促进了篮球运动在中国的普及和发展。《他改变了中国：江泽民传》的作者库恩（Robert Lawrence Kuhn），也是一个对中国满怀友好感情的美国犹太人。他本是国际投资银行家和企业战略家，也是美国公共广播公司的节目主持人、花旗集团公司的执行董事。通过长期见证并研究中国的发展，他得出了十分独到的见解：中国经济的辉煌成就只是第二位的变化，中国真正的最大的变化是人民的思想和精神——他们的看法和见解、开放性的思维、对自己国家

20　《纽约时报》，2009年7月5日。

21　《解放日报》，2004年10月15日。

和人民的自信、他们走向世界舞台时所表现的那种热情，还有他们现实生活中
所拥有的个人自由。最近他又推出新作《中国三十年：人类社会的一次伟大变
迁》（*The Inside Story of China's 30-Year Reform*），以一个美国人的视野描绘西
方人眼中发生巨变的中国，其中他独家采访多位中国省部级官员，所论及的内
容是首次向世人披露。[22]

　　进入21世纪，这股由前"中国犹太人"掀起的"中国热"正在向纵深发
展，越来越显示出稳妥和理性的特点，并具有强劲的驱动力和可持续性。2004
年，由设在耶路撒冷的犹太民族政策规划研究所撰写的研究报告提出：中国的
发展将会对犹太文明的未来发展产生重要影响；作为国际化程度最深的民族，
犹太人应高度重视中国和平发展进程带来的巨大机遇；犹太民族的决策者们
必须要有一个全民族的对华大战略；中犹两大民族和文明的携手合作，将对
世界产生深远的积极影响。[23]这种宏观的"中国机遇论"，代表了全球犹太精
英中相当一部分人的看法，为全球犹太人参与中国改革、发展进程提供了理论
依据。从这个角度看问题，犹太人对中国和平发展的关注和参与已经成为一种
自觉的行动，因此前"中国犹太人"的引领使命已经完成。

　　（摘自潘光、王健：《犹太人与中国，近代以来两个古老文明的交往和友
谊》，时事出版社2010年版）

22　陈昕："一个美国人眼中改革开放的真实故事"，《文汇报》，2009年2月9日。

23　所罗门·沃德（Salomon Wald）：《中国与犹太民族》（*China and the Jewish People*），犹太民族政策规划研究
　　所，耶路撒冷，2004年版。

理论篇：

理论视阈中的
来华犹太难民和中犹关系

从理论视阈对来华犹太难民和中犹关系进行深入研究。主要考察犹太难民来华的国际背景、"推拉理论"和犹太难民来华动因、离散族裔理论和来华犹太难民社区、来华犹太难民的集体记忆和"中国情结"、来华犹太难民劫后幸存之原因、20世纪中叶至今来华犹太人和来华犹太难民研究的演进。

被纳粹党徒砸毁的犹太人商店

纳粹在奥斯维辛集中营内建立的屠杀犹太人的焚尸炉和毒气室

上海虹口犹太难民聚居区内拥
挤不堪的住处

奥地利犹太画家许福的漫画"我爱
中国人"

犹太难民中的音乐大师卫登堡；犹太难民中的著名精神病学家韩芬

关于来华犹太人、特别是来华犹太
难民的著述越来越多

第八章

犹太难民来华的国际背景：
纳粹大屠杀对犹太民族的影响

为什么成千上万的犹太难民不远万里来到中国，直接的原因就是纳粹对犹太人的迫害、驱赶和屠杀（本文简称"纳粹大屠杀"）。因此，要深入研究来华犹太难民，就必须对其来华的国际大背景——纳粹大屠杀使犹太民族遭受的空前浩劫及对犹太民族和犹太文明的深远影响进行更加宏观的剖析。本文所说的纳粹大屠杀有一个专用名词Holocaust，特指纳粹在德国及德占地区对犹太人的迫害、驱赶和杀戮。

由于宗教、政治、经济、文化、社会等各方面的种种复杂原因及其互相交错，反犹思潮和行动早在公元前就已产生，在中世纪的欧洲更形成了系统的理论和有组织的行动。到了近代，一波接一波的反犹恶浪在俄国和东欧肆虐，使犹太人"不仅遭到一个无权的民族所遭受的一般的经济和政治压迫，而且还遭到剥夺他们起码的公民权的压迫。"[1]然而，与纳粹大屠杀相比，所有此前的反犹活动都显得相形见绌。

这场惨绝人寰的大屠杀虽已过去了70多年，但仍然是令人难以忘却的：对受害者及其亲属是这样，对那些还活着的加害者也是如此；对为了处理遗留问题而争执不休的政治家和官员们是这样，对试图搞清一些历史之谜的家者们更是如此。本章对这场大悲剧对犹太民族和犹太文明的冲击和影响作一深入探析。

1　列宁："告犹太工人书"，《列宁全集》第8卷，第463页。

一、纳粹大屠杀的舆论准备

19世纪末20世纪初，反犹主义在俄国和东欧又一次恶性膨胀，在西欧也时而兴风作浪。这一波反犹狂潮的一个突出特点就是对犹太人栽赃诬陷。如反犹分子蓄意炮制的《锡安贤达议事录》[2]就成了反犹分子手中一份不可多得的宣传品。就在此文件发表后，1903年在基希涅夫，1905年在敖德萨，相继发生对犹太人的大规模血腥屠杀，震惊了全世界。此后直至第一次世界大战，反犹暴行在俄国和东欧绵延不断。即使在西欧，也发生了如德雷福斯案件那样诬陷犹太军官的恶性事件[3]。

第一次世界大战使欧洲的反犹主义有所减缓，但战争一结束，这股经久不衰的思潮马上又抬头了。在波兰，政府公然制定了歧视犹太人的经济政策，这是导致第四次"阿利亚"[4]的重要原因。在罗马尼亚，出现了以把犹太人驱逐出境为公开目标的组织和运动。在立陶宛和拉脱维亚，削弱犹太人在经济、文化领域中影响的倾向日益加剧，并得到了官方的支持。在苏维埃俄国，革命后初期犹太人的境况大为改善，反犹主义被宣布为非法，所有犹太人都获得了平等权利，一些犹太人还担任了党和国家的领导职务。但随着阶级斗争的扩大化和一批犹太裔领导人如托洛茨基、季诺维也夫、加米涅夫等被定为反革命，根深蒂固的反犹主义又开始上升，使苏联境内的几百万犹太人再次处于压力之下。

20世纪20年代的反犹思潮既继承了传统反犹理论中的种族歧视、宗教偏见等老一套论调，又表现出一些新的特点，其中最突出的就是将反犹与反共相结合。

1917年俄国"十月革命"及其后爆发的欧洲革命，将一大批接受了马克思主义的犹太精英分子推上了革命领导人的位置。"十月革命"后早期苏俄24名党政领导人中有16名犹太人，德国共产党主要领导人罗莎·卢森堡是犹太人，匈牙利苏维埃共和国的领袖贝拉·库恩也是犹太人。一些反共理论家立即

2　反犹分子蓄意炮制的文件，其中称犹太人制定了一项统治世界的秘密行动计划。

3　1894年12月，法军上尉，犹太人德雷福斯因受诬告被判终身监禁。

4　"阿利亚"指犹太人回归巴勒斯坦故地的运动。

抓住这一点，炮制出一个"犹太—布尔什维克主义"，竭力利用基督教欧洲的反犹传统来反对共产主义。同样，一些反犹理论家也发现可以利用资产阶级害怕共产主义的心理来掀起反犹运动，于是《锡安贤达议事录》一类的反犹著述被译成多种文字广为传播，从马克思、拉萨尔到托洛茨基的众多犹太裔革命家被说成是打着共产主义旗帜为犹太国际阴谋效力的野心家。

由于带上了强烈的反共色彩，20世纪20年代的反犹运动必然向右翼极端势力靠拢，最终不可避免地与正在崛起的法西斯主义同流合污，而将五花八门的反共、反犹、种族主义和法西斯主义奇谈怪论拼凑在一起，炮制出一种系统的法西斯反犹理论的，正是那位出生在奥地利的前下士阿道夫·希特勒。此人公然宣称，现在是人类历史上的"关键时刻"，自由资本主义已经分崩离析，"犹太—布尔什维克主义"正在策划征服欧洲和全世界，作为"优良种族"的雅利安人必须通过"永久性的革命"来消灭犹太人及其马克思主义，以争取更多的"生存空间"。如果希特勒仅仅是一位二流作家，那么他的《我的奋斗》之类的书顶多只能吸引一些无知的青少年，不会对神志正常者产生什么影响。然而可悲的是，他并不只是想胡说八道几句，而真的要将其疯狂的理论付诸实践。更可悲的是，他居然打着反共反犹旗号夺取了德国的大权，使这个启蒙改革运动以来犹太人状况相对较好的国家不幸成了其实践法西斯理论的第一块试验田。

二、纳粹大屠杀的发展进程

希特勒于1933年初在德国上台，随即迫不及待地发动了反犹运动。从1933年到1945年的12年里，这场运动从没间断，而且逐步升级，就其全过程来看大致可分为三个阶段。

第一阶段（1933—1938），主要是在德国本土颁布一系列反犹法令，在政治、经济、文化诸领域对犹太人进行大规模的、自上而下的、无孔不入的迫害。1933年4月，纳粹德国颁布了第一个反犹法令"恢复公职人员法"，规定"非雅利安祖先的文官必须退职"。根据这一法令，犹太人被赶出了政府机关。同月，制订了"大学生十二守则"，其中一条是："我们最危险的对手是犹太人"。此后犹太裔大学生在校园内处境日趋困难。同年10月，"国家报刊法"

出台，规定所有编辑都必须是雅利安血统，连配偶都不能是犹太人，于是犹太人又不得不离开新闻和出版部门。1935年秋，公布了"纽伦堡法"，剥夺了犹太人的公民权及一切相关的政治权力，并且不准犹太人与"德意志或其同源血统的公民"结婚。

与此同时，德国政府和纳粹党有组织、有计划地煽动不明真相的群众抵制和冲击犹太人经营的企业、商店和律师事务所等事业单位，殴打甚至杀害犹太人。纳粹宣传部长戈培尔在柏林等地组织大规模的焚书活动，将犹太人写的书及其他"非德意志"书籍（如共产主义书籍）均付之一炬。许多世界文化名人如海涅、毕加索、门德尔松、塞尚等人的作品均被查禁，连爱因斯坦、弗洛伊德这样的科学泰斗和文化巨匠也不得不流亡国外。

1936年反犹行动稍有收敛，因为奥运会在柏林举行。然奥运会一过去，反犹行动立即再次升级。1938年11月7日，犹太青年格林斯潘刺杀了德国驻巴黎使馆一秘赖特，纳粹当局立刻借机掀起了更大规模的反犹狂潮。11月9日，德国各地的犹太会堂被烧毁，犹太公墓被破坏，犹太商店被打砸，死伤的犹太人不计其数，有2万多人被关进集中营。由于当日成千上万块玻璃被砸碎，因此11月9日夜被称为"玻璃破碎之夜"（Kristallnacht，以前译"水晶之夜"）。在史书中，这个词后来就成了迫害犹太人的代名词。此后，纳粹当局又颁布一系列法令，规定犹太人在公共场合必须佩带黄星，犹太人的护照均要加盖"J"字，犹太医生的许可证也被吊销。至此，德国犹太人已丧失了生存的权利。

第二阶段（1938—1941），随着德国吞并和占领越来越多的国家和地区，纳粹的反犹政策和法令被照搬到德占地区，并发展为驱赶和隔离相结合的行动方针。1938年3月—1941年5月，纳粹德国先后吞并、侵占和"进驻"奥地利、捷克斯洛伐克、波兰、丹麦、挪威、荷兰、比利时、卢森堡、法国、罗马尼亚、希腊、保加利亚、南斯拉夫等国，于是纳粹的反犹运动也扩展到了上述地区，一些傀儡当局与纳粹狼狈为奸，在其中充当了打手的角色。如法国维希政府积极同德国合作，制定严厉的反犹法律，千方百计迫害法国犹太人；挪威的吉斯林政府也紧跟纳粹，在挪威掀起了反犹恶潮。

值得一提的是，纳粹在这一时期开始对犹太人实行驱赶和隔离相结合的方针。波兰的几百万犹太人全部被集中到特定的隔离区内，过着牛马不如的生活。华沙的50万犹太人被赶入仅2.71平方千米的隔离区内，成千上万的人不堪饥寒交迫而死去。在维也纳，纳粹建立了"犹太移民总处"，专门负责将奥地利犹太人驱赶出境，并在这些犹太人离去之前榨尽他们的钱财。从1938年3月到1939年9月的一年半时间里，有近10万奥地利犹太人倾家荡产才换来了出境许可。在柏林，承担同样使命的机构名叫"犹太人出境中央办事处"。从1933年到1939年，超过28万犹太人被迫离开德国本土，占1933年德国境内52.5万犹太人的53.3%。[5]对那些缴不起费用的犹太人，纳粹当局千方百计逼犹太富豪和慈善组织为他们掏腰包。美国犹太人联合分配委员会（英文缩写为JDC）为此就付出了数百万美元。

到了后来，从留下来的犹太人身上已难以榨出油水，城市里又不易划出隔离区安顿这些犹太人，食品燃料也日趋缺乏，于是纳粹当局干脆将成千上万的犹太人赶出城镇，送往集中营，强迫其中的青壮年做苦工。法国、荷兰、比利时的犹太人最初被赶入隔离区，后来则干脆被送上火车押往东欧的集中营。希腊犹太人在被押往集中营途中经受种种非人折磨，到达目的地时不少人筋疲力尽而死。纳粹为了以更大的规模驱赶犹太人，还曾设计过形形色色的方案。如所谓的"马达加斯加计划"，打算将400万欧洲犹太人放逐到法国殖民地马达加斯加岛，在那里建立一个德国总督统治下的犹太自治区。1940年6月，希特勒曾亲自出面对该计划表示赞许。后因战事日趋紧张，纳粹当局根本没有能力去实施这些方案。

第三阶段（1941—1945），纳粹当局转而实行"最后解决"（Final Solution）政策，即从肉体上消灭整个犹太民族。1941年6月纳粹入侵苏联，当时苏联境内有300多万犹太人，如何处置这些犹太人成了纳粹头目们急需解决的一个难题。正是在这前后，从肉体上彻底消灭欧洲犹太人的"最后解决"方案经过一段时间的酝酿后出笼了。早在1939年，希特勒就开始谈论"全部消灭"欧洲犹太人的可能性。在准备对苏战争过程中，他下达了"消灭所有犹太—布尔什维克分子"的密令。就目前掌握的资料看，"最后解决"一词首次

5　前引 A. Grobman and D. Landes, ed., *Critical Issues of the Holocaust*, p.149.

出现在纳粹第二号头目戈林于1941年7月签署的一份文件里，这份文件在纳粹于1942年1月召开的专门讨论犹太人问题的万湖会议（Wannsee Conference）上被作为官方政策下达，于是"最后解决"一词就成了从肉体上彻底消灭欧洲犹太人的代名词。纳粹首先在苏联实施"最后解决"方案，专门执行此任务的4个特别行动队紧跟在向前推进的德军之后，杀死所有被抓获的犹太人、吉普赛人、红军政工人员和共产党干部。从1941年末到1942年初的一个冬季里，行动队就处死了近50万犹太人。

进入1942年，为了以更快的速度实行"最后解决"，纳粹组织一批"专家"设计出了毒气室，于是成千上万的犹太人被送进这些所谓的"淋浴室"毒死。奥斯维辛集中营曾创造了一天毒死6 000人的最高纪录。万湖会议文件指示道："在实际贯彻最后解决计划的过程中，必须对欧洲从东到西进行彻底搜查……"[6]于是，在杀死大批东欧和苏联犹太人的同时，纳粹又在西欧和巴尔干围捕犹太人，将他们押往德国、波兰的集中营处死。"最后解决"一直进行到战争的最后一刻，只是由于盟军的快速挺进，一些犹太囚徒才幸免于难。

有人认为，"大屠杀"一词只能指第三阶段，笔者不能同意。首先，这三个阶段组成一个逐步升级的全过程，难以将其分割；其次，前两个阶段推出的一系列政策和采取的措施，为第三阶段的"最后解决"奠定了基础；第三，在前两个阶段，已经有大批犹太人非正常死亡。因此，"纳粹大屠杀"无疑是一个涵盖三个阶段的专用名词。

三、纳粹大屠杀使犹太文明的主要舞台转移

纳粹的暴行究竟使多少犹太人丧生？对这个问题至今仍有不同看法，但大多数历史学家认为约有600万犹太人死于纳粹的魔掌中。20世纪30年代中全世界约有1 800万犹太人，其中1 200万生活在欧洲。这就是说，希特勒"消灭"了全部犹太人的三分之一，欧洲犹太人的50%！这不仅是犹太民族遭遇的灭顶之灾，而且也是人类历史上罕见的大悲剧。正是这样一场大屠杀，实际上摧毁了欧洲犹太社区，结束了犹太史上的"欧洲中心"时期，使犹太文明的

6　[以] 阿巴·埃班著：《犹太史》，中国社会科学出版社1986年中文版，第383页。

主要舞台转移到美国和巴勒斯坦。

在这一劫难中，欧洲大陆几乎所有国家的犹太社团都在大屠杀中遭受灭顶之灾，有些国家的犹太人几乎被斩尽杀绝。如波兰的300万犹太人到1945年战争结束时已不复存在，德国境内那时也很难再看到犹太人。早在纳粹开始反犹行动之时，成千上万的犹太人便开始逃离欧洲。即使在战时，这股"逃离欧洲"的潮流也没有停止。到了战后，为数不多的犹太幸存者自然也不愿再生活在这块令他们遭受无尽苦难的土地上，纷纷移居欧洲以外的地方，特别是北美和巴勒斯坦。战前欧洲犹太人占全球犹太人口总数的三分之二，但到战后初期，如不把地跨欧亚两洲的苏联算在内，欧洲犹太人数量已不及全球犹太人总数的10%。因此可以说，由于纳粹大屠杀所引起的犹太人数量剧减和犹太人口大迁移，长达1 000多年的犹太民族主体生活在欧洲的时期已经结束，欧洲作为犹太精神文明中心的地位也已不复存在。

当时，北美和巴勒斯坦的犹太人数量已占全球犹太人口总数的一半左右，而到20世纪末，这个比例已上升到70%左右。[7]显然，犹太民族的主要聚居地和犹太文明的主要舞台已逐渐转移到北美和巴勒斯坦（以色列）。这一转移意味着：就整体而言，犹太民族的发展，犹太文明的复兴，犹太国家的重建和振兴，将越来越取决于北美和巴勒斯坦的事态发展和历史演进。1948年以色列国的建立及此后这个全球唯一犹太人占主体的国家再度崛起，战后美国犹太人在美国国内及世界犹太事务中发挥越来越重要的作用，都证明了这一点。

四、纳粹大屠杀导致犹太民族认同感加强和锡安主义新高潮的形成

纳粹大屠杀使犹太人为生存而互相支持、团结拼搏，大大增强了他们的民族认同感，促使锡安主义（即犹太复国主义）再掀高潮，从而为犹太民族国家重建和犹太文明复兴进程注入了强有力的催化剂。

当希特勒在欧洲掀起反犹狂潮之时，犹太世界的第一个反应就是全力救助欧洲受难同胞，世界锡安主义组织和美国犹太社团在其中发挥了突出作用。早在1933年，一些锡安主义领导人就与纳粹德国经济部达成了秘密协议，商

7　Stephen W. Massil, The Jewish Year Book, 1996, 5756–5757, London, 1996, pp.182–183.

定让德国犹太人移居巴勒斯坦，这些人可将资产存入德国的一个特别账号，用
来为巴勒斯坦购买德国商品，购进这些商品的巴勒斯坦商人再掏钱补偿德国犹
太移民的损失。[8]就锡安主义运动而言，营救欧洲犹太人的重要目的在于组织
他们移居巴勒斯坦。第五次阿利亚期间涌入巴勒斯坦的德国犹太人激增，这正
是在纳粹反犹恶浪中锡安主义运动积极组织救助行动的结果。不过，巴勒斯坦
接纳外来移民的容量毕竟有限，特别是在阿犹冲突日趋激化和英国当局不断加
强限制的情况下，欧洲犹太人移民巴勒斯坦也就变得越来越困难。到了1939
年"5·17"白皮书[9]发表后，锡安主义组织和犹太代办处不得不转而采取"非
法"手段将欧洲犹太难民偷运入巴勒斯坦。

与世界锡安主义组织和犹太代办处不同，世界各地犹太社团和犹太组织
展开营救行动的目的从一开始就是帮助犹太人离开纳粹欧洲去任何愿接纳他们
的地方，而并不是一定要去巴勒斯坦。他们在欧洲和世界许多地方建立临时办
事处，以提供资助的方式帮助犹太难民获得离境许可证，再获得某国的入境或
过境签证。到战争爆发后，他们又建立了许多地下通道，将一批批犹太难民转
移出纳粹占领区。对于在一些国家滞留或已发现暂时栖身处的犹太难民，他们
也千方百计给予帮助，使之能渡过战时的最困难时期。如1939年，德国侵占
波兰后，一大批波兰犹太人逃到了立陶宛。1940年，他们想法获得了去日本
的中转签证，但每人必须付出约200美元才能通过苏联去日本。美国犹太人联
合分配委员会（JDC）等组织立即全力以赴，募集了一笔钱支持他们，使他们
得以在德国入侵苏联前陆续离开。美国犹太人联合分配委员会在里斯本的办事
处成了战时救助欧洲犹太人的一个重要中转站。美国犹太人联合分配委员会甚
至在遥远的上海也设立了办事处，以救助在那里避难的近3万名犹太难民。

遭受劫难的欧洲犹太人也并非只是坐等外援或束手待毙，他们从一开始
就采取各种方式抵制纳粹的暴行。不过，在最初的几年里，突如其来的反犹狂
潮使他们不知所措，最普遍的反抗方式只有两种：逃离和自杀。到"碎玻璃之
夜"后反犹狂潮席卷纳粹统治区，犹太人已忍无可忍，开始拿起武器进行抵

---

8   E. Kedourie and S. Hain, Zionism and Arabism in Palestine and Israel, London, 1982, p.89.

9   1939年5月17日，英国政府发表巴勒斯坦政策白皮书，其中对犹太人移居巴勒斯坦实施严格限制。

抗。世界大战爆发后，大批犹太人参加盟军和游击队，走上了反法西斯战争的第一线。据统计，有168.5万犹太人参加了美、苏、英、波、法等国军队及各地的游击队，如按希特勒的犹太人定义（三代中有一个犹太人的均为犹太人），这个数字可能会高达300万。[10]同时，还有许多犹太人积极参加了地下斗争，奋战在秘密战场上，为盟军收集情报，建立秘密交通线，破坏德军设施等。最值得一提的是，处在隔离区和集中营内的犹太人虽然缺吃少穿，身体虚弱，手无寸铁，却依然宁死不屈，组织起来发动起义和暴动，打击了纳粹及其帮凶的气焰，在人类反法西斯斗争的历史上写下了可歌可泣的一页。仅在东欧，就有20个隔离区和5个集中营爆发了中等以上规模的起义和暴动。[11]其中最著名的当然是华沙犹太隔离区的大起义。华沙这几万犹太平民居然能抵抗武器精良的德国正规军这么长时间，并且使之遭受了上千人的伤亡，实在是又一个马萨达式奇迹。

纳粹大屠杀从肉体上消灭了成千上万的犹太人，但却从精神上促成了犹太民族空前的大团结。当所有的犹太人都为着民族的生存而殊死拼搏之时，阿什肯那兹犹太人与塞法迪犹太人之间的差异，正统派、保守派与改革派之间的隔阂，锡安主义运动内部各派别之间的歧见，俄国犹太人与德国犹太人之间的矛盾等都显得无关紧要了。希特勒的反犹政策使欧洲犹太人不再是德国人、波兰人、匈牙利人、罗马尼亚人、法国人、苏联人等，而仅仅是犹太人，从而使许多犹太人的民族意识大大增强。这里可以举几个例子。德国犹裔化学家弗里茨·哈伯是诺贝尔奖获得者，早在24岁时就改宗基督教。由于在一次大战期间为德国研制出化学武器，他被任命为重要科研机构的负责人，但纳粹上台后照样受到迫害而被迫辞职。他在给爱因斯坦的信中写道："在我一生中从来没有像现在这样感到自己是一个犹太人。"[12]德国著名犹裔画家马克斯·利伯曼一直反对锡安主义，认为自己首先是一个德国人，为此他曾与希伯来语大师毕阿利克争论过。纳粹上台后他也遭受迫害，思想开始转变。他在给毕阿利克的信中写道："在这个艰难的时代，由于德国犹太人被剥夺了生存权利，因此我和我

10　Issac Kowalski, *Anthology on Jewish Armed Resistance 1939—1945*, New York, 1984, p.15.

11　Martin Gilbert, *Atlas of Jewish History*, New York, 1993, p.102.

12　迈克尔.A.迈耶："反犹主义和犹太认同意识"，载《民族译丛》1990年第3期。

的犹太教友团结一致的感情无疑是令人欣慰的……你也许还记得我们就这个问题进行的对话。当时我力图解释我为什么要与锡安主义保持距离。今天我的想法不同了。我好不容易从一生的梦幻中清醒过来了。"[13]

阿巴·埃班的一段话最能反映经历纳粹大屠杀劫难的欧洲犹太人的心情："希特勒把他们变成了民族主义者。他们对自己说，只是因为他们没有自己的国家，他们的600万同胞才被残酷地杀害了。虽然他们也知道有些国家中的犹太人已经过着幸福的生活，可是他们经受的痛苦太多，再也不愿冒风险了。巴勒斯坦是他们的目的地。他们太疲劳了，不能在有一天也许又有人会喊'犹太人滚出去'的地方开始新生活。至于巴勒斯坦的生活是否有保障，这对他们来说是无关紧要的。"[14]这不仅是欧洲犹太人的想法，而且已为全球犹太人所认同。到1945年，几乎所有犹太人都聚集到了犹太民族主义和锡安主义的大旗下。巴勒斯坦犹太民族家园的迅速发展和壮大，在某种程度上也得益于纳粹大屠杀造成的这一后果。

五、纳粹大屠杀为以色列建国创造了有利的外部环境

纳粹大屠杀震撼了全人类，使全球范围的人同情犹太人，支持锡安主义的潮流急剧高涨，从而为以色列建国及犹太民族和文明的复兴创造了极为有利的外部环境和历史机遇。

面对纳粹对犹太人的疯狂迫害和屠杀，各国政府起初只是在口头上加以谴责，并不愿采取什么实际行动去救助犹太人。1938年7月，在法国埃维昂举行了专门讨论德国犹太难民问题的国际会议，有32国政府派代表参加。会上每个发言人都对犹太难民的处境表示同情，但除多米尼加外没有一个国家明确表示愿意接受犹太难民。1939年英国发表的"5·17"白皮书实际上对犹太难民关闭了巴勒斯坦的大门。拥有庞大犹太社团的美国也对犹太难民入境加以种种限制：1939年5月，美国政府将载有900名欧洲犹太难民的"圣路易斯"号轮船拒之门外；1940年，美国国会否决了向难民开放阿拉斯加的议案；1941

13　迈克尔.A.迈耶："反犹主义和犹太认同意识"，载《民族译丛》1990年第3期。

14　前引阿巴·埃班著：《犹太史》，第414—415页。

年，美国国会又拒绝了接纳2万名德国犹太儿童的建议。[15]

　　为什么各国政府对处于困境中的犹太人如此冷漠？究其原因，主要有以下几点：其一，全球性经济危机使许多国家仍处于大萧条之中，失业率居高不下，因而都严格限制移民入境，一些国家内部的反犹势力更是特别反对犹太难民入境；其二，面临咄咄逼人的法西斯战争机器，西方大国奉行一种"绥靖"政策，因而也不希望在犹太难民问题上与德国搞僵关系；其三，在迫在眉睫的战争威胁下，一些未被德国侵占的小国（战争爆发后成为中立国）如瑞士、瑞典等也不想在犹太人问题上招惹是非，以免得罪德国，瑞士虽因大批犹太人将钱存入其银行而获利，却不愿接受犹太难民；其四，一些亚、非、拉美国家由于自身经济困难而无力安置犹太难民，如多米尼加虽表示愿接收犹太难民，但无经济援助却难以安置他们。

　　尽管各国政府的态度令人失望，但各国广大民众、社团组织、慈善机构乃至不少中下级官员都对犹太难民的处境表现出深切的同情，并想方设法救助他们。国际红十字会及各国的红十字会一直竭尽全力营救犹太难民，特别在战争状态下，由于红十字会的工作人员仍能进入交战双方控制的地区，因而他们在营救挣扎在死亡线上的犹太难民方面往往能发挥不可替代的特殊作用。基督教会历来对犹太人抱有宗教偏见，但当纳粹反犹暴行愈演愈烈之时，许多主教和教士公开站出来声援犹太人。在法国、荷兰、比利时，教堂往往是隐藏和保护犹太人的有利场所。战争爆发后，活跃在各地的游击队也都积极参与了营救犹太人的行动。值得一提的是，一些国家的外交官也想方设法救助犹太人。中国驻维也纳总领事何凤山是最早通过发放签证的方式救助犹太难民的外交官之一，使用他颁发的签证逃离纳粹占领地区的犹太难民有数千人。[16]日本驻立陶宛考那斯的领事杉原千亩（Chinue Sugihara）在紧要关头给近2 000名波兰和立陶宛的犹太难民签发了去日本的中转签证，使他们得以逃脱纳粹的捕杀。瑞典外交官瓦伦堡（Raoul Wallenberg）以中立国代表的身份来到匈牙利，以颁发外交护照等方式救出了上万名匈牙利犹太人。一些德国人也暗中支持和帮助犹太

15　前引A. Grobman & D. Landes, *Genocide, Critical Issues of the Holocaust*, pp.298–299.

16　参见蒋作斌主编：《国际义人何凤山》，岳麓书社2007年版。

人，描写德国实业家奥斯卡·辛德勒保护犹太人的电影《辛德勒的名单》就是根据真人真事创作的，现在已是家喻户晓。

不仅在欧洲，在北美、东亚、澳洲、拉丁美洲、甚至南非等地，正义之士也都纷纷挺身而出，声援和救助犹太人。如在中国，以宋庆龄为首的中国民权保障同盟早在1933年就向德国驻沪领事馆递交了抗议书，强烈谴责希特勒的反犹暴行。上海，这座同样也遭到战火摧毁的东方大都市，从1933年到1941年12月太平洋战争爆发共接纳了欧洲犹太难民近3万人，除去部分人后又离开上海去第三国，仍有2.5万人一直留在上海直至战争结束。[17] 专门研究纳粹大屠杀的"西蒙·维森塔尔中心"（Simon Wiesenthal Center）指出，当时上海一市接受的犹太难民比加拿大、澳大利亚、新西兰、南非和印度五国所接受难民数的总和还多。[18] 拉丁美洲小国萨尔瓦多、多米尼加等也都接纳了相当数量的犹太难民，这在本书第十五章会详述。

战后，以色列议会曾通过一条法令，规定以色列政府应代表犹太人民感谢所有在纳粹大屠杀期间救助过犹太人的非犹太人或非犹太家庭，并授予他们勋章和奖金。截至1990年5月1日，总共有8 611人因此项法令而接受了以色列政府授予的"国际义人"勋章，[19] 此后，获得此项殊荣的义人与年俱增。虽然他们可能只是当年救助过犹太人的成千上万非犹太人中的一小部分，但已足以显示当时非犹太世界对纳粹暴行的反抗和对犹太民族的支援是多么强烈。

随着广大民众声援犹太人的运动一浪高过一浪，特别当纳粹"最后解决"的真相于1942年通过瑞士传送到西方之时，各大国政府的态度开始发生变化。一些领导人在更加强烈地谴责纳粹暴行的同时，也感觉到应该采取一些实际的行动。然而，一些早几年可以采取的行动在战争状态下已难以做到。1943年初，各国在百慕大再次召开讨论犹太难民问题的会议，但会上提出的许多措施均无法落实。1944年，纳粹党卫军头子希姆莱提出可以停止将犹太人送往死亡营，交换条件是要给德国1万辆卡车。锡安主义领导人试图促成这一交换计划，然而盟国领导人认为在战时给敌方这么多卡车是不可能的。此后，犹太领

17　参见潘光主编：《永恒的记忆——犹太人在上海》，上海锦绣文章出版社2015年版。

18　前引 A. Grobman & D. Landes, *Genocide, Critical Issues of the Holocaust*, pp.298–299.

19　前引 Martin Gilbert, *Atlas of Jewish History*, p.104.

导人又提出轰炸奥斯维辛的建议，但也被盟军当局以"技术原因"所拒绝。到战争的最后阶段，除了加速进军外已没有什么别的办法可以拯救死亡营中的犹太人。1945年春，随着盟军解放一个又一个集中营，纳粹大屠杀触目惊心的后果终于暴露在全人类面前，使世界为之震惊，全球范围同情犹太人进而支持锡安主义的潮流迅速高涨，形成难以阻挡之势。

在此前后，在这样一种同情犹太人的大气候中，各大国政府对犹太人问题的政策均发生质的变化，即从一般同情犹太民族转变为支持在巴勒斯坦重建犹太国家。美国总统罗斯福于1944年10月公开宣称："我知道犹太人曾经在多么长的时间内多么热切地争取并祈求建立一个自由民主的犹太共和国。我相信美国人民支持这个目的，如果我再次当选，我将帮助实现这一目的。"[20]同时，共和党的竞选政纲也明确提出："为了给数以百万计的被暴政逐出家门受苦受难的犹太男人、妇女和儿童一个避难之处，我们要求巴勒斯坦向他们开放，实行不受限制的移民和拥有土地，以便……把巴勒斯坦建成为一个自由和民主的共和国。"[21]值得注意的是，以前一直谴责锡安主义为资产阶级民族主义，从1928年起在国内禁止锡安主义的苏联的态度也发生了变化。苏联副外交人民委员迈斯基于1943年访问巴勒斯坦，与犹太代办处和锡安主义领导人进行了会谈。战争后期苏联宣传机器猛烈抨击纳粹的屠犹暴行，而对锡安主义的批评已不多见。1947年5月14日，苏联外长葛罗米柯在联合国讨论巴勒斯坦问题的特别会议上发言。他用了大量时间来追述犹太人民遭受的"非常的不幸和苦难"，并且正式表态支持"把巴勒斯坦分成两个独立的自治国家，一个是犹太国，一个是阿拉伯国"。[22]这是苏联第一次明确支持犹太人在巴勒斯坦重建国家。苏联态度的转变有着深刻的政治经济根源，而纳粹大屠杀造成的感情因素也在其中发挥了重要作用。这突出表现在两点上：其一，成千上万的苏联人在二战中死于纳粹屠刀之下，因而苏联人民对同样遭受屠杀的犹太人普遍表示同情；其二，苏联犹太人经过纳粹大屠杀劫难后民族认同意识大大加强，普遍支持锡安主义。显然，苏联领导人在决定调整政策时是考虑到这些因素的。

20　《纽约时报》，1944年10月13日。

21　George Kirk, *The Middle East in the War*, London, 1954, p.318.

22　国际关系研究所：《巴勒斯坦问题参考资料》，世界知识出版社1960年版，第53—60页。

一句话，当第二次世界大战的硝烟逐渐消散之时，世界各国都难以否定
这样一个要求：为纳粹大屠杀的幸存者找到一块安身之地，为饱受苦难的犹太
人建立一个他们能在其中安全生存的家园。如果没有一个国家能为他们提供这
样一个地方，那么支持他们在巴勒斯坦重建国家也许就是唯一可以一劳永逸解
决问题的办法了。纳粹本想要将犹太人逐出世界民族之林，但结果却使人类社
会认识到：必须尽快使犹太民族在国际大家庭中获得一席之地。

六、纳粹大屠杀为犹太民族的自我教育留下了永存的反面教材

特别值得一提的是，纳粹大屠杀在犹太民族的心灵深处留下了难以抹去
的创伤和烙印，对犹太人的思想意识和文学艺术产生了极其深刻的影响，为犹
太民族不断进行自我教育和增强民族凝聚力留下了永存的反面教材。

1945年5月，当欧战结束的消息传到巴勒斯坦、美国及世界各地的犹太社
区时，人们在欢庆胜利的同时升起了镶有黑边的旗帜，以悼念在纳粹大屠杀中
死去的同胞。随着有关纳粹大屠杀的细节和内幕越来越多地被披露，每个犹太
家庭都发现有亲人或朋友在这场大劫难中丧生。这成千上万的人仅仅因为是犹
太人而被杀害，可以想象在他们同胞的灵魂深处留下了多么刻骨铭心的创伤。
以色列政府于1951年通过法令确定犹太历尼散月（大约在公历4月）27日为
纳粹大屠杀纪念日。现在每到这一天，以色列和世界各地的犹太人都要点燃
蜡烛，以纪念1933—1945年期间惨遭纳粹杀害的600万兄弟姐妹。纳粹大屠杀
期间许多其他悲剧性事件发生的日子，现在也成了缅怀死难者的纪念日。每年
11月9日，人们都要纪念1938年那个"碎玻璃之夜"的受害者，许多人那天
会到德国犹太人的墓前献上一束花。到了4月19日及其后几天，世界各地的人
们都会举行仪式纪念1943年华沙犹太区起义的勇士们。1970年，当时的德国
总理勃兰特曾在华沙犹太区起义死难者纪念碑前下跪，代表德意志民族和国家
表示忏悔。1993年纪念起义50周年之时，在华沙举行了隆重的纪念活动，同
时美国总统克林顿在华盛顿主持了"美国大屠杀纪念博物馆"（HMM）的开馆
仪式，这个可能是世界上最大的纳粹大屠杀纪念馆是根据美国国会通过的法案
建立的。为了不忘纳粹大屠杀悲剧，德国政府决定将1月27日定为"纳粹统治
受害者悼念日"。正是在1945年1月27日，苏联红军解放了奥斯维辛集中营。

2005年11月1日，联合国大会通过第60/7号决议，决定1月27日为一年一度的"缅怀纳粹大屠杀遇难者国际纪念日"（International Day of Commemoration in Memory of Holocaust Victims）。

在纪念受害者的同时，有正义感的人们从没有忘记向加害者讨还血债。70多年来，许多犹太志愿者，特别是那些纳粹大屠杀的幸存者，以及支持他们的各国友人为收集纳粹罪证，追捕纳粹战犯而不遗余力，取得了巨大成绩。仅西蒙·维森塔尔中心这一个组织就采访整理出几万名纳粹大屠杀幸存者和目睹者提供的证词，并追寻到了数千名纳粹战犯的踪迹。1960年，以色列派出特遣队到阿根廷抓获臭名昭著的屠犹凶手阿道夫·艾希曼，将其押回以色列公审后判处死刑。时至今日，仍有许多人在继续这一报仇雪恨的事业。对他们来说，纳粹大屠杀是永远不能忘记的，只要一息尚存，就要为九泉之下的死难者讨回公道。

纳粹大屠杀这场浩劫也在犹太文化思想的发展史上刻下了不可磨灭的烙印。70多年来，出现了许许多多反映纳粹大屠杀的小说、电影、戏剧，其中大多数虽由犹太作家、艺术家所创作，却不但在犹太人中受到欢迎，也在全世界各国人民中间产生了巨大影响，对中国人民来说也不陌生，如《华沙一条街》《马门医生》《苦海余生》《纳粹大屠杀》《战争风云》《战争与回忆》《辛德勒名单》《美丽人生》《钢琴师》《黑皮书》《朗读者》等作品都震撼了具有良知的人们的心灵，说明这个悲惨事件已成为犹太文学艺术乃至世界文学艺术中一个经久不衰的主题。

还有人认为，纳粹大屠杀也对犹太人的思想方式产生负面影响，使其在长期以来反犹氛围中形成的"被包围感"和"受迫害感"大大加强，对自身安全形成了一种超乎寻常的敏感意识，常会不由自主地采取主动出击行动去消除对自身的威胁。许多以"保卫犹太人"为宗旨的极端民族主义组织的出现及其过激的行动，一些犹太激进分子有时采取恐怖手段打击对手，以至今日以色列国安全政策中的"安全区"概念和国防战略中的"先发制人"原则，都反映了这种思想倾向。当然，也有人不同意这种看法，认为遭受纳粹大屠杀摧残的犹太人做出一些"矫枉过正"的反应是可以理解的。

纳粹大屠杀产生的最能体现"坏事变好事"的后果就是为犹太民族不断

进行自我教育和增强民族凝聚力提供了永存的反面教材。在今日的以色列，已经形成了以耶路撒冷"耶德·瓦谢姆"（Yad Vashem，希伯来语，意为"纪念与记忆"）纳粹大屠杀历史纪念馆为核心的全国纳粹大屠杀教育网络；在美国、加拿大、澳大利亚、欧洲各国，乃至全世界所有的犹太社团，也形成了同样的网络。在较大的犹太社区，特别是在大中城市的犹太社区，人们都可以找到纳粹大屠杀纪念馆或教育中心；即使在最小的犹太社区，你也可在犹太会堂或社区中心发现一个纳粹大屠杀教育室。每个犹太孩子一懂事就会被带到这里接受教育。每年的纳粹大屠杀纪念日，人们都要汇聚在这里举行纪念活动。这里还经常举行学术讨论会和报告会，人们在这些活动中探讨纳粹大屠杀产生的原因，如何从这一大悲剧中吸取历史教训，以及防止悲剧重演的途径。实际上，纳粹大屠杀教育已成为现代犹太教育的重要组成部分。只要犹太民族存在，纳粹大屠杀就不会被忘记，纳粹大屠杀教育就要世世代代进行下去。目的不仅仅在于纳粹大屠杀本身，而在于增强犹太民族的凝聚力。

纳粹大屠杀悲剧过后两年半，联合国于1947年11月29日通过了关于"巴勒斯坦将来治理（分治计划）问题的决议"，承认犹太人有权在巴勒斯坦重建民族国家。又过了半年，本—古瑞安于1948年5月14日下午4时大声宣布："特此宣告在以色列地建立一个犹太国家——以色列国"。

想要"消灭"犹太民族的希特勒恐怕做梦也不会想到，他的倒行逆施反倒大大加快了犹太国家重建、犹太文明复兴的进程。民族的大劫难中往往孕育着民族的大复兴，这大概是人类历史发展进程中的一个普遍规律。

七、结论

纳粹大屠杀是史无前例的，它超越了所有此前的反犹活动。这场惨绝人寰的大屠杀对犹太民族和犹太文明产生了十分深远的影响。首先，纳粹大屠杀摧毁了欧洲犹太社区，结束了犹太史上的"欧洲中心"时期。其次，纳粹大屠杀大大增强了犹太人的民族认同感，促使锡安主义再掀高潮，从而为犹太民族国家重建奠定了坚实的基础。再次，纳粹大屠杀震撼了全人类，使全球范围同情犹太人，支持锡安主义的潮流急剧高涨，从而为以色列建国创造了极为有利的外部环境和历史机遇。最后，纳粹大屠杀对犹太人的思想意识和文学艺术产生了极其深刻的影响，为犹太民族不断进行自我教育和增强民族凝聚力留下了永存的反面教材。

对于中国而言，这场大浩劫使数万犹太人前来避难，在中国历史、犹太历史和中犹关系史上留下了让人心酸、难忘却又值得庆幸的一页。

第九章
"推拉理论"和犹太难民来华动因探析

"推拉理论"（push and pull theory）是研究流动人口和移民的最重要的理论之一。该理论认为，人口迁移和移民的原因是因为人们通过迁移可以改善生活条件。于是，在流入地的那些使移民改善生活条件的因素就成为流动人口的拉力，而流出地的那些不利的社会经济条件就成为流动人口的推力。人口迁移就是在流出地的推力和流入地的拉力两种力量共同作用下完成的。本章试图运用该理论分析二战期间犹太难民来华之动因。

一、"推拉理论"及移民类型研究

（1）推拉理论 "推拉理论"（push and pull theory）是最早出现的移民动因理论，也是在早期的移民研究中应用最为广泛的研究移民动因的理论。早在19世纪末，美国社会学家莱文斯坦（E.G. Ravenstein）就试图对移民的迁移规律进行总结。他认为：人口迁移并非完全盲目无序流动，而是遵循着一定的规律[1]。他指出，人口迁移的动力来自迁出国的推力和迁入国的拉力的双向因素。在"推拉模型"中，"推力"是指原居住地（或国家）不利于生存、发展的种种排斥力，可以是战争、动乱、天灾、生态环境恶化等对某一地区具有普遍性影响的非经济因素，抑或是某一小群体遭遇的政治或社会意外，也可以是移民原籍国的失业、经济危机、贫穷等经济因素；"拉力"则表现为移入地（或国家）所具有的经济、环境、社会福利以及政策方面的吸引力，它可以是大量呈

1　李明欢："20世纪西方国际移民理论"，《厦门大学学报（哲学社会科学版）》2000年第4期。

现的新机会，也可以是仅仅对于某一小群体的特殊机遇；每个移民个人会自己权衡迁移的成本和收益，即"推"和"拉"的因素[2]。

概括而言，推拉理论认为在市场经济、人口自由流动的情况下，人口之所以迁移、移民之所以搬迁，是因为人们通过搬迁可以改善生活条件。因此，在流入地的那些使移民境况得以改善的条件就成为具有吸引力的拉力，而流出地的那些使移民状况日趋恶化的社会经济因素就形成了巨大的推力。人口迁移就是在流出地的推力和流入地的拉力两种力量共同作用下完成的。由上可见，"推拉模型"通常将迁移活动描述成某一群体被动地被推、被拉的过程[3]，主要强调被动性。

（2）**移民类型**　在国际迁移中，根据移民的迁移动机，可将移民划分为三种主要的形态——劳动力移民、家庭移民和难民[4]。"难民"一词最先出现在法国，接着英国在17世纪末接纳逃离法国天主教会迫害的新教徒——胡格诺教徒时采用了该词。后来的英国还接纳了许多来自欧洲大陆的革命者如马克思和列宁。英国颁布的《1905年外侨法》是该国第一部出台的拒绝外侨入境英国的移民管制法律，其颁布的初衷主要是控制大量俄罗斯和东欧犹太人的进入，这部外侨法将"病患、疯子、罪犯以及可能增加政府福利负担的人"等四类潜在移民作为拒绝入境的对象，同时也对难民和其他移民进行了区分，指出那些被认为面临迫害的人可以免除上述条款限制[5]。

直到第一次世界大战后，美国才对难民和普通移民做了区分，并牵头在一战后成立的国际联盟（League of Nations）领导下设立了国际难民保护机构，该机构随后分别于1923年和1933年在俄罗斯和德国建立了难民署[6]，从而使国际社会在难民保护方面迈出了关键性的一步。但是，二战期间英国依旧对逃离纳粹迫害打算进入英国的犹太难民采取限制措施，只有小部分犹太难民如愿以

2　[英]罗斯玛丽·塞尔斯著、黄晨熹等译：《解析国际迁移和难民政策：冲突和延续》，上海世纪出版集团2011年版，第42页。

3　宋全成著：《欧洲移民研究：20世纪的欧洲移民进程与欧洲移民问题化》，山东大学出版社2007年版，第15页。

4　前引罗斯玛丽·塞尔斯著：《解析国际迁移和难民政策：冲突和延续》，第30页。

5　前引罗斯玛丽·塞尔斯著：《解析国际迁移和难民政策：冲突和延续》，第116、119页。

6　Zolberg, Suhrke and Aguayo, *Escape from violence: Conflict and the refugee crisis in the developing world*, New York: Oxford University Press, 1989, pp.5, 17, 20.

偿进入了英国[7]。即便是最终能够进入英国的这小部分犹太难民，也必须证明他们能够自给自足，因此，除了富有的犹太人外，其他那些贫穷的依靠慈善组织为生的犹太难民都被拒绝入境[8]。

（3）**战争导致难民**　进入20世纪，战争的混乱已经成为现代世界人类迁徙强有力的决定性因素[9]。在两次世界大战，尤其是第二次世界大战期间，最引人注目的移民类型，不是跨国流动的工作移民，也不是主动选择迁移的海外移民，而是大量被动外逃的难民。就欧洲而言，第二次世界大战期间的难民又大致分为三类：第一类是在德国军队的闪电战攻击下，荷兰、比利时和法国等战败国产生了大量的难民及难民逃亡现象，如不少这些国家的难民选择跨越英吉利海峡到英国避难，英国由此成为当时许多西欧国家难民的避难国；第二类是纳粹德国占领了波兰、捷克等中东欧国家和地区后，为拓展生存空间而驱赶了大量这些地区的平民到其他新占领地区，使这些被动性移民成为德国战时经济的重要替代劳动力；第三类即为遭受纳粹德国种族主义政策迫害的犹太难民。从1933年到1941年，德国和德国占领区的犹太难民可以通过"合法途径"移居世界各地，但到了1941年后，随着德国占领区的犹太人数量剧增，纳粹当局开始将驱逐改为有计划地隔离和屠杀犹太人，导致逃离欧洲的犹太难民数量骤减。

到二战结束时，全球流离失所的难民高达3 000万[10]。如此之多的流离失所者迫使国际社会将难民问题的处理提上紧急议事日程，并于1951年正式签署了联合国难民公约——也称《日内瓦公约》（Geneva Convention on Refugees）。该公约成了制定难民法与难民政策的根据。这一关于难民地位的公约将"难民"定义为"任何一个身处异国他乡的人由于其种族、宗教、国籍、政治观点以及所属某一特定社团成员的因素，有确凿理由害怕遭到迫害，或者因为惧怕

7　L. London, *Whitehall and the Jews, 1933—1948: British immigration policy, Jewish refugees and the Holocaust*, Cambridge: Cambridge University Press, 2000, p.12.

8　S. Saggar, *Race and politics in Britain*, London: Harvester, 1992, p.29.

9　[美]坎迪斯·古切尔、琳达·沃尔顿著、陈恒等译：《全球文明史：人类自古至今的历程》，上海世纪出版集团2013年版，第27页。

10　前引Zolberg, Suhrke and Aguayo, *Escape from violence: Conflict and the refugee crisis in the developing world*, p.21.

迫害而不愿返回原居留国，并接受原居留国的保护"[11]。此后，联合国难民署成了向国际难民提供援助的专门机构。根据国际法的相关规定，各主权国家可以对进入本国申请庇护的外籍或无国籍人士进行审核，申请人一旦被接受国认定为"难民"后，接受国就必须依照人道主义原则，尊重难民在该国的生活、工作及宗教信仰的基本权利。

二、犹太难民逃离欧洲的推力因素

"托庇"，一般是指依靠别人的庇护。作为国际移民的类别之一，"托庇性迁移"即指通过迁移以获得另一国的庇护。此类迁移情况较为复杂，分为主动和被动两大类型。被动的托庇性迁移主要包括两种情况：一是因为原居地遭受严重自然灾害而跨国寻求救济、保护的难民，二是遭受种族、宗教或政治迫害而不得不逃离本国、寻求他国庇护的难民。与被动性的逃难不同，主动的"托庇性迁移"大多是当事人通过跨国迁移维护或追求自身的特殊利益，特别是那些追求跨国避税的企业家或商人。由上述对"托庇性迁移"的定义中可以看出，二战期间大量逃离欧洲来华的犹太难民就属于典型的被动托庇性迁移移民，而促使他们被迫迁移的动因则可从推拉理论中进行溯源与分析。

需要指出，迁移既是一种个人的决策，又是一个社会过程。个人、家庭和群体在社会、政治和经济的背景下做出迁移决策时，这些背景既为他们提供机会，也会制约他们的迁移。难民迁移既具有被动性，又缺乏迁徙的选择权，因此通常被视为非自愿的或强迫的，是一种非经济因素产生的结果，而且几乎没有充分规划迁移的空间和时间，逃亡迁移的过程几乎就是一个未知的、充满危险的旅途。绝大多数来华欧洲犹太难民正是经历了这样的非自愿的、痛苦的过程和旅途。

虽然希特勒在德国上台后对犹太人进行了经济迫害，但促使欧洲犹太难民外迁的推动力主要体现为"非经济因素"（noneconomic factors）的影响，特别是政治、文化、精神方面的压力。著名学者托达罗（Todaro）在谈到这些

11　前引罗斯玛丽·塞尔斯著：《解析国际迁移和难民政策：冲突和延续》，第68页。

问题时，就将政治自由作为一个"拉"的因素[12]。在推拉理论看来，"非经济因素"对迁移活动的影响是不容忽视的。对于二战期间来华的犹太难民来说，这一因素尤其重要。由于其所居国多处于纳粹控制下的欧洲，空前的排犹乃至屠犹恶潮，以及因经济危机和战争威胁而导致的多国对移民入境严格限制的政策等所产生的推力作用远远大于中国方面的拉力作用。

　　1933年1月至1939年8月，纳粹德国先后颁布一系列反犹法令，旨在把犹太人从德国的社会生活中清除出去，并迫使他们离开德国。从1933年3月9日开始，柏林发生了一系列反犹事件，反犹浪潮开始遍及德国许多城市。1933年4月1日，纳粹德国开始从经济上抵制犹太人，4月7日颁布的法令确定了"雅利安人"的概念，从而导致2 000名犹太人被解除公职，4月22日的法令禁止医院聘用犹太医生，4月29日取消了犹太艺术家在艺术家联合会中的会员资格，该年还规定了德国高等学校中犹太大学生的比例（不到1%）。1935年，德国的反犹措施进一步加强，并于9月15日颁布了臭名昭著的反犹太法令——纽伦堡法令，德国犹太人从此被剥夺了德国公民所具有的一切权利。1939年纳粹德国撤销了德国犹太人总代表会，于7月4日建立了德国犹太人总联合会，该会主要推行纳粹的犹太政策，特别是促使犹太人移居境外。

　　纽伦堡法令颁布实施后，至1935年底，就有8 000犹太人因为各种无法忍受的迫害而自杀，7.5万犹太人流亡国外。1938年11月的"碎玻璃之夜"后排犹恶浪达到高潮，涌向各国使领馆申请政治避难签证的犹太人难以计数。1938年、1939年纳粹德国吞并奥地利、捷克和波兰等国后，这些中东欧国家的犹太人也被大量驱逐出境。18.2万奥地利犹太人、11.8万捷克犹太人被迫移居国外。从1933年到1941年，约有26.7万犹太人离开德国，这个数字几乎是德国犹太人总数的一半。到第二次世界大战前夕，在纳粹德国的统治范围内，有40～41万犹太人被迫离境。

　　当然，经济驱动力也是导致犹太难民来华的"推力"之一。希特勒在德国上台后，对犹太人进行步步紧逼的经济迫害，几乎剥夺了犹太人的全部财产。此后，这种经济剥夺又扩展到整个纳粹占领地区。据报道，1938年"碎

12　M. Todaro "A model of labour migration and urban unemployment in less development countries", *American Economic Review*, Vol.59, 1969, pp.138–148.

玻璃之夜"后来华避难的犹太人中，许多本是德奥等国的巨富，但被驱逐出境前所有财产均被搜去没收充公。[13]可见，"经济因素"也不能完全忽视，但远低于"非经济因素"的影响和作用。

三、中国成为犹太难民避难所的拉力因素分析

从中国方面看，其拉力作用是十分明显的。

首先，从古代到近代，在中国从未有过土生土长的反犹主义。

犹太人在7—8世纪来到中国，到宋朝时形成开封犹太社团，后逐渐融入中华民族大家庭之中。在犹太民族大离散的历史上，像开封犹太社团这样在没有任何外界压力的情况下自然同化于客居地社会之中的情况是很少见的。若将开封犹太社团与同一时期作为犹太人活动中心的欧洲的犹太社团作一比较研究，便可看出，导致开封犹太社团同化的具体原因虽然很多（与外族通婚，参加科举，改用汉文姓名，习用汉语等），但其本质性原因是开封犹太人始终与客居地的其他民族和宗教集团享有平等的权利，从来没有遭遇产生于中国人之中的土生土长的反犹主义。具体而言：犹太人只要经营有方，生财有道，同样可以成为巨商豪富；犹太人只要刻苦攻读孔孟之书，循科举之路，同样可以当官掌权；犹太人只要取得成绩，建立功业，同样可以获得各级官员乃至皇帝的奖励和恩赐。而同时代欧洲的情况则正好相反，犹太人在经济、政治、文化各个领域都受到歧视，处于一种不平等的状况。"同化"，就是指不相同的事物逐渐变得相近或相同。欧洲犹太人在客居地始终难以取得与主体民族和宗教同等的地位，因而自然难以与客居地主流社会和文化趋于相同。相反，开封犹太人则一直享有以汉民族为主体的中华民族大家庭中所有成员均享有的相同的待遇，因而自然而然走上相同的发展之路也就不足为奇了。

到了近、现代，当欧洲再次出现反犹恶潮时，中国的犹太社区仍然处于良好的发展状态。同时，中国政府和人民不仅对在华犹太人从未采取任何排斥性措施，而且对犹太民族的苦难经历、犹太民族的重建家园事业给予了同情和支持。1917年11月2日，英国外交大臣贝尔福发表了支持犹太人在巴勒斯坦

---

13 《申报》，1938年12月5日，上海。

地区建立"犹太民族之家"的《贝尔福宣言》。前已提到，当时中国外交部次长陈箓就致函上海锡安主义组织的主席埃里·嘉道理，表示中国政府在对待锡安主义问题上与英国政府持相同的态度[14]。"中华民国"的创建者孙中山先生也于1920年4月24日致信《以色列信使报》主编埃兹拉，表示对于锡安主义运动的支持[15]。当犹太难民涌入上海之时，自身也沦为难民的上海市民仍旧克服重重困难，对犹太难民给予了无私的接纳与帮助。1939年上海出版的《东方杂志》就刊文指出："虽然我们在上海尚有十多万难民的生活不易维持，但我们只要有能力能办到，总可以尽力帮助犹太难民……我们应站在弱小民族的联合战线上，一致对付欺凌弱小民族的敌人"[16]。

其次，从文化角度看，欧洲的基督教文化与犹太文化有许多碰撞冲突的地方，而中国的儒家文化传统和犹太文化传统则具有许多接近乃至相同的地方。

例如，中国人和犹太人都十分重视家庭伦理。与中国家庭类似，犹太家庭也常常是四世同堂、三代同居。犹太人的经典《塔木德》中有许多可以在中国的《四书五经》中发现的箴言，如教导人们要孝顺父母、爱护妻儿。又如，重视教育的作用，是中犹文化价值观接近的又一表现。《塔木德》和《四书五经》均教导人们要注重学习，才能出人头地，强调"唯有读书高"。中文中把犹太人一起祈祷的地方翻译为"犹太会堂"，而非"犹太教堂"，就是因为synagogue一词除了宗教概念，还有学校的意思。犹太人除了在那里进行宗教活动，还举办各类讲座和学习班。比如在星期天，犹太会堂都有主要面向青少年的"周日讲堂"。再如，犹太人与中国人都具有在艰苦条件下顽强生存的能力，而且都善于经商理财。文化的相似性对惨遭迫害的犹太难民产生了巨大的吸引力。加之上海、香港、哈尔滨、天津等又是当时远东地区十分欧化、非常开放、充满商机的国际性大都市，这些有利的社会、文化与经济环境条件都成为吸引犹太难民前来避难的强大拉力因素。

再次，当时中国，尤其上海等大城市处于特殊的开放状况，又为经商者

14　前引锡安主义中央档案馆（Central Zionist Archives）：文献 Z4/2039 号。

15　见第三章附录二所做注解。

16　贺益文："犹太民族问题"，《东方杂志》1939 年第 36 卷第 12 号，第 12 页。

和专业技术人才提供了很好的生存条件和发展机遇。

1840年鸦片战争后，西方列强打开了中国的大门，控制了香港，在上海、天津等大城市设立了相当于"国中之国"的租界。上海在很长时间里成了无需签证即可进入的大都市，在1937—1939年间更是全球唯一无需签证就可进入的大都市。同时，欧洲犹太难民中不少是专业技术人才，如汽车修理工、电工、机床工、化学工程师等[17]，可以在上海找到拓展事业的土壤。欧洲犹太难民来沪后，早期一般居住在法租界，自己行医、演出、教书、收徒或应聘在医院、学校、公司、工厂工作。后来，许多人逐渐聚居在虹口提篮桥一带，做点小生意为生，但他们在中欧形成的饮食和生活习惯并未改变。他们自制的冰激凌和掼奶油等特色食品远近闻名，使曾因战乱而凋敝的提篮桥地区因为犹太难民的涌入而恢复了生机。显然，即使在经济驱动力方面，推力与拉力的力量也是旗鼓相当的。

第四，先期到来、并站稳脚跟的犹太人为来华的犹太难民提供了强有力的社会网络支持。

我们既要从广泛的结构性背景，又要从他们所生存的社会背景来理解移民的迁移活动，正如博伊德（Boyd）所指出的："结构因素为迁移个体或迁移群体做出迁移决策提供了背景。而从微观层面分析看，迁移决策也受到社会网络是否存在以及参与程度因素的影响，这种社会网络将处于不同区位的人联系在了一起"[18]。社会网络可为移民提供多方面的信息和实际支持，包括迁移旅程的安排和通过相关组织机构帮助移民寻找住处和就业机会等，进而为移民在移居国寻找安身之所。能否在迁入国构建更为广泛的社会网络，则取决于迁移者和早已存在的社群之间的关系。同时，在社会网络所提供的情感性、信息性和工具性的三种不同形式的支持类型中，情感性支持一般来自家人和朋友，这对于预防社会隔离至关重要，信息性支持则一般由朋友和诸如咨询中心和社区中心之类的正规渠道提供。工具性支持可能涉及更广泛的社会网络，其中包括寻

17　文俊雄译："中外慈善团体援助欧洲来沪犹太难民史料（三）"，《民国档案》2000年第2期。

18　M. Boyd, "Family and personal networks in international migration: recent developments and new agendas", International Migration Review, Vol.23, pp.638–670.

找就业机会、翻译和法律服务等[19]。

离散型的移民一般都具有三个关键性的特征：人们在空间上的分散性、以"回归故土"为指向以及保持集体的边界。犹太人作为一个典型的离散型移民社群，其广布世界各地的社团组织所构成的社会网络则大大提高了为其同胞提供情感、信息与工具性支持的可能与力度。我们知道，犹太公墓和犹太会堂的出现，往往是世界各地犹太社区形成的标志。自1870年起，上海犹太人不仅开始建造了犹太会堂和犹太公墓，还建造了犹太学校和各种社区组织。到20世纪30年代，上海犹太社团的人数已近5 000多人，并拥有自己的社区协会、宗教公会、犹太会堂、学校、医院、养老院、公墓、商会、政治团体、报刊，乃至小小的武装力量（万国商团内的犹太分队）[20]。这些门类多样、功能齐全的上海犹太社团组织已经具备了向大量涌入的犹太难民同胞提供支持与帮助的条件。在后面模式篇第十八章，我们还要对此详述。

通过以上在推拉理论框架下对二战期间来华犹太难民动因的论述中可以看出，在推力因素方面，纳粹德国的一系列反犹、驱犹、屠犹政策是导致大量德国和中东欧犹太难民产生并流亡的主导动因。当时中国、特别是上海特殊的政治环境和经济条件则是吸引犹太难民来华避难的巨大拉力因素，同时上海、天津、哈尔滨等地早已形成，并相对成熟的犹太社区组织则为犹太难民的救助活动提供了强有力的社会网络支持。这一难民流出地的推力和流入地的拉力相对接，即为犹太难民提供了一个安全的避难所，使近3万名犹太难民的生命得以保存和延续，在远东的上海促成了儒家文明与犹太文明的交流，将中华民族的包容精神与犹太民族的互助传统淋漓再现。

四、战后犹太难民离开中国的推力和拉力因素分析

由于二战期间来华的犹太人属于典型的难民类型，既然是难民，那么上海对他们来说，就只是一个暂时的避难地，一旦战争结束，他们定会返回原国籍地。对于来华欧洲犹太难民来说，离开中国最重要的原因是希望寻找仍在欧

---

19 前引罗斯玛丽·塞尔斯著：《解析国际迁移和难民政策：冲突和延续》，第49页。

20 潘光、王健著：《一个半世纪以来的上海犹太人——犹太民族史上的东方一页》，社会科学文献出版社2002年版，第46页。

洲的家人和亲属。同时，就当时中国的现实情况而言，由于中国城市与欧洲城市在现代化程度方面的差异、中西文化内涵的不同等因素的存在，也都成为导致犹太难民向外流出的推力。尤其是在中国的内战爆发后，对于中国政治未来不确定性的担忧，使得来华犹太难民大批离去。许多犹太难民先是去了欧洲各国的"故乡"，但发现几乎所有亲人均在纳粹大屠杀中死亡。此后，他们大多数移居美国、澳大利亚、加拿大等接受难民的国家。

1948年，刚成立不久的以色列国政府积极吸纳世界各地的犹太人回归故土，又成为拉力因素一个重要的拉力，导致战后不少犹太难民迁移到了新成立不久的以色列。以色列政府成立不久，即把上海确定为未来以色列外交中的"二等"优先城市，以便为整个东亚地区的移民需求服务。1948年12月，以色列政府派遣摩西·尤瓦尔（Moshe Yuval）作为以色列政府移民部的代表前往上海，为犹太移民发放签证。尤瓦尔在上海锡安主义领导人亚科夫·利伯曼（Yaacov Liberman）的协助下，帮助数千上海犹太人离开中国前往以色列[21]。耶路撒冷的犹太代办处（Jewish Agency）也积极配合，帮助上海犹太移民预订赴以色列的船票和机票。仅1948年秋到1949年春，就约有5 000名犹太人离开上海去了以色列，其中多数是俄罗斯犹太人和欧洲犹太难民[22]。与此同时，上海还有两个专门的犹太人组织负责帮助犹太难民迁往以色列事宜，一个是远东犹太人紧急救援委员会，负责从那些具备资费能力的犹太移民中筹集资金，另一个是巴勒斯坦犹太人协会远东办事处，主要负责处理有关移民的其他大部分事务，其中包括把身患重病的犹太难民经第三国移往巴勒斯坦，以及处理希望移居以色列的混合婚姻组建的家庭问题[23]。

除了以色列政府，还有另外两个机构也在积极推动上海犹太移民的外迁与故土回归。其中一个是美犹联合分配委员会上海办事处，另外一个是上海犹太社团委员会。1949年6月1日成立的上海犹联作为照管上海犹太社团事务的志愿性慈善组织，其主旨就是在协调上海犹太社团活动的同时，帮助犹太

21　[美] 高斯坦主编、肖宪等译：《中国与犹太——以色列关系100年》，中国社会科学出版社2006年版，第17-18页。

22　前引王健著：《上海犹太人社会生活史》，第340页。

23　前引高斯坦主编：《中国与犹太——以色列关系100年》，前言第5页。

人移居愿意接收的国家。1951 年美犹联合分配委员会上海办事处关闭后，上海犹联又承接了另一项新任务，即在世界犹太难民救济组织的帮助下协助中国境内老弱病残、不易获得签证的犹太人寻找接收国家，而美犹联合分配委员会则负责向犹联的移民组织工作提供财政援助。以色列政府对海外犹太人的积极吸纳，以及各种犹太组织帮助、支持来华犹太人移居各国，使拉力因素更为强劲，使得来华犹太难民在二战后陆续离开了中国。

第十章
流亡与坚守——离散族裔理论和来华犹太难民社区

来华犹太难民是犹太人在长期流散过程中、在特定的历史时段和空间区域中形成的特殊群体，其群体的形成和发展既具有犹太人作为流散族群的基本特征，又带有特定时空的烙印。本章试图使用离散族裔研究（Diaspora Ethnic Studies）的理论工具，着重探讨来华犹太难民社区的形成及其特点、特定时空条件对其群体行为和心理的影响，以及他们给当时整个上海犹太人社群带来的深远影响。

一、流散族群的基本特征和离散族裔研究的演进

离散族裔研究主要探究离散族裔与当地居民在社会、经济和文化交流中的适应、冲突与融合等问题，其中离散族裔的界定及其认同问题是核心内容。美国学者威廉·萨弗兰（William Safran）以散居犹太人作为蓝本提出了界定离散族裔的主要标准：① 本身或其祖先从一特定的起源"中心"向两个及以上的"外围"或外国地区移居；② 保持着对祖国的地理位置、历史和成就的集体记忆（memory）、想象（vision）或神话（myth）；③ 深信自己不会或不能被移居的社会所完全接纳，而感到被疏远和隔绝；④ 深信祖籍国是真正的、理想中的家园，是自己及其后代一定要回归的地方；⑤ 坚信应当为维持或复兴祖居国的安全和繁荣而献身；⑥ 继续以各种方式与祖籍国保持持久的关系并因此而拥有集体意识和团结。[1]从上述标准来看，离散族裔所拥有的与祖籍

1　William Safran, "Diasporas in Modern Societies: Myths of Homeland and Return", *Diaspora: A Journal of Transnational Studies*, Vol.1, No. 1, Spring 1991, pp.83–84.

国相关的共有知识和心理体验是界定其身份和构成其认同的核心要素。

据耶路撒冷希伯来大学教授加布里埃尔·谢费尔（Gabriel Sheffer）和牛津大学教授罗宾·科恩（Robin Cohen）两位犹太裔学者的考证，流散（Diaspora）一词源于公元前3世纪希腊语版《圣经·旧约》中的《申命记》一章，是希腊语中speiro和dia的结合，意为播种（to sow）、分散（to disperse）。[2]此后，流散被用来特指犹太人在公元前586年"巴比伦之囚"后被驱逐出故土、流落世界各地的散居状态。但从20世纪五六十年代起，西方学者开始逐渐使用流散描述犹太人以外的非洲人、亚美尼亚人、爱尔兰人等其他族群的散居生活，近年来也有"华人离散"（Chinese diaspora）和"穆斯林离散"（Muslim diaspora）的说法，大写的Diaspora日益被小写的diaspora所取代。1986年，谢费尔在其主编的《一个新的研究领域：国际政治中的现代流散族群》（*A New Field of Study: Modern Diasporas in International Politics*）中明确提出，"现代流散族群"是"由移民及其后裔构成的少数族群，他们在移居国生活、工作，但与祖籍国保持强烈的情感上和物质上的联系"。由此，流散一词开始超越专指犹太人散居的传统内涵，而被引入到现代族群关系的研究之中。1991年，加拿大多伦多大学创立了《流散族群》（*Diaspora*）期刊，在创刊号的"序言"中开宗明义地指出："流散族群是具有跨国时代特征的共同体"，这一"曾经以犹太人、希腊人和亚美尼亚人散居者为主要描述对象的词语，现在已具有更为广泛的内涵，覆盖了诸如移民、迁徙、流亡、劳工、流放、海外社群、族裔共同体等不同词语的内容"。[3]在此基础上，西方学者进一步通过对流散族群的分类以深化研究，而犹太人的流散（Jewish Diaspora）被视为归纳和提炼流散族群基本特征的"理想类型"（ideal type）。[4]

谢费尔认为，犹太人以及奥斯曼帝国时期的希腊人和亚美尼亚人的流散，是前现代社会所特有的一种现象，属于古典流散族群（classical diasporas）。这些族群在历史上都曾拥有过辉煌的文明或建立过强大的王朝，但都遭遇了巨

---

2   Gabriel Sheffer, *Diaspora Politics at Home Abroad*, Cambridge: Cambridge University Press, 2003, p.9. Robin Cohen, *Global Diasporas: An Introduction (second edition)*, Oxon: Routledge, 2008, pp.21–22.

3   李明欢："Diasproa：定义、分化、聚合与重构"，《世界民族》2010年第5期，第3页。

4   William Safran, "Diasporas in Modern Societies: Myths of Homeland and Return", *Diaspora: A Journal of Transnational Studies*, Vol.1, No. 1, Spring 1991, pp.83–84.

大的战争失败而沦为被征服者，被迫忍受异族统治的屈辱和被强制迁移的痛苦。他们在移居国的社会活动和社会交往中，往往受到各种限制，只能从事被主流社会所排斥的职业和进行同族通婚，社会地位低下。因此，传统意义上的流散往往与某个族群遭受巨大打击、被迫流离失所的悲惨经历相联系，而带有负面含义。[5]同时，这些族群在移居国低人一等的处境又促使其通过不断强化对祖国的记忆作为维持族群认同的纽带。英国学者安东尼·史密斯（Anthony Smith）认为，以犹太人为代表的流散族群，经历数个世纪甚至上千年之久的散居却没有发生族群消解（ethnic dissolution），是因为他们"有着一种在遥远过去形成的共同体的谱系（filiation）和文化亲切感（cultural affinity），尽管这一共同体已历经变迁，但在某种意义上仍然被认为是'同一个'共同体"。[6]在科恩看来，犹太人的流散起源于灾变性的历史事件，导致整个族群经受重创，进而形成了以遭受残酷压迫的受害者为核心的历史经验。这种受害者流散（victim diaspora）的关键特征就是在祖国经历了毁灭性的打击后，族群的成员被强制移民或迁移到两个以上的外国目的地。以犹太人为代表的原型流散（prototypical diaspora）有两大要素："从发源的祖国（original homeland）的创伤性分散，以及在一个被强制散居的群体的集体记忆中祖国的显著性。"[7]

但是，阿巴·埃班、科恩等人在考察犹太人的历史后发现，犹太人向外迁移的经历是复杂而多样的，并不总是强制性和创伤性的。阿巴·埃班强调，"流放和散居是两个不同的概念，应该明确地加以区分。流放是强制放逐，散居者相反，是人们自愿地向异乡流散。这两者在犹太人的历史上都有过。即使是流放，犹太人通过适应新的环境，可以把流放地变成他们在异乡的聚居地"。据他的考证，犹太人在异乡的聚居地几乎与犹太民族同时出现，最早由于自然灾害引起犹太人从巴勒斯坦向外迁移，后来则是被异族占领者发配流放，还有犹太人为了做生意在外定居，巴勒斯坦的人口过剩也成为向外移民的重要原因。[8]

5　谢费尔对古典流散族群和现代流散族群的相关论述参见朱敬才："流散研究的兴起及其基本动向"，《社会》2012年第4期，第197—203页。前引李明欢："Diaspora：定义、分化、聚合与重构"，第3—5页。

6　Anthony D. Smith, *National Identity*, London: Penguin Books Ltd., 1991, p.33.

7　Robin Cohen, *Global Diasporas: An Introduction (second edition)*, Oxon: Routledge, 2008, pp.3–4.

8　前引阿巴·埃班：《犹太史》，第107—108页。

科恩则认为，在"巴比伦之囚"后，犹太人的无家可归就成为犹太文学、艺术、文化和祈祷的主题，仅"巴比伦"一词就能激起犹太人被囚禁、被放逐、被疏离、被隔绝之感。但在另一方面，"巴比伦之囚"又激发了犹太人的创造力。一部分维系传统的犹太人开始将神话、民间传说、口头历史以及法律记载编入初期的《圣经》，在先知家中的热切讨论则转变为最初的犹太会堂。[9]可以说，这一时期"犹太人的文化、社会和宗教信仰作为以色列故土以外的一种独特的思想体系和生活方式而开始发展。这种情况最终保证了犹太民族的生存及其宗教信仰的特性，并使犹太民族充满活力，足以捍卫犹太人作为一个民族的未来"。[10]

同时，也有不少犹太社团的形成是贸易和金融网络向外扩散的结果。如法兰克王国的查理大帝、英国国王"征服者"威廉等世俗统治者，为了促进其统治疆域内的经济发展，邀请犹太人迁入从事贸易和金融，从而在中世纪的欧洲形成和建立了大量新的犹太聚居地。在伊斯兰世界，穆斯林统治者则给犹太人以信仰、居住、职业和行动的自由，使之不仅在经济领域里赢得威望，而且谋得了各种高级行政管理职务，出现了文化发展高潮。[11]然而，中世纪欧洲的犹太人又时常面临着周期性的排犹浪潮，遭受着被隔离、剥夺财产、强迫改变信仰、驱逐等种种迫害。即使欧洲各国在经历启蒙运动和资产阶级革命后，掀起了"解放犹太人"的浪潮，犹太人自己也主动寻求启蒙和同化，但都未能避免自19世纪下半叶起欧洲反犹主义的持续回升，最终在纳粹德国时期酿成了史无前例的大屠杀。

因此，科恩将犹太人的流散视为一种交织着创造力和成就，但又穿插着焦虑和不信任的双重模式。"不管经济上或职业上多么成功，不管在多么平静的环境中长期定居，对许多处于流散中的犹太人而言，很难不'保持警惕'，不意识到其历史的重要性……流散族群的成员在其移居国中的不安或差异感，往往导致需要被保护在其社团之中，或是与其想象的祖国以及在其他国家的共同族群社团（co-ethnic communities）的紧密认同之中。语言、宗教、文化和

9   Robin Cohen, *Global Diasporas: An Introduction (second edition)*, Oxon: Routledge, 2008, pp.23–24.

10   潘光等：《犹太文明》，北京：中国社会科学出版社1999年版，第14页。

11   前引阿巴·埃班：《犹太史》，第107–180页。

共同的历史感被社团和宗教领袖们不断地强调，以寻求加深构成社团意识的象征性纽带。这样的纽带让犹太人相信，他们分享着一个共同的命运，与一个跨国社团有着情感上的亲密特性，而正式的公民身份甚至长期的定居都不能与之完全相比"。[12]

鉴于犹太人流散中同时存在着强制和自愿的因素，科恩提出流散也可以适用于描述因为贸易和商业网络、在国外寻找工作以及帝国殖民而形成的侨民，从而依据族群迁移的原因划分出了五大流散类型：以犹太人为代表的受难型、以印度人为代表的劳工型、以英国人为典型的帝国型、以黎巴嫩人为代表的贸易型和以加勒比人为代表的文化型。[13]这一划分超越了流散概念的传统内涵和外延。除了受难型具有古典流散的特征之外，其他四类更多的是在现代化过程中随着世界经济秩序不断在全球扩展而形成的，属于谢费尔所认为的现代流散族群。美国学者威廉·萨弗兰就是在关于犹太人和其他民族、族群流散研究的基础上，归纳了前面提到的现代流散族群的六个基本特征。

二、来华犹太难民社区的形成及其特点

犹太人最初是因逃避异族奴役和压迫而形成的离散民族，但在具体的时空条件下，其群体身份和认同的构成要素不尽相同。相比古代被汉儒文明自然同化的开封犹太人、近代出于贸易目的而形成的香港、上海塞法迪犹太商人以及为躲避反犹、革命和内战浪潮来华谋生的哈尔滨、天津俄国犹太人，逃离纳粹迫害和屠杀亡命来华的欧洲犹太难民在中国的生活基本是一种为生存而拼搏、努力适应但不完全融入的临时状态。

英国社会学家鲍曼认为，反犹主义与犹太人的流散特性有不可分割的联系。反犹主义表现为对犹太人的仇恨，是将犹太人视为一个外来的、敌对的和不受欢迎的群体以及由此衍生的实践。反犹主义的实质是作为"主人"的多数群体敌视生活在其中但保持独立认同的少数群体。犹太人的长期流散和无家可归的特征使之成为一个"无民族的民族"，往往被移居国的主体民族视为"我

12　Robin Cohen, *Global Diasporas: An Introduction (second edition)*, Oxon: Routledge, 2008, p.35.

13　Robin Cohen, *Global Diasporas: An Introduction (second edition)*, Oxon: Routledge, 2008, p.18.

们中间的外人"而易于成为"内部敌人"。[14]希特勒及其领导的纳粹政党所推行的法西斯主义——"本质上，是以民族主义的意识形态为指导的、体现斗争精神的大众运动。其基础为民粹或种族观念，其指向是反民主和反对特定社会群体"——正是利用了欧洲的反犹传统、当时德国人走出政治经济困境的迫切心理和急于推翻《凡尔赛和约》的民族主义狂热，以德意志民族的名义实施反犹太人的种族政策和建立世界帝国的扩张野心。[15]

纳粹德国的反犹政策不仅在意识形态上宣扬种族主义，鼓吹犹太人对所有民族、雅利安人种和德意志人民构成致命威胁，而且还利用国家机器对犹太人进行大规模的、系统性的、全方位的排斥、驱逐和灭绝。"当个体或集团因遭受政治、社会、宗教或经济上的直接或间接排斥，而非自愿性地移居到一个陌生的国家时，便被称为'流亡'。在这种情况中，受排斥者是在没有个人过错的情况下陷入一种强制局势中去的，而这种局势是因这个国家政治条件中的一种决定性变化才引起的。这个发生了政治剧变的国家抛弃了特定的政治、宗教、种族或社会上的不一致者，从而使这个集团中的个体在没有主观罪过和实际罪过的情况下，陷入被排斥者的行列之中。"[16]纳粹德国的疯狂反犹暴行迫使欧洲犹太人"去往世界上每一个已知的国家，包括某些不可能的地方，少数往东走，但大多数往西走或往南走。犹太人的历史上，甚或在其他任何人的历史上，都从没有过如此广泛的分散"。[17]随着欧洲形势的不断恶化和巴勒斯坦以及美欧各国收紧难民接受政策，远离欧洲且处于特殊开放状态下的上海成为吸引犹太难民的临时避难地。从1933年德国开始排犹到1941年12月太平洋战争爆发之间，共有3万欧洲犹太人相继来到上海避难（其中有数千人经上海辗转至第三国），并逐渐形成了独具特色的犹太难民社区。[18]

首先，来华犹太难民不是一个自然而然形成的同质性群体（homogenous group），而是诸多差异分明的个体为躲避强大的外部威胁，在短时间内汇合起

14　[英] 鲍曼：《现代性与大屠杀》，南京：译林出版社2002年版，第44—45、69页。

15　辛薇：《融入欧洲：二战后德国社会的转向》，上海：上海社会科学院出版社2005年版，第59—73页。

16　李工真：《文化的流亡：纳粹时代欧洲知识难民研究》，北京：人民出版社2010年版，第64—65页。

17　Walter Laqueur, *Generation Exodus: The Fate of Young Jewish Refugees from Nazi Germany*, Hanover: Brandeis University Press, 2001, preface.

18　潘光、王健：《犹太人与中国》，北京：时事出版社2009年版，第34—44页。

来的特殊人群。来华犹太难民不仅来源复杂，其国籍包括了德国、奥地利、捷克斯洛伐克、波兰、匈牙利、罗马尼亚、立陶宛、拉脱维亚、爱沙尼亚等多个中东欧国家，而且他们在欧洲的社会文化背景、离开欧洲的时间和方式、来华的路线和遭遇也都不尽相同。

在1933年希特勒上台时，德国约有52万犹太人和8万混血犹太人，其中有三分之一生活在首都柏林。大部分德国犹太人已被同化，并以中产阶级为主。[19]当时，绝大多数德国犹太人首先选择躲避到与德国相邻的西欧国家，或是前往巴勒斯坦、美国、澳大利亚和南美，只有极小一部分与上海有各种各样联系的犹太人经海路前来避难。这部分最先抵达的德国犹太人，大多数是有专业技能的中产阶级，不太关心宗教，能较好地适应城市生活，来沪后一般住在租界，并维持了中等生活水平。但在1938年11月"玻璃破碎之夜"后，来沪犹太难民人数激增，抵沪时已身无分文。随着1939年德国闪袭波兰导致世界大战爆发，波兰等东欧国家的沦陷使得来沪避难的东欧犹太人越来越多，海上来沪路线被切断使他们只能通过陆路经苏联的西伯利亚、中国东北、朝鲜或日本，耗时数月才能辗转抵达上海。波兰犹太人与之前到来的以家庭为主的德、奥犹太人有显著的不同，其中有四分之三是青年人，包括了400多名密尔经学院、卢布林经学院的师生等宗教人士，也有崩得派的左翼人士和犹太复国主义者，还有作家、记者、意第绪语的戏剧演员。[20]

其次，来华犹太难民社区的形成有显著的流亡与避难的战时特征，生存成为维系社区的最大凝聚力。不同于当时已在中国定居多年的塞法迪犹太人和俄罗斯阿什肯纳齐犹太人，绝大多数的犹太难民都是在没有思想准备的情况下仓促流亡到上海的，并没有久留的打算。他们非常坚信："上海只是一个过境地、一个暂时的避难所，以等待获得赴澳大利亚和美国的签证"。[21]犹太难民不仅在主观上始终有一种临时中转的过客心态，而且客观上中国的战乱也使之无法长居久安，维持生存一直是社区所面临的最大挑战。

19　Walter Laqueur, *Generation Exodus: The Fate of Young Jewish Refugees from Nazi Germany.* Hanover: Brandeis University Press, 2001, pp.1–2.

20　参见 [法] 荣振华、[澳] 李渡南等编著：《中国的犹太人》，郑州：大象出版社2005年版，第380–396页。

21　前引 [法] 荣振华、[澳] 李渡南等编著：《中国的犹太人》，第370页。

　　如前所述，1933年最先来华避难的德国犹太人，还保持了体面生活的经济能力，并有较强的自救和互助意识，于1934年成立了"救济基金会"，利用从其成员中募集的资金来救助第一批从奥地利来的犹太难民。但到了1938年，这一规模有限的救济活动就难以应对人数日益增多、经济却愈加贫困的难民到来，而不得不需要寻求外部援助。从当年8月起，上海的塞法迪犹太富商和阿什肯纳齐犹太人先后发起了"国际救济欧洲难民委员会""援助欧洲来沪犹太难民委员会""复兴基金""援助东欧犹太难民委员会"等一系列救援组织，接受上海犹太人和"美国犹太联合分配委员会""世界犹太难民救济组织"等国际犹太组织以及其他慈善团体的捐款用以安置难民。这些救援组织先是设立接待站和公共厨房为难民提供临时的过渡安置，此后又在虹口设立了多个被称为"家园"（Heim）的难民收容所以提供免费或廉价的食宿，并通过提供借贷的方式鼓励难民创办中小实业用以谋生。在各方支持下，欧洲犹太难民或是凭借其专业技能积极地融入上海的经济生活，或是改行做起小商小贩和打杂行当来千方百计地维持生计。到1943年2月日本占领当局在虹口设立"无国籍难民隔离区"时，犹太难民已经开办了307家商业机构。大部分犹太难民维持了其生活，仅有2 500人居住在"家园"中并完全依赖救援组织。[22]

　　与此同时，随着来华犹太难民人数的增多以及难民安置工作从救济转向自立谋生，犹太难民的自治意识和需求也不断增强，从而寻求建立独立的社区组织。第一步就是从1939年3月起，犹太难民开始按照德国传统，在上海原两大犹太社区之外举行独立的宗教仪式。在此基础上，犹太难民相继于当年7月和11月成立犹太文化协会和"中欧犹太协会"，建立了独立的社区管理组织，负责协调和管理难民日常生活所需的法律、宗教、教育、卫生、丧葬等方面的事务。1941年6月，"中欧犹太协会"举行了第一次选举，建立起了一个具有广泛代表性的理事会作为领导机构，以延续欧洲犹太社区的民主自治传统。当年12月太平洋战争爆发后，"中欧犹太协会"又经日本当局改组而转变为代表全体难民的政治实体，负责与日本当局进行交涉。

　　犹太难民社区自治机构的成立和发展有力地增强了难民之间团结互助的

22　前引 [法] 荣振华、[澳] 李渡南等编著：《中国的犹太人》，第385–408页。前引王健：《上海犹太人社会生活史》，第77–78页。

自救能力，使之得以在日益险恶的时局中克服重重困境而顽强地生存下来。日本对美英宣战后，就立即全面控制上海，并将美英等盟国的侨民列为"敌侨"。这一举措不仅切断了"美国犹太联合分配委员会"给犹太难民的汇款，而且属于英国公民的塞法迪犹太人也被集中监禁起来并被剥夺资产。外部救援的中断给犹太难民社区带来了空前严峻的生存挑战。对此，"中欧犹太协会"立即于1942年1月发布公告，建议采取一系列措施以集中救援资源的分配和使用，主要包括：呼吁每个犹太家庭至少向穷困者提供一顿正餐或每月支付一定比例的份子钱；饭店、咖啡店或酒吧和供货商店强制征收10%的特殊附加税，其所得捐给犹太难民社区，用于救济贫困难民；有经济能力者应以施舍为荣。这一呼吁得到了犹太难民们的积极响应，尽管这种利害一致的团结只能救助其中为数有限的一批人。[23]当年8月，一些经济情况较好的犹太难民将已遭解散的"国际救济欧洲难民委员会"和"援助欧洲来沪犹太难民委员会"进行重组，成立了新的互助组织"厨房基金会"。该基金会采取"监护职责"的方式筹措资金，要求有经济能力的人以一对一的方式救济最困难的难民。

　　日本当局设立"无国籍难民隔离区"后，挣扎在生存边缘的犹太难民处境更为恶劣。在此情况下，"中欧犹太协会"通过"厨房基金会"等互助组织，想方设法地坚持慈善救济活动，尽可能地为难民们提供最基本的生活保障。从1942年11月到1944年初，"厨房基金会"每天为难民提供5 000～6 000份热餐，约1 000名老人、儿童和营养不良者可以获得两顿热餐。1943年7月，"中欧犹太协会"建立专门的疾病救济机构筹集医药。9月，由"厨房基金会"成立的犹太难民医院成立，完全没有生活来源的难民可以获得免费治疗。这一年的冬天，隔离区内还举行了"犹太冬季援助"的街头募捐活动。同时，"中欧犹太协会"也提出了"以经济领导社区"的口号，成立专门负责经济和就业的经济部和就业部，积极调动难民们潜在的人力资源和就业能力，通过发展经济来解决生存问题。[24]

　　最后，来华犹太难民在"求同存异"的社区生活中既力图强化共同体意

23　前引 [法] 荣振华、[澳] 李渡南等编著：《中国的犹太人》，第416–417页。

24　饶立华：《〈上海犹太纪事报〉研究》，北京：新华出版社2003年版，第163–194页。

识，又保留着各个小群体的自身特色。如前所述，犹太人作为长期生活在异国
他乡的流散族群，始终与其定居国家的主体民族和主流社会保持距离而成为一
个特色鲜明的"他者"。但与此同时，犹太人自身内部又有着显而易见的各种
差别，不仅存在着源自西亚北非的塞法迪犹太人和中东欧的阿什肯纳齐犹太人
的分别，而且在宗教信仰上又有正统派、改革派、完全世俗化和改宗的犹太人
之分，政治倾向也各不相同。这种流散族群的基本特征也深刻地影响着来华犹
太难民的社区生活。尽管这些难民都被纳粹打上了犹太人的共同标签，都面临
着反犹政策和战争的共同威胁，但是他们在原来生活背景下所形成的语言、宗
教传统、政治观点等诸多差异并未在短时间的磨合中有所减弱。因此，来华犹
太难民既寻求通过社区自治的各种活动增进凝聚力，但又不可避免地分化出各
种小圈子。

    "中欧犹太协会"作为自治机构，自觉地承担起塑造难民的命运共同体意
识的重任。如"中欧犹太协会"在1943年9月犹太新年之际撰文强调："作为
犹太社区组织的犹太协会从现在开始又要求难民最大限度地服从组织，在行动
和思想上符合整体利益并为其服务。犹太协会不会对个别人优先照顾，犹太协
会只会关注所有流亡者的共同命运，不管是好是坏所有流亡者都共同承担的命
运……流亡的困境使一些人有些动摇，因为他们没有在共同体中找到足够的
支持。现在，我们作为一个整体，要为那些弱者提供更有力的支持。"[25]具体而
言，犹太难民增进集体认同的措施主要有以下几项。

    第一，在慈善救济活动中恢复和凸显犹太人的宗教传统和习俗。如"中
欧犹太协会"通过在1940年成立的"妇女联盟"为老人和需要帮助者提供免
费的安息日晚餐，以在犹太难民中推广遵守安息日的传统，并邀请拉比在安息
日会餐仪式中阐释这一传统在犹太人作为一个不容拆散的整体中的重要性。此
外，该协会还组织供应无酵饼来帮助贫困的犹太难民过"逾越节"。[26]

    第二，成立独立的犹太复国主义组织并加强舆论宣传。在犹太难民到来
之前，上海已有塞法迪犹太人成立的"上海锡安主义协会"、俄罗斯犹太人的

---

25   前引饶立华：《〈上海犹太纪事报〉研究》，第52—53页。

26   前引王健：《上海犹太人社会生活史》，第223页。

"卡迪玛"上海分会、修正派青年组织"贝塔"分部等犹太复国主义组织。随着大批德奥犹太难民到来，"卡迪玛"和"贝塔"分别为新加入的德奥复国主义者成立了德语分部。1939年9月，犹太难民成立了自己的犹太复国主义组织"西奥多·赫茨尔锡安主义总会"。作为"卡迪玛"德语分部负责人之一的奥地利犹太难民奥西·莱温创办和主编了《上海犹太纪事报》（*Shanghai Jewish Chronicle*），成为宣传犹太复国主义思想的重要舆论阵地之一。奥西·莱温认为"只有犹太复国主义制定了在犹太人内部被视为共同纪律的原则。犹太复国主义认为，犹太人应重新形成一个共同体。犹太复国主义给予这个共同体一个新的共同的目标，向他们提出一个十分具体的任务，即在巴勒斯坦创建一个中心，并以此形成民族共同体"。[27]在"隔离区"成立后，《上海犹太纪事报》是唯一坚持出版的犹太难民报刊，其坚定的犹太复国主义信念成为激励难民的精神支柱。

第三，在文化教育活动中增进对希伯来语、犹太教和犹太历史的学习。为解决犹太难民子女的就学问题，塞法迪犹太富商嘉道理家族专门在虹口创办了上海犹太青年协会学校，进行世俗的欧式教育。太平洋战争爆发后，"中欧犹太协会"接管该校，将希伯来语设为必修课，并讲授圣经和圣经历史。德国犹太人伊斯马·弗雷辛格（Ismar Freysinger）于1941年4月创办了弗雷辛格犹太学校（Freysinger's Jewish Elementary & Middle School），而中欧犹太协会则创办了上海犹太知识学校，开设犹太历史和相关主题的课程。[28]此外，"犹太科学之家"还在虹口定期举办关于犹太教和犹太历史的讲座来强化难民的集体记忆。如题为"现代犹太人怎样看待犹太历史"的系列讲座就阐述了宗教力量对犹太历史的推动作用。[29]犹太难民的文化活动中也有意识地加强宗教和政治色彩来营造集体归属感。犹太难民中有300～400名艺术家，进行了大量反映世俗生活的创作和表演。他们的戏剧、音乐和小型演出与舆论报道相结合，在难民社团中产生了一种"公共性"。此外，犹太难民举办各种的文艺晚会既有慈善募捐的功能，又时常通过表演犹太民族歌舞、创作以缅怀历史与传统为主

27　前引饶立华：《〈上海犹太纪事报〉研究》，第76页。

28　前引潘光、王健：《犹太人与中国：近代以来两个古老文明的交往和友谊》，第70页。

29　前引饶立华：《〈上海犹太纪事报〉研究》，第222页。

题的配乐诗朗诵鼓舞难民的士气。如上海犹太复国主义组织举办了多场演出和
马卡比纪念会等，宣扬复国思想，号召人们为实现复国理想而斗争。[30]

同时，犹太难民在上述活动中又分化出了相对独立、别具特色的小团体。
在宗教信仰上，德奥犹太难民中的改革派从"中欧犹太协会"中分化出去成
立了独立的"中欧犹太改革派协会"，并聘请拉比举行标准的改革派宗教仪式。
波兰犹太难民的到来则大大增加了正统派犹太教徒的影响。为满足这一部分难
民的宗教教育需求，波兰犹太难民在俄罗斯犹太社区的帮助下创办了塔木德经
文学校，此后又开办了正统派女校，均由1941年8月来到上海的密尔经学院的
师生担任教师。相对独立且较为团结的波兰犹太难民还对"隔离区"进行抵
制，经与日本当局交涉后，使密尔经学院的师生获得了在隔离区外的阿哈龙会
堂坚持宗教学习的权利。来自捷克斯洛伐克的犹太人则成立了自己的俱乐部时
常聚会。在政治上，上海犹太复国主义运动受到时局的影响出现了严重分歧，
犹太难民的复国主义组织也一度分裂，但在进入"隔离区"之后又重新联合起
来。犹太难民中的左翼人士还定期举行聚会研讨马克思主义。

综上所述，一方面，中国传统文化所特有的包容性与当时上海在特殊历
史条件下形成的华洋共处局面为来华犹太难民提供了一个宽容的外部环境，
使之能够在当地生存下来并与中国居民保持友好关系。另一方面，在犹太难
民主动适应中国社会的过程中，大屠杀所带来的恐惧始终是一个促使其强化
犹太认同的外部压力。他们寻求通过维持宗教信仰、开展文化活动、组织政
党团体等各种方式来不断地强化对故土和传统的集体记忆，激发难民整体层
面的共同命运感，以营造出一种"集体安全"氛围，从而出现了犹太难民社
区在物质条件极为困乏的情况下却有着异常丰富的宗教、文化和政治生活的
奇特现象。可见，来华犹太难民是一个在强大外部压力下，以维持生存为主
要目标而形成的临时性社区。但是，尽管受到临时避难的各种主客观因素的
制约，它并未能超越难民个体层面的诸多差异。一旦战争结束，社区以加强
内部凝聚力共同抵御外部威胁的机制就不复存在，必然随着犹太难民纷纷离
开上海而解体。

30　详见《上海犹太纪事报》1943年11月18日第2版，1943年12月23日第3版，1944年2月5日第2版等。

三、来华犹太难民对避难地犹太社团的影响

一面是空前残酷的迫害和屠杀环境下欧洲犹太难民被迫离散、放逐和流亡，甚至到避难地上海仍然面临德日法西斯的迫害；另外一面是这些犹太难民坚守犹太信仰，进一步强化上海等地犹太社区的集体认同，这里固然有逆境下民族意识和民族认同愈益强化的民族发展过程的通常规律，更是长期支撑犹太离散民族超乎寻常的内聚力和生命力的明显作用，而这种力量主要来源于犹太文明的三大支柱：以犹太文化传统为主体的民族认同感，以家庭为基础、犹太会堂为核心的社团网络，以及以犹太教为纽带的共同信仰和价值观。尤其是第三者中，"特选子民"和"应许之地"的犹太教神选观，"加路特"和"苟拉"的犹太教善恶观、契约观和救赎观在此功能凸显。

从1933年首批德国犹太人来上海避难到20世纪50年代初犹太难民主体离沪，来华犹太难民在中国、特别是上海停留的时间相对塞法迪犹太人和俄国犹太人是较为短暂的，但是他们却给上海等地犹太社团的发展带来了重要影响。

首先，救济和安置犹太难民推动了在华原两大犹太社区之间的交流。

长期以来，在华的塞法迪犹太人和俄国（阿什肯纳齐）犹太人是两个泾渭分明的社区。前者主要讲英语；后者则大多讲俄语。前者随着英国殖民扩张而来华经商，在香港、上海经营多年后形成了巨商富贾群体，大多为英国公民并在租界中有很大的政治权力；后者是为躲避反犹浪潮、革命和内战来到中国，大多是中产阶级。在犹太难民到来前，两大社区都已有各自的社区组织、会堂、公墓、犹太复国主义组织和社交场所，也并不杂居在一起。可以说，"他们彼此之间维持相当疏远的关系"[31]。1932年英籍阿什肯纳齐犹太人孟德尔·布朗来到上海，担任塞法迪犹太人的拉希尔会堂的拉比，充当起沟通两大社区的重要桥梁。但是，双方仍时有龃龉，如塞法迪犹太人认为俄罗斯犹太人成立的上海犹太总会开幕式有违犹太教习俗，对此十分不满。

31　前引 [法] 荣振华、[澳] 李渡南等编著：《中国的犹太人》，第378—379页。

　　然而，犹太难民的到来将两大社区同时动员起来，携手共克时艰。前文提及，两大社区为救济和安置难民发起了一系列救援组织，其中汇合了三方代表以群策群力。如1938年8月由嘉道理家族出面牵头成立的"援助欧洲来沪犹太难民委员会"，其董事会中有塞法迪犹太人代表三人，俄罗斯犹太人代表三人以及早期来沪的德籍犹太人代表两人，保证了资金筹集来源与合理的使用。[32] 另据《以色列信使报》的一篇文章，1938年12月20日有524名犹太难民抵达上海，其中有近120名儿童，以俄罗斯人为主的许多普通犹太家庭主动要求照顾这些儿童直到他们的父母安顿下来。[33] 太平洋战争爆发后，随着英国籍的塞法迪犹太人被列为"敌侨"，俄罗斯犹太人则凭借日苏尚未交战的"中立国"侨民身份，在救助难民工作中发挥了更重要的作用。他们将原来专用于救助波兰犹太难民的"援助东欧犹太难民委员会"的覆盖范围扩大到了德奥等国的难民，还成立了"中欧难民委员会"，赡养600～700名难民儿童。[34] "隔离区"建立后，日本当局责成俄罗斯犹太人负责难民迁入虹口的工作而创立了"上海阿什肯纳齐人协作救援会"（SACRA）。尽管难民因此一度对俄罗斯犹太人存有抵牾，但俄罗斯犹太社区经辩论后仍决定帮助难民尽力对抗日本当局，"尽可能长时间地拖延他们离开公共租界和法租界的期限，并在我们力所能及的范围内使用任何形势的阻碍行动"。[35] 该组织还成立救济部以筹措资金来帮助难民搬迁，其下属的妇女委员会也向难民儿童捐助了过冬用的衣物。[36] 此外，"上海阿什肯纳齐人协作救援会"在1943年12月举办义演，为虹口隔离区的犹太难民做了一场高水准的艺术演出，其收入也捐给"厨房基金会"和"上海无国籍音乐家协会"（SMA）。而俄犹的上海犹太俱乐部也经常以演出的形式为虹口的犹太同胞募捐。[37] 这些文艺活动不仅为难民提供了救济，也给他们带来了精神的慰藉，增强了犹太社区的凝聚力。

32　前引王健：《上海犹太人社会生活史》，第77页。

33　*Israel's Messenger*, 29 Tevet 5699, Vol.35, No.10, Jan. 20, 1939.

34　前引王健：《上海犹太人社会生活史》，第78页。

35　前引 [法] 荣振华、[澳] 李渡南等编著：《中国的犹太人》，第421页。

36　前引饶立华：《〈上海犹太纪事报〉研究》，第171-172页，第177-178页。

37　参见前引汤亚汀：《上海犹太社区的音乐生活》。

　　其次，犹太难民的悲惨遭遇激发了上海等地犹太人的民族情感，壮大了犹太复国主义力量。

　　由于远离欧洲的中国自古以来就没有反犹主义的土壤，加之上海等地开埠后成为东西文化交汇之处，形成了异常宽松的政治和文化环境，为犹太复国主义的传播创造了有利条件。如前所述，在纳粹反犹之前，犹太复国主义各派在中国已有或大或小的分支组织。随着犹太难民的到来，他们在欧洲经受的残酷迫害和一路流亡的落魄艰辛，迅速激起了上海等地犹太社团对法西斯主义的同仇敌忾之情和投身犹太复国主义运动的政治热情。

　　1921年来到上海的俄罗斯犹太复国主义者大卫·拉宾诺维奇，就是出于对纳粹反犹政策的痛恨，萌生了保护和传承犹太文化的强烈意愿。他说："我整日整夜想的都是，那些在欧洲的犹太人正遭到有计划、有系统的残酷屠杀。我们要怎么保护我们的民族，我们伟大的文化，要怎么保护我们的传统呢？"因此，他热切希望"在遥远的中国，在远离欧洲、远离希特勒、远离德国的这片国土上，建立一个犹太文化中心"，并且清醒地认识到正处于犹太民族生死存亡的关键历史时刻，"如果我们不团结起来共度今天的难关，我们的未来就注定会灭亡"。拉宾诺维奇于1941年5月创办了俄文杂志《我们的生活》，其宗旨是成为"上海犹太民族独立民主思想的喉舌"。此后，许多立陶宛、拉脱维亚和波兰犹太难民加入了该刊编辑部，《我们的生活》也随之增加了英语和意第绪语的增刊。[38]该刊着重报道在华犹太人的生活、工作以及犹太组织的活动，并积极宣传犹太复国主义思想，颇有影响。此外，除了《上海犹太纪事报》，当时还有"贝塔"的英文月刊《犹太呼声》、德文的《黄报》、德文周刊《论坛》等宣传犹太复国主义思想的刊物。另有德文的《上海周报》《八点钟晚报》，意第绪语杂志《我们的话》《远东意第绪语之声》等数十种犹太报刊介绍犹太人的文化和生活。[39]

　　同时，犹太难民也为中国的犹太复国主义运动增加了新鲜血液，特别是1940—1941年间陆续来到的1 000余名波兰犹太难民中，有近100余名涵盖各

38　前引瑞娜·克拉斯诺：《永远的异乡客：战时上海的一个犹太家庭》，第3–5页。

39　前引王健：《上海犹太人社会生活史》，第159–165页。

个派别的犹太复国主义者，其中不乏领导人和活动家。由于他们是在无法前往巴勒斯坦又被欧美各国拒之门外后才被迫流亡到上海的，因此主张通过军事斗争建立犹太国家的修正派复国主义组织迅速扩大了影响。仅修正派的青年组织"贝塔"在难民中成立的德语分部就吸收了300名成员。即使在日本当局全面控制上海并建立"隔离区"后，"贝塔"仍然坚持开展活动。为了避免日本当局的怀疑和干预，"贝塔"通过举办体育比赛、文娱活动、职业培训、文化补习吸引青年难民的参与，并组织其学习希伯来语、意第绪语和宗教知识来强化他们的犹太认同。到二战结束时，修正派已成为上海犹太复国主义运动中最具实力的派别，并迅速在战后开展活跃的政治活动，甚至出现了秘密军事组织"伊尔贡"的上海分部。[40]

此外，1933年后来华避难的犹太人中还有魏璐丝、汉斯·米勒、傅莱和罗生特等左翼进步人士和社会主义者。他们来华后，或是选择投身于中国的抗日救国运动，或是直接参加八路军和新四军，为中国人民的反法西斯战争做出了贡献。

再次，犹太难民还提升了上海犹太社团的宗教活动和文艺生活的质量。

犹太教作为犹太文明的核心与支柱，是犹太人在长期流散中维系族群集体认同最持久、牢固的精神纽带。犹太教中由拉比负责执行教规、律法和主持宗教仪式，因而成为整个犹太社团的精神领袖。但在相当长时间内，上海犹太社团只有一位正统派拉比，从而使得犹太会堂的宗教活动对于非正统派犹太人缺乏吸引力。欧洲犹太难民的到来，则带来了不少各派别的拉比。如密尔经学院的正统派拉比学识渊博，将严格规范的宗教仪式和宗教教育带到了上海，而德国犹太人中的改革派拉比，则有助于吸引非正统派犹太人参加宗教活动。这些，都进一步强化了犹太教凝聚社团认同的功能。

来华犹太难民中的众多艺术家们，也不乏已在欧洲家喻户晓的文化名流，如钢琴家兼指挥马哥林斯基、指挥普拉格、小提琴家卫登堡、大提琴家兼指挥舍恩巴赫、大提琴家克劳斯、歌唱家克拉索、爵士乐歌星克罗托勋斯基、电影导演弗莱克、电影明星兼歌手弗洛尔等人。他们成立了各个涵盖艺术、音乐、

40　前引潘光、王健：《犹太人与中国》，第113-114页。

合唱、绘画等专业协会来团结艺术家组织文艺活动，并在1941年下半年时已至少组建了17个乐队。他们除了演奏犹太人的宗教音乐和民族音乐外，也将西方古典音乐和轻音乐作为重要的表演内容。马哥林斯基、卫登堡、舍恩巴赫等音乐家还常常去上海犹太总会演奏。[41]此外，犹太难民们在1939—1947年间至少上演了60部德语戏剧，并帮助重建犹太业余剧社，积极创作意第绪语的轻歌剧和音乐剧。[42]可以说，难民艺术家群体与俄国犹太艺术家共同支撑起了上海、哈尔滨等地犹太社团丰富多彩的文化生活。

总之，来华犹太难民是带有犹太人流散特征的一个特殊群体。一方面，他们属于典型的受害者流散，强制性的流亡造成了创伤性的心理烙印。对纳粹反犹的恐惧和对生存的渴望是将他们汇聚在一起的根本动力。难民们不仅以重温和恢复犹太传统来维持自身社区的团结，而且他们的存在也刺激和强化了另外两大在华犹太社区的共同体意识。另一方面，来华犹太难民的生活也符合犹太人流散中成就与不安并存的双重模式。如难民们在上海期间始终未能彻底摆脱战争威胁，甚至还被关进了"隔离区"而面临生死考验，与其形成强烈反差的则是他们开展了异常活跃的政治、宗教、文化活动而丰富了整个上海犹太社团的精神世界。然而，犹太难民是因战争所迫、别无选择的情况下来到中国这个特殊的避难港，而战争的结束不仅向其重新打开了前往发达国家的大门，中国自身环境的变化也使之没有继续滞留的动力。因此，迫使犹太难民聚集在一起的特定时空条件不复存在，这一群体也就自然而然地消亡了。但是，来华犹太难民留下的历史印记却并未因此被轻易磨灭，值得后人进行深入研究。

---

41 参见前引汤亚汀：《上海犹太社区的音乐生活》。

42 前引李工真：《文化的流亡：纳粹时代欧洲知识难民研究》，第194—195页。

第十一章
关于犹太难民集体记忆和
"中国情结"的理论思考

　　作为一种认知和情感过程，集体记忆代表着以个体为基础的群体对过去活动、感受、经验的印象累积，充满着复杂、微妙的情感或激情，具有连续性、流变性、传播性、多元竞争性，在本质上是立足现在而对过去的一种重构。现代传媒和大众政治参与的迅猛发展，使记忆日趋成为国际政治文化资源的重要组成部分，许多国家和民族都纷纷对过去发生的重大事件进行研究、反思和纪念。集体记忆研究也在国际学术界获得许多学科的广泛关注，在各种类型的记忆中，集体创伤记忆因其重塑社会政治结构和进程的巨大潜能，尤其成为学术界的重要研究对象。

　　集体记忆不仅同历史，而且与集体（民族）认同又存在紧密的关联。在塑造和建构群体身份认同的各种想象中，集体记忆是影响最为广泛深入的一种因素。一个社群留存的与其他群体关系的印象，在建构社群身份的想象中，占据了非常关键的部分。在经历严重的人道劫难的群体中间，关于历史罪责问题的记忆经常被置于群体身份的中心位置。记忆往往以某种简明的、象征的方式唤起人们心中埋藏的恐惧、同情、自豪、羞愧、负罪、感激等激情，并为群体认同和行动提供意义架构和动员的工具。正因如此，集体记忆对当今国际关系具有战略性意义，并以话语政治的形式广泛地渗入软权力的竞争之中。

　　在历史上，来华犹太难民在欧洲经历惨痛的苦难记忆，往往与在中国受到的宽容、接纳和救助的记忆形成鲜明对比。这种对比使许多难民形成了"中国情结"，以致当时有犹太难民以各种形式积极投身于中国反对侵略奴役和争取自由解放的斗争之中，甚至为之献身。即使在他们离开中国后，也通过相关的联谊组织和系列集体活动保存着关于中国的记忆，从各方面支持和援助中国。显然，这种历史遗留与传承的珍贵集体记忆与"中国情结"成为推动中犹友谊的一个不可忽视的因素。对于中国而言，充分发掘中国模式在大屠杀苦难史中的特殊意义，努力发掘和弘扬典型历史事件的积极因素，不啻具有重大现实意义。总之，集体记忆理论不仅可以用于来华犹太难民研究，而且对我们如何更好地挖掘历史文化遗产具有启迪意义。

一、集体记忆的定义和特征

远在文字出现之前，群体记忆的构建（及重构）、保存和传递就已经成为人类社会一种重要的实践活动。文字、造纸、印刷等文化技术的不断进步，更推动记忆实践在不同文明和国家的不断发展和提升。随着现代传媒和大众政治参与的迅猛发展，在20世纪最后几十年，记忆进一步凸显为全球文化中关键的组成部分。许多国家和地区都纷纷对过去发生的重大事件开展机制化的纪念，并就历史问题进行追思、反省、悔过和怀念，还就过往所犯历史罪责进行道歉和悔过[1]。对一些重大历史事件开展记忆成为社会潮流，而关于集体记忆问题的研究也在西方学术界获得了许多学科的广泛关注，从而在20世纪七八十年代以来形成了一股新的"记忆热"。历史问题经常引发相关国家和地区群体间的敏感而又复杂的情绪，形成政治紧张态势[2]。历史记忆也在关于转型正义、冲突后重建、政治暴力合法性、大屠杀（Holocaust）遗产等众多问题展开辩论过程中处于中心地位。[3]在各种类型的记忆中，集体创伤记忆因其重塑社会政治结构和进程的巨大潜能，尤其成为学术界的重要研究对象。针对这种新的"记忆热"，有学者甚至宣称，"缺乏对（创伤）记忆新情境的了解，缺乏对21

1　这种悔罪潮流在西方尤为明显，如美国就其历史上对黑人、华工、日裔等少数族裔群体的不公正待遇进行道歉，澳大利亚等国为其历史上对土著人的罪行进行道歉，基督教（尤其德国）为长期以来的反犹主义和纳粹大屠杀进行道歉和悔罪，南非白人为历史上的种族隔离悔罪等。在亚洲，日本也曾为其对亚洲人民的侵略而道歉。

2　日本对待其侵略历史的态度经常与东亚邻国之间引发纠纷；土耳其对亚美尼亚人大屠杀问题的立场也成为土亚两国关系的严重障碍，还影响与北约盟国的关系；俄罗斯在二战期间制造"卡廷惨案"，也成为俄波关系中的障碍，此类例子大量存在。

3　Duncan Bell. Introduction [A]. in Duncan Bell(ed.). *Memory, Trauma and World Politics: Reflections on the Relationship between Past and Present* [M]. New York: Palgrave Macmillan, 2006, p.1.

世纪战争中发生在人们身上的事迹的多重表现的仔细思考，国际政治专业的学生就无法（在学业中）走得很远"。[4]

　　记忆是人们保留或还原某些过去的印象和信息的能力和实践，而集体记忆就是为一个群体的成员普遍共有和共享的记忆。研究集体记忆的先驱莫里斯·哈布瓦赫（Maurice Halbwachs）较早将记忆划分成个体记忆和集体记忆。在哈布瓦赫看来，个体记忆在大多数情况下仍需借助个体所生活的群体才能唤起和重建。"对于那些发生在过去，我们感兴趣的事件，只有从集体记忆的框架中，我们才能重新找到他们的适当位置，这时，我们才能够记忆"。[5]个体记忆属于集体记忆的一部分，而集体记忆和记忆的社会框架，却对个体记忆起着限定和约束作用。

　　哈布瓦赫之后的社会学家在他的研究基础上继续深入，进一步更细致准确地对集体记忆进行定义和分类。霍华德·舒曼（Howard Schuman）和杰奎琳·斯科特（Jacqueline Scott）提出了集体记忆的两种涵义：人口中的很大部分记住一个共同对象；由集体产生和拥有的记忆，它无须经由个体亲历产生。[6]杰弗里·奥利克（Jeffrey K. Olick）则提出了表征集体记忆的两种方式：聚合记忆（collected memory）和集体记忆（collective memory）。前一种是由群体中众多个体成员的记忆聚合而成的共同记忆，其前提在于强调个体在记忆中的中心性，只有个体在记忆，无论他们是单独进行还是一起进行。而后一种强调记忆建构所依赖的社会框架，并强调集体本身的记忆能力。[7]而以色列学者埃维谢伊·马格利特（Avishai Margalit）则区分了共同的记忆（common memory）和分享的记忆（shared memory）。前者为某一特定场景所有经历者的个体记忆的聚合，只要某一特定社会环境中记得该场景的人数超过某个门槛，这就形成了共同记忆。而后者不仅需要聚合个体记忆，还需要通过交流将他们不同的视

4　Jay Winter. Notes on the Memory Boom: War, Remembrance and the Uses of Past [A]. in Duncan Bell(ed.). *Memory, Trauma and World Politics: Reflections on the Relationship between Past and Present* [M]. New York: Palgrave Macmillan, 2006, p.72.

5　莫里斯·哈布瓦赫，毕然等译：《论集体记忆》[M]，上海人民出版社2003年版，第289页。

6　Howard Schuman & Jacqueline Scott. Generations and Collective Memories [J]. *American Sociological Review*, Vol.54, No.3(June, 1989), pp.359–381.

7　Jeffrey K. Olick. Collective Memory: The Two Cultures [J]. *Sociological Theory*, Vol.17, No.3 (Nov.1999), pp.333–348.

角整合进一个版本，使那些没有身临其境的人们也可通过他人的形容来体会亲历者的经历。[8]我国台湾学者王明珂将群体记忆分成"社会记忆""集体记忆"和"历史记忆"三种："社会记忆"是借各种社会媒介、仪式和行为（图书馆、塑像、民间歌谣、故事等）保存、流传的群体记忆。这其中，有一部分经常在社会中被集体回忆，而成为社会成员或某些群体成员间分享的共同记忆，即为"集体记忆"。在集体记忆中，还可分出一类以该社会所认定的"历史"形态呈现与流传的记忆，即"历史记忆"[9]。还有学者根据集体记忆形成机制的不同，将之区分为通过自上而下方式形成的"政治记忆"和通过自下而上方式形成的"社会记忆"[10]。基于这些探讨，本章所说的集体记忆是在社会群体内部或不同社会群体之间广泛分享的共同记忆。与个体记忆不同，集体记忆往往省略细节情境，而更注重于整体性和本质性。

二、"受难/创伤记忆""集体记忆的传导性"和"集体身份认同"

集体记忆有诸多特征，本章将主要利用"受难/创伤记忆""集体记忆的传导性"以及"集体身份认同"来分析有关欧洲来华犹太难民的若干问题。

集体记忆通常以某些有形的事物作为媒介来体现象征性的、精神性的价值。就如哈布瓦赫所言，它既是一种物质客体、物质现实，比如一尊塑像、一座纪念碑、空间中的一个地点，又是一种象征符号，或某种具有精神涵义的东西、某种附着于并被强加在这种物质现实之上的为群体共享的东西[11]。传统上，维持集体记忆最重要的机制就是历史和纪念活动。但当代大众传媒技术的迅猛发展，使各种类型的影像、文学[12]、艺术等也成为塑造集体记忆的重要媒介。一些创伤记忆还往往通过受创个体的身体特征改变而得以保存[13]。一个伤

8　Avishai Margalit. *The Ethics of Memory* [M]. Cambridge, Mass.: Harvard University Press, 2004, pp.51–52.

9　王明珂："历史事实、历史记忆与历史心性"[J].《历史研究》2001年第5期。

10　Aleida Assmann. Transformations between History and Memory [J]. *Social Research*, Vol.75, No.1(Spring 2008): p.56.

11　莫里斯·哈布瓦赫：《论集体记忆》[M]，上海人民出版社2003年版，第335页。

12　以文学形式塑造形象和记忆的一个典型就是，西方通过《1984》和《古拉格群岛》这两部拥有广泛读者的小说，以夸张和戏剧化的方式，在西方社会塑造了关于苏联共产主义的令人恐惧的意识形态"他者"形象和记忆。

13　Gay Becker, Yewoubdar Beyene, Pauline Ken. Memory, Trauma, and Embodied Distress: the Management of Disruption in the Stories of Cambodians in Exile [J]. *Ethos*, Vol.28, No.3(Sep. 2000), pp.320–345.

痕、残肢断臂往往可以成为受到伤害的永久性标记。此外,创伤性记忆还可能通过改变中枢神经系统某些部位的生物构造而保存下来,以至于一旦遇到相似情境,中枢神经就会产生条件反射,对个体的情绪和行为产生重要影响。人们也许已经难以在清醒中记起遭受创伤的情境,但事实上却在潜意识中保存着这种记忆。此所谓,"一朝被蛇咬,十年怕井绳"。

集体记忆还有传导性,可以"外溢"出亲历者的小群体,向更广泛的社会传播。现代信息技术的跃进式发展、教育的普及和人口的大规模流动,都为当代集体记忆的扩散和传播提供了强大动力,许多事件(如大规模屠杀和战争、大规模群体性活动等)的记忆甚至变得全球化,成为全球文化的重要组成部分。一个人只要认同某一群体,就很容易感染该群体记忆中包含的种种情绪或情感,如负罪(guilt)、羞愧(shame)[14]、责任、恐惧、怨愤等。集体记忆还有代际传播的可能。在施林克(Bernard Schlink)的小说《朗读者》(*The Reader*)中,主人公就因自己曾与一名女纳粹相恋而带来了沉重的负罪感,尽管他自己并未参与父辈的罪行,也并不知道他的恋人曾是纳粹党徒。另外,亲历重大事件并留下深刻记忆的长辈也会将他们的记忆和认知有意无意地传给后辈。如有的纳粹集中营幸存者就将他们在集中营形成的习惯和情绪,如习惯性恐惧、过度怀疑等,移植到了后来的家庭生活中,严重影响子女的性格[15]。"尽管没有直接遭受到第三帝国的迫害,但是,那些大屠杀中幸存者的孩子们却在其阴影下长大……那些从未见过纳粹党卫军的孩子们心中,已被灌输了某种程度的不安"[16]。

集体身份(Identity)建构是一个自我识别和认知的过程:对内界定群体最低限度的同质性内涵或共有特征,对外则形成区别于他者的特质和边界[17]。

---

14   许多社会学家和心理学家对负罪感和羞愧感这两种强烈情感做了区分:负罪感是因为自身行为对他者产生了危害,但又无法找到被认可的正当性或合法性;而愧疚感则由于作了某种不光彩的行为,或在某种情势下表现得软弱无力,而自觉声誉、形象受损。

15   See, Duncan Bell(ed.). *Memory, Trauma and World Politics: Reflections on the Relationship between Past and Present* [M]. New York: Palgrave Macmillan, 2006, pp.123–125; see also, W. James Booth, Communities of Memory: On Identity, Memory and Debt [J]. *American Political Science Review*, Vol.93, No.2 (June, 1999), pp.249–263.

16   阿伦·哈斯:《大屠杀后遗症》[M],北京:北京出版社2000年版,第2页。

17   关于身份的此类表述,可参见,阿尔弗雷德·格罗塞:《身份认同的困境》[M],北京,社会科学文献出版社2010年版,第3页;塞缪尔·亨廷顿:《我们是谁? 美国国家特性面临的挑战》,新华出版社2005年版,第20、23页。

在与他人交往过程中，个人或群体通过想象自我建构出身份，即关于"我（们）是谁，我们归属于哪个类别，担负何种角色"等问题的认识。人们在程度不等的压力、诱因或自由选择的情况下，决定自己的身份，但他人的看法也会影响个人或群体的自我界定和领悟[18]。正是在与群体内外部的他者互动的过程中，个人或群体确定自我类属和角色分配。物以类聚，人以群分。这一建构集体身份的认同过程，总是涉及扩展自我的边界使其包含（群体内部的）他者，把自我和他者合为一种身份，并将他者的利益定义为自我利益的一部分[19]。与群体外的"他者"做比较、相区分，尤其与"敌人"进行竞争并导致对立，是导致身份感明显增强的重要因素[20]。当然，集体身份的建构也经常成为一种利益和资源的竞争机制。

以集体记忆确立起在神圣维度中的特殊地位，并形成相对于其他民族或群体的自我优越论，这在许多宗教色彩浓厚的群体构建和维持其集体身份中占据了重要地位。立约的记忆就使犹太人自我确认为上帝的"特选子民"，成为犹太民族优越论的重要源泉，并导致基督教长期对其敌视和压迫。一个社群留存的与其他群体关系的印象，在建构社群身份的想象中，也占据了一个非常关键的部分。谁是我们的邻居，谁曾是朋友或敌手，谁是我们怨愤或感激的对象，对谁负有集体罪责或权利，这一系列问题当然都是界定自我或他者身份的重要方面。

人为的人道主义灾难，如战争罪、反人类罪、种族灭绝罪、种族隔离等大规模侵犯人权的罪行，一旦关联各方就灾难的事实和责任达成某种基本的共识，形成集体记忆，就经常改变这些群体之间的相对地位和关系。严重的罪行一旦发生，相互关联的当事各方就形成一个施害者、受害者、旁观者和救助者的关系结构，而且这种结构在认同政治中会形成代际间和社群间的传播和扩展。施害行为若给他人带来了严重伤害，而且导致这种行为的动机和情感也不正当合宜，那么，施害者就成为受怨愤并应受惩罚的合宜对象。而受害者则必

18　关于身份形成过程中内在——外在互动的论述，可参见前引塞缪尔·亨廷顿：《我们是谁？美国国家特性面临的挑战》和亚历山大·温特：《国际政治的社会理论》，上海人民出版社2004年版。

19　参见前引亚历山大·温特：《国际政治的社会理论》。

20　参见前引塞缪尔·亨廷顿：《我们是谁？美国国家特性面临的挑战》。

然深受创伤，并且留下恐惧、屈辱和怨愤等破坏性情绪。在严重罪行发生后，旁观者对施害者报以义愤，对受害者报以同情并伸出援手，则是合乎道义并受受害者感激的行为；而无动于衷的"看客"则应受道义谴责并成为怨愤的对象。随着侵害者所犯罪恶愈来愈严重和损失愈来愈难以弥补，受害者的怨恨自然将日趋强烈，旁观者同情的义愤和对侵害者的罪恶感也同样如此[21]。

三、来华犹太难民集体记忆中的"临时观念"

与中国古代犹太社团和近现代其他来华犹太人明显不同的是，二战期间来华欧洲犹太难民只是将中国作为临时避难地而非永久家园，并且在战争结束后纷纷选择离开中国前往北美、澳大利亚和以色列。因此，他们的集体记忆中自然包含着一种"临时观念"。

从1933年到1941年，大批来自欧洲的犹太人进入上海，也有一些人转辗到了天津、青岛、哈尔滨等城市。初到之时，很多人只是将中国（主要是上海）看作前往其他国家的中转站。在他们看来，当时处于战火威胁之下的上海并非理想的居住地。这段时间来到中国的约3万名犹太难民中确实有数千人成功地转去了第三国。从1941年12月太平洋战争爆发后一直到二战结束，由于海路被切断，其余的人无法再离开中国。战争结束后，大多数犹太难民也不可能在中国长期居留，原因有以下几方面：首先，犹太难民们急于回欧洲寻找失散的亲属。其次，战后的通货膨胀和住房短缺加剧了难民救济工作的难度，中国政府也希望未取得居留许可的难民尽快离开中国，如在1945年11月27日颁布了《处理德侨办法》。[22]再次，中国内战的爆发使逃离欧洲战火的犹太难民们也不愿意再受困于另一场战争。因此，战后几年欧洲犹太难民逐步离开中国。他们中的不少人首先回到欧洲故地，但发现亲属不是被杀害就是已逃离，于是便纷纷移居美国、加拿大、澳大利亚和以色列，还有部分前往南非和南美国家。

主观上而言，欧洲犹太难民对生活在中国的集体记忆几乎仅限于战时避

21　亚当·斯密：《道德情操论》[M]. 北京：中国社会科学出版社2003年版，第90页。

22　N.A.帕尔阔维茨："战后初期上海的欧洲犹太难民"，引自潘光主编：《来华犹太难民资料汇编第二卷：亲历记忆》，上海交通大学出版社2017年版，第172–182页。

难的岁月。尽管有文献及考古发现证明，古代即有犹太人来华经商或居住，且在宋朝时出现一个较大规模的开封犹太社团，但这段经历远离犹太人流散历史的主流，并不为大多数散居于世界其他地方的犹太人所熟知，因此很难成为近代来华犹太人，尤其是遭遇纳粹迫害而来华避难的欧洲犹太难民集体记忆的一部分。同样，基本来自中、东欧的犹太难民对在他们之前来华的塞法迪犹太人（来自巴格达和英国治下的印度）社团和俄国犹太人社团也很难产生浓厚的归属感，因为他们之间在宗教规则和文化习俗方面有很大差异。虽然这两个先来的社团在住房、资金、食物、医疗和教育等方面给予欧洲犹太难民大量的帮助，且大屠杀的阴影一定程度上消弭了不同群体之间的分歧，但战争的结束再次将差异凸显了出来。

对于在战争中失去一切的犹太难民来说，一个成熟的社团非常重要，因为可依托其生存并获得更多的机会重新开启新生活。而这种生存和发展的机会正是其犹太同胞给予的。高度的身份认同使犹太人在灾难降临的时刻快速地建立起全球的援助网络，设法为困厄之中的同胞提供实际有效的救助。战争结束后，饱经磨难的难民也很自然地寻找归属感。

相比之下，北美、澳大利亚和以色列等地拥有更加成熟的犹太社团。美国的犹太社团经历了多年的发展，已具备了相当的规模和成熟度。到1930年，美国犹太人口达到440万左右。美国犹太人组成强大而活跃的社区，在经济、政治、科技文化等领域扮演着不容忽视的角色。同时，加拿大的犹太社团也迅速发展。1933年到1945年间，又有一些犹太难民千方百计进入美国。这些难民中就有不少是逃亡到中国的难民的亲友。同时，美国犹太社团也给了在华避难的欧洲犹太难民大量援助。如"美犹联合分配委员会（American Jewish Joint Distribution Committee）"就一直为上海的犹太人组织提供经济和人员资助，在难民救济工作中发挥重要作用。战后，杜鲁门政府决定向大屠杀的受害者敞开大门，开始接收大批犹太难民。澳大利亚在1938年接收了7 000多名犹太难民，二战期间尽管对犹太难民的进入设置了一定的限制，但仍接收了11 000多名由犹太机构援助的大屠杀幸存者。[23]战后，澳大利亚也向大屠杀受

23　邵波：《澳大利亚难民政策的演变（1945—2007）》，苏州科技学院，学位论文，2011年，第2、17页。

害者敞开了大门。不少来华犹太难民便随着这股移民潮去了北美和澳大利亚。

　　而移居巴勒斯坦（以色列）的犹太难民除了出于寻找成熟社团的需要，还具有强烈的"民族感"和"家园感"。在巴勒斯坦重建犹太人国家的愿景并不是一开始就得到很多犹太人欢迎的，然而纳粹的残酷迫害强化了各国犹太人的民族认同感。随着纳粹暴行的深入，锡安主义得到了越来越多犹太人的支持，"应许之地"的记忆在更多人的心中被唤醒，重建犹太民族国家的目标得到积极响应。如阿巴·埃班所言："虽然他们也知道有些国家中的犹太人已经过着幸福的生活，可是他们经受的痛苦太多，再也不愿冒风险了。巴勒斯坦是他们的目的地。他们太疲劳了，不能在有一天也许又有人会喊'犹太人滚出去'的地方开始新生活。至于巴勒斯坦的生活是否有保障，这对他们来说是无关紧要的。"[24]因此，战后巴勒斯坦成为在华欧洲犹太难民移居的主要目的地之一。1948年以色列建国后，派代表来华办理移民事宜。据1949年至1951年间任以色列政府驻上海名誉领事的伊萨多尔·马吉德（Isador A.Magid）估计，以色列驻上海的犹太人代办处共签发了7 000多份以色列护照和赴以色列签证，实际到达以色列的上海犹太人约有4 000～5 000人，其中大多数是欧洲犹太难民和俄国犹太人。[25]

　　遭受纳粹迫害、屠杀的犹太人无论身处什么地方，只要是一个群体，就会有集体记忆，而其中的重要内容就是"临时观念"——认为目前的困境是"临时"的，希望它尽快结束，随后自己可走向更为理想、甚至美好的归宿。不幸的是，在许许多多集中营和隔离区里，受难者的"临时观念"最后为死亡所终结。令人宽慰的是，绝大多数在华犹太难民"临时观念"的结束是因为找到了新的家园、开始了新的生活。因此，他们的在华集体记忆和"临时观念"得以保存下来，其中不仅包含着艰辛和痛苦，也有着拼搏、奋斗、互助和友情。这就是我们下面要讲的"中国情结"。

四、来华犹太难民集体记忆中的"中国情结"

　　大屠杀的记忆不仅在很大程度上弥合了犹太人的国别差异和派别歧见，

24　前引阿巴·埃班著：《犹太史》，第414-415页。

25　参见前引高斯坦主编：《中国与犹太——以色列关系100年》。

在他们之间形成了强烈的民族认同感，而且会使相互关联的当事各方形成一个施害者、受害者、旁观者和救助者的关系结构，这种结构在认同政治中又会形成代际间和社群间的传播和扩展。来华犹太难民在欧洲经历惨痛的苦难记忆，与在中国受到的宽容、接纳和救助的记忆形成鲜明对比，在中国的艰苦却充满互助的避难经历成为这一群体所特有的共有知识和心理体验，使之在身份建构中形成了对中国的特殊亲近感。这种"中国情结"，不仅在当时使一些犹太难民以各种形式积极支持中国反对侵略奴役和争取自由解放的斗争，而且在他们散居世界各地之后仍然情系中国，通过相关的联谊组织和系列集体活动保存着关于中国的记忆，其中不少人及其后代又纷纷回到中国、故地重游。

中国对犹太难民的善意在官方、团体组织、舆论媒体和民间都有体现。早在1918年，中国政府的外交部次长陈录就在写给上海锡安主义协会主席伊利·嘉道理的信中，代表中国政府表示尊重"贝尔福宣言"的精神，表达了对犹太人重建家园的支持。1920年，"中华民国"的创建人孙中山也通过书信表达了对犹太复国运动"满怀同情之心"。1933年，宋庆龄代表"中国民权保障同盟"在《申报》发表了《谴责对德国进步人士与犹太人民的迫害抗议书》，向德国法西斯迫害工人、知识分子和犹太人的非人道行径提出"最严重之抗议"[26]。1939年，基于联合弱小民族和改善与英美等国关系的出发点，时任"中华民国"立法院长和国防最高委员会委员的孙科提出议案，建议在中国西南边区划定犹太寄居区以容纳欧洲犹太难民[27]。此项提案经国民政府多个部门讨论并制定计划，虽最终因种种原因未能实施，然国民政府对犹太民族命运之关切已可见一斑。

另一方面，中国报刊不仅对反犹行径作了相关报道，还就此发表评论文章、刊登专文。据统计，1938年到1944年，《申报》《大公报》《中央日报》《解放日报》《新华日报》等报纸共报道此类消息130多条，其中以1938年为最多，计70多条，内容包括纳粹进行的反犹暴行（有时间、地点、情节、数字），也涉及一些国家各界人士对反犹暴行的抗议活动和犹太人民的反抗活动，

26 《申报》，上海，1933年5月14日，第10版。

27 前引潘光、王健著：《犹太人与中国》，第115–116页。

以及犹太难民来中国上海的情况。1938年，《新华日报》刊文"德国法西斯又掀起反犹运动"，《中央月刊》刊登"德国之反犹之反响"，对刚刚发生的"碎玻璃之夜"发表评论，等等。

在民间层面看，当时的中国老百姓对犹太人是善意、同情的，在上海、哈尔滨、天津等地都是如此。曾经在上海避难的威廉·肖特曼在其后来撰写的《关于上海犹太难民社区的报告》中称，犹太难民与中国人的关系非常好，很多中国人还学会了德语，尽管也出现过中国人骂难民的事件，但他认为"这些中国人没有受到任何反犹主义的煽动，只不过是为了利用这个机会对白人进行报复"。[28]整体来看，中国居民不仅没有歧视犹太人，还与他们和睦相处，在力所能及的地方与他们互帮互助。譬如，有条件的中国人会给一些犹太朋友介绍工作机会、帮助他们做生意，条件艰苦的中国人也时常在生活中向犹太邻居伸出援手。而在中国邻居有困难的时候，犹太人也会慷慨相助。出生于哈尔滨又曾在青岛、曲阜和上海生活过的伊萨多尔·马吉德称，他从未遭遇过任何中国团体或个人的反犹主义，一百年来受到中国人礼遇的犹太人应对此心存感激。[29]这反映了很多曾经在华犹太人的心声。甚至德国驻沪领事馆1940年1月11日发给德国外交部的报告都承认："过去几年迅猛的犹太移民，并未激发接纳国的反犹情绪，这不符合期望与经验……他们作为可怜的受难者还被施以同情。"[30]

战后离开中国的犹太难民在新的国家定居，融入了新的社团，有了新的身份认同。然而在中国避难的经历又赋予了他们"中国犹太人"（或"上海犹太人""天津犹太人""哈尔滨犹太人"等）的身份，驱使他们反复寻找那些五味杂陈的记忆。多年以后，由于"中国情结"的牵动，不少当年的来华犹太难民或其后代来到中国，重新拜访哈尔滨、天津和上海等"故乡城"，寻访旧居和故人。此外，他们还通过相关的联谊组织和系列集体活动保存着关于中国的记忆，从各方面支持和援助中国，推动中犹友谊和国际交往，还有许多人积极参与当今中国的现代化建设。为了保持联络，前来华犹太难民成立了多个

28　威廉·肖特曼：《关于上海犹太难民社区的报告》，见第三章附录一。

29　参见前引高斯坦主编：《中国与犹太——以色列关系100年》。

30　[德] 埃里希·蒂斯："流亡与避难——二战中的犹太人与当今的难民潮"，转引自2016年9月18日《东方早报》。

国际联谊组织，如总部设在以色列特拉维夫的"前中国居民协会"（Associaton of Former Residents of China）、总部设在美国费城的"上海犹太居民联合会"（Council on the Jewish Experience in Shanghai）、总部设在洛杉矶的"上海联谊会"（Shanghai Reunion）、总部设在加州帕罗奥托的学术团体美国"中犹研究会"（The Sino-Judaic Institute），还有"黄包车联谊会"（Rickshaw Reunion）、"老中国通"全球联谊组织（Old China Hands）和天津犹太学校校友会、哈尔滨工业大学校友会等。[31]在当年的难民们因年老体弱而难以远行时，他们还建立了网上联谊系统。

五、来华犹太难民集体记忆的发掘与整理

基于记忆的观念和情感往往影响相关个体和群体对自身身份和利益的界定，形成特定的社会政治行为的意愿和倾向。记忆能够以某种简明的、象征的方式唤起人们心中埋藏的恐惧、同情、自豪、羞愧、负罪等激情，并为群体认同和行动提供意义架构（framing）和动员的工具。它既可以用于煽动敌意和冲突，也可以用于推进和解、交流与友谊。另一方面，集体记忆的传导性可以使它"外溢"出亲历者的小群体，向更广泛的社会、甚至在不同的时代间传播。现代信息技术的跃进式发展、教育的普及和人口的大规模流动，都为当代集体记忆的扩散和传播提供了强大动力，许多事件的记忆甚至变得全球化。

就扩展的广度及其对政治的影响而言，关于纳粹大屠杀的记忆，显然在当今世界各地出现的"记忆热"中占据着一个非常显著的位置。在德国、以色列、美国，大屠杀记忆都受到了高度重视。在德国社会政治环境中，主导性的大屠杀记忆和话语显然是以施害者的身份为基础建构的。以色列的大屠杀记忆则正好体现了典型的受害者身份。对于中国而言，运用受众易于接受的话语、充分发掘中国模式在大屠杀苦难史和犹太人避难史中的特殊意义、充分发掘和弘扬典型历史事件的积极因素，不啻具有重大而现实的意义。

更好地发掘和整理来华犹太人，特别是来华犹太难民的记忆遗产，是国际学术界，特别是中国学人面临的具有重要意义的工作，也是他们理应承担的

31　前引潘光、王健著：《犹太人与中国》，第134页。

历史职责。这些年来，学者对史料的挖掘研究、亲历者的回忆以及相关组织和个人的工作使得这段历史的细节不断清晰，人们对此的记忆也不断完整和精细化。更可贵的是，这段记忆以实物的形式呈现和保存下来，如在上海犹太研究中心、上海犹太难民纪念馆、哈尔滨犹太博物馆等处，大量的研究著作、图片以及纪录片等音像作品，不仅具有社会价值、学术价值，更具有宝贵的情感价值。这些成果带着那段历史记忆，通过文化交流得以传播。

何凤山的事迹则是另一个例子。二战时期中国驻维也纳总领事何凤山为维也纳犹太人签发签证的事迹向来默默无闻，直到他于1997年去世后才渐渐为世人所知。上海犹太研究中心的学者和国际犹太组织"生命签证"的专家为此密切合作，做了大量艰苦细致的研究、调查和搜寻，并将具有说服力的完整材料上报以色列政府。最终，何凤山被以色列授予"国际义人"称号。此后，何凤山的善举成为越来越多媒体报道和文学、影视作品的素材，使越来越多的人了解了这段曾经被遗忘的记忆，并与来华犹太难民受到友善对待的记忆相互呼应、相得益彰，成为中犹友谊的一个重要构件。

2010年底，"来华犹太难民研究（1933—1945）"被正式确立为国家社会科学基金重大项目，由上海犹太研究中心主任潘光担任首席专家，使这项研究的质量和水平得到了极大的提升。六年多来，项目组以争分夺秒的精神采访仍然健在的前犹太难民及其后裔，抢救了一批前犹太难民的口述和文字记忆，并收集了大量与犹太难民相关的文件、档案资料。经过对这些材料进行更加系统和深入的研究，进一步丰富了课题研究的资料和理论基础，为推出质量更高的成果创造了有利条件。2015年，项目组推出了"来华犹太难民研究"的主要成果之一《艰苦岁月的难忘记忆——来华犹太难民回忆录》，使用的完全是前来华犹太难民的第一手口述和文字史料，栩栩如生地展现了他们逃离纳粹统治下的欧洲、抵达上海和走进中国、在中国土地上闯荡和拼搏、在虹口隔离区度过艰难时刻、与中国人民同甘共苦等难忘经历，以及离开中国后始终难以割舍的中国记忆和上海情结。在纪念世界人民反法西斯战争和中国人民抗日战争胜利70周年之际推出这一力作，更具有特别重要的意义。

虽然有些记忆是看不见、摸不着地保存在亲历者的头脑里，但也有不少记忆以文字、图画或图片的形式记载在文献中，而且记忆遗产又与实体遗产密切相关。例如，在细读对许多来华犹太难民的采访记录时，就发现必须研究他们曾经的住处、使用的物件、接触的人物等。可见，要更好地发掘和整理来华犹太人，特别是来华犹太难民的记忆遗产，也必须发掘和整理他们留下的实体遗产。下面的附录，就是一个对上海犹太遗址和特色建筑进行调查研究的案例。

"集体记忆"理论的西方言说

自20世纪70年代以来，对"集体记忆"的讨论一直是国际学术界的热点，其运用范围也在不断扩展，大有涵盖一切历史和社会领域之势，现对其理论、概念和源流予以梳理。

"集体记忆"理论的提出

从学术脉络上看，西方学术界对记忆的讨论可谓源远流长。早在古希腊神话中，记忆女神谟涅摩绪涅就被称为诸艺之母。柏拉图、亚里士多德以及中世纪思想家奥古斯丁等人都对记忆有过探讨。近代以来，人类的记忆意识不断觉醒，各种纪念馆、档案馆和图书馆雨后春笋般建立起来，这种记忆意识与欧洲动荡的局势和不断爆发的大规模战争密切相关。

法国哲学家亨利·柏格森（1859—1941）奠定了现代西方记忆理论的基础，他在《材料与记忆》（1896）一书中专门讨论了"记忆"。柏格森的核心概念是"绵延"，意即在人的意识中，过去、现在与未来不可分割地联结起来，形成意识的绵延不绝。绵延并非混浊无物，知觉和记忆构成其内容，但"'纯粹的'自发的知觉其实只是一种理想，一种极致。每一个知觉都填充着一定深度的绵延，都将过去延伸到当前之中，同时也由此成了记忆的一个组成部分"。换言之，绵延即记忆，记忆（含瞬间知觉）构成人对世界的认知和精神世界。

与柏格森同时代的法国社会学家和人类学家埃米尔·涂尔干（1858—

1917）提出了"社会事实"概念，即人的"一切行为方式，不论它是固定的还是不固定的，凡能从外部给予个人以约束的，或者换一句话说，普遍存在于该社会各处并具有其固有存在的，不管其在个人身上的表现如何，都叫作社会事实"。他认为，社会科学的任务就是从外部社会事实中寻求对人类行为做出解释，并明确反对从人的主观心理来解释人的行为。

柏格森所说的"人的意识"过于主观随意，令人难以把握。涂尔干则仅从外部社会事实对人的行为提供解释，但无法回答它何以影响人的行为。法国历史学家和社会学家莫里斯·哈布瓦赫（1877—1945）先后师从柏格森和涂尔干，他融合二人的思想，提出了"集体记忆"理论，认为所有记忆都受到集体、社会框架的影响和形塑。在"集体记忆"理论中，涂尔干的外部集体、社会框架的影响与形塑替代了柏格森的个人内在自由主义；而涂尔干由分析外部社会事实来研究人的行为活动则被转化为对人内在客观记忆结构的研究。换言之，哈布瓦赫成功地将涂尔干对人的外部客观性研究转化为对人的内部客观性研究，这一点得益于柏格森对记忆的精深分析。

"集体记忆"理论开辟了社会学向心理学和精神意识领域转化的有效途径，填补了两者之间的断裂。它的适用前景从一开始就超越了涂尔干的社会学理论，适用于一切社会学向精神和意识领域的渗透，在马克思主义社会学及其他学术领域都具有广泛的运用前景。

"文化记忆"和"社会记忆"相继出台

哈布瓦赫之后，英国学者弗兰西斯·耶茨出版了《记忆术》（又译《记忆的艺术》）（1966）一书。该书在记忆理论发展史上承前启后，详细梳理了西方古老记忆术发展历程，对理解"集体记忆"理论及其发展起着重要作用。耶茨简明扼要地指出了"场景"和"图像"对记忆的形成与储存的重要意义，不仅有助于理解哈布瓦赫的"记忆形象""记忆的社会框架"等概念，也有助于认识皮埃尔·诺拉的《记忆之场》、扬·阿斯曼夫妇的"文化记忆"理论。

"文化记忆"这一概念最早由德国艺术家阿拜·瓦尔堡于20世纪20年代提出。90年代，扬·阿斯曼夫妇对这一概念予以充分阐述。他们明显受到耶茨的记忆术"图像"等文化标识储存绵延记忆的启发,"文化记忆"是"机构化的记忆术"。它以"文化科学为研究的对象",与"交流记忆"相对应,是指通过文化符号、文本、仪式和纪念性建筑等储存和传递的记忆。

这一理论的提出对文化遗产保护具有重要意义,其概念明晰易懂,被学界广泛使用。但其问题也比较明显,一是存在着把一切文化泛化为记忆的倾向,文化作为记忆的载体,同时也是各个时代的智慧的创造,不能等而视之;二是尽管作为集体记忆理论的细化,"文化记忆"仍在文本和档案等方面与历史记忆纠缠不清,造成新的概念困扰。由于它本质上是一种记忆术,并不关注记忆在文本形成中的作用,因而在历史研究领域的运用空间相当有限。

后来,韦策尔等人进一步提出"社会记忆"这一概念,来指称人们无意识地"制作历史"的日常实践,试图与文化记忆区别开来。这不仅没有多少实际意义,反而造成了概念的进一步纷扰,因为文化记忆有时也被称作社会记忆。

概念的纷扰与探析

尽管"集体记忆"理论持续发酵,但何为"集体记忆",则一直模糊不清,哈布瓦赫也没有给出一个明确定义。更重要的是,他始终将"记忆的集体性"与"集体记忆"混为一谈,以致后来者相沿以误或无从定义。实质上,在哈布瓦赫的概念使用中,反复强调的乃是"记忆的集体性",即"记忆的社会框架",但这一概念同样模糊。

根据哈布瓦赫的说法,这一社会框架首先是一个观念体系;其次是社会的各种习俗、戒律和法律制度体系;再次,它包括家庭、宗教、阶级等社会结构。这些实质上就是涂尔干所说的决定人的行为或活动的"社会事实",即记忆受到这些"社会事实"的影响和重构,但又不尽然,因为这些社会事实并不能构成清晰的框架。这里所谓的"框架",其实就是耶茨所说的记忆的时空场景,也可追溯到康德认识论思维的时空性。这一时空场景构成了记忆的框架与边界,而这个框架与社会事实同构。这便是边界认同理论的来源。

上述争论也源于集体记忆和个体记忆概念的困扰。虽然哈布瓦赫做了区分，甚至将个人记忆称为"传记忆忆"，但他始终认为，离开了他人或集体，个体将无法记忆。反对者则认为集体并不能记忆，只有通过个体才能记忆。事实上，这些争论源于概念的混淆，哈布瓦赫强调的是记忆的集体性，而不是具体的个人或集体的记忆。直到保罗·利科，才从语义上对二者做出清晰划分。利科认为，既然从亚里士多德、奥古斯丁以来都将记忆定义为内部感知的过去，那么凡指称为单数的记忆都是个体记忆，如"我的记忆"，即是我内部感知的过去，别人无法感知，因此是个体记忆；凡指称为复数的记忆，如"我们的记忆"，是我们共同感知的过去，即是集体记忆。就记忆的集体性而言，利科认为，也存在着不对称性。当人回忆的时候，存在着"我—忆—所忆"的内部结构，当"我"悬置外部世界进入纯粹记忆时，这里的记忆更多的是"自我"记忆；如果仅仅指普通的记忆，则"集体"成分多一些。

概括地说，"集体记忆"与"历史记忆"主要有以下区别：一是集体记忆是目前持续的思想，它的持续性不是人工的，而是自然地保持能够存活在集体意识中的过去。而历史记忆总是将过去分成不同时期，而每个时期总是对社会综合分析，以突出它与其他时期的差异性。二是历史记忆记录过去，而集体记忆保存传统；哈布瓦赫甚至认为"历史是单一的，也可以说仅有一个历史"；集体因成员不同就会有不同的记忆，一个集体中往往又会分为不同层次的小集体，从而形成集体记忆的多重性。三是集体记忆对过去一般没有明确清晰的时间，它总是在保持过去与目前的相似性中延续，在目前的社会框架和认识中对过去进行重构；而历史记忆则通过编年的方式，将过去并不连续的事件整合联系起来，赋予历史意义；历史学家借助理性，对过去的事件、观点进行选择，与过去和各种集体保持距离，以追求客观地重构过去。

史学运用与反思

既然集体记忆保存鲜活的传统，又与人的心灵密切相关，因此，一旦"记忆自身为一段可能历史的对象"时，不仅记忆和传统被唤醒，也成功地克服了历史怀疑理性"批判的锋芒插入记忆之树与历史的表皮之间"所带来的破坏。正是基于此，皮埃尔·诺拉通过对法兰西民族叙事"记忆之场"的历史考察，成功唤醒了法兰西民族的记忆，对重塑民族认同和精神作出了重要贡献。

记忆与历史并非截然相对，重大历史事件构成人们心灵记忆的基础。但一些重大历史事件给人带来的却是巨大的心灵创伤。如何正确地面对这种创伤记忆，保罗·利科在《记忆、历史与忘记》（2004）一书中做了深入阐述。他认为历史学家的任务就是要使真实历史成为活的记忆，而不是抹杀、歪曲或尘封入档。只有对历史充分记忆、对罪行彻底忏悔，才会有真正的赦免、和解，抚平创伤，创造未来。这样，历史就有了鲜活的存在意义。古人说，"前事不忘，后事之师"，正如习近平同志指出："历史是最好的教科书，也是最好的清醒剂。中国人民对战争带来的苦难有着刻骨铭心的记忆，对和平有着孜孜不倦的追求。"

总之，"集体记忆"理论被广泛运用于历史学和社会学领域，边界在不断扩大。不过，相关研究仍集中于遗迹、电影、博物馆、"大屠杀"、"法国革命"等近现代事件。近年来，国内学界的研究也大致如此。相对而言，将集体记忆具体运用到传统经典和历史文本领域的研究则明显不足。事实上，很多时候历史与集体记忆相互交织。文本的历史或有灭失和断裂，失去文本的历史将很快蜕变成模糊的集体记忆，从现实的理解中重新建构。从集体记忆与历史记忆的相互关系出发，不仅对历史重构中的历史书写有一个客观认知，而且一些重大历史的"真伪"也变成了记忆重构与传统绵延的问题。

同时也应看到，对于"集体记忆热"，近些年已有学者提出"术语滥用"和"语义过载"的警告。虽然理论和概念层出不穷，但能解决历史和社会问题的理论并不多见，盲目跟风的现象较为严重。正确的态度应是既不固步自封，也不盲目跟风，而是坚持理论为史学服务，与解决中国史学问题相结合，最终提出有价值的创新理论。

（作者成祖明为南京大学历史学院教授，该文原载2017年2月13日《中国社会科学报》）

附录二

上海犹太遗址和特色建筑调研报告

一、上海犹太建筑形成的历史背景

自 1840 年开埠以后，上海曾是大批犹太人的定居地。首先来到的是塞法迪犹太人。他们来自巴格达、孟买、新加坡、香港地区等地，大都是英籍商人和实业家。鸦片战争后，沙逊家族随着英帝国发动的对华商贸攻势来到上海设立洋行经商办实业，随之洋行职员及家属陆续抵沪，大都是原籍巴格达的塞法迪犹太人。其中一些人，如哈同、嘉道理等，后来又离开沙逊集团自立门户。他们很快便显示出经商才能，利用与英国各属地的密切联系和上海的优越地理位置发展进出口贸易，迅速积累了巨额财富，随即又投资房地产、公用事业及制造业，逐渐成为上海滩最为活跃的工商财团。到 19 世纪末 20 世纪初，大批俄国犹太人为逃避反犹暴行及革命引起的内战而来到中国东北哈尔滨等地，再辗转来到上海，出现了犹太人移民上海的第二次高潮，使上海犹太社团迅速扩大。俄国犹太人初来时以做小本生意为生，如经营餐馆、杂货铺、面包房、时装店、书店等，后经过自身奋斗而逐步致富成为中产阶级，形成了一支积极活跃的社区力量。特别值得一提的是，当 20 世纪三四十年代纳粹疯狂迫害屠杀犹太人之时，上海是全球唯一的向犹太人敞开大门的大城市。从 1933 年到 1941 年，上海一市先后接纳了 3 万多名来自德国及德占各国的犹太难民，除了其中数千人经上海去了第三国外，至 1941 年 12 月太平洋战争爆发，仍有 2.5 万名左右犹太难民把上海当作他们的临时家园，仅后一个数字就超过了加拿大、澳大利亚、印度、南非、新西兰五国当时接纳犹太难民的总和。犹太难民在虹口安顿下来后，形成了以提篮桥为中心的聚居区。在他们的经营下，塘山路、华德路、汇山路、舟山路等街区得到重建而成为商业中心，并获得了"小维也纳"的称号。到20世纪40年代初，在沪犹太人总数已超过3万人，形成了远东最大的犹太社团。他们有自己的宗教公会、犹太会堂、学校、医院、俱乐部、公墓、商会、出版机构和政治团体。二战后，先是犹太难民纷纷离开上海。接着，因中国内战爆发难以经商发展，塞法迪犹商也将资本转移出中国。新中国成立后，仍有数千犹太人生活在上海。到"文化大革命"爆发，包括犹太人在内的几乎所有中国人均被迫离沪。"文革"结束后中国走上改革开放之路，大批犹太人又回到上海经商、工作，形成了新的犹太居民群体，目前已超过千人。如今，"上海犹太人"和他们的子孙后代生活在世界各地，仍视上海为"故乡城"，将自己称为"上海人"。他们的精力、创造性和影响力远远超过了他们的人数，成为推动中犹友谊不断发展的重要力量。

上海犹太社团在近现代上海的历史大舞台上曾扮演过重要角色。他们从事的贸易、金融和房地产等经营活动，将西方先进的经营方式和管理理念引入上海，客观上带动了近代上海的经济发展；他们出资兴建的众多风格各异的建筑在上海近代市政建设发展史上留下了浓墨重彩的一笔；他们在南京路和霞飞路等商业街经营的百货店、服装店、食品店、皮鞋店、餐馆、咖啡馆、电影院等，在推动上海从传统社会的商业城镇发展为多功能的近代城市的过程中发挥了积极作用；来上海的犹太人中有众多杰出的人才，他们为上海的教育、文化和卫生等领域的发展作出了贡献；犹太人兴建犹太会堂、举行宗教仪式和民俗活动也丰富了上海的宗教文化和民俗文化的内容。今天，当年上海犹太人生活和活动的地方大多都被保留了下来，它们不仅记录了往日上海滩的风云变幻，而且成了上海历史文化资源中的宝贵财产。这些建筑在外观上并没有统一的犹太民族风格，因为犹太民族在离散中往往受到其客居国主体建筑文化的影响，但都生动地展现了当年上海犹太人的生活状况，都带有上海犹太人的历史文化烙印。因此，我们可以将"上海犹太遗址和特色建筑"界定为：能够反映犹太人在近现代上海各个领域活动情况的，由犹太人投资建造的，或是长期居住过的，或是长期经营使用的各类建筑和设施。

二、上海犹太遗址和特色建筑的现状

现存的上海犹太遗址和特色建筑共48处。从空间分布来看，主要分布在黄浦区（9处）、静安（8处）、徐汇区（10处）、虹口区（15处）、卢湾区（3处）、长宁区（3处）等；从建造年代来看，大多为20世纪初至20世纪30年代兴建的建筑，其中29处为上海市优秀历史建筑；这些建筑的风格丰富多彩，包括新古典主义式建筑、文艺复兴式风格、艺术装饰派风格、西班牙风格、英国乡村别墅风格、北欧风格等；就使用功能而言，它们主要是高层大厦、花园别墅、豪华式公馆或官邸、公园、公寓、新式里弄、商店、学校、医院、电影院、俱乐部、犹太会堂、墓地、仓库、办公室和办事处、编辑部、纪念碑等。总体来说，它们较为全面地呈现了上海犹太人在经济、政治、文化和宗教等各方面的活动状况，而且在建筑专业领域也具有较高的学术价值。

（一）黄浦区

1. 沙逊大厦（Sassoon House）

1845年，著名英籍塞法迪犹太富商大卫·沙逊（David Sassoon）的次子伊莱亚斯（Elias David Sassoon）设立了沙逊洋行上海分行，揭开了近代犹太人在沪历史的序幕。1872年伊莱亚斯自立门户，建立新沙逊洋行。新沙逊洋行第三代继承人维克多·沙逊（Sir Ellice Victor Sassoon）出任总管后，将洋行的经营重点从早期的进出口贸易和鸦片贸易逐步转向投资房地产和工业。

1929年，由新沙逊洋行委托英商公和洋行设计，华商新仁记营造厂承建的沙逊大厦竣工（今中山东一路20号）。大厦占地面积4 617平方米，建筑面积36 317平方米，坐西朝东，平面呈"A"字形，临黄浦江面为13层，后面9层，地下1层，总高77米，是近代上海第一幢10层以上的高楼。大厦为钢筋混凝土结构，建筑造型具有美国芝加哥学派风格。立面外观以壁柱和窗间柱强调竖向构图，简洁明朗，外墙均以花岗石贴面，第9层和顶部砌以泰山面砖，东立面屋顶为四方金字塔形，三层，高约10米，攒尖顶用紫铜皮瓦楞饰面。大厦内装饰精致豪华。4层以下房间全部出租用作商店及办公。底层店铺多设拱券门洞，内有两条通道交叉，交汇点有八角亭式大厅，穹顶镶彩色玻璃图案。5至9层为华懋饭店，由新沙逊洋行属下的华懋地产公司经营。客房集中在5至7层，分为3等，其中一等客房9套，分别以中、英、法、美、德、日、意、西班牙及印度等9个国家风格装潢布置，使来自世界各地的旅客有宾至如归之感。其中，5层的客房以德国、印度、西班牙和日本式风格布置，6层为法、意、美式，7层为中、英式。10层有夜总会及小餐厅，沙逊自己住在11层，房间布置为英国风格，精美豪华。沙逊大厦落成后轰动上海滩，出入于此的皆是全国乃至世界名流，如著名演员卓别林、美国马歇尔将军、燕京大学司徒雷登校长、印度著名诗人泰戈尔等。

1948年4月，新沙逊洋行总部撤离上海后，华懋饭店拖欠了高额地价税、营业税、水电费及员工薪水，到1949年新中国成立时已资不抵债，遂由上海市人民政府接管大厦，以抵所欠债务。1956年，沙逊大厦被改为和平饭店北楼，恢复饭店业务。1989年被列为上海市第一批优秀历史建筑，是全国重点文物保护单位。

2. 汉弥尔登大厦

今江西中路170号，现名福州大厦。大厦由新沙逊洋行创办的上海地产投资有限公司投资，英商公和洋行设计，华商新仁记营造厂承建，1933年建成后为汉弥尔登洋行所有，故得此名。大厦占地4 652.9平方米，钢筋混凝土结构，近代表现派哥特式建筑风格。主楼14层，建筑面积12 294平方米；辅楼6层，建筑面积17 330平方米，两楼联体，内设66套公寓和306间写字间。主楼正面沿马路转角呈凹面扇形，立面为挺拔的竖直线条，仅作局部装饰。9层以上近似矩形纪念碑。外墙底层用花岗岩砌成，2至10层为白水泥人造石墙面。主楼门厅宽敞，大门中间是四叶式转门，两侧为落地摆门，磨砂玻璃雨棚，四周镶嵌米色面砖，建筑平面中间设两个大天井，屋顶有花园。1959年改名为福州大厦，由中华企业公司管理。1994年被列为上海市第二批优秀历史建筑。

3. 都城饭店

今江西中路180号。饭店由新沙逊洋行所有的华懋地产公司投资，英商公和洋行设计，1932年竣工。都城饭店为典型的巴洛克风格的半圆凹塔形建筑造型，主入口在转角处，大门占三个开间，中间为四叶式转门，大门顶上设大雨棚。建筑地上14层，地下1层。8层以上逐步收缩，形成中央塔楼。建筑立面以竖直线条为主，处理简洁。大楼底层设饭店大堂和总服务台，2层设豪华酒吧和舞厅，3层以上为客房。新中国成立初期，这里曾为上海化工局等单位使用，1964年大楼经装修后改名为新城饭店，恢复饭店业务，后又恢复都城饭店老招牌。1994年被列为上海市第二批优秀历史建筑。

4. 哈同大楼

今南京东路233～257号。1870年，塞法迪犹太人塞拉斯·阿隆·哈同（Silas Aaron Hardoon）来华，先后在老沙逊洋行的香港分行和上海分行工作。1886年，哈同出任新沙逊洋行主管房地产大班协理，此后大批购置南京路地产。1901年，哈同成立自己的公司——哈同洋行（Hardoon Company），独自经营房地产业务，拥有当时南京路半条街的地产。南京路两侧的大楼、里弄，凡是以"慈"字命名的，如慈淑大楼、慈裕里、慈庆里、慈顺里，都曾是哈同的产业。1935年，哈同地产公司投资的哈同大楼建成。哈同大楼占地2 250平方米，建筑面积12 404.9平方米，坐南朝北，6层钢混结构。哈同大楼沿马路布置，转角作弧形处理，立面以壁柱突出竖向构图。底层为花岗岩石贴面，挑出雨厦，以上为大方块水泥墙立面，局部饰水平线条。方形门窗。哈同大楼落成后，原址在河南路、九江路口的高级绸缎庄老介福为了扩展业务，看中了这个地段，斥巨资购买下大楼底层部分，开设铺面。

5. 慈淑大楼

南京东路349号。1902年哈同以14.5万两白银购得此处地皮。1930年华商大陆银行以年租金规银20万两向哈同租借该地段建造房屋，规定租期32年满期后出租的土地连同所建楼房全部归出租者。大陆银行委托中国建筑师庄俊设计在此建造大陆商场。大楼建筑面积原为25 938平方米，分两期施工，第一期由公记营造厂投标承包，第二期即1934年加建部分由褚伦记营造厂承包。建成后，南京路建筑为7层，中部过街楼为8层，东西和南面沿街为4层，钢筋混凝土框架结构。建筑立面有装饰艺术派竖线条，局部有简洁纹饰。外墙为汰石子毛水泥墙面。南京东路山东路转角处在屋面上建造3层高的塔楼，既作为大楼的标志，又作为引导南京路行人的视点。大陆银行建造的大陆商场，因出租率不高，银行入不敷出而最终抵让给哈同洋行，由哈同的遗孀罗迦陵接管，改名为慈淑大楼。

新中国成立后，慈淑大楼由市房管部门接管，改名为东海大楼，沿南京东路店铺开设新华书店、服装店，楼层由上海市第一、第二商业局、供销合作社、工商管理局等机关使用。1993年8月，上海市政府决定将机关搬出，恢复大楼商业用房的作用。在保护原有建筑外貌的前提下，拆除了不属于保护范围的零星建筑，将围绕大院的内侧砖墙全部打通，形成一个600平方米的中庭，四周为开敞式排楼，设有自动扶梯、客梯及观光电梯。1994年被列为上海市第二批优秀历史建筑。

6. 迦陵大楼

今南京东路99号。迦陵大楼以哈同妻罗迦陵之名命名，1937年建成，由英商德利洋行与世界实业公司联合设计，新申营造厂承包打桩、淘桂记营造厂承建。迦陵大楼占地1 084平方米，建筑面积10 110平方米，坐东朝西，钢混结构，8至14层不等。下部中间高及二层的方形门洞，赭色面砖镶边，设四扇镶玻璃钢门。上部以壁柱强调垂直构图，顶部作台阶状造型。方形门窗，本色水泥外墙。入门为穿堂，四壁和地面均用大理石贴面，内装修用桃木及进口柳安木。1994年被列为上海市第二批优秀历史建筑，现属新黄浦集团产业。

7. 慈安里大楼

南京东路98～114号。哈同洋行投资建造。1999年被列为上海市第三批优秀历史建筑。

8. 安利大楼

今四川中路320号，由安诺德家族的安利洋行建造。1854年，德籍犹太人卡尔贝尔（P. Karberg）与同父异母的J·安诺德和P·安诺德兄弟联合在上海创办了瑞记洋行。第一次世界大战期间因中国对德国宣战，安诺德兄弟为避免损失，加入英国籍。由于瑞记洋行中还有德籍犹太人卡尔贝尔的股份，于是卡尔贝尔就被遣送回国。战争结束之后，第二代安诺德兄弟即H.E.安诺德和C.H.安诺德回到上海，要求发还洋行产业，并改名"安诺德兄弟公司"，在香港注册，中文名称为英商安利洋行，总部设在上海。1919年，兄弟俩在上海重振家道，很快又成为上海重要的外贸公司。H.E.安诺德还当上了工部局的总董，成为上海滩上炙手可热的洋大人。1907年安诺德兄弟开始在四川中路九江路口建造安利大楼。2004年被列为上海市第四批优秀历史建筑。

9."朋街"服饰店

1935年，德籍犹太人立西纳为躲避纳粹的迫害，只身从德国来到上海，在南京路61号泰兴大楼二楼开设专为外国女士服务的高级缝衣店——"朋街"（Bong Street）。上海一些有地位的外国人成为"朋街"常客，许多社会名流、文艺界人士也慕名而至。二战结束后，立西纳以5 000元大洋把"朋街"出盘给领班张新远、张根桃叔侄经营。上海解放后，原来为洋人、官僚以及其他上层人士服务的高档时装商店纷纷倒闭。"朋街"则搬迁到华懋饭店（今和平饭店）底层约20平方米的楼梯间，依靠承接出口苏联的开司米服装加工业务勉强撑持。1956年上海市服装公司成立后，"朋街"迁到南京东路154号，扩大营业场地。1993年12月，组建成上海朋街服饰公司。

（二）静安区

1. 嘉道理别墅

19世纪末，英籍犹太富商伊利·嘉道理爵士（Sir Elly Kadoorie）在香港和上海两地办实业，在建筑、房地产、公用事业、橡胶、金融等行业都有投资。1926年，他因捐资创办了育才书社（Elly Kadoorie Society）、上海肺结核病院等慈善事业被英王授予爵士封号。到20世纪30年代，嘉道理家族的事业不断拓展而成为在上海与沙逊、哈同齐名的犹太富商。

1919年，嘉道理原先位于今黄陂南路的住宅失火，其妻劳拉·摩卡塔为救被困屋内的家庭女教师而丧生。嘉道理悲痛欲绝，为避免触景伤怀，带着两个儿子去伦敦暂住。行前委托好友建筑师拉汉·布朗为他在大西路（今延安西路64号）重建新屋。布朗则因沉迷于酗酒而将新屋交给英商马海洋行的斯金生设计；前后共耗资100万两白银，于1924年竣工。住宅总占地面积约15 000平方米，建筑面积4 692平方米。建筑为两层的砖、木、石混合结构，对称布局，仿古典式建筑风格。面对花园的中央入口处为标准的爱奥尼克式券柱廊，建筑内外墙面及地面几乎都用意大利大理石饰面，因而人们就称这座房子为"大理石宫"。建筑内有大小房间20余间。底层有容纳800人跳舞的大厅和可供近百人进行宴会的餐厅，厅高近20米，面积近400平方米。建筑内部装饰仿照18

世纪欧洲宫廷式样，极其富丽堂皇：门楣精雕细镂，漆以古铜色花纹；室内墙面多用金箔贴饰，房顶饰以石膏图案，色彩花纹各异；大厅顶部用大理石砌成穹顶，四壁用大理石雕刻，顶上悬挂八盏玻璃珠吊灯，成"3—2—3"排列，大厅地面铺有大理石，中间为柚木花纹地板；楼梯全用大理石砌就，柚木扶手，铜质栏杆。大理石宫外的大花园，繁花似锦，树木苍翠，南面的草坪上曾建有马厩、鹿厩、网球场、暖气花房等。

新中国成立后，嘉道理家族结束了上海的业务，转至香港经营。经宋庆龄女士提议，1953年5月31日，上海市政府宣布将"大理石宫"作为中国福利会少年宫的所在地，随后又在院内先后修建了科技楼、游艺楼、小剧场和天象馆。1989年被列为上海市第一批优秀历史建筑。

2. 马勒住宅

1919年，英籍犹太人马勒来华后，以一匹马作为资本在上海的跑马厅赛马中屡屡获胜，并当上了跑马总会的大班。1930年，马勒在亚尔培路（今陕西南路30号）购买了一处地产建造私宅。1936年马勒住宅竣工，宅院基地面积5 269平方米，建筑占地1 396平方米，总建筑面积3 132平方米。其中，主建筑为砖木结构，占地894平方米，建筑面积2 411平方米，居住层为3层，共有大小各种房间106间。住宅南面的草坪园林约2 200平方米。

建筑的整体风格为北欧斯堪的那维亚情调，在当时上海主要以西欧建筑造型的建筑中独具一格，因而在上海近代建筑史上占有重要一席。主建筑东西两侧耸立着高低不一、造型优美、装饰精细的四坡顶尖塔形屋顶。东塔顶高近20米，西塔顶高约25米，塔顶的4个坡面上筑有凸窗，并塑有饰物，塔顶面由特制的金属青铝瓦呈鳞状覆盖铺设。在东塔顶的背后还有1个彩色玻璃铺顶的小型尖塔。这些高尖陡直的屋顶体现了北欧高纬度地区建筑特色，目的原本为了抵御寒风和减少屋面积雪，而马勒住宅的采用则立意于形式美感。主建筑的南立面有3个双坡屋顶和4个尖顶凸窗，连同东西及北面3个四坡顶尖塔交织在一起，其形状宛如一座华丽的小宫殿。双坡顶的木构件清晰外露，构件间抹白灰，比较典型地表现出北欧乡村建筑风格。主建筑外墙面用泰山砖镶嵌，住宅四周则采用进口耐火砖砌筑围墙，并以黄、绿色琉璃瓦压顶，富丽堂皇。住宅入口处、门厅及楼梯有巴洛克建筑的韵味。主楼的室内装饰讲究，墙面木板镶拼成各式图形并着以彩色，木平顶雕刻精细并加彩绘。此外，走廊过道的护墙板、壁龛、门框、扶梯栏杆等都饰以纹样繁多的雕刻或层叠的线脚，扶梯的底部也做雕花木平顶。建筑内的扶梯回旋曲折忽上忽下，甚至同一层楼面的各个房间往往要经过上下楼梯才能通达，造成室内空间起伏多变，扑朔迷离。此外，室内的穹顶上装有彩色玻璃，色彩斑斓的光线透入室内，产生童话般的情景。庭院内的花房、葡萄房都以瓷砖铺地，上盖黄玻璃顶，并镶以各色图案。园中还置有青铜马塑像和大理石碑的"狗坟""猫冢"，此纪念马勒赖以发迹的赛马和赛狗。

1950年，该处房屋划给团市委作办公用房。1989年被列为上海市第一批优秀历史建筑。2001年1月，团市委迁出后由上海衡山（集团）公司接手管理，改建成小型精品酒店，于2002年5月正式对外经营，命名为衡山马勒别墅饭店。

3. 拉希尔会堂

1916年，上海新沙逊洋行第二代继承人雅各布·沙逊爵士（Sir Jacob Sasoon）去世后不久，上海塞法迪犹太社区用他纪念亡妻的遗赠，在西摩路（今陕西北路500号）建造了以其妻名字命名的犹太会堂——"拉希尔会堂"（Ohel Rachel Synagogue）。会堂由思久生洋行设计，于1920年落成，是当时远东地区最大的犹太会堂。整幢建筑呈长方形，砖混结构3层，总建筑面积1 115平方米，绿化面积3 500平方米。总体建筑风格为新古典主义的希腊神殿式造型，但在局部的门饰、窗洞、过厅、四跑楼、束柱等建筑细部上，却体现出浓厚的犹太民族建筑特色。立面分三段，南门主入口以贯通两层的一对爱奥尼式柱和一对方形壁柱形成门廊，并列三座拱券门。会堂一楼大厅供教徒进行礼拜的半椭圆形中央高台用大理石筑成台沿，左右两侧筑有汉白玉扶栏。屋顶呈拱顶，五根弧形横梁支撑天花板，四周窗户都由五扇组成，寓意不忘"摩西五经"。大厅里还有供奉"摩西五经"的约柜。会堂两侧为双层柱廊，柱间的小拱顶与屋顶垂直相交。会堂二楼扶栏也由汉白玉大理石镶砌而成。按犹太教正统派规定，这里是专供女教徒礼拜的场所。会堂顶层露台，周立宝瓶栏杆。会堂的平顶部位原有一个尖顶，在"文革"时被拆除，现改为水泥平顶。会堂内部除了4个大吊灯被破坏外，几乎是原汁原味的建筑形式。该建筑现为市教委教改委员会办公地。1994年被列为上海市第二批优秀历史建筑。

两任以色列总统和四位以色列总理、美国第一夫人希拉里和国务卿奥尔布赖特、德国总理施罗德等访问上海时都曾专门前往拉希尔会堂参观。

4. 犹太人总会

今南京西路702～722号。建于1930年，占地面积4 093平方面，建筑面积4 060平方米。坐北朝南，砖混结构二层，仿文艺复兴式府邸。平面作"山"字形，正中门厅凸出，前有门廊，以仿石方柱支撑；二层露台，立宝瓶栏杆。两侧底层连续塔司干式拱券柱廊，落地长窗。二层后退为露台，矩形门窗。四坡红瓦屋面，底层假石饰面，二层清水红砖墙。室内二层有弹簧地板舞厅。1994年被列为上海市第二批优秀历史建筑。

5. 育才中学

1902年，伊利·嘉道理在白克路（今凤阳路）开设了私人学校育才书社（Elly Kadoorie Society），并自任校长。书社招收百来名青年分几个班级上课，专攻中英文两科，主要是为租界内洋行、工厂及工部局培养翻译人才。1910年前后，工部局有意为纳税的华人子弟创设一所普通学校。嘉道理闻讯后，向工部局表示愿意将原来的育才书社改建为工部局学校。为此，他在山海关路和卡德路（今石门二路）交界处购地十亩，建造了一幢有15个教室的3层教学楼和一个操场。1912年，育才书社迁入山海关路445号，并更名为"工部局育才公学"。陶伟（K.G. Dowie）出任校长，其中1/3的教员为西方人，招收男生300人。除了国文及中国史地外，各科均用英语直接教学。1939年，成为6年制的完全中学。1941年，更名为上海特别市立育才中学。1945年，改称为上海市立育才中学。1949年6月，上海市军管会接管该校。翌年，始招女生。1953年，被列为上海市10所市重点中学之一。1998年9月1日，育才中学迁址嘉定马陆。

6. 斯文里

20世纪初，公共租界内东北一带的一片乱坟地被辟为广肇山庄。1914年，英籍犹太妇人阿谷向广肇山庄业主购得此地，陆续建造住宅建筑。1920年全面竣工时，已建成700余幢，命名为忻（新）康里。产业几经转手落入斯文洋行之手，则更名为斯文里。东、西斯文里以大田路为界，东斯文里依地形布置

13排房屋，每排17～24幢；西斯文（今新闸路632～712号）里布置11排房屋，每排16～23幢。弄内房屋采用欧洲联排式布置，三围合布局，属老式石库门后期建筑，绝大部分住宅为单开间，联列房屋的两端为2间1厢式，石库门门头采用半圆形山花装饰，窗上有扁圆券，窗下设红色砖砌雕饰。1992年，斯文里内的住宅因长期严重超负荷承载，年久朽损，已难以修缮而被拆除改建为现代商业、住宅建筑。

7. 卡尔登公寓

1934年，沙逊洋行投资的业广地产公司在帕克路（今黄河路）65号兴建了由凯司洋行设计并监工的一幢公寓。1935年公寓竣工，因与"卡尔登大戏院"相近，而取名"卡尔登公寓"。大楼最高11层，部分7层，底层提供出租作为店面，楼上则为单间或几套间的高级公寓，房间沿街建有阳台。当时建成时，内部地板全部用细柳安木，并配备高级卫生设备。公寓里处处是铜制的把手、锁、徽记。公寓等级森严，设有四架楼梯，供不同层次的人进出。每个层面有25个套房，S形走廊上铺设地毯。1956年由房管部门接管，当时卡尔登大戏院已改称"长江剧场"，大楼也随之更名为"长江公寓"。1974年后，又加高至13层，沿街加盖为8层。上海文化名人张爱玲曾在此居住，直到其离开上海。

8. 第一西比利亚皮货店

1935年，俄国犹太商人格里高利·克列巴诺夫（Gregori Klebanov）在静安寺路（今南京西路）1172～1174号开设了著名的第一西比利亚皮货店。此后又在静安寺路1151号和霞飞路895号开设了两家分店，成为上海滩上最著名的经营中高档皮货的商店，也是当时上海最大的外侨商号之一。新中国成立后，第一西比利亚皮货店曾改名为东方皮货商店、东方皮毛服装厂，1985年恢复原名。

（三）卢湾区（现并入黄浦区）

1. 华懋公寓

1929年，新沙逊洋行组建的华懋地产公司委托公和洋行设计、新苏记营造厂承建的华懋公寓竣工（今长乐路189号）。公寓仿英国城堡，属传统的哥特式建筑。公寓为钢框架混凝土结构，建筑面积21 202平方米。共有13层，高57米，竣工时为上海最高的大楼，故又称13层楼。有电梯7架，其中4部集中大厅供客房使用。1层至10层为客房，每层有12个单间和8个套间，各有独立的卫生设备，11、12层为餐厅，顶层为厨房，内部功能明确，房屋的凸出部分为服务性房间和储藏室等。公寓平面呈一字形，外立面以褐色面砖贴饰，立面不分段，直上直下。立面最显著的是方格钢窗排列，窗档外口用白色整假石面。内部装修采用英国式，整幢建筑为英国乔治式并带有装饰艺术派式细部与装饰。1951年，由我国著名实业家董竹君女士经营的锦江川菜馆及后来开设的锦江茶室迁入华懋公寓，此楼成为锦江饭店北楼。1989年被列为上海市第一批优秀历史建筑。

2. 格林文纳公寓（Grosvenor House）

又名峻岭寄庐、峻岭公寓、茂名公寓，今茂名南路65～125号。1931年，新沙逊洋行因建造华懋公寓牟利不小，于1931年再次斥巨资委托公和洋行设计，由新苏记营造厂在南面空地上建起一座19层的公寓楼，1934年建成。公寓为框架结构，建筑面积23 985平方米。平面成"拱桥"形，由三个部分联体而成，中间高突的部分为19层，高68米，两侧渐次呈台阶式跌落，给人一种错落有致的韵律感。底层全部为储藏室，2层以上为公寓式房间，共有77套，设有6部电梯，其中4部为客梯。整座大楼的底层为储藏室，二层以上是住房。住房小则2间一套，大到6间一套不等，共有78套房间。设有4部载客电梯日夜上下，另有2部电梯专门载货。公寓外形仿当时流行的美国摩天大楼式，为装饰艺术派风格，外立面处理简洁，用防火棕色面砖材料砌筑墙面，立面用垂直线条装饰，入口处用部分大理石装饰。现为锦江饭店中楼（又称贵宾楼）。1989年被列为上海市第一批优秀历史建筑。

3. 凡尔登花园

陕西南路39～45弄。又名白弗利花园。1925年由华懋地产有限公司投资建造，英商安利洋行设计，分三批建造，1929年才全部竣工。建筑面积18 916平方米，占地2万平方米。总体将建筑分成7排，按行列式布置，共有砖木结构两层楼房129个单元。房屋纵向开间分划前后两部分。楼梯设计巧妙，主楼梯于起居室沿墙作"1"型，其下部适作厨房内小储藏室，上部空间作卧室内小壁柜，辅助楼梯设于厨房内。又利用室内外地坪高差较大的特点，将厨房地坪降低，二层卫生间楼面升高，厨房上部形成夹层，使两层建筑具有3层空间，成为建筑设计上对平面及空间利用率处理较好的实例。总体结构为西班牙联列式，体现了欧洲近代联列式居民住宅的建筑风格。呈现紧凑舒适、别致整齐、宽敞明亮的特点。是上海居民住宅发展中、新型花园式里弄住宅兴建时期的典型建筑。1994年被列为上海市第二批优秀历史建筑。

（四）徐汇区

1. 沙发花园

今徐汇区淮海中路1285弄4～77号，一般称上方花园。东邻新康花园，占地面积为26 633平方米，建筑面积为23 733平方米，英商马海洋行设计，1941年建成。1916年前，这里是英籍犹太人沙发的私人花园，园中布局为西洋园景，有草坪、喷水池和小别墅。1933年花园出售给浙江兴业银行，银行用于建造职员住宅。因为战争局势动荡，工期拖得很长，大部分在抗战胜利后建造。上方花园是公寓式花园里弄，总体布置5排整齐的行列式住宅74幢，3层，砖木结构。住宅类型多，体型活泼，有独立式、联列式、行列式等，大多是西班牙风格建筑。底层为会客室、餐厅、厨房，第二、第三层为卧室、卫生间等。室内多设壁橱、硬木地板、钢窗。窗栅、阳台、栏杆等多用铸铁精致。商务印书馆编译所所长、著名出版家张元济1939年曾租居这里的24号，并题名里弄为"上方花园"。立信会计学校创始人、著名会计学家潘序伦曾居住在16号。1994年被列为上海市第二批优秀历史建筑。

2. 爱德华·埃兹拉（Edward Ezra）住宅

埃兹拉家族和许多塞法迪犹商一样，在上海也是依靠鸦片贸易起家，后成立新康洋行转而经营房地产。埃兹拉家族对早期上海犹太社团，特别是锡安主义运动发展有很大影响。1900年，E.M.埃兹拉积极参与了"救援中国犹太人协会"的创建工作，当选为名誉司库。1903年，尼西姆·埃兹拉（Nissim Ezra）、本雅明·埃兹拉（Benjamin Ezra）发起成立了"上海锡安主义协会"（Shanghai Zionist Association，简称SZA），并出任秘书长。次年，他在S.J.所罗门协助下创办了英文月刊《以色列信使报》（Israel's Messenger），长期担任主编。1912年，爱德华·埃兹拉在今淮海中路1209号建造了一幢花园住宅。住宅具有上海早期外廊式建筑的特点。立面主要特征是两层敞廊，底层为爱奥尼式柱，二层为笠林斯式柱。当时建筑装饰相当豪华，室内布置路易十五时代宫廷样式的家具，底层大厅可供150人跳舞，举办室内音乐。建筑南面有大片的草坪和树木。1956年后用作上海武警总队驻地。2004年被列为上海市第四批优秀历史建筑。

3. 新康花园

新康花园坐落在淮海中路（原霞飞路）1273弄，占地面积为12 987平方米，建筑面积为9 318平方米，英商马海洋行设计，1934年建成。新康花园原是英籍犹商爱德华·埃兹拉开设的新康洋行所建的私人花园，园内有网球场、游泳池等当时一流设施。1933年起改建为公寓式花园里弄，总平面布置11幢2层砖木结构公寓。弄内南北主通道宽6.5米，8条次通道宽5.5米。11幢西班牙式公寓分别布置在主通道的两侧，在弄堂南部布置四角对峙的4幢5层点状式公寓。弄内中段设停车场。西班牙式2层公寓分层分户进出，平面布置采用套间式，每户有2套卫生间，起居室前有大阳台。每幢公寓底层有汽车库，房前有小花园。点状式5层公寓每幢各居一角，单体平面，1至2层每层为2套二室户，4、5层为2套跃层四室户。立外面的1、2层加横线条，上3层为素面，顶部为平台。新康花园建筑式样新颖、室内装饰精致、煤卫设施齐全，室外环境优美，尤其是种植高大的雪松，苍翠挺拔，营造出幽静的氛围。新康花园除了新康洋行职员居住外，有些外国侨民也居住在这里。大画家颜文梁也曾在这里住过。新中国成立后，著名艺术家赵丹、袁雪芬等也居住在新康花园。1989年被列为上海市第一批优秀历史建筑。

4. 东湖路7号俱乐部

1921年，塞法迪犹商雷·约瑟夫（Ray Joseph）授权美国建筑师戴维斯和布鲁克在其新购置德霞飞路（今淮海中路）、杜美路（今东湖路）口一块土地上兴建了法国风格的私人公寓。据传20世纪30年代初，当时上海的风云人物杜月笙手下的门人因承包"航空彩票"获了暴利，便重金购下该处住宅献给杜月笙（时称杜公馆）。1946年杜月笙又将公馆送给军统特务戴笠以谋求上海市市长一职，后戴笠又转到当红明星名下，一时名人云集，宾朋满座，莺歌燕舞。新中国成立后这里属东湖宾馆所有，20世纪50年代曾为苏联专家所使用。1994年被列为上海市第二批优秀历史建筑。

5. 亨利公寓

今淮海中路1160～1164号，淮中大楼。1936年由塞法迪犹商雷·约瑟夫投资建造。大楼为8层高钢筋混凝土现代建筑。大楼后面有一片园地，2层汽车间及附属用房。公寓底层为商店，现为中国银行。它的中央以圆弧形墙面引向商店入口，入口两侧是大玻璃窗。2层至6层为标准层，户型大，每层有2个五室户。7、8层为两组跃层，每户有七室。第7层处理成连续弧形露台，加强了建筑造型的现代感。该公寓内装饰线条简洁，墙角门楣多用弧线，灯具、壁炉和固定家具，工艺精细。公寓外墙以奶黄色光面砖、细槽釉面砖以及整假石装饰，色彩明快。垂直交通分别设客梯和货梯各一部，楼内安装锅炉、水泵各两台，屋顶设花园、喷泉。1994年被列为第二批优秀历史建筑。

6. 哈同旧居

复兴西路（白赛仲路）199号，建筑坡屋顶较大，有四坡形老虎窗。墙面一层为红色清水砖墙，二层为水泥拉毛，涂白色。一、二层之间以带状水泥抹面作为分隔。局部山墙有红色半露木构架，山墙面部分构架呈曲线形，富有特色。红砖砌筑烟囱，砖工精致。英国花园住宅特色。

7. 延庆路130号住宅

原房主是英籍犹太人，早年带了一点小钱来到上海后很快成为富商。1923年，这个英籍犹商在当时法租界的格罗西路（今延庆路）和麦阳路（华亭路）的拐角处，营造了法国仿古典主义式花园洋房。该建筑高三层，混合结构。南立面多变，凹凸显著，构图呈"双三段"即横三段显著、竖三段突出的特征。两侧弧形山墙对称，山墙上丰富的曲线雕刻，平拱窗券心石上饰三座浮雕头像，南立面屋顶开出一座棚式"老虎窗"，"孟莎式"坡屋顶盖着红色平瓦，十分完整地显示出其法国仿古典风格。此楼还注重采用石材贴面，或制成仿石材隔石装饰。底层为前凸弧形柱廊，二层退平台，三层退阳台，二、三呈栏杆柱饰花盆。层间柱端排列的"牛腿"装饰以及常用的曲线形阳台、局部的椭圆雕刻图案使建筑呈现强烈的巴洛克风格。在大修后，建筑被粉刷成暖黄色，与原先柠黄色有微妙差异。1949年，房主离开中国。1958年8月，上海市结核病中心防治所从四川中路599号迁入该处住宅，并于1990年更名为上海市结核病防治中心。1994年被列为上海市第二批优秀历史建筑。

8.上海犹太俱乐部（Shanghai Jewish Club）

上海犹太俱乐部是上海的俄国犹太社区创办的有影响的机构。1932年1月，上海犹太总会在爱义路（今北京西路）举行了隆重奠基仪式，是年8月开放。上海犹太俱乐部创始人是俄籍犹商布洛赫，也是俱乐部的终身理事长。俱乐部成立后经常举行各种文化活动和教育活动，成为上海俄国犹太社区的活动中心。每周四，文艺小组要举办一次文艺晚会，俗称"星期四聚会"。1947年4月，上海犹太俱乐部迁往法租界毕勋路（今汾阳路20号）上的花园洋房内，内设图书馆、会议室、舞厅、阅览室、棋牌室等。建筑为假三层，双折屋面陡峭，有双坡形老虎窗，主立面二层为敞廊，木质构架支撑。底层砖墙，水泥拉毛墙面，半圆拱券门洞和窗洞，券身突出毛石间隔点缀。整体极富特色，局部带有北欧风格。今为上海音乐学院礼堂。2004年被列为上海市第四批优秀历史建筑。

9.上海犹太医院

1934年2月，在嘉道理爵士的资助下，犹太圣裔社医院（B'nai B'rith Policlinic and Hospital）在浦石路（今长乐路）514号落成。太平洋战争爆发后，上海圣裔社医院转由俄国犹太人管理，并迁至毕勋路（今汾阳路83号）。1952年7月，在上海犹太医院旧址和太原路3号的一所外籍人招待所旧址上筹建了上海眼耳鼻喉科医院，现为复旦大学眼耳鼻喉科医院。2004年被列为上海市第四批优秀历史建筑。

10.杜美大戏院

1933年，德籍犹太人冈勃在杜美路（今东湖路9号）建造了杜美大戏院。戏院系砖木结构，有座位813个，主要放映美国八大影业公司和鹰狮公司德影片，是当时文艺电影界人士经常聚会的场所。二战爆发后，冈勃遭到囚禁，戏院改由俄国人阿伽立克经营，二战结束后，出狱的冈勃继续经营戏院至1948年，后转让给一白俄商人。1954年4月，上海市文化局接管杜美大戏院，并更名为东湖电影院。1960年5月，上海东湖电影院改建为我国第一座立体电影院。现已拆毁。

（五）长宁区

1. 沙逊别墅

沙逊别墅现为龙柏饭店1号楼，在虹桥路2409号，建于1932年，由英商公和洋行设计，建筑面积约800平方米。原为英籍犹太人维克多·沙逊的私人住宅。沙逊别墅为2层砖木结构，具有英国乡村别墅式住宅风格。建筑平面采用不规则布局，东部为2层，中部和西部各为1层。南入口处有1个大平台，入门有内廊。进入大厅，东面为餐厅，北面为书房。楼上为卧室，室内装饰为橡木和柚木，建筑小五金等构件也为手工制作。屋面斜陡，屋顶用红砖瓦。墙面有明显的半露木构架。西北次进口为马槽和饮水池，配以雕塑。屋周围有大片草坪和绿荫。1989年被列为上海市第一批优秀历史建筑。

2. 罗别根花园

位于虹桥路2310号。是沙逊于1931年建造的花园别墅，别墅近罗别根路（今哈密路），故被称为罗别根花园。该别墅是一幢经典的英国乡村别墅，二层砖木混合结构，建筑面积960平方米，有大小房间12间。建筑立面朝南，屋面陡峭，黑色机制平瓦陡坡屋面，木构架外露油和色，外墙面粉白色，底层外墙红砖清水勾缝，色彩对比十分鲜明。长方形的钢窗、钢门多为落地式。立面造型以二层阳台为中心，两侧山墙基本对称。二层木架构下方有图案装饰；层底的窗户还置有隅石作窗套装饰，略带一丝古典主义色彩。建筑内部装修于细节处显示主人的气派和富有。大厅内的屋架梁柱和墙壁悬接处用黄铜雕花包边装饰，壁灯嵌入墙内，外面有铜制的罩面。暖气水汀片外有精美的铸铁雕花围栏。所有的窗框、门套都有螺旋式木纹雕刻。该住宅后为寅丰公司老板所有。1956年，寅丰公司老板举家迁往香港，该产业归上海纺织局所有，作为纺织系统的疗养院。1990年，该花园租给海南置地集团上海总部。1989年被列为上海市第一批优秀历史建筑。

3. 嘉道理夫妇墓

今长宁区宋庆龄陵园内万国公墓外籍人墓区。伊利·嘉道理爵士的夫人劳拉·摩卡塔于1919年在火灾中救人遇难后，嘉道理家将其安葬于此墓。后根据伊利·嘉道理爵士本人的遗愿，嘉道理家族将伊利·嘉道理爵士也安葬于此。墓用花岗石建成，长120厘米，宽244厘米，厚6厘米，上刻英文墓主名。

（六）虹口区

1. 河滨大楼

坐落于北苏州路340号，是20世纪30年代上海最大的公寓大楼。大楼由新沙逊洋行投资，英商公和洋行设计，新申营造厂承造，始建于1931年，1935年竣工。大楼平面为"S"形，占地7 000平方米，建筑面积5.4万平方米。原楼7层，钢筋混凝土结构，底层及第一层为店铺或写字间，自第二层至第七层均为公寓。大楼内有公寓房282套，工房126间。大楼内部格局分2间一套和3间一套两种。套间内有走廊、会客室、卧室、储藏室、卫生间。全大楼专设中央暖气装置，冷热水管兼备。每层还有小房12间，当年供仆役居住，称为"仆室"。建筑用料十分考究，墙身采用大块防火石棉砖，地板用硬木细条拼花。大楼立面简洁明快，中部转角处顶部建八角形塔楼一座。整幢大楼有出入门11处，楼梯7道，电梯9部。底层还建有设备齐全的游泳池一座。1938年，欧洲大批犹太难民涌入上海，一时无处安置。于是，新沙逊洋行将河滨大楼让出，作为上海犹太难民接待站，使数百户犹太难民得以入住。一年后，该处难民搬出，迁至虹口难民收容所。新中国成立后，大楼居民以机关干部、知识分子为主，也有一部分外侨。1978年在原大楼基础上加建了3层，现为11层。1994年被列为上海市第二批优秀历史建筑。

2. 百老汇大厦

现名上海大厦，在北苏州路20号，建于1934年。由安利洋行下属的业广地产公司投资，英商公和洋行设计，新仁记营造厂承建。占地面积5 225平方米，总建筑面积24 596平方米。连地下室为21层，高76.7米，为双层铝钢架结构。建筑基地平面成乂形。底层为一般客房和公共服务部，设有中西餐厅、休息室、理发部等；地下室是锅炉间；2层至9层的四翼有大小公寓房间各4套，客房19套；10至14层，各有房间15套；15至16层，有客室16间；17层为小餐厅及厨房；18层为特等房间；19层为机器房等。建筑为装饰艺术派式，摒弃了古典装饰，体型采用立方体的组合，第11层起开始逐层收进，形成其特有的体形。外部处理和内部装饰都大加简化，外墙采用咖啡色面砖筑砌。大楼自1951年改为宾馆使用，原钢窗经大修后改成铝合金窗。1989年被列为上海市第一批优秀历史建筑。

3. 北端公寓

今四川北路1960～1982号。新沙逊洋行投资，始建于1928年，1936年加盖二层。钢筋混凝土结构。现代派风格，三边围合状，立面深浅水平带相间，窗下墙为浅黄色粉刷。

4. 长春公寓

长春路304～314号，1928新沙逊洋行投资建造，4层英式住宅。1999年被列为上海市第三批优秀历史建筑。

5. 瑞康公寓

今四川北路18号。1930年左右沙逊洋行投资建造。沿四川北路、天通路布置，平面呈“┘”形。战地面积约830米，建筑面积约3 940平方米。钢混框架结构5层。艺术装饰风格。2至5层作竖向线条分隔，红砖砖柱到顶，每3个开间砖柱略粗，砖柱之间为白色水泥墙面，钢窗。2004年被列为第四批上海市优秀历史建筑。

6. 沙逊鸦片仓库

沙逊洋行早期在华以鸦片贸易为主。在虹口港西侧，黄浦路与南浔路交汇处（大约为今黄浦路36～44号）建造仓库囤积鸦片。仓库占地近1.04万平方米，建筑面积2.51万平方米，有4幢2～5层混凝土结构厂房，至1918年被迫停止。1923年，沙逊洋行将仓库租给茂昌蛋业冷藏公司。1960年，该公司更名为上海禽蛋二厂。

7. 提篮桥历史风貌保护区

1933年德国纳粹政权推行反犹政策后，欧洲犹太人陆续来到上海避难。1937年8月至1939年8月期间出现了欧洲犹太难民涌入上海的高峰。1938年上海犹太社团相继成立了“国际救济欧洲犹太难民委员会”（IC）、“援助欧洲来沪犹太难民委员会”（CFA）以加强救济犹太难民的工作。从1939年1月起，上海犹太难民救援组织先后建立了7个难民中心：华德路138号（又名第一难民中心）、爱尔考克路难民中心（今安国路66号）、兆丰路难民中心（今高阳路680号）、汇山路收容所（今霍山路150号），还有荆州路难民中心、平凉路难民中心、华盛路（今许昌路）难民中心，从而逐渐在虹口的提篮桥地区形成了欧洲犹太难民聚居区，舟山路一带成为犹太商店、咖啡馆、餐馆林立的商业街并因其浓郁的中欧风情被称为"小维也纳"。1943年2月，日本占领上海当局在东起大连路，西至兆丰路（今高阳路）、茂海路（海门路）、邓脱路（今丹徒路），南至惠民路，北至周家嘴路这块约5平方千米的40个街区范围内建立了"无国籍难民隔离居住区"，大多数欧洲犹太难民被迫迁入"隔离区"内，直至二战结束。

2003年10月8日，上海市政府颁布《上海市城市规划管理技术规定（土地使用、建筑管理）》，将提篮桥地区列为12个历史风貌保护区之一，以保存和恢复这里的犹太特色。风貌区特色以特殊建筑、里弄住宅和宗教场所为主，范围包括：保定路—长阳路—临潼路—杨树浦路—海门路—昆明路—唐山路—舟山路，用地面积2.6平方千米。

1）摩西会堂

1907年，上海俄犹租房建造了第一座会堂，并命名为摩西会堂（Ohel Moishe Synagogue）以纪念上海早期俄国犹太社区领袖摩西·格林伯格。20年代中期，由于上海的俄犹人数大量增加，原先的摩西会堂所租借的房屋无法满足他们进行的宗教活动需求，因而在1927年将会堂迁往虹口华德路（今长阳路62号）。欧洲难民来沪后，摩西会堂一度成为他们的宗教活动中心。同时，上海的锡安主义修正派成立的"贝塔"组织为新加入的讲德语的犹太难民青年建立了一个分部，分部就设在摩西会堂内，主要以德语开展活动。

会堂建筑占地1 000平方米，建筑面积700平方米。建筑主体部分3层高，局部4层，砖木结构，坐南朝北。建筑平面凸字形，主要建筑特色表现在：除底层为假石墙外，其上部立面为清水砖墙。每一层楼面处均砌筑一圈砖叠腰，与两檐间粗细相通的同色砖带形成有韵律的水平装饰主体。会堂的门套和窗套、窗台均置有弧线，风格基本统一，但又各具特点，如大门上方有犹太教标志——大卫盾，而通往楼梯间大门的门顶部是半圆外又增多了一圈由几段正弧、反弧、直线组成的线脚，是典型的犹太建筑细部，而其纯线条的简洁处理又带有艺术装饰派的风格。顶部为四坡顶，用红色平瓦铺盖屋面，出檐很小，与下腰檐相当。会堂内部，底层为祈祷大厅，曾配有"塔木德"经书约柜朝向耶路撒冷，二楼与大厅相通，专门设立了供妇女单独礼拜的专席"麦扎奈"（Mezzanine），三楼为会堂的办公室，曾辟为难民的小教室。会堂内木质楼梯的望柱和楼梯侧面的三角形部分如意装饰木雕做工细致、精美，显然受到了中国传统风格的影响，而楼段的转折处倒葱头装饰则是典型的俄罗斯特色。

1992年中以建交后，在会堂建立"犹太难民在上海纪念馆"，并进行修缮。以色列总理拉宾、以色列总理奥尔莫特、以色列外长佩雷斯、德国总统约翰内斯·劳、德国总理施罗德、奥地利总统克莱斯第尔等国际政要曾到此访问。2004年被列为上海市第四批优秀历史建筑。

2）霍山公园

今霍山路118号。原名汇山公园，租界当局建于1917年，占地3 700平方米。二战期间，欧洲犹太难民经常在此休息聚会。1944年7月16日晚，上海犹太社团在此举行报告会，纪念赫茨尔博士逝世40周年以及比亚利克和雅布延斯基两位已故犹太名人。1947年4月22日，约8 000名犹太人聚集在汇山公园，抗议巴勒斯坦的英国当局绞死4名伊尔贡组织成员。这次集会是上海犹太社团近百年历史上规模最大、参加人数最多的一次政治性活动。1994年4月19日，虹口区政府在公园内树立"二战期间犹太难民纪念碑"。

3）美犹联合分配委员会（JDC）旧址

1914年，美犹联合分配委员会成立于美国纽约。1938年欧洲犹太难民大批进入上海后，该组织在霍山路119号—121号成立上海办事处，派常驻代表，每隔一段时间写出反映上海犹太难民情况的报告，并在美国为上海犹太难民募集了大量的捐款，几乎平均每月达3万美元。太平洋战争爆发后，JDC被迫于1942年5月中断了对上海犹太难民的资助，同时其驻上海达标L.马高利斯也被日本当局关进了集中营。1944年3月，经获释回国的马高利斯多方努力，在美国政府的默许下，JDC恢复了对上海难民的资助。JDC上海办事处为一幢双门面的假4层建筑，建于1910年，砖木结构，建筑面积630平方米。建筑外观为双毗连连续券柱式外廊建筑式样，立面对称，中部扁券，仅墙面砖砌有变化。两侧连续券柱外廊，双联半圆券，券基为科林斯柱式。红瓦坡顶屋面，中部立面高出屋面形成山墙，带巴洛克特征反弯曲线。青砖外墙，红砖带饰，扇形木窗。

4）霍山路、舟山路建筑群

霍山路71～95号、舟山路1～81号。20世纪20年代末，英商房地产公司建造的欧洲毗连式建筑，古典建筑风格。砖混结构假3层，共6幢，每幢建筑面积约250平方米，总建筑面积1 500平方米。圆拱门窗，青砖外墙饰红砖带，红瓦屋顶，入口上方有三角形山墙。美国前财政部长、现德国柏林犹太博物馆馆长麦克·布卢门撒尔曾在舟山路59号亭子间居住。1939年，年仅13岁的布卢门撒尔随家人离开柏林逃到上海避难，在此生活了8年后前往美国。目前，住宅里仍保留当年布卢门撒尔一家使用过的灶头。

5）中欧犹太协会"仲裁法庭"

1939年11月，中欧犹太难民在东熙华德路（今东长治路）成立了独立的社区组织"中欧犹太协会"。成立之初，协会主要负责难民的安置工作，以及处理诸如法律诉讼、宗教活动、教育卫生、丧葬事务等各种具体问题，并出版报道协会和社区活动的《犹太简报》。二战结束后，中欧犹太协会主要负责难民遣送工作。1940年2月18日，中欧犹太协会成立"仲裁法庭"，设在唐山路416弄22号内，由裁判官、律师、协助律师、评判员组成，同时组成仲裁委员会。1947年，中国政府因其侵犯中国司法主权将其取缔。

6）屋顶花园（Mascot Roof Garden）

犹太难民租借了汇山路（今霍山路）百老汇戏楼的顶层，配上了凉亭、餐桌，布置成屋顶花园，成为当时远近闻名的聚会场所，尤其是犹太艺术家经常在此举行音乐会。屋顶花园还曾举办过一次选美比赛。

7）兆丰路难民中心

今高阳路680号。1940年，犹太难民在兆丰路620（现高阳路小学）～690号（现继光中学）的麦伦中学教学楼建立难民中心，并建立了一所犹太人隔离医院。

8）唐山路818弄

原名源福里。美商中国营业公司产业，共有房屋82幢，建筑面积7 500平方米。1937年八·一三事变前后，原先居住的居民因躲避战祸纷纷迁离，上海的犹太难民救济组织以较低的房租承租安置犹太难民。该弄房屋都是石库门住宅，砖木结构两层，灰色清水砖墙，红色屋顶，当年犹太人改建的外观至今仍保存。

9）上海犹太青年会学校

1939年嘉道理家族出资在难民集中的虹口地区创办了上海犹太青年会学校（东长治路91弄），以解决难民的教育问题。1942年，在霍瑞斯·嘉道理的帮助下，该校迁到东有恒路（今东余杭路）627号的新校舍。学校有两所幼儿园和9个班级，学生600人，大部分是犹太难民子弟，欧洲学制排定。1946年该校学生参加剑桥高级考试成功，成为难民社区的骄傲。也被称为嘉道理学校，后为上海纺织工业局党校。

三、保护上海犹太遗址和特色建筑的若干建议

（一）保护上海犹太遗址和特色建筑的总体设想

目前在上海保存下来的犹太遗址和特色建筑，体现了上海犹太人的历史活动，是上海城市文化遗产的重要组成部分。所谓城市遗产是指在城市中留存的具有历史文化、科学、艺术价值的实体遗存，如：历史建筑、历史街区和历史环境等，以及非实体的但能反映城市文化、民俗和城市风貌特征的遗存。[1]上海犹太遗址和特色建筑不仅从建筑美学的角度而言具有审美价值，而且凝结着深厚的人文历史内涵，同时还发挥着独特的政治功能。首先，这些遗址和建筑是上海的"万国建筑"中不可替代的组成部分，是近现代上海城市面貌变迁的重要历史见证。其次，它们生动地反映了当年犹太人在上海的生活情况，同时也是体现中犹传统友谊的重要物质载体，因而成为今天重返上海寻根、访友的"上海犹太人"的必到之处，是上海对外交往中一张独特的"文化名片"。第三，参观拉希尔会堂、摩西会堂等犹太遗址已被施罗德、希拉里、拉宾、沙龙、奥尔莫特等众多国际知名政要列为访沪行程中必不可少的一个环节，是上海做好外宣工作、促进中外友谊的重要文化资源。犹太遗址和特色建筑作为上海一项特殊的城市遗产，对其所采取的保护手段和方法应当遵循国际公认的保护世界历史文化遗产的基本原则。

1　阮仪三：《城市遗产保护论》，上海科学技术出版社2005年版，第239页。

　　原真性是保护世界历史文化遗产的首要原则。原真性是国际公认的文化
遗产的评估、保护和监控的基本因素，它意味着保护原生的、本来的、真实的
历史原物，以保留其遗存的全部历史信息。[2]其次是可识别性原则。历史文化
遗产的价值在于它留存了当时的时代特征，并在历史变迁中留下了岁月的印
痕，从而使人们可以直接从这些遗产上识别出其"历史年轮"和演变的规律。
第三是可持续性原则。一旦认识和确定所要保护的对象，就应该将保护长期持
续下去，如果现有的物质条件和技术手段暂时无法达到保护的要求，应当尽力
使之不遭受新的破坏，而留待将来条件成熟时再进行保护工作。

　　综上所述，上海犹太遗址和特色建筑保护工作的基本思路应是：以"原真
性""可识别性"和"可持续性"这三个国际标准为指导原则，设计一套包括
法律、资金、技术、人员等各个方面具体内容的综合保护方案，首先对遗址和
建筑本身进行科学、合理的保护，同时注重挖掘、整理和保存与之相关的一切
文献、图片、声像等资料，在此基础上充分开发和利用上海犹太遗址和特色建
筑在旅游、教育、对外宣传和文化交流等方面的价值和功能。简而言之，保护
是手段，利用是目的，即在进行保护的前提下进行合理的利用，同时以利用来
促进更好的保护。具体而言，可以从以下几方面着手。

　　（1）进一步完善和细化现有的相关条例和措施。

　　上海于2003年1月开始执行《上海市历史风貌保护区和优秀历史建筑保
护条例》（以下简称《条例》），对历史风貌保护区和优秀历史建筑相关问题做
出了明确界定，并就保护和管理的职能部门及其职责、保护工作的程序和手段
以及对违反该《条例》的行为的处罚等问题都做了具体规定。目前上海保留的
犹太遗址和特色建筑中，有些已被认定为优秀历史建筑或被划入12个历史风
貌保护区之内，属于该《条例》的适用范围。但是，还有一些则没有享受《条
例》的保护措施。如唐山路818弄这样既不在上海市已公布的四批优秀历史建
筑名单上，又没有被划入提篮桥历史风貌保护区的遗址，如何对其进行保护缺
乏明确的法律依据。为此，我们建议对类似的具有特殊历史价值而尚未被列入
《条例》适用范围内的建筑，由其隶属的行政区的区政府会同规划局、房地局、

2　前引阮仪三：《城市遗产保护论》，第236页。

建委、文化局等相关职能部门，在征询专家委员会意见的前提下，共同协商拟定一份保护名单和保护措施实施细则，具体规定和说明在何种情况下，法人或个人可以对该建筑或建筑群及其周边环境进行保存、保护、整饬、暂留或更新等措施。

（2）鼓励和支持民间资本积极参与犹太遗址和特色建筑的保护工作。

根据《条例》，政府及有关的职能部门是规划、保护历史文化风貌区和优秀历史建筑的主体，负有保护责任，并应提供必要的政策保障和经费支持，市、区或县的规划管理部门负责规划管理，房屋土地管理部门负责进行保护管理。同时，《条例》还规定要为此设立保护专项资金。从目前《条例》的实施情况看，对犹太遗址和建筑进行保护的最大困难在于缺乏资金。例如提篮桥风貌区内的多处犹太遗址都属于老式里弄型的居民住宅，在历史上就是中低收入居民的聚居区，因长期居住人口过多而屡屡被扩建或改建，其外观和内部结构均不同程度的发生了改变甚至遭到较为严重的破坏。因此，对这些遗址的保护首先需要从降低其容积率着手，将过多的居民动迁到其他地区进行安置，然后才有可能对它们进行修缮，这无疑需要投入大量的资金，而要政府包办是不可能的。针对这一情况，我们建议上海借鉴西方国家的经验，由政府制定优惠的税收政策、通过各种途径吸收民间资本投入到保护工作之中。例如，可成立专门的机构吸纳和管理境内外的法人、个人或其他组织的捐赠，对这些进行捐赠的法人或个人可在一定时间内减免其一定比例的营业税或所得税等。再如，可发行类似于福利彩票的"城市遗产保护彩票"，在吸收社会闲散资金的同时也能起到保护城市遗产的教育和宣传作用。特别需要强调的是，应充分重视这些遗址和建筑凝结着的犹太情结，可专门设计针对分布在世界各地的"上海犹太人"和其他犹太人士的招商引资方案，吸引他们参加犹太遗址和建筑的保护工作，并以国际通行的运作方式对他们投入的资金进行规范化管理。

（3）进一步加强学术研究，尽快建立档案资料和数据信息库。

当年的上海犹太社团主要由塞法迪犹太人、俄国犹太人和欧洲犹太难民三个不同群体构成，他们的经济条件、政治立场、宗教信仰和文化背景都不尽相同，因而其在上海的活动空间分布也极为分散。这就使我们今天对犹太遗址和特色建筑进行识别、认定和保护时需要进行大量细致而繁复的调研工作。以提篮桥风貌区为例，在制定规划时，仅对风貌区内的建筑进行分类这一项工作就动用了上海犹太研究中心、同济大学、上海档案馆等单位的专家300多人次。按照原真性原则，对遗址和特色建筑应进行"修旧如旧"的保护，但在缺乏这些建筑当时的外观和内部结构等方面的图文资料情况下，要再现这些建筑原本的文化神韵、恢复其原来的面貌在技术上有很大难度。因此，收集和整理当年犹太遗址和特色建筑的施工图纸、照片和有关文献资料是当务之急。完成这一工作需有关部门牵头，组织从事犹太学研究、文化学研究、历史建筑保护研究等方面的专家和学者，在相关机构的配合下，对上海现存的犹太遗址和特色建筑的文献、图片、图纸和声像资料进行一次全面的普查和整理。在此基础上，为每栋建筑建立三维立体的结构图、平面图以及文字说明档案，建成一个上海犹太遗址和特色建筑的档案资料和数据信息库，为进行长效管理和开发提供坚实的基础。

（4）加强对犹太人遗址和特色建筑的宣传，向国内外展示其蕴涵的人文价值。

根据我们的调查，上海犹太遗址和特色建筑中被认定为优秀历史建筑的大多可供公众参观，但许多参观过这些建筑的市民感到现在提供的介绍资料内容过于简略，形式也比较单一。对于像拉希尔会堂这样尚未对外开放的优秀建筑，普通市民更是缺乏了解，前来参观的主要是国外的犹太游客，可以说是"墙内开花墙外香"。为此，我们建议应进一步加强对犹太人遗址和特色建筑的宣传。具体而言，可采取专家学者出思路、政府部门出政策、宣传机构负责落实的运作模式进行宣传方案的设计和实施，其中特别要有意识地引导媒体增加对犹太遗址和特色建筑及其相关保护工作的报道，组织专业力量制作图文、声像资料介绍，举办报告会和巡回图片展，以多种形式加大宣传力度，以引起国内各级政府、企业和市民的重视，并进一步扩大其国际影响。

（二）关于拉希尔会堂和提篮桥风貌区保护开发的具体建议

目前上海留存下来的犹太遗址和建筑中，拉希尔会堂和提篮桥风貌区是最能体现犹太文化的两处遗址，尤其是提篮桥风貌区是中国境内唯一一个能够反映二战时期犹太难民生活的历史遗迹，是最受世界各地犹太人关注的城市遗产，因此本文重点就这两处遗址和建筑的保护和开发提出几点建议。

1. 拉希尔会堂的保护和开发

拉希尔会堂曾是当时远东最大的犹太会堂，是上海犹太社团重要的宗教活动场所之一，也是犹太民族建筑艺术在中国的代表作品。该会堂已被列为上海市第二批优秀历史建筑，2001 年又与中国的长城和其他两处建筑同时被世界纪念性建筑基金会列入 2002 年世界性建筑遗产保护名录。[3] 拉希尔会堂因其鲜明的犹太宗教特色而引人注目，作为上海仅存的两座犹太会堂之一，它无疑是上海拥有的一项重要的世界文化资源。

我们在调查中发现，无论是从事犹太学研究的专家，负责外宣工作的有关职能部门，还是国内外游客，都希望能有一个反映整体上海犹太社团历史演变的长期展出或博物馆。目前，诸如美国的纽约、英国的伦敦、德国的柏林等国际大都市都拥有自己的犹太博物馆，成为这些城市展现其文化魅力的重要载体。建立上海犹太博物馆有利于展示上海的世界文化底蕴，有助于进一步提升上海的国际大都市地位。综合考虑拉希尔会堂在犹太遗址中的代表性和较高的国际知名度，其建筑面积和使用功能等各方面的因素，我们认为它比较适宜作为上海犹太博物馆，长期对外开放供中外游客参观。

与之同时，考虑到宗教在犹太民族中的特殊地位，为解决目前生活在上海的犹太人缺少宗教活动场所的困难以及吸引更多的犹太人到上海来投资、工作，可以在遵守我国的宗教民族政策的前提下，由上海犹太社团向有关部门提出申请并经批准后，允许他们在固定的时间（如犹太教的安息日或其他重大的宗教节日）到拉希尔会堂举行宗教仪式。在犹太人进行宗教活动期间可对会堂采取临时性的闭馆和安全保卫措施。

2. 提篮桥历史风貌区的保护和开发

2003 年 10 月，上海市政府将提篮桥列为历史风貌保护区后，虹口区有关部门和提篮桥街道投资 500 余万元整治霍山路，使霍山路、舟山路一带的环境有了很大的改善。鉴于风貌区内的犹太遗址大多是普通居民住宅，如何安置这些住宅过多的居民，遏制对住宅的破坏性使用，还需要投入更多的资金进行后

3　沈福煦、黄国新：《建筑艺术风格鉴赏——上海近代建筑扫描》，同济大学出版社 2003 年版，第 159 页。

续的保护和开发工作，因此有必要尽快成立一个专门机构进行长效管理。目前，虹口区政府已决定将提篮桥风貌区申报联合国教科文组织的世界战争遗产。我们建议，虹口区政府可就申报世界战争遗产成立专家小组，在《上海市历史风貌保护区和优秀历史建筑保护条例》和《上海市城市规划管理技术规定（土地使用、建筑管理）》的基础上，按申报世界战争遗产的要求，对风貌区的保护和开发做出整体规划。同时，区政府可成立专门的办公室负责筹措和管理风貌区专项基金，协调各职能部门落实规划。

以下就风貌区内几处有代表性的遗址保护提出若干设想：

（1）摩西会堂。作为整个风貌区内保存较好的遗址，摩西会堂应在风貌区中起到以点带面的中心作用，建成一个以"犹太难民生活和中犹友谊"为主题的上海犹太难民博物馆。会堂可在现有陈列品的基础上，一方面利用多媒体手段对会堂的展示空间进行重新分割和布置；另一方面可通过上海犹太难民联谊会等组织向当年的上海犹太难民征集展品以扩充展览的内容。同时，会堂博物馆还可与中国南京大屠杀博物馆、德国柏林犹太博物馆和大屠杀博物馆、以色列耶路撒冷耶德瓦谢大屠杀博物馆、华盛顿美国大屠杀博物馆等国内外知名博物馆建立合作关系，邀请它们在会堂进行展出。

（2）JDC办事处。建议申请上海市市级建筑保护单位。恢复其历史面貌，并可辟为摩西会堂的一处副展馆。

（3）屋顶花园。目前该处被业主堆满了杂物，已不复当年的热闹场景。这里距离舟山路商业街、霍山公园和摩西会堂、JDC办事处等风貌区内几处重要遗址都不远，因此可考虑将其改建成为整个风貌区的综合性休闲中心。建议尽快找到当年屋顶花园的图文资料以恢复原来的面貌和露天咖啡馆的功能。

（4）舟山路商业街。建议恢复舟山路的商住功能，并对路边两侧住宅和商店的外观进行整治，例如统一商店招牌的规格等。舟山路59号的布卢门撒尔住宅必须保留，并恢复其原状。

（5）唐山路818弄。该处建筑群虽未被划入风貌区内，但在当年是一条远近闻名的"犹太弄堂"，因而必须妥善保护。可保留和恢复其建筑的外观，并在不破坏建筑结构的前提下，对其内部进行改造以改善弄内居民的居住条件。同时，可通过置换房产或提供优惠房价补贴等形式将部分居民安置到他处居住，以降低容积率，延长建筑的使用寿命。弄口可挂铜牌，以中英文说明该弄的历史和文化价值。

（本文为上海市委宣传部委托上海犹太研究中心所做专项经费项目"来华犹太人基本情况和上海犹太遗址特色建筑调研"的最终报告的第二部分，完成时间是2006年6月，自那以来有些情况发生变化，但为了保持报告的原汁原味，我们基本不做改动，仅供读者参考）

第十二章

在夹缝中拼搏求生：来华犹太难民劫后幸存之原因

从1938年到1945年，大多数犹太难民在中国度过了近8年的艰苦岁月。对少数1933年就来到中国的犹太难民来说，他们在华避难的时间更长达12年。特别是从1943年2月到1945年8月，两万犹太难民在上海虹口的"无国籍难民限定居住区"（隔离区）度过了最为艰难的时期。令人欣慰的是，来华犹太难民中的绝大多数人历尽艰险和困苦而幸存了下来。他们为什么能够在战火纷飞的中国，尤其在一度为希特勒的盟友日本法西斯控制的上海、天津、哈尔滨等地幸存下来？其中的原因错综复杂，本章试图做一探析。

一、犹太难民自身的奋斗

犹太难民自身的奋斗是他们得以幸存的主要内因。

在这批来自德国、奥地利、波兰等国的犹太难民中，有众多出类拔萃的知识分子和专业人才，如医生、律师、教师、工程师、建筑师、会计师、企业管理人员、编辑、记者、作家、演员、画家、音乐家等，以及各行业的技术工人，这是他们能在困难中互助自立的有利条件。如难民中有大批医护人员，仅内科医生就有200余人。1938年末，以他们为骨干，在难民营中建立了一个诊疗所。1939年3月，他们又建立了第一所难民医院，拥有60个床位。到1940年，据上海公共租界工部局年报载：华德路之犹太难民医院已拥有120个床位，且"设有X光部牙科眼科及产科等。该院之收入大概足敷开支。"[1]

1　上海公共租界工部局年报（1940），第472页。

　　难民中的教师们在困难的条件下仍继续组织难民的子女学习，并对难民中的成年人进行职业培训和文化补习。有些难民教师后来成了当时两所接收犹太难民子女的全日制学校的教学骨干。难民中的编辑和记者们自己办了报纸杂志，从1939年到1945年，他们居然同时维持着多份德文报刊，其中《上海犹太纪事报》《黄报》等都具有广泛的社会影响力和层次较高的读者群，这是相当不容易的。难民中的艺术家们更想方设法演出戏剧，举行音乐会，甚至在上海首次上演了意第绪戏剧，丰富了难民们的文化生活。1943年11月，犹太难民们还在虹口建立了亚洲研究会，专门讲授和研究中国及亚洲各国的文化、艺术、历史、哲学、医学等方面题目。[2]

　　除了上述维持人们正常生活的努力外，难民们在危急关头或艰难时刻表现出的团结奋斗精神也是令人敬佩的。由于外部援助中断，1942—1944年对在沪犹太难民来说是最艰难的时期，死亡人数直线上升便说明了这一点：1940年130人，1941年167人，1942年320人，1943年311人。[3]特别在1943年2月被迫迁入虹口隔离区后，形势更为险恶。在这样的情况下，许多犹太难民不得不靠乞讨度日，但大家仍能团结一致，同舟共济。据当年的难民回忆：当时"尽管有相当多的内部摩擦，但大体来说，犹太社区显示出惊人的团结"；难民们组织了乐队和足球队，在虹口那狭小的天地里组织文艺体育活动，以乐观精神消磨那艰苦的时光；还有一些难民建立了流动图书馆，组织图书交换，在那困难条件下为难民们提供精神食粮。[4]

二、中国内外各方人士的大力支持

　　中国内外各方人士的大力支持是犹太难民得以幸存的重要外因。

　　首先是上海犹太社团对欧洲犹太难胞展开的全力求援。英籍犹太人财力雄厚，自然在救助犹太难民方面起的作用最大。如嘉道理家族，除出面召集讨论救援犹太难民的会议外，还捐了大笔钱用于安置犹太难民。特别值得一提

2　《上海犹太纪事报》，1943年11月6日。

3　该数字系综合前引戴维·克兰茨勒的《上海犹太难民社区1938—1945》中文版所列数据，和国际红十字会1943年关于上海德籍犹太难民状况的报告得出。

4　前引潘光等主编：《犹太人忆上海》，第115页。

的是，嘉道理家族创建了上海犹太青年会（Shanghai Jewish Youth Association,
SJYA），致力于办学校。由该会创办的上海犹太青年会学校（又称嘉道理学
校），允许付不起学费的难民子女免费入学，战时在校生一直保持在700人左
右，在犹太难民中享有较高声誉。在嘉道理办的学校受教育的难民子女们，许
多人后来成长为卓越人才。沙逊家族也多次捐款捐房安置犹太难民。俄罗斯犹
太人虽不如英籍塞法迪犹太人财大气粗，但他们人数多，活动能力强，且与
德、奥、波犹太人同属阿斯肯那齐犹太人，因此积极性比较高，做了大量细
致、繁杂的具体工作。1941年12月太平洋战争爆发后，英美等国籍的犹太人
都成了"敌侨"，而俄罗斯犹太人因日苏间不存在战争状态而仍享有中立国家
侨民待遇。此后直到1945年8月，俄罗斯犹太人便承担起了帮助犹太难民的任
务。他们一般都是经营西餐馆、面包房、杂货店的中小业主，在经济上并不宽
裕，但他们仍节衣缩食，尽力支持难胞，使之能度过战争时期最艰难的岁月。

其次是海外各类组织，特别是犹太人组织给予上海犹太难民的大量财政、
物资援助。最初，国际红十字会等组织在关心上海中国难民的同时，也对上
海的犹太难民给予有力的救援。但到了后来，由于世界各地战火纷起，难民遍
地，国际红十字会等组织也就顾不上上海这几万犹太难民了。倒是世界各地的
犹太人组织，特别是美国、英国、加拿大、澳大利亚、印度、日本、瑞典、葡
萄牙等地的犹太人组织，因为对欧洲犹太人的困境已无能为力，反而能集中力
量来救援在上海等地的欧洲犹太难民。此类组织名目繁多，难以一一列举。前
已提到，其中最突出的是美国犹太人联合分配委员会（JDC）。该组织1938年
后在上海设立了办事处，派有常驻代表，每隔一定时间写出反映上海犹太难
民情况的报告，并在美国为上海犹太难民募集了大量的捐款，几乎平均每月达
3万美元。[5] 太平洋战争爆发后，纽约的JDC总部在是否继续向上海寄钱问题
上发生了争论。最终，由于怕引起美国政府的非议和反犹势力的攻击，JDC于
1942年5月中断了对上海犹太难民的资助。同时，JDC驻上海代表劳拉·马戈
利斯也被日本占领军关进了集中营。1944年3月，经获释回国的马戈利斯多方
努力，并得到美国政府的默许，JDC对上海的资助才告恢复。

5　马文·托克耶和玛丽·斯沃茨：《河豚计划：二战时日本人与犹太人之间一段不为人知的故事》，上海三联书
店1992年中文版，第201页。

第三是中国人民在各方面对犹太难民的鼎力相助。众所周知，"八·一三事变"后，日本侵略军占领了上海，上海市民自己也沦为难民，不得不在难民所中栖身。但是，上海市民仍然克服种种困难，在力所能及的情况下，无私地给予犹太难民以支持。犹太难民回忆道："如果我们口渴，中国人给我们水喝。如果我们饿了，他们给我们米糕吃。尽管我们的日子不好过，但他们比我们更惨。他们很同情我们。"[6]当时虹口地区的市民克服种种困难，腾出自己的住房给难民居住。在犹太难民医院建立之前，中国医院收治了许多犹太难民，抢救了其中不少人的生命。珍珠港事变后，日本占领军在上海搜捕犹太人中的"敌侨"，中国居民曾全力掩护犹太儿童，使其没有被关进集中营。[7]在1942—1944年最艰苦的时期，犹太难民们与他们的中国邻居互相帮助，同甘共苦。1945年7月，美国飞机误炸虹口区犹太难民居住区，造成31名犹太难民死亡，250名难民受伤，周围的中国居民虽同样伤亡惨重，但仍奋不顾身地冲入火海，抢救出许多犹太难民，在现代中犹关系史上写下了动人的一页。

三、德日对犹政策分歧和苏德战场形势的逆转

德日对犹政策的分歧和苏德战场形势的逆转也为在华犹太难民创造了宝贵的逃生机遇。

日本法西斯为何允许犹太难民进入上海，而且没有对上海的犹太难民下毒手？这是一个一般人不太理解的问题。要讲清这个问题，还需追溯一下日本对犹政策的演变过程。1931年以后，随着日本侵占中国东北并继续向关内步步进逼，日本与英、美、法等在华有既得利益的西方国家及苏联之间的矛盾日趋尖锐。在这种形势下，日本的一些所谓"犹太问题专家"如安江仙弘、犬冢惟重、鲇川义介、小迁等人，便纷纷提出了以实行扶植、亲善犹太人的政策来巩固在中国东北的统治，缓和与英美苏关系的主张。他们将自己的一系列构想非正式地称为"河豚计划"。[8]从1931年到1937年，日本政府也确实采纳了这些人提出的一些措施：允许哈尔滨、上海、神户等地的犹太人在一起建立远东

6　美国《洛杉矶时报》，2006年1月15日。

7　《解放日报》，2004年1月13日。

8　参见前引马文·托克耶等：《河豚计划》。

犹太理事会；鼓励东北三省的犹太资本家经商办实业，并通过他们吸引犹太资本来"开发满洲"；竭力讨好上海、天津等地的犹太财团；对欧洲犹太难民进入上海等地持默许态度；千方百计与美国犹太人组织拉关系，希望通过他们"影响"美国政府的对日政策。这些做法虽对安抚中国境内犹太人有一点作用，但在外交方面完全没有达到预期的目标，因为该政策的立足点是犹太人能够左右美国的决策和影响苏联的政策，而这一立足点是很不牢靠的，甚至是虚构的。

1937年"七·七"事变后日本侵华战争全面爆发，美、英、法、苏等国同声谴责日本的侵略行径，包括中国境内犹太人在内的世界各国犹太人对日本也持越来越强烈的批评态度。就在这样的形势下，1938年12月5日，日本首相、外务大臣、陆军大臣、海军大臣、大藏兼通商产业大臣召开"五相会议"，专门讨论对犹政策问题，可见当时日本高层对犹太问题的重视。在这次会议上，虽然五相之间在对犹政策上存在分歧，但基本上认可了"犹太问题专家"们的构想和努力。就在"五相会议"后不久，以安江等人为核心的"犹太问题专家"又在对犹政策方面提出了一个更为具体的方案，使"河豚计划"由众多"亲犹"措施的大杂烩变成了一个名副其实的计划。该方案长达90页，标题为"关于引进犹太资本的研究和分析"，主要内容是：在日本占领下的中国土地上建立一个"犹太人居留地"，先安置3万名犹太难民，然后逐步扩大；建立这一"居留地"的费用由美国犹太财团提供，首先需要1亿美元的安置费；应大力在美国等西方国家宣传该计划，邀请世界各地犹太知名人士来访问"居留地"；通过建立该"居留地"吸引犹太资本，并改善与美国等西方国家的关系。[9]在得到高层批准后，"犹太问题专家"们四处推销此方案，重点做上海、哈尔滨犹太人士的工作，还派人去美国游说。正是在这样的背景下，日本当局在1937年后仍对犹太难民涌入上海采取了默许态度。

但是，无论日本人如何努力，"河豚计划"最终仍没能成功，原因很简单：日德法西斯逐渐合流并发动世界大战，使全世界犹太人清醒地认识到日本统治集团与希特勒完全是一丘之貉，因而断然拒绝支持所谓"居留地"计划。

9　参见前引马文·托克耶等：《河豚计划》。

1941年12月太平洋战争爆发后，日本当局最后放弃了"河豚计划"。日本外相东乡在给驻汪伪"大使"的信中称："由于大东亚战争的爆发，我们不得不重新考虑对犹太人的措施"。[10]正是在这样的形势下，德国以为日本必然会转而奉行反犹政策，因此抛出了"梅辛格计划"。

然而，日本并没有在对犹政策上亦步亦趋地追随德国，双方的对犹政策仍然存在着明显的分歧和较大的差异，日本最终也没有实行"梅辛格计划"。之所以出现这种情况，主要有以下五方面的原因。

（1）日本内部仍存在主张对美媾和的势力。日本内部主张对美媾和的力量仍把中国境内犹太人视为与美国维持联系的媒介，因此不同意对他们采取屠杀政策，"犹太问题专家"们也仍在发挥着有限的影响。[11]

（2）日本高层担心影响日苏关系。当时日本高层仍然希望保持与苏联的非战关系，而如果屠杀上海犹太人，必然涉及俄罗斯犹太人，会对日苏关系产生不利影响，这是他们不愿看到的。

（3）哈尔滨和日本犹太社团的游说活动。上海犹太社团通过哈尔滨（当时属"满洲国"）和日本的犹太人在日本高层官员中进行活动，劝说日本当局不要实施"梅辛格计划"，这多少也起了一点作用。

（4）东亚儒家文化没有反犹宗教偏见。东亚地区是传统的儒家文化区域，不存在欧洲基督教地区那种狂热反犹的宗教、民族、文化偏见，因而上海的中下层日伪官员在思想上和感情上也难以接受"梅辛格计划"，对其没有什么热情，有的还暗中帮助犹太人，如日本驻上海外交官柴田付领事就因向犹太人通风报信而被撤职逮捕。[12]

（5）苏德战场上形势逆转。苏德战场上形势发生逆转，苏联转败为胜，在斯大林格勒一举消灭30万德军，是日本决定不实施"梅辛格计划"的重要因素。德国学者海因茨·埃伯哈德·毛尔在《日本为何没有迫害犹太人》一书中分析了日本态度转变的过程：1942年夏，德国在苏德战场上似乎要取胜，因此日

10　参见前引马文·托克耶等：《河豚计划》。

11　直到1945年，日本高层内仍有人想要恢复"河豚计划"，以试探对美媾和之可能性。

12　马文·托克耶采访柴田（Mitzsugi Shibata）记录，1976年5月14日，于日本东京大仓饭店。感谢他把采访记录提供给编者使用。

本开始考虑德国方面提出的消灭上海犹太人的计划，但当德国在斯大林格勒战役中大败后，日本拒绝对苏开战，对屠杀犹太人的态度也发生变化，最终采取了隔离方案。斯大林格勒战役结束于1943年1月，而日本在一个月后就宣布建立"无国籍难民限定居住区"，这绝非偶然。毛尔的关键结论是：挽救上海犹太人生命的不是日本的宽宏大量，而是战争进程的转折。[13]

　　总之，上述种种因素互相交织在一起而发挥作用，才使身处险境的上海犹太难民得以在日本法西斯占领之下的上海幸存下来。

13　参见海因茨·埃伯哈德·毛尔（Heinz Eberhard Maul）：《日本为何没有迫害犹太人，国家社会主义时期日本帝国的对犹政策1933—1945》（*Warum Japan Keine Juden verfolgte, Die Judenpolitik des Kaiserreiches Japan wahrend der Zeit des Nationalsozialismus 1933—1945*），Iudicium Verlag GmbH 2007 年版。

第十三章
传统史学、公众史学和口述史学的完美结合
——20世纪中叶至今来华犹太人和来华犹太难民研究的演进

　　"来华犹太难民研究"是"来华犹太人研究"（或"在华犹太人研究"）的一个重要组成部分，因此本章将以更为宽广的视野来考察包括"来华犹太难民研究"在内的"来华犹太人研究"的演进和发展。

　　自20世纪中叶以来，有关"来华犹太人"的著述日渐增多，到20世纪80年代，这一题目已成为国际上的一个热点。与19世纪时"开封犹太人"在欧美引起的那股热潮不同，这次的"来华犹太人"热不仅局限于学术界，而且扩展到了公众关注的传媒和影视领域，甚至在一定程度上具有社会政治色彩。之所以出现这种情况，既是因为研究犹太民族史上的中国篇章在犹太学、汉学、历史学、宗教学、民族学、文化人类学、哲学等领域均具有重要的学术价值，也是因为这一题目在以史为鉴、开创未来，反对种族主义和法西斯主义，促进各民族之间的友好交往和不同文明之间的对话，构建和谐世界等方面具有重要的现实意义。

一、学术研究成果和活动[1]

　　在学术研究领域内，"来华犹太人"成为热点的早期迹象出现于20世纪四五十年代，到六七十年代逐步形成势头，到八九十年代，特别是1992年中以建交后达到高潮，进入21世纪后仍是方兴未艾。在此期间，虽然关于犹太

1　　下面提到的著作，可参见本书所附"关于来华犹太人研究的主要参考书目和资料来源"，不再做注。下面提到的论文，均有注释。

人在古代中国，特别是开封犹太人的著述仍时有出现，但研究重点逐渐转向
1840年后来华的犹太人，特别是上海的犹太人，这方面的成果大量涌现。近
年来，对哈尔滨犹太人的研究成为一个新的增长点，出现了一批重要成果，关
于天津、香港犹太社团的著述也陆续推出，但关于中国大陆其他犹太人定居点
和台湾犹太人的研究仍十分薄弱，文章也很少。同时，对在华犹太人的研究在
时间跨度上也逐渐向后延伸，出现了研究二战后、中华人民共和国成立后，乃
至改革开放以来在华犹太人的著述，成为该领域研究的又一亮点。以下对20
世纪中叶以来在华犹太人研究的演进做一梳理。为论述方便，按时间顺序将这
一演进分为五个阶段。

（一）中国改革开放前外国学者关于在华犹太人的研究

从20世纪中叶至70年代末走上改革开放之路，中国经历了抗日战争、解
放战争、新中国成立后的历次政治运动和十年"文革"浩劫，关于来华犹太人
的研究因此频频受到干扰而停滞不前。当然，这并不是说当时中国学者就没有
该领域的成果，但这些成果大多是到改革开放后才得以发表的。结果，这一时
期出现的一些关于"中国犹太人"的著述大多出于外国学者之手。

安娜·金斯伯格所写的《犹太难民在上海》（外文书名等参见"主要参考
书目和资料来源"，以下同）一书出版于1941年，可能是最早的研究来沪欧洲
犹太难民的专著。此后20年，也许是因为第二次世界大战及战后冷战愈演愈
烈的缘故，有关在华犹太人的专著几乎没有，但各类文章还是不少的，大多是
客观介绍"中国犹太人"的情况。到1962年，赫尔曼·迪克的《远东的流浪者
和定居者，犹太人生活在中国和日本的一个世纪》出版，是国际上第一本全
面、系统地考察1840年后来华犹太人情况的专著，重点研究哈尔滨和上海的
犹太社团。戴维·克兰茨勒于1976年推出他的力作《日本人、纳粹和犹太人：
上海犹太难民社区1938—1945》，此书以丰富翔实的第一手资料见长，对上
海犹太社团中的一个社区——来自欧洲的犹太难民进行了详细的研究和剖析。
1979年马文·托克耶和玛丽·斯沃茨合著的《河豚计划：二战时日本人与犹太
人之间一段不为人知的故事》出版，此书主要叙述波兰犹太难民经立陶宛、苏
联、日本来到上海的故事，并披露了战前和战时日犹关系中许多鲜为人知的史

料。因为此书对历史进行了艺术加工，读起来像一本小说，所以在读者中影响较大。需要提一下的是，该时期许多前"中国犹太人"写的回忆录虽然没有正式出版，也具有重要的学术价值。如前上海犹太难民威廉·肖特曼等人关于上海犹太人的回忆，前哈尔滨犹太社团主席之子特迪·考夫曼等人关于哈尔滨犹太人的回忆，前天津犹太社团成员莱奥拉·福尔曼和莫尼卡·斯沃茨等人关于天津犹太人的回忆等，都为后来的研究提供了宝贵的资料。

这一时期国际上关于古代"中国犹太人"和开封犹太社团的著述仍时有出现，但基本上停留在原有水平上，并无什么新的突破。

（二）20世纪80年代初到90年代初国内外关于在华犹太人的研究

从20世纪80年代初到90年代初，中国走上改革开放之路，犹太学研究全面复苏，迅速发展，中国学者推出了一系列关于"来华犹太人"的著述，在该领域的研究中很快赶上了国际先进水平。这一时期中国学者对古代开封等地犹太人的研究，以三四十年代的成果为基础向前迈了一大步，基本上弥补了失去30年时间所带来的损失，其标志是一批高质量的著述纷纷问世。江文汉积长期研究之成果，于1982年推出了专著《中国古代基督教及开封犹太人》，将传入古代中国的基督教与开封犹太人问题联系起来进行剖析，就开封犹太社团的形成、发展、特征和消亡提出了自己系统的见解，在国际上引起了较大反响。1983年出版的潘光旦的《中国境内犹太人的若干历史问题——开封的中国犹太人》，是作者毕生心血的结晶。该书除了重点研究开封犹太人之外，也论及近代以前中国境内其他地方的犹太人，就犹太人来华时间，来华路线，从何而来，到过中国什么地方，特别是开封犹太社团的情况提出了独到的见解。特别可贵的是，书后还附了很有价值的参考书目和史料汇编。高望之向第十六届国际历史科学大会提交的论文"中国历史上的犹太教和犹太人"认为：大批犹太人进入中国的时间不会早于唐代；中国犹太人被融合是由于儒家传统的影响、中国在宗教上的宽容及犹太社团本身孤立无援的困境。这些观点在国际上也受到了重视。1990年，上海三联书店出版了张绥的《犹太教与中国开封犹太人》，此书综合了前人的研究成果，并提供自己实地考察得来的一些资料。除上述著述外，金效静、王明甫、龚方正、唐裕生、吴泽霖、戴可来、陈昌祺、李继先、朱江、王一沙、孔宪易、赵佑之、徐伯勇等许多学者也撰文探讨了涉及古代中国境内犹太人的各方面问题，在国际学术界产生了重大影响。在该领域内还活跃着一位中国籍犹太学者沙博理，他的英文编著《旧中国的犹太人》收集了诸多论文，既以犹太人的眼光，又从中国人的角度看问题，获得了国内外学术界的好评。

令人高兴的是，20世纪80年代的中国学者已不满足于研究古代开封等地的犹太人，而开始研究1840年以后中国境内出现的新犹太社团，特别是对上海犹太人进行了比较深入的研究，从而大大拓宽了在华犹太人研究的领域，将三四十年代的研究水平提高了一个层次。徐铸成的《哈同外传》于1982年问世，张仲礼、陈增年所著《沙逊集团在旧中国》于1985年出版，再次激起了中国人对昔日上海滩上活跃的犹太财团的巨大兴趣。同时，大批外国学者（特别是犹太学者）和昔日居住在中国的犹太人来到上海、天津、哈尔滨等地收集资料、寻根访旧，更推动中国学者就这个问题展开研究。1987年，王庆余发表"旧上海的犹太人"一文，以翔实的资料全面介绍了旧上海犹太社团近百年的历史。[2]此后，潘光先后发表了"第二次世界大战期间上海的犹太难民"和"关于旧上海犹太复国活动的历史考察"两文，首次从中国学者的视角对上海犹太难民社区和上海的锡安主义运动进行了深入研究。[3]在1991年出版的由潘光和金应忠主编的《以色列·犹太学研究》一书中，也对上海犹太人进行了专题研究。1988年，由潘光等创建的上海犹太历史研究中心成立，后更名为上海犹太研究中心，主要研究犹太人在中国，特别是在上海的历史发展。

需要指出，改革开放以来中国学者在"中国犹太人"研究方面取得的成就，也是在前人艰苦奋斗，长期积累的基础上达到的。从这个意义上说，这些成就是与早在19世纪末、20世纪初即已起步的国内学者关于在华犹太人的研究工作无法割裂的。因此，应该在这里怀着敬意提一下该领域中国老一辈学者的名字：洪钧、蒋观云、张相文、叶瀚、陈垣、张星烺、俞颂华、育干、葛绥成、吴泽霖等等。人们永远不会忘记他们在推动"中国犹太人"研究方面做出

2　王庆余："旧上海的犹太人"，《学术季刊》1987年第2期。

3　潘光："第二次世界大战期间上海的犹太难民"，《学术季刊》1991年第2期。潘光等："关于旧上海犹太复国活动的历史考察"，《学术季刊》1992年第1期。

的贡献。

在这同时，国外关于在华犹太人的著述也逐渐增多，其中欧洲和以色列学者推出的几本书尤其令人注目。格尔德·卡明斯基与爱尔丝·约特瑞德合著的《奥中友谊史》和弗兰西斯·克瑞斯勒的《德国文化在中国的影响》两书均对德、奥籍犹太人在华状况进行了深入考察。朱迪丝·本—埃利泽的《上海失去，耶路撒冷重获》和齐拉赫·瓦尔哈夫蒂格的《难民和幸存者》都叙述了自己在上海的亲身经历，以第一手资料和史料见长。以色列贝思·哈特夫所斯大离散博物馆编的《移居在中国：哈尔滨、天津、上海的犹太社团》是第一本有关1840年后中国境内犹太人的图片史。此外，还有乔治·莱尼西、伊斯雷尔·基彭、亚伯拉罕·弗拉特金等人撰写的个人回忆录，也具有史料价值。值得一提的是，1984年成立的香港犹太历史学会也积极进行有关开封、上海、香港犹太人的研究，如1985年由该会主席罗狮谷及其夫人编写的《香港犹太社区》，便是最早出现的关于香港犹太人的综合研究著述。

（三）1992年中以建交后在华犹太人研究出现的高潮

1992年中以建交后，关于"中国犹太人"的研究掀起了一个空前的高潮，突出表现在专门研讨中国境内犹太人的国际学术会议接连召开，关于"中国犹太人"，特别是"上海犹太人"的专著大量涌现。从1992年到2000年，这方面新推出专著的数量几乎超过了20世纪前90年代此类专著的总和。

1992年8月，在世界著名学府美国哈佛大学召开了"犹太人离散在中国"国际学术讨论会，上百位专家学者和"中国犹太人"参加了会议。1994年4月，由上海市政府和上海犹太研究中心等联合举办的"犹太人在上海"国际学术研讨会在上海召开，约有200余位学者和原居住在上海的犹太人参加了会议，这是此类会议第一次在中国召开，并由中国人主办。1995年5月，正值第二次世界大战胜利50周年之时，在奥地利萨尔茨堡举办了"逃往上海，奥地利犹太人避难东方大都市"学术讨论会，此会不但有数十位专家学者参加，而且有许多当年居住在上海的犹太人及其子女前来团聚，成为联谊、纪念、学术研讨三位一体的活动。1997年8月，在德国柏林召开了"流亡在上海"学术讨论会，以纪念部分上海犹太人重返柏林50周年。此会集中研讨二战时在沪避

难的德奥犹太难民社区，并纪念1947年近300名德国犹太人重返柏林这一历史
事件。同年9月，又在德国圣·奥古斯丁召开了"犹太人在中国，从开封到上
海"学术讨论会，此会坚持学术第一，不搞联谊、纪念活动，只邀请20多位
国际知名的学者与会，研讨犹太人在中国这一专题。会上提交的一些论文涉及
以前较少研究的若干领域，如房建昌的"犹太人在内蒙古、辽宁、北京、天津
和青岛1911—1931"和张守慧的"意第绪文学在中国"等。在那些年里，还
有许许多多小型的研讨活动，难以一一列举，比如1999年1月在美国加州大学
洛杉矶分校举行的研讨会，主题为"东方巴黎？哈尔滨的世界1895—1945"。
这是当时还不多见的专门研讨哈尔滨犹太人及外侨的学术活动。

在那8年里，"中国犹太人"研究领域涌现出的专著约在30本以上，其中
80%是关于上海的，特别是关于来华犹太难民的。比较著名的有：詹姆斯·罗
斯的学术专著《逃往上海，中国的一个犹太社区》，瑞娜·克拉斯诺的个人战时
日记汇编《总是陌生人，战时上海的一个犹太家庭》，王一沙积多年研究而成
的力作《中国犹太春秋》，格尔德·卡明斯基经长期研究而写出的《罗生特传》，
丹尼尔·列维撰写的专著《双枪科亨》，前丹麦驻华大使白慕申撰写的关于其外
祖父的著作《马易尔——一位丹麦实业家在中国》，Y·利伯曼的个人回忆和透
视《我的中国，犹太人生活在东方1900—1950》，潘光主编的图史《犹太人在
上海》和在沪犹太人回忆录汇编《犹太人忆上海》，伊夫琳·鲁宾的个人回忆和
评析《上海隔离区》，欧内斯特·哈帕纳的个人回忆和评论《上海避难所》，伊
沙贝尔·梅纳德的自传《中国梦——在天津长大的犹太人》，安东尼娅·芬娜尼
对来澳上海犹太人进行研究后写出的著作《来自何方：犹太人从上海到澳大利
亚的旅程》，西格蒙德·托帕斯的回忆录《陌生的避难所：战时上海一个犹太孩
子的生活》，高斯坦主编的论文集《中国的犹太人I：历史和比较透视》等。此
外，贝蒂·格雷本希科夫、阿里耶·马林斯基等人撰写的个人回忆录也具有史料
价值。有意思的是，还出现了以小说形式表现在华犹太人经历的著作。如发
表过多部以纳粹大屠杀为主题的小说的法国著名作家米雪尔·卡娜，就推出了
反映上海犹太难民经历的小说《上海犹太城》，连本书主编也成了她书中的人
物。该书出版后广受欧洲读者欢迎，使他们了解了上海在救助犹太难民过程中
发挥的重要作用，还被译成德文、荷兰文等多种欧洲语言。至于这方面的论文

和文章，因实在太多，已难以统计和列举。不过要提一下的是，当时已出现了为数不多的研究哈尔滨、天津、香港犹太人的论文。如房建昌的"伪满洲国时期的哈尔滨犹太人"和"近代天津的犹太人"，就首次粗线条地勾勒出了哈尔滨、天津犹太人历史的概貌。[4]1995年，香港犹太社团中心编写的大型图史著作《美景成真》问世，以生动的图片和语言描述了香港犹太社团的成功之路。潘光和徐新先后发表文章，阐述了香港犹太社团150余年的发展进程，考察了其与上海等地犹太社团的密切联系，特别是其与中国内地发展的互动关系。[5]

值得一提的是，在20世纪90年代的这股"中国犹太人"研究热中，中国学者的研究成果已具有国际先进水平，一批青年学者尤为突出。如研究东北、华北犹太人的房建昌、研究上海犹太人的王健、研究开封犹太人的张倩红，研究意第绪文学在中国的台湾地区学者张守慧等，在国际上都有一定知名度。同时，中老年学者唐培吉、徐信、许步曾、金应忠、沈寂等也继续发表有价值的力作。

（四）进入21世纪后在华犹太人研究的深化和提高

进入21世纪，在华犹太人研究继续深化，研究水平不断提高。一系列研讨会在推动研究深化、提高方面发挥了重要作用。由于这些年来该领域的研讨会非常多，难以一一列举，这里仅提一下主要的研讨活动：2001年，在加拿大温尼伯、多伦多和澳洲悉尼举办了一系列关于上海犹太人的研讨、展览系列活动（后面还要提及），其中的研讨会具有一定的学术水准；2002年9月，由以色列特拉维夫大学主办，上海社会科学院协办的"中国、以色列和犹太人"国际学术研讨会在香港举行，会议对在华犹太人和中以关系进行了较深入的研讨；2003年9月，德国美因兹大学举办了主题为"犹太人和犹太教在中国：存在和感知"的国际学术研讨会，对从开封到上海的犹太社团和犹太教的活动进行了比较系统的研究；2004年6月，美国旧金山中华文化中心和美国犹太人委

4　参见房建昌两文："伪满洲国时期的哈尔滨犹太人"，载《辽宁师范大学学报》（社科版），1996年第4期；"近代天津的犹太人"，载《天津文史资料选辑》1996年第2期。

5　潘光："香港犹太社团与近代中国"，《当代港澳》1998年第1期。徐新："香港犹太社团历史研究"，《江苏社会科学》2000年第4期。

员会联合举办了"早期上海的中犹纽带"学术研讨及报告会，特别涉及塞法迪
犹太人与中国人的关系，这是其他研讨会所不多见的；2004年8月末9月初，
中国黑龙江省社会科学院哈尔滨犹太研究中心与以色列"前中国居民协会"联
合举办了"哈尔滨犹太历史文化国际研讨会"，这是中国国内、也是国际上第
一次举行如此大规模的以哈尔滨犹太人为主题的学术活动，对哈尔滨犹太社团
进行了全面研讨；2005年8月，上海犹太研究中心在国内首次举办了"犹太人
在亚洲：比较研究"国际学术研讨会，将中国犹太社团与印度、日本等地的犹
太社团进行比较研究，进一步拓宽了在华犹太人研究的领域，与会者提交了一
批高质量的学术论文，后来均收入《犹太人在亚洲：比较研究》一书中；2005
年12月，上海犹太研究中心等单位在上海联合举办了"犹太难民在上海"国
际学术研讨会，以纪念世界反法西斯战争胜利和上海犹太难民避难幸存60周
年，美国前财政部长、当年的上海犹太难民布卢门撒尔到会做了主题讲演；
2007年9月，湖南省益阳市政府主办了纪念何凤山逝世十周年学术研讨会，这
是首次举行专门研究何凤山的学术活动；2008年11月10日，由联合国主办的
纪念纳粹德国屠杀犹太人之"碎玻璃之夜"70周年研讨会在纽约联合国总部
举行，其中包括笔者的专题报告，谈及"碎玻璃之夜"后上海成为犹太难民避
难地的重要意义。2010年、2012年、2016年，上海犹太研究中心连续举办了
三届犹太研究青年论坛，来华犹太人研究是讨论的一大重点。这个论坛汇聚了
一批中青年精英，为来华犹太人研究的进一步发展奠定了坚实的基础。值得一
提的是，2014年7月，上海犹太研究中心、上海师范大学与美国普林斯顿大学
联合举办了"犹太人在中国：一个公共史学的热点议题"学术报告和研讨会，
首次将这个题目纳入公共史学的范畴，是将犹太人在中国、特别是来华犹太难
民研究从研究机构推向社会的一个重要尝试。

在新世纪，虽然对近代以来"中国犹太人"的研究成为持续升温的热点，
但仍有关于古代来华犹太人研究的文章不时出现。党宝海以《至正金陵新志》
中记载的江南行御史台监察御史珠笏氏亦思哈为犹太人这一发现为线索，提出
了对研究元代犹太人以及相关汉文史料很有价值的思路；张倩红则注重研究
开封犹太人同化的原因，认为"开封犹太人同化的最根本原因来自犹太社团内
部，即对犹太教信仰的彻底淡化和对儒教的深层次认同，犹太教的儒化过程正

是开封犹太人的同化过程"。此外，肖宪对古代中国社会中的犹太人和穆斯林进行了对比研究，以探讨犹太人被同化而穆斯林社团却不断壮大的原因，[6]殷罡也对开封犹太人的相关问题做了深入的研究，提出了一些独到见解。[7]

　　同时，关于近代以来"中国犹太人"的研究进一步深化和提高，这在"上海犹太人"研究方面表现最为突出。2001年，潘光主编的大型中英文图史著作《犹太人在中国》问世，以400多幅图片讲述了犹太人在中国走过的十多个世纪的历程，在国内外受到好评。该书后来又多次重版，还在美国出版，并被译成德文和法文，还将译成俄文和希伯来文。2002年，潘光和王健推出专著《一个半世纪以来的上海犹太人》。2010年，两位作者又在此基础上推出力作《犹太人与中国：近代以来两个古老文明的交往和友谊》，实现了该题目研究的深化和提高，如：系统研究了1840年以来犹太人来华的四次高潮；全面论述了来华、来沪犹太人的经济、政治、文化活动及其对中国、上海的影响，其中对上海犹太难民社区和上海锡安主义活动的研究使用了许多新发掘的资料；不仅对上海，而且对哈尔滨、天津、香港犹太社团进行了深入研究，还对台湾犹太社团进行了初步研究；分析了二战后犹太人逐批离华的原因，并考察了新中国建立后在华犹太人的情况和上海犹联的活动；系统研究了近代以来中国境内的中犹关系，特别对反法西斯斗争和中国革命、建设中的中犹友谊和犹太友人进行了系统研究，其中对何凤山义举和孙科计划首次进行了详细介绍；对走向世界各地的"中国犹太人"及其中国记忆、上海情结进行了深入研究，并开始考察改革开放以来犹太人重返中国这一新态势，在该领域研究方面有所拓展和创新。2003年，饶立华以自己的博士论文为基础写成的专著《流亡者的精神家园——〈上海犹太纪事报〉研究》出版，是研究上海犹太难民的一部力作。该书通过对一份上海犹太难民办的德文报纸《上海犹太记事报》的研究，解读了上海犹太人的民族性格和离散特征，剖析了流亡异国在夹缝中生存的犹太难民特有的心态，揭示了他们熟练的办报技巧和深厚的文化底蕴。汤亚汀对不同时期上海犹太社区的音乐生活做了深入研究，就此写了一系

6　肖宪："中国历史上的犹太人和穆斯林：比较研究"，载潘光主编《犹太人在亚洲：比较研究》，上海三联书店2007年版。

7　殷罡："开封犹太人：来历、经历与同化进程"，载沙博理编：《中国古代犹太人》，新世界出版社2008年版。

列论文和文章，并在此基础上推出了专著《上海犹太社区的音乐生活（1850—1950，1998—2005）》。作者认为，上海犹太人的音乐生活反映了犹太民族很强的适应能力，也是犹太社群凝聚力的重要文化基础。许步曾积多年研究写出的著作《寻访犹太人：犹太文化精英在上海》，介绍了上海犹太人对这座城市文化发展所作的贡献。由宋妍主编的图史著作《虹口记忆》和张艳华撰写的《提篮桥——犹太人的诺亚方舟》聚焦当年为欧洲犹太难民提供避难所的上海虹口提篮桥地区，在沪犹太人研究进一步深化。2008年，王健推出新作《上海犹太人社会生活史》，将上海犹太人的政治、经济、文化、宗教诸方面活动均纳入社会生活发展历程这条主线进行综合研究，其中有专章研究上海犹太人的礼仪和社交生活，这是该领域其他专著中所没有的。2010年和2011年，王健又连续推出《上海的犹太文化地图》和《空间·故事·上海犹太人——提篮桥的过去与现在》（与张艳华合作），使关于"犹太人在上海"的研究更加通俗化和大众化。

　　外国学者和前上海犹太居民关于在沪犹太人的著述也大批涌现。因论文和文章数量太多，这里只能介绍一些著作：梅西·麦耶的《从巴比伦河到黄浦江：塞法迪犹太人在上海的一个世纪》对上海塞法迪犹太社区进行了全面、系统的研究；阪东宏的《日本对犹太人的政策（1931—1945）》比较全面地考察了日本对犹政策的演变，其中许多内容涉及在沪犹太人；丸山直起的《太平洋战争和上海的犹太难民》首次从日本学者的视角探讨了战时上海的犹太难民问题，具有较高学术水准；格奥尔格·阿姆布鲁斯特、米歇尔·科尔施特鲁克和索尼娅·谬伯格主编的《逃亡在上海1938—1947，流亡中的犹太生活》，是一本论文和回忆录的汇编，对研究上海犹太难民社区极有价值；玛莎·瑞斯塔诺的《最后求助的港口：上海的离散者社团》不仅对上海的犹太人进行了研究，也研究了在上海的其他离散者社团；格尔德·卡明斯基的《老上海浮世绘——奥地利画家希夫画传》以生动的语言和栩栩如生的图画反映了犹太难民在沪期间的大都市生活；瑞娜·克拉斯诺的《上海往事：1923—1949，犹太少女的中国岁月》则以细致的文笔描写了上海俄国犹太社区的生活。出生在上海的山姆·莫辛斯基的新著《别了，上海——一个犹太少年的回忆》，则栩栩如生地描写了一个俄国犹太人家庭在上海的生活。还有索尼娅·谬伯格、丽莉·斯卡尔、马托克·尼西姆、弗雷德·安特曼等人写的个人回忆录，也都具有史料价值。

与20世纪末不同的是，在"上海犹太人"研究继续深化之时，关于哈尔滨犹太人的研究也开始迅速崛起，紧跟"上海犹太人"研究的发展步伐，成果不断涌现。曲伟、李述笑主编的大型图史著作《犹太人在哈尔滨》，曲伟、李述笑主编的论文、报告、访谈、回忆录汇编《哈尔滨犹太人》，张铁江的个人研究成果汇编《揭开哈尔滨犹太人历史之谜：哈尔滨犹太人社区考察研究》，曲伟、特迪·考夫曼主编的论文集《哈尔滨犹太人的故乡情》，刘爽的学术专著《哈尔滨犹太侨民史》、韩天艳、程洪泽、肖洪的著作《哈尔滨犹太家族史》等，以及一批有关哈尔滨犹太人的论文、文章相继推出。随着相关史料的发现和研究的深入，关于犹太人到哈尔滨的原因和过程，上述学者们已经基本勾勒出了一幅比较完整的图景：沙俄的反犹排犹政策、中东铁路的修筑，苏俄的革命和内乱，以及东北开放开发带来的机遇等。[8]有的学者则进一步考察了哈尔滨犹太人口、国籍及其职业构成等问题。[9]对于哈尔滨犹太社团的社会文化生活、社团组织及其主要活动、功能，学者们做了初步考察，并探讨了伪满洲国时期日本人与犹太人关系的演变。哈尔滨犹太人的文化活动和成就也引起学者们的关注，如对哈尔滨的犹太圣裔社、犹太会堂、犹太墓地、犹太人创办的报刊等也进行了相关的考察。与上海犹太人相似，犹太人在哈尔滨的经济生活中有着举足轻重的地位，在金融和工商业中都有强大的影响力。学者们比较全面地考察了犹太人在哈尔滨的经济活动及其影响，还对一批有影响的犹太家族和犹太商人进行了个案研究，指出他们在哈尔滨商会中占据主导地位，通过金融活动引进大量国际资金，扩大了哈尔滨的对外开放程度。[10]曲伟在论及哈尔滨犹太人的历史地位时指出了他们的几大成就：创建了完整的国际社区，创造了经济和贸易奇迹，构建了有凝聚力和生命力的特色文化，留下了有丰厚文化韵味的建筑，还涌现了许多世界一流人才。[11]同时，国外也出现了几本关于

---

8 参见张铁江："哈尔滨：近代东亚犹太人最大的活动中心"，《学习与探索》2000年第6期；刘爽："哈尔滨犹太人探源"，《学习与探索》2004年第5期；王冰："哈尔滨犹太人社区的建立及其基本状况"，《黑龙江社会科学》2006年第6期。

9 李述笑、傅明静："哈尔滨犹太人人口、国籍和职业构成问题探讨"，《学习与探索》2001年第3期。

10 张铁江："论犹太人在哈尔滨近代经济发展中的地位与作用"，《黑龙江社会科学》2006年第6期。

11 曲伟："哈尔滨犹太人的历史地位"，《黑龙江社会科学》2004年第6期。

哈尔滨犹太人的著作，其中比较重要的是特迪·考夫曼的《我心中的哈尔滨犹太人》、赫尔穆特·斯特恩的《弦裂——柏林爱乐乐团首席小提琴家斯特恩回忆录》和玛拉·穆斯塔芬的《秘密和间谍：哈尔滨档案》。前两本书以个人和家族的经历为主线，深情地描述了哈尔滨犹太人的历史，玛拉·穆斯塔芬则以自己在苏联克格勃档案中发现的史料为基础，揭示了部分哈尔滨犹太人返回苏联后的悲惨遭遇。

随着相关文件、档案的发现，对天津犹太人研究也逐渐开展起来。王立新在房建昌初步研究的基础上进一步加以充实和深化，写出了"天津近现代史上的犹太人及其经济社会生活"，对天津犹太人的经济社会生活进行了比较全面的研究[12]。由宋安娜编写的《犹太人在天津》（画册）和《神圣的渡口：犹太人在天津》（著作），将关于天津犹太人的研究推向公众和世界，也是这一领域的重要成果。关于香港犹太人的研究继续拓展，香港犹太历史学会在其中发挥了重要作用。内地学者也在这方面努力探索，如潘光和周国建考察了香港犹太社团"文革"前与"文革"后与新中国的关系，今日香港犹太社团的文教活动、职业构成、国籍来源等问题[13]。作为中国领土的一部分，在台湾也有一个人数不多，但十分活跃的犹太社团。在台湾犹太社团提供资料的基础上，潘光和周国建对台湾犹太人做了初步考察[14]。

在新世纪国内外推出的关于在华犹太人研究的著述中，有不少并不针对某个城市、地区的犹太人，而是对整个"中国犹太人"进行综合研究，包括对改革开放以来中国新犹太社团的研究，还有不少则注重研究中犹关系，包括中以关系。同时，又有一些来华犹太人的回忆录陆续发表，披露了更多有价值的史料。高斯坦继《中国的犹太人I：历史和比较透视》后又推出了其主编的《中国的犹太人II：史料汇评和研究指南》，进一步夯实了在华犹太人研究的资料基础。罗曼·马雷克主编的《从开封到上海：犹太人在中国》，汇集了一批有价值的学术成果，对从古至今的"中国犹太人"进行了比较全面的研究。彼

---

12 王立新："天津近现代史上的犹太人及其经济社会生活"，《中国社会历史评论》第五辑，商务印书馆2007年版。

13 潘光、周国建："二战后在华犹太人研究"，《社会科学》2007年第6期。

14 前引潘光、周国建"二战后在华犹太人研究"。

得·科普佛主编的《犹太人和犹太教在中国：存在和感知》是一本论文集，其中一些文章研究了中国人对犹太人和犹太教的看法。周迅以其博士论文为基础写成专著《中国人看犹太人和犹太教：中国人犹太观的发展史》，首次全面、系统地考察了中国人犹太观的发展历程，具有较高的学术价值。以色列前驻华大使泽夫·苏赋特以自己的日记为基础撰写的《中国以色列建交亲历记》和高斯坦主编的《中国与犹太——以色列关系100年》则着重考察了中犹、中以关系的发展演变，其中首次披露了一些重要史实。还有一些著作的主题并非来华犹太人，但却丰富了对二战期间中犹人民互相支持这段珍贵历史的研究。如蒋作斌主编的《国际义人何凤山》和张至善编译的《西班牙反法西斯战争时期的国际纵队与中国》，就对积极救助犹太难民的中国前驻维也纳总领事何凤山和西班牙反法西斯战争结束后国际纵队中一批犹裔医生来华支援中国抗日的事迹进行了深入研究，披露了一批极有价值的史料。此外，更多来华犹太人的回忆录陆续发表也对在华犹太人研究具有重要推动作用，如爱泼斯坦的回忆录《见证中国》、李敦白的回忆录《红幕后的洋人》、叶华的回忆录《世纪之恋——我与萧三》等，均具有重要的史料和学术价值。关于新中国境内犹太人的研究，特别是关于改革开放以来中国大地上新犹太社团和居民群体的研究，是在华犹太人研究的新领域。近年来，潘光、王健、汪舒明、周国建等就此发表了一系列论文，提出了中国学者的独到见解，具有重要的学术价值和现实意义。还要提一下的是，上海犹太研究中心从2007年开始推出《犹太以色列研究论丛》，第一本是《犹太人在亚洲：比较研究》，对中国、印度、日本、菲律宾、新加坡等地的犹太社团进行了比较研究；第二本是《犹太研究在中国：三十年回顾1978—2008》，其中详细介绍了在华犹太人研究的重要著述和成果；第三本是《纳粹大屠杀的政治和文化影响》，深入探讨了纳粹大屠杀的后果与影响，与犹太人来华避难密切相关；第四本是《犹太人在美国：一个成功族群的发展和影响》，其中有"来华犹太人研究"专章；第五本是《离散与避难：犹太民族难以忘怀的历史》，再次深挖直接导致犹太人来华的离散、避难主题。

（五）"来华犹太难民研究"被确立为中国的国家社会科学基金重大项目

2010年底，经国家级资深专家评审，"来华犹太难民研究（1933—1945）"

被正式确立为中国国家社会科学基金重大项目，由潘光担任首席专家。这一战略性举措，使来华犹太人研究的质量和水平得到了极大的促进和提升。七年多来，项目组以争分夺秒的精神采访仍然健在的前犹太难民及其后裔，抢救了一批前犹太难民的口述和文字记忆，并收集了大量与犹太难民相关的文件、档案资料。经过对这些材料进行更加系统和深入的研究，进一步夯实了该课题研究的资料和理论基础，为推出质量更高的成果创造了有利条件。2015年，项目组推出了国家社科基金重大课题"来华犹太难民研究"的主要成果之一——潘光主编的《艰苦岁月的难忘记忆——来华犹太难民回忆录》，使用的完全是前来华犹太难民的第一手口述和文字史料，栩栩如生地展现了他们逃离纳粹统治下的欧洲、抵达上海和走进中国、在中国土地上闯荡和拼搏、在虹口隔离区度过艰难时刻、与中国人民同甘共苦等难忘经历，以及离开中国后始终难以割舍的中国记忆和上海情结。在纪念世界人民反法西斯战争和中国人民抗日战争胜利70周年之际推出这一力作，更具有特别重要的意义。

同时，项目组专家王健推出了两本通俗读物《救亡与拯救——二战中的犹太难民与上海》和《犹太难民与上海》。另一位项目组专家斯蒂芬·霍奇斯塔特是来华犹太难民口述史研究专家，他花费20余年的时间采访了几十位定居在美国的原上海犹太难民，推出了《避难上海：逃离第三帝国的故事》一书，为我们研究来华犹太难民提供了大量丰富的第一手资料。在此基础上，项目组将已收集到的大量与来华犹太难民相关的文件、档案、报刊、记忆、人物、评析等各方面资料集中整理，形成《来华犹太难民资料档案精编》四卷，为课题最终成果的完成做好准备。2017年8月，《来华犹太难民资料档案精编》也出版了。

随着时间的流逝，原居住在中国的犹太人日趋衰老，不少人已离开人世，他们所掌握的资料也逐渐变旧、发黄、破碎、散失。因此，对于研究"中国犹太人"的学者们来说，当务之急是抢救资料，包括这些"中国犹太人"手中所掌握的死资料和他们脑中的活资料。设立"来华犹太难民研究"国家重大项目的目的之一，也是为了抢救资料。同时，上海犹太研究中心、斯坦福大学胡佛研究所、美国中犹研究会、依浮研究所（The Yivo Institute），利奥·贝克研究所（The Leo Baeck Istitute）、设在美国加州北岭州立大学的"老中国通"文献委员会（Old China Hands Archive）、捷克科学院近代史研究所、波兰犹太历史博物馆、上海交通大学出版社、上海犹太难民纪念馆等机构都已越来越重视这一项"与时间赛跑的工作"，开始全力搜集"中国犹太人"及其后代所掌握的史料，并着手进行采访仍健在者的口述史档案录制项目。可以相信，随着这一庞大工程的逐步推进，在华犹太人研究的基础将更加扎实。

二、展览会和影视、音乐作品

"犹太人在中国"这一题目逐步走向社会并成为公众关注的热点，是居住在世界各地的"中国犹太人"及各国对华友好人士大力推动的结果。他们当然懂得这一题目的学术价值，但更重视它的现实意义，特别是在促进中犹友谊，反对法西斯主义和维护世界和平方面的重要意义。学者们虽然往往更看重这个题目的学术性，但也乐见自己的研究成果走出书斋，产生社会效应，因此同样积极支持并参与这方面的尝试和努力。在"犹太人在中国"热从学术界扩展到社会的过程中，展览会和影视、音乐作品发挥了突出作用。

（一）20世纪下半叶的展览会和影视作品

早在1948年，纽约的依浮研究所就举办过有关上海犹太人的展览[15]，但当时并没有产生什么轰动效应，这大概是由于在那时的冷战气氛中，有关中国的题目过于敏感又带有太重的政治色彩。直到30多年后的20世纪80年代初，有关"中国犹太人"的展览和影视作品才大量出现并真正成为社会关注的热点，这显然又与中国走上改革开放之路引起全球关注这一大气候密切相关。

1983年，以色列特拉维夫的贝思·哈特夫所斯大离散博物馆在当地"中国犹太人"和有关学者的帮助下举办了关于开封犹太人的展览会，在以色列引起轰动。特别是那个颇像中国式寺庙的开封犹太会堂模型，使来自世界各地的参观者赞叹不已，被誉为中犹文化融合的奇妙结晶，后来便成为该博物馆的永久性展品，还被印在以色列的邮票上。贝思·哈特夫所斯大离散博物馆还以这

15　依浮研究所（Yivo-Yiddish Scientific Institute）编：《"上海的犹太生活"展览会目录》(Catalogue of the Exhibition：Jewish Life in Shanghai)，纽约，1948年。

次展览会的展品为基础编了一本有关开封犹太人的画册。[16]在这前后，世界犹
太人大会，美国中犹研究会等组织也拍了一些介绍开封、上海犹太人的纪录
片，但主要还是在学术界流传。1989年，比利时犹太裔制片人兼导演 D. 帕瑞
茨泰京（Diane Perelsztejn）拍摄了艺术纪录片《奔向日出之地》（Escape to the
Rising Sun），以写实手法详述了五位波兰犹太人是怎样逃离波兰，经立陶宛、
苏联、日本辗转来到上海的。此片一出，使公众对犹太人战时在上海的经历大
感兴趣，许多当年的"上海犹太人"纷纷出来发表感想，学者们也出来撰文介
绍那段历史。此片后来还获得澳大利亚国际电影节纪录片奖。1991年底，就
在中以建交前夕，笔者参与创建的和平与发展研究所以色列犹太研究中心与研
究纳粹大屠杀的西蒙·维森塔尔中心首次在上海联合举办有关纳粹大屠杀的展
览，同时附设一个有关上海犹太人的展览会。这大概是第一个由中国人自己设
计制作的关于"中国犹太人"的展览会，当时轰动了上海滩，为中以建交创造
了良好的氛围。后来该展览会中有关犹太难民的部分内容转入上海虹口摩西会
堂旧址陈列馆（即现在的上海犹太难民纪念馆）作永久性展出。

1992年1月中以建交，使这一年从一开始就充满中犹友好的气氛，"中国
犹太人"研究热也随之升温。由加拿大裔制片人凯伦·肖帕晓维奇女士拍摄的
纪录片《一个拯救你生命的地方》（A Place to Save Your Life）就在中以建交后
不久推出，在加拿大和美国引起热烈反应。该片摄制组采访了美国、加拿大、
以色列、澳大利亚的数十位当年在上海避难的欧洲犹太难民，最后到上海实地
拍摄，生动地讲述了犹太难民们在上海的经历。8月，就在哈佛大学召开"犹
太人离散在中国"国际学术讨论会期间，在哈佛大学图书馆举办了"中国和
犹太人"（China and the Jews）展览会，引起了美国公众的极大兴趣。以色列
著名学者 I. 埃班（Irene Eber）还将展品目录、部分展品及自己的评述汇编成
册，[17]由哈佛大学图书馆印制推出。

1994年4月，在上海召开"犹太人在上海"国际学术讨论会期间，由以色
列贝思·哈特夫所斯大离散博物馆和上海犹太研究中心联合举办的"上海犹太

16　贝思·哈特夫所斯博物馆（Beth Hatefusoth Museum Of the Jewish Diaspora）编：《开封犹太人，黄河岸边的
犹太人》（The Jews of Kaifeng；Chinese Jews on the Banks of the Yellow River），特拉维夫，1984年版。

17　参见前引 I. 埃班（Irene Eber）：《中国和犹太人》。

社团"展览会同时举行，它第一次以精制的照片展示上海犹太社团发展的全过程，在展品质量和技术水准方面都大大超过了以前历次此类展览。会后，该展览的所有照片转入上海犹太研究中心作永久性展出，现在从世界各地来沪的犹太朋友都要来中心参观这一小型展览。

1995年5月，在奥地利萨尔茨堡举办"逃往上海"学术讨论会期间，奥方也精心制办了两个展览会。一个是关于奥地利犹太难民在上海的小型展览，另一个是奥地利犹裔画家许福（Friedrich Schiff）的作品展，集中展示了他作为难民在沪居住期间创作的几十幅画。这两个展览在奥地利和中欧产生了巨大影响，许多年轻人观后表示要牢记历史上那难忘篇章，为促进中犹友谊做贡献。

1996年，正值中国和奥地利建交25周年之际，由上海社会科学院和奥地利奥中友好协会联合举办的"中国人民的伟大朋友——罗生特大夫生平事迹展览会"在上海开幕，奥地利执政两党和奥地利中国友好协会联合组团参加了开幕式。该展览会第一次全面、系统地向中国人民介绍了罗生特大夫的光辉一生，使参观者深受感动。上海一家报纸在报道这个展览会时使用的通栏标题是"奥地利也有一个白求恩"。[18]同年夏，纽约的利奥·贝克研究所也举办了关于上海犹太难民的展览，与1992年在哈佛举办的展览会相比，这一次因在纽约市中心展出而在美国公众中产生的影响要大得多。

1997年在德国柏林和圣·奥古斯丁的两次学术活动也都在同时举办了展览会。柏林的展览会办在柏林犹太博物馆，主题为"流亡在上海1938—1947"，主要反映欧洲犹太难民在上海的生活，不但展出了大量图片和照片，还展示了许多珍贵的实物，包括当年犹太难民使用过的中式家具、服装和杂物。这次展览会的规模超过了此前历次同类展览，在德国引起轰动。圣·奥古斯丁的展览会则与学术讨论会配套，虽规模不大，但学术水准堪称一流。主题为"从开封到上海，犹太人在中国"，主要介绍犹太人移居中国的历史和有关"中国犹太人"的研究状况，几乎收集了所有这方面的学术著述，使学者们获益匪浅。当年10月，在当地"中国犹太人"的大力推动下，由澳大利亚犹太博物馆主办的大型展览会"避难所的故事：犹太人在上海"在墨尔本开幕。这次展览会与

18　上海《青年报》1996年4月11日。

柏林那次相似，以图片和实物相结合，主要展示犹太难民在沪生活，并举办学术报告会和座谈会。这是首次在澳洲举办这样的活动，当地报纸、电台、电视台都做了大量报道，并称这样的活动有助于促进澳洲多元种族、文化的交往和融合。就在同时，美国中犹研究会也在加州帕罗奥托举办了主题为"在丝绸之路的尽头：中国开封犹太人"的小型图片展。

　　从1997年到1999年，又连续出现了几部关于"中国犹太人"的影视作品。德国著名制片人U.奥汀格（Ulrike Ottinger）经过数年寻访和拍摄，推出了长达4个多小时的纪录片《离散在上海》（Exil Shanghai），讲述塞法迪犹太人、俄国犹太人和欧洲犹太难民在上海的生活和经历。该片曾在1997年柏林电影节上被评为最佳纪录片。美国犹裔制片人J.格罗斯曼（Joan Grossman）和她的合伙人P.罗斯迪（Paul Rosdy）拍摄的反映上海犹太难民生活的《最后希望——上海避风港》（The Port of Last Resort）在美国、加拿大、欧洲放映后获得好评。旅美中国画家陈逸飞投资并自任导演拍摄了纪录片《上海方舟》和艺术纪录片《逃往上海》，上海电视台也推出了三集电视片《逃亡上海》。这些影视片放映后在中国公众，特别是上海观众中引起了极大反响，使"中国犹太人"热也来到了其故乡中国。

　　1999年，以色列贝思·哈特夫所斯大离散博物馆与奥中友好协会合作，首次在以色列举办罗生特生平事迹展，使广大以色列人民第一次了解到罗生特为促进中犹、中奥友谊所做出的杰出贡献，许多参观者为此热泪盈眶。同年10月，在加拿大温哥华开展了由温哥华中华文化中心和犹太人大屠杀教育中心联合举办的"犹太人在上海"系列活动，以"犹太人在上海"展览会为主、辅之以学术报告、小型研讨和放映电影等配套活动。值得一提的是，这是第一次由华人社团和犹太社团联合举办这样的活动，因此不仅具有历史、文化和学术价值，而且还具有促进中加、中犹友谊及加拿大华犹两族关系之重要现实意义。此次活动中最引起轰动的是首次公布了中国前驻维也纳总领事何凤山博士通过发放签证救助犹太难民的历史资料，在世界各地媒体引起轰动。

　　（二）进入新世纪以来的展览会和影视、音乐作品

　　温哥华系列活动也许是20世纪最后一次有关"中国犹太人"的大型活动，

进入21世纪后，"中国犹太人"热仍继续升温，各类展览接二连三地举行，影视等文艺作品也不断出现，往往与学术研讨互相配合，使这段历史为更多的社会公众所了解。因这些活动实在太多，这里只能列举其中若干。

华盛顿的美国大屠杀纪念博物馆于2000年5月举办了主题为"逃亡和救助"的展览会，其中有许多涉及犹太难民逃亡上海的内容，这是该馆首次举办与中国有关的展览。2001年1月到3月，加拿大温尼伯中华文化中心、犹太社团中心等联合举办"上海情结"研讨、展览系列活动，以纪念上海在救助犹太难民过程中发挥的重要作用，当地日本社团也参与了这次活动，这是以前从未有过的。同年11月，由加拿大多伦多中华文化中心和犹太社团联合主办的"犹太人在上海，幸存者的故事"研讨、展览系列活动在多伦多举行。同时，澳洲悉尼犹太博物馆也举办了有关上海犹太人的展览活动。前面提到的2002年9月在香港举行的"中国、以色列和犹太人"国际学术研讨会，2003年9月在德国美因兹大学举办的"犹太人和犹太教在中国：存在和感知"国际学术研讨会，2004年6月在美国旧金山举办的"早期上海的中犹纽带"学术研讨及报告会等，也都举办了与学术研讨配套的展览活动。

2004年以来，几场水平较高的大型展览在国内外受到好评。2004年8月末9月初，在"哈尔滨犹太历史文化国际研讨会"举办期间，与会者兴致勃勃地参观了大型展览"犹太人在哈尔滨"，这是国内、也是国际上第一个关于哈尔滨犹太人的大型的、综合性的展览。现在，这个展览已迁入修缮一新的原哈尔滨犹太新会堂，改为"哈尔滨犹太历史文化展览"，作永久性展出。2005年12月，为纪念世界反法西斯战争胜利和上海犹太难民获救60周年，在"犹太难民在上海"国际学术研讨会举行的同时，上海犹太研究中心等单位联合推出了"上海：大屠杀受害者的避难地——犹太难民在上海"主题图片展，通过珍贵的历史图片，生动地再现了二战期间上海人民接纳和救助犹太难民的感人历史。2006年10月，该图片展在奥地利首都维也纳和波兰首都华沙隆重展出，产生重大反响。2007年9月，在湖南省益阳市举办纪念何凤山逝世十周年学术研讨会之时，也举行了何凤山事迹展览，后又到上海等地展出。2008年7月，由上海犹太研究中心与中国国际文化交流中心、美国西蒙·维森塔尔中心联合举办的"犹太人在近代中国"大型展览会在美国洛杉矶隆重开幕。由中国前外交部副部长王英凡任团长的中国代表团出席开幕式并参加系列活动。洛杉矶市长安东尼奥·维拉亚柯萨会见了中国代表团全体成员。展览会受到了美国犹太社团、旅美华人华侨及广大美国民众的热烈欢迎，美国各大媒体都对此作了报道。此后，美国各地纷纷邀请该展览前去展出，该展览又于2010年在美国旧金山展出。2016年12月，该展览首次在以色列展出，作为庆祝中以建交25周年系列活动的第一项内容。上海犹太难民纪念馆也制作了关于几个欧洲犹太难民家庭在上海避难经历的展览，在美国、以色列、德国、澳大利亚等国展出，获得好评。2015年，为纪念世界人民反法西斯战争胜利70周年，该馆重新专修，推出了全新的陈列展。2012年，旧上海犹太照相师沈石蒂拍摄的一批上海老照片被上海犹太研究中心发现，以色列总领馆在网站上发消息寻找照片中的人物及其后代，还举办了"沈石蒂老上海照片展"，于是掀起了又一波"上海犹太人"热潮。

在此期间，仍有不少关于"中国犹太人"的文艺、影视作品推出。2005年5月，为纪念世界反法西斯战争胜利和上海犹太难民获救60周年，中国福利会儿童艺术剧院推出了反映上海犹太难民儿童生活的儿童剧"伊兰上海寻亲记"，首次尝试向儿童讲述这段令人难忘的历史。[19]德国作家斯特凡·舒曼 (Stefan Schomanmn) 撰写的纪实小说《最后的避难所：上海——罗伯特·罗伊尔·索卡尔与杨珍珠的爱情故事》，描写了一位犹太难民与一位上海姑娘的60年异国婚恋，感动了许许多多读者。[20]2007年，德国作家洪素珊 (Susanne Hornfeck) 推出了传记体小说《旅行箱盛不下的世界》，描写了二战期间中国人与德国犹太难民之间的友谊，作者希望将此书献给"那些友好地接纳了外来者的人们"。[21]同时，又有不少关于"中国犹太人"、特别是上海犹太难民的纪录片推出。特别是在2015年，为纪念世界人民反法西斯战争和中国人民抗日战争胜利70周年，关于来华犹太人、特别是来华犹太难民的纪录片成批涌现，形成一个高潮。中央电视台、上海电视台、广东电视台、黑龙江电视台、山东电视台、中国教育电视台，以及美国、德国、奥地利、加拿大等国电视台，纷

19　前引潘光《犹太人在上海》2005年版第127页。

20　《文汇报》，2009年2月18日。

21　《文汇报》，2009年3月1日。

纷推出这一题材的纪录片，其中最具影响的是上海广播电视台出品的《生命的记忆——犹太人在上海》，在纽约放映时引起轰动。

不过，观众已越来越不满足于观看内容雷同的纪录片，而希望能看到像《辛德勒名单》那样的故事片问世。大导演斯皮尔伯格、李安、范霍文、好莱坞著名制片人梅达沃伊、小说《辛德勒名单》的作者托马斯·肯尼利等都对此感兴趣，正在策划以上海犹太难民为题材拍摄一部故事片。《辛德勒名单》的导演斯皮尔伯格组织了一个寻访"上海犹太人"的口述历史项目，打算在此基础上拍故事片。《本能》《黑皮书》的导演范霍文则表示要来上海收集资料，并希望求助于上海犹太研究中心。[22]出乎人们意料的是，上海美术电影制片厂制作的面向少年儿童的美术动画故事片《犹太女孩在上海》首先问世，而且一举获得了2010年耶路撒冷国际电影节最佳历史题材片提名奖。由潘光和王健担任顾问，上海广播电视台拍摄的大型纪录片《生命的记忆——犹太人在上海》获得了中国新闻奖一等奖，还获得了2017年第50届休斯敦国际电影节纪录片金奖。

除电影之外，歌剧、舞剧、京剧、交响乐等表演形式的编导们也都想做这一题材的作品。2015年9月3日，在纪念犹太难民来华避难、幸存70周年之时，中国与以色列合作的音乐剧《犹太难民在上海》在上海文化广场首演，获得一片好评。目前，该剧已收到了来自以色列、美国、欧洲诸多国家的邀请，将赴世界各地演出。

看来，在华犹太人、特别是来华犹太难民这一题目在今后相当长的时间里仍将是公众和媒体关注的一个热点。

三、永远难忘的历史篇章

关于"中国犹太人"的学术研究、纪念活动、艺术创作和社会热潮逐步深入，又与国际形势和一些地区、若干国家（包括中国）内部的发展相呼应，逐渐具有社会政治色彩。特别是20世纪80年代中期以来，由于国际上霸权主义与强权政治横行，新法西斯主义、种族主义、极端主义和恐怖主义再次泛

22　上海《青年报》，2009年2月5日。

滥，"文明冲突"论甚嚣尘上，一些人公然出来否认德国纳粹和日本法西斯犯下的历史罪行，就使"中国犹太人"，特别是上海犹太难民这个题目所具有的以史为鉴、温故知新、开创未来的意义越发突出了。同时，这个题目因其特有的中犹友好内涵又在促进中国、特别是上海进一步对外开放方面发挥着重要作用。

（一）20世纪晚期的重要访问和纪念活动

早在1986年，以K.杜德纳（Kurt Duldner）为首的一批前上海犹太难民就提出要在虹口原难民居住区建一块纪念匾，赞扬中犹人民之间的患难友情，以纪念那难忘的历史篇章。匾文是："第二次世界大战期间，此地区曾有2万来自纳粹德国的难民幸存下来。谨以本匾献给所有幸存者以及施加援手的热情好客、宽宏大量的中国人民。"[23]当时任上海市市长的江泽民对此表示支持。

前已提及，1991年底在上海举办的有关纳粹大屠杀和上海犹太人的展览为中以建交创造了氛围。同时，这两个展览也是对德国、日本一些人妄图否定德日法西斯所犯罪行的一个直接回应。成千上万的中国老百姓参观了展览，为纳粹屠杀犹太人的罪行所震撼，又为上海拯救了犹太难民感到自豪。几乎所有的人都表示要不忘历史悲剧，坚决反对任何否定历史、篡改历史的图谋。

1992年12月，以色列总统海姆·赫尔佐克作为中以建交后第一个访华的以色列国家元首来到中国，他对杨尚昆主席说："中国人民在犹太民族历史上最黑暗的时期帮助了我们，以色列人民对此不会忘记。"[24]总统的一个叔叔就曾在二战期间避难来沪，后病逝于上海。1993年10月，以色列总理伊扎克·拉宾访问中国，专程参观上海犹太会堂和虹口原犹太难民居住区，再次对中国人民为犹太难民提供避难地表示深切的感谢。

1994年，上海市政府和虹口区政府在战时犹太难民居住的虹口地区的中心——霍山公园（旧称汇山公园）内建立了犹太难民纪念碑，并邀请当年的犹太难民代表和世界各地的"上海犹太人"前来参加纪念碑揭幕仪式，同时还举行学术讨论会（前已提及）。率领美国犹太名流代表团前来参加揭幕仪式的美

---

23 参见潘光、金应忠主编：《以色列·犹太学研究》，上海社会科学院出版社1991年版，第171页。

24 潘光、余建华、王健：《犹太民族复兴之路》，上海社会科学院出版社1998年版，第320页。

国犹太社团领导人阿瑟·施奈尔拉比激动地说："辛德勒的名单救了1 000多人，而上海拯救了整个犹太社区数万人"。[25]此后几年，上海市政府还拨款重修了位于虹口的摩西犹太会堂和位于陕西北路的拉希尔犹太会堂，并在拉希尔会堂内布置了由上海犹太研究中心等单位制作的反映上海犹太社团历史的图片展。犹太难民纪念碑、两个犹太会堂、和平饭店（原沙逊大厦）、市少年宫（原嘉道理大厦）、五官科医院（原上海犹太医院）、音乐学院办公楼（原上海犹太俱乐部）、上海犹太研究中心等形成了一条犹太特色旅游热线，每天接待着来自世界各地的宾客和旅游者。上海市政府旅游事业管理部门专门为此编写了中英文的犹太旧址旅游图，上海犹太研究中心还推出了"犹太旧址一日游"。

1995年，是第二次世界大战胜利50周年。在欧洲举行了许许多多纪念活动，但只有一次活动是直接与中国有关的，那就是前面提及的在奥地利萨尔茨堡举行的"奥地利犹太人避难上海"学术讨论会及展览会。耐人寻味的是，就在这次活动后几天，奥地利议会首次通过一项提案，决定设立一笔基金，作为对纳粹暴政给奥地利犹太人造成苦难的赔偿。当年秋，奥地利总统托马斯·克莱斯蒂尔在访华时专门到上海虹口犹太难民纪念碑献花，并代表奥地利人民感谢中国人民、上海人民为来自奥地利的犹太难民提供了避难所。据陪同总统的上海市副市长赵启正（后任国务院新闻办主任）回忆，总统在参观虹口时情绪激动，多次流泪。次年举办的罗生特生平事迹展览会，重点在于颂扬在反法西斯斗争中结成的中犹友谊和中奥友谊，永远铭记在华犹太朋友在中国抗日战争和解放战争中的不朽功绩，也具有重要的现实意义。

1997年在柏林和墨尔本举行的那两次活动，同样具有十分特殊的现实意义。在柏林举行的学术研讨和展览活动期间，专门为纪念50年前部分上海犹太人重返柏林挂了一块纪念匾。在纪念匾揭幕仪式上，包括市长代表在内的多位发言人一致表示要牢牢记住那段历史，使悲剧永不重演。正是在这次活动期间，许多人一再提出在柏林建立大屠杀死难者纪念馆的建议。后来，德国议会和政府正式决定在柏林建这样的纪念馆，该纪念馆已于2004年底落成。在墨尔本举行的展览会和学术活动则着力于倡导多元文化的共处和融合，颂扬中犹

25　前引潘光主编《犹太人在上海》2005年版，第110页。

两大民族之间的传统友谊，一些发言人还直接抨击了以保拉·汉森为首的单一民族党所宣扬的反移民、反亚裔的种族主义思潮。澳大利亚媒体对这次活动所做的大量报道和评论，也都突出了这一主旨和精神。

　　1998年春夏之交，以色列总理内塔尼亚胡和美国第一夫人希拉里先后访问了上海犹太旧址。内塔尼亚胡总理兴致勃勃地参观了虹口的摩西会堂和犹太难民纪念碑，一再对上海人民当年救助犹太难民表示感谢。希拉里·克林顿及美国国务卿奥尔布莱特一行参观了拉希尔会堂及会堂内的"犹太人在上海"图片展。参观后第一夫人对记者说："上海市政府能将这样一个80年历史的古老会堂维修得这么好，确实令人印象深刻，这是尊重宗教多样性和信仰自由的最好例证，说明中国是尊重历史，是尊重外侨在中国发展中所起的作用的"。[26]奥尔布莱特国务卿在走到会堂门口时也对记者说："这座会堂的开放显示中国正在发生的变化和取得的进展是多么深刻，这再次证明总统决定来此访问是正确的，并揭穿了那些反对总统如期访华的人所散布的谣言。"[27]此类事例突出显示，"中国犹太人"（特别是"上海犹太人"）这一课题不但在促进中犹、中以友谊，而且在促进中国与其他国家的关系如中美关系方面也发挥着独特的作用。

　　1999年春，以色列总统魏茨曼访问了上海虹口和拉希尔会堂。11月3日，德国总理格哈德·施罗德访问了拉希尔会堂及内设图片展。他的访问更具特殊意义，因为当年逃来上海的犹太难民绝大多数来自德国及德占地区。他在贵宾留言簿上写道："曾有诗人说，当年死亡是来自德国的'大使'，而有许多被迫害者在这里找到了避难的港湾。我们纪念这段历史，并向在这里伸出援手的人们致以极大的感谢和赞赏。"[28]多年前，也是属于社会民主党的德国总理勃兰特曾在华沙犹太起义者纪念碑前双膝下跪，代表德国人民向波兰人和犹太人表示认罪和忏悔。今天，施罗德总理又以自己的行动向世界表明：德国人民没有忘记那场历史悲剧，将世代铭记历史教训，坚决抵制否定历史的各种错误思潮，决不允许种族主义和新纳粹卷土重来。令国际舆论界注意的是：他选择上海来

26　潘光："陪同美国第一夫人访问拉希尔犹太会堂旧址"，载《上海外事》1998年18期，第13—14页。

27　前引潘光："陪同美国第一夫人访问拉希尔犹太会堂旧址"。

28　潘光："陪施罗德访问上海犹太会堂旧址"，《文汇报》1999年11月22日。

做此表示，这实际上是代表德国政府和人民正式肯定上海在救助犹太难民中发挥的历史作用，并向中国人民表示真挚的感谢；同时，他采取这一行动正值奥地利的亲纳粹政党在大选中获得进展，因此也是对这一令欧洲不安的发展的一种独特的回应。

就在德国总理访问上海犹太会堂后几周，中国人大常委会委员长李鹏参观了耶路撒冷的耶德·瓦谢大屠杀博物馆。当博物馆负责人介绍说该馆为那些在二战中救过犹太人的非犹太团体或个人种一棵树以示纪念时，李鹏告诉这位负责人：中国人在上海救过不少犹太人。该负责人当即表示将在馆内专门开辟一角，介绍中国救助3万名犹太难民的事迹，也要为救过犹太人的中国人种树。[29] 李鹏在留言簿上题词："沉痛悼念在二次世界大战中不幸遇难的犹太人民"；他还说：在第二次世界大战中，有600万犹太人惨遭德国法西斯的杀害，这是一件令人非常沉痛的事情。我们中国在那次大战中，也伤亡了3 000万人。他说：人类即将进入21世纪，我们应该记住惨痛的历史教训，不让类似的悲剧在世界上重演。[30]

前面提到的何凤山博士事迹的发掘和宣布，又是一个具有历史意义的发展。50多年前，当纳粹疯狂迫害屠杀犹太人之时，许多正义之士挺身而出救助犹太难民。瑞典外交官瓦伦堡以颁发外交护照等方式救出了上万名匈牙利犹太人；前述日本驻立陶宛的领事杉原千亩不顾上级反对给数千名波兰犹太难民签发过境签证，使他们得以逃脱纳粹的捕杀；描写德国实业家辛德勒保护犹太人的电影《辛德勒的名单》现在更是家喻户晓。战后，以色列议会曾通过一条法令，规定以色列政府应代表犹太人民感谢所有在纳粹大屠杀期间救助过犹太人的非犹太人或非犹太家庭，并授予他们"国际义人"称号。截止到1990年5月1日，总共有8 611人因此项法令而接受了以色列政府授予的"国际义人"称号，[31] 此后又有更多的人取得了此项殊荣。然而令人遗憾的是，其中居然没有一个中国人。对于熟知上海在二战期间救助犹太难民这段历史的学者来说，这一点是完全不可思议的。实际上，有许许多多中国人为救助犹太难民做出了贡献，但由于种

29　《人民日报》，1999年11月30日。

30　《人民日报》，1999年11月30日。

31　马丁·吉尔伯特（Martin Gilbert）：《犹太历史地图集》（Atlas Of Jewish History），纽约1993年版，第104页。

种复杂的因素，他们的事迹至今不为人所知。70多年过去了，要找到确凿的历史证据、特别是书面的文字证据已变得越来越困难。学者们也曾想过在驻欧洲的中国外交官中寻找线索，但由于从1937年到1939年犹太难民进入上海是无需签证的，因此一度没有在这方面花较多的精力。1995年本书主编访问德国、奥地利时了解到，当年犹太难民若无其他国家外交机构发的签证是无法离开的。在维也纳，许多当年的犹太难民提到了何凤山博士的名字，有的还讲述了他救助犹太人的故事。此后，上海犹太研究中心便开始积极寻找关于何凤山博士的资料，并向世界各地的犹太组织和有关大屠杀研究机构发出了寻求帮助和合作的信息。在这些组织和机构中，最为积极的就是与西蒙·维森塔尔中心关系密切的"生命签证"（Visa for Life）组织。他们经多方努力，终于找到了住在美国的何凤山之女何曼礼女士及许多当年何凤山救助过的犹太人。经多方通力合作，有关何凤山博士救助犹太人的完整资料终于整理出来了，并利用温哥华活动的机会向全世界推出。有关何凤山博士的一些情况，前面已经提及，这里就不再重复。何博士的事迹一经公布，便在世界各国媒介引起轰动，许多报纸刊登了他的事迹和照片，并称中国也有一个"辛德勒"。2000年10月，经过以色列相关部门的周密调查，耶路撒冷的大屠杀纪念馆正式授予何凤山"国际义人"称号。2007年9月，以色列政府又授予何凤山以色列荣誉公民证书。

（二）进入新世纪以来的重要访问和纪念活动

进入新世纪，与这一难忘的历史篇章密切相关的重要访问和纪念活动在内容方面继续深化，在层次上则不断提高，这里仅举一些具有重大影响的活动和事件。

2000年4月，中国国家主席江泽民应邀访问以色列。这是中以建交以来中国最高领导人对以色列的首访，也是有史以来第一次有一位中国领导人访问犹太人为主体民族的国家。以色列总统魏茨曼在盛大的欢迎宴会上发表讲话时特别提到："我们不会忘记，在犹太民族历史上最艰难的时刻，欧洲犹太难民在上海找到了他们的避难所，受到了当地人民温暖的容纳。"[32]访以期间，江泽民主

---

32 《人民日报》，2000年4月14日。

席专程到耶路撒冷大屠杀纪念馆参观，并向包括来华犹太难民在内的大屠杀受害者敬献花圈。[33]

2003年，中国各地举行了纪念罗生特100周年诞辰的活动，为此还发行了纪念邮票，罗生特在华手记也正式出版。中国国家主席胡锦涛和奥地利总统托马斯·克莱斯蒂尔特意写信祝贺罗生特在华手记出版。胡锦涛主席在贺函中写道："罗生特大夫从1941年到1949年间，把自己最宝贵的年华献给了中国人民的解放事业，他的光辉业绩已载入史册。他是中奥人民友谊的象征，将永远为后人所缅怀。"[34]当年9月，正在上海访问的德国总统约翰内斯·劳和夫人在百忙中挤空来到虹口原犹太难民聚居区，进行了一次"回顾历史"之旅。他在贵宾留言簿上挥笔用德文写下了以下这段话："当耶和华将那些被掳的带回锡安的时候，我们好像做梦的人！"[35]总统在此时题写这段话想要表明两层意思：一是对迫害犹太人罪行的谴责，影射德国纳粹对犹太人的迫害；二是对救助犹太人行动的赞扬，暗指上海当年对犹太难民的救助。前已提及，2004年6月下旬，以色列副总理兼工贸部长埃胡德·奥尔默特访问中国，终于实现了来到父辈故地的愿望。不久后，他出任以色列总理。在犹太民族的历史上，由一位"中国犹太人"的儿子担任国家领导人还是第一次。2007年初，奥尔默特作为总理再访中国。他对记者说："中国文化已经成为我们家庭传统的一部分，也是我在以色列童年时代最初的记忆。"[36]

前已提及，为纪念世界反法西斯战争胜利和上海犹太难民获救60周年，上海各界于2005年举行了研讨、展览系列活动。在此前后，上海市政府将虹口区的提篮桥地区正式列为"犹太历史风貌保护区"，成为上海12个历史风貌保护区之一，并组织专业人员将区内老建筑"修旧如旧"。上海虹口区政府也专门拨款修缮原摩西会堂内的上海犹太难民纪念馆，修缮后的新馆以焕然一新的面貌迎接国内外访客。从2005年起，奥地利政府每年派出一位"大屠杀

33　前引潘光《犹太人在上海》2005年版，第115页。

34　（奥）格·卡明斯基主编：《中国的大时代—罗生特在华手记》，中国社会科学出版社2003年版第5页。

35　这段话出自《圣经—诗篇第126篇》，主要反映了当耶和华解救那些被掳的犹太人，并将他们带回到巴勒斯坦的锡安山（犹太人心中的"圣山"）时，人们的喜悦心情。

36　新华社北京电，2007年1月9日。

　　纪念服务志愿者"到上海犹太研究中心工作，相当于在奥地利服一年兵役，至今已有十多位奥地利年轻人前来上海进行犹太难民研究或相关服务。2006年4月，"上海犹太人重聚上海"活动隆重举行，有120多位前上海犹太人及其亲属参加。对他们中许多年事已高的人来说，这可能是最后一次在上海重聚，因此许多人把第二代、第三代、甚至第四代一起带来上海，组成了近百人的全球"上海犹太人"代表团，年龄最小的才12岁。除了参观老上海和新上海之外，他们访问了上海犹太研究中心，与专家学者和研究生进行交流，出席了上海各单位联合举行的欢迎宴会，与上海市领导、学术界人士、企业界名流和今日上海犹太社团代表共叙友情。他们还重返虹口，与当年的中国老邻居座谈，并参加签名支持虹口"犹太历史风貌区"申报联合国"战争遗产"项目的活动。

　　在2007年9月的纪念何凤山逝世十周年活动之后，又出现了纪念何凤山的一波热潮。2008年5—10月，"纪念何凤山"系列活动在美国华盛顿、中国上海和奥地利维也纳举行。在5月21日于华盛顿举行的系列活动开幕式上，美国联邦海外遗产保护委员会主席米勒和中国驻美大使周文重发表讲话，高度赞扬何凤山的义举。[37]6月6日，美国参议院还专门通过了关于表彰何凤山博士的议案，这在美国国会的历史上也是第一次。同年6月和10月，又在上海的犹太难民纪念馆和维也纳的中国总领馆旧址举行了何凤山纪念匾揭幕仪式。

　　2015年，是世界反法西斯战争和中国人民抗日战争胜利70周年。在此前后，关于来华犹太人、特别是上海犹太难民的纪念活动又掀起一波高潮。2014年9月3日，是中国正式立法确定的首个抗日战争胜利纪念日。这一天，上海犹太难民纪念馆隆重举行"上海犹太难民名单铜墙"揭幕仪式。该铜墙长34米，刻有迄今掌握的13 732个来到上海的犹太难民的名字。随着研究的进一步深入，今后这个名单上的姓名一定还会不断增加。进入2015年，在前文已提到的研讨会、展览会、影视作品、音乐剧纷纷推出之时，也举行了一系列重要的纪念性、教育性活动。2015年5月24—31日，上海犹太研究中心、上海图书馆、上海市世界史学会联合举办了"纪念犹太难民来沪避难幸存70周年系列讲座"，上海市民踊跃参加，讲堂内座无虚席。一个月后的6月23日，

37　上海《文汇报》，2008年5月23日。

又在上海图书馆举行了国家社科基金重大项目"来华犹太难民研究"的重要成果《来华犹太难民回忆录》新书发布会，以纪念犹太难民来华避难幸存70周年，国内外媒体对此进行了广泛报道。2015年9月6日，上海犹太纪念园开园仪式在福寿园人文纪念公园举行。该园是上海乃至国内唯一的全面展示近现代犹太人在上海生活和经历的纪念景点。纪念园开园后，将向海内外参观者免费开放，成为上海城市历史文化的新地标，为增进中犹友谊做贡献。同年11月17日，上海犹太研究中心与美国犹太人委员会、中美教育基金联合主办了"纪念犹太难民来沪避难幸存70周年"论坛。近期，这股热潮仍在持续，德国总统高克、美国财政部长雅各布·卢、美国新任驻华大使等贵宾都访问了上海犹太难民纪念馆，表示要永远记取历史经验和教训。

综上所述可见，当人类迈入21世纪之际，历史上那些中犹交往的友好篇章仍然闪烁着灿烂的光彩。许许多多普通人长期以来辛勤工作，收集、整理、研究那浩如烟海的历史资料和当事人记忆中的活资料，为后世写下那难忘的历史篇章，使子孙后代能记取历史留给我们的经验和教训，为使世界更美好而奋斗。他们的工作又通过宣扬人类历史上友好互助，抗歪扶正的感人业绩，以及人类文化中共同的真善美价值观，进一步促进了中国与世界各国之间，中国人民与犹太人民之间，中华文化与犹太文化这两大古老文化之间传统友谊的不断发展。

模式篇:

犹太人避难史上的
"中国模式"

本篇对纳粹大屠杀期间犹太人来华避难的一些主要特点进行深入剖析,并与犹太人避难世界其他地方的经历进行比较研究,提出了纳粹大屠杀期间犹太人避难的"中国模式"这一概念,以发掘该模式在大屠杀苦难史中的特殊意义。作者分析了该模式的五个特点:开放型的大城市成为犹太难民的主要避难地,犹太难民生活在一个没有原发性反犹主义的氛围中,犹太难民的避难地有一个先期到达的实力雄厚的犹太社团,犹太难民群体本身具有很高的文化素质,犹太难民可以利用列强的矛盾在夹缝中求生存。

在欧洲各地都有将犹太人安置在内的居住区——"隔都"，是犹太人受到歧视、侮辱的标志。这是1516年在意大利威尼斯建立的欧洲第一个"隔都"的遗址。

拯救了数万匈牙利犹太人的瑞典外交官罗尔·瓦伦堡。

天津犹太会堂

在中国百姓中从来没有欧洲那种反犹主义，犹太难民与中国邻居和谐相处，图为中犹孩童在一起玩耍

上海外滩的沙逊大厦（今和平饭店）曾经是塞法迪犹太富商沙逊家族在华财富权力的象征。

Shanghai Jewish Chronicle

Daily newspaper for the Jews in East Asia   Tageszeitung fuer die Juden in Ostasien   上海猶太晚報

Eingetragen als Tageszeitung N.F.63 (Intern. Settlement) und Nr. 1696/A (French Concession)   Shanghai, Sonntag 7. November 1943 5. Jahrgang, Nr. 298 Preis C.R.B. 1.90 Dollars

Fuenf Punkte-Programm von Gross-ostasien-Konferenz angenommen

CPS. Tokio, 6. Nov.

Die Vertreter der asiatischen Maechte, die an der historischen Sitzung in Tokio teilnahmen, gaben heute einstimmig folgende Erklaerung ab, die die fuenf Prinzipien zum Aufbau Grossostasiens enthaelt:

1. Die Laender Grossostasiens werden durch gegenseitige Zusammenarbeit die Stabilitaet ihrer Gebiete sichern und eine Ordnung errichten, die der gemeinsamen Wohlstand, auf gerechtigkeit begruendet dient.

2. Die Laender Grossostasiens werden die Bruederlichkeit der Nationen in ihren Gebieten durch gegenseitige Respektierung der Souveraenitaet und Unabhaengigkeit foerdern und sich gegenseitige Hilfe und Freundschaft geben.

3. Die Laender Grossostasiens werden durch gegenseitige Achtung ihrer Traditionen und durch Entwicklung der schoepferischen Kraefte jeder Nation die Kultur und Zivilisation Grossostasiens wahren.

4. Die Laender Grossostasiens werden sich bemuehen durch enge Zusammenarbeit auf der Basis der Gegenseitigkeit ihre wirtschaftliche Entwicklung zu beschleunigen und auf diese Weise den gemeinsamen Wohlstand foerdern.

5. Die Laender Grossostasiens werden zu allen Laendern der Welt freundschaftliche Beziehungen pflegen und fuer die Abschaffung der rassischen Diskriminierung arbeiten, sie werden den kulturellen Austausch und die Eroeffnung der Hilfsquellen auf diese Weise foerdern um auf diese Weise zum Fortschritt der Menschheit beitragen.

Weiterfuehrung der japanischen Saeuberungsoperationen in Shansi

CPS Nanking, 6. Nov.

Gemaess dem gestrigen Wochen-Kriegskommunique der japanischen Exp-dionsstreitkraefte in China haben erfolgreiche Operationen japanischer Truppen in China alle Chungkingplaene auf Guerillakriegfuehrung in verschiedenen Abschnitten sowie die Burma-Gegenoffensive vereitelt. Japanische Truppen, die Saeuberungsoperationen gegen chinesische Kommunisten im Gebiet von Tayneh in Shansi durchfuehrten, schlugen die Kommunisten in die Flucht und vernichteten Beute. Andere japanische Einheiten, ihre Angriffe gegen die 120 chinesische kommunistische Division in Nordwest Shansi am 26. September begonnen, bacsiligten den kommunistischen Stuetzpunkt in Hinghsien und drangen im Yangtse-Tal weiter vor, um wichtige Flussuebergaenge zu erobern. Die japanischen Einheiten haben ihre Spitzen nach den Bergen gewandt, um eine abschliessende Saeuberungsoperation in Shansi zu fuehren. Am 2. November bombardierten japanische Luftenheiten feindliche Flugplaetze in Pukien, Yushan in Kiangsi und Lishui in Chekiang; es wurden Startbahnen gesprengt.

Japanische Flugzeuge wiesen Angriffe die eine grosse Formation amerikanischer Bomber

Japaner versenken sechs feindliche Kriegsschiffe

CPS. Tokio, 6. Nov.

Das Kaiserliche Hauptquartier gab heute vormittag bekannt:

"Unsere Kaiserliche Marine-Luftwaffe sichtete am Abend des 5. November eine feindliche Streitmacht in den Gewaessern suedlich der Insel Bougainville und unternahm sofort einen furchtbaren Angriff, der zu folgenden Resultaten fuehrte:

"Erstens: Ein grosser Flugzeugtraeger sofort versenkt, ein mittlerer Flugzeugtraeger, zwei schwere Kreuzer und zwei andere Kreuzer (oder grosse Zerstoerer) versenkt.

"Zweitens: Drei unserer Flugzeuge ging bisher nicht an ihren Stuetzpunkt zurueckgekehrt.

"Anmerkung: diese Schlacht wird als Luftschlacht von Bougainville bezeichnet."

Japaner weisen Angriff auf Mori ab

CPS. Ein jap. Stuetzpunkt im Suedpazifik, 6. Nov.

Eine japanische Aufklaerungsabteilung wies am 1. November einen Angriff gleichmaessig ueberlegener feindlicher Streitkraefte auf der Insel Mori, nordwestlich der Salomon-Insel Choiseul ab. Die Japaner toeteten 50 feindliche Soldaten, machten zwei Gefangene, und erbeuteten 22 Gewehre. Die unter Fuehrung von Offizier Kojima stehende japanische Gruppe wurde waehrend des Kampfes auch von drei feindlichen Schiffen beschossen. Das feindlichen Truppen, etwa 400 Mann stark, flohen nach Sued'n. Die Japaner erlitten kein Verluste.

und Jagdflugzeuge auf Hongkong und Canton zu unternehmen fluchten zurueck. Die japanischen Flugzeuge stellten die feindlichen Angreifer ueber dem Pearl Fluss und schlugen sie zurueck. Zwei P-40 Maschinen wurden beschaedigt.

Finschhafen bombardiert

CPS. Ein jap. Stuetzpunkt, 6. Nov.

Eine japanische Flottenbomber-Einheit unternahm am 3. November einen schweren Angriff auf Landungspunkte von Finschhafen auf Neu Guinea. Es wurden ausgedehnte Zerstoerungen an feindlichen Anlagen verursacht. Die japanischen Bomber kehrten sicher an ihren Stuetzpunkt zurueck.

犹太难民群体具有很高的文化素质，他们在艰苦条件下办了多份报纸，其中最有影响的是德文《上海犹太纪事报》。

曾经将屠杀犹太人的"梅辛格计划"暗中通知犹太人而遭逮捕拷打的前日本驻上海副领事柴田，摄于1976年。

第十四章
纳粹大屠杀之前的犹太人离散避难史

在纳粹大屠杀之前，犹太人已有了长达两千年的离散避难史。了解这段历史，对我们研究纳粹暴政导致的来华犹太难民，以及犹太离散避难史上"中国模式"的特点是十分重要的。本章就要探讨纳粹大屠杀之前犹太人离散避难史上最为重要的三个典型案例：古代犹太人的三次大流散，中世纪欧洲反犹浪潮导致的犹太人离散和避难，近代俄罗斯东欧反犹狂潮与犹太人北美大逃亡。

一、古代犹太人的三次大流散

约公元前两千年，古代闪族的一支——迦南人已在今天的巴勒斯坦一带建立了一些初具雏形的国家，在圣经《旧约》中，这一地区被称为"迦南"或"迦南人国家"。在此前后，闪族另一支——犹太人的祖先希伯来人生活在两河流域的乌尔（今伊拉克境内）。据《旧约》中的记载，约公元前1900年希伯来人酋长亚伯兰罕率全族离开两河流域抵达迦南。迦南人称这些远方来客为"希伯来人"意即"渡河而来的人"。在亚伯拉罕的引导下，希伯来人中形成了排斥多神崇拜、专事尊奉耶和华的一神信仰，犹太教开始在朦胧中孕育。传说亚伯拉罕的孙子雅各曾同天神角力获胜，为神赐名"以色列"，意为"同神摔过跤的人"，故希伯来人又称以色列人。不久因迦南发生旱灾和饥荒，雅各率民迁至尼罗河三角洲的歌珊。以色列人在此水草丰盛之地务农为生，发展为一个拥有12个大部落的氏族。到了古埃及第18王朝法老图特摩斯三世即位后，希伯来人的安定生活中断，纷纷被贬为奴，不得不从事苦役。

正当希伯来人惨遭异族凌辱之际，卓越不凡的民族英雄摩西（Moses）应运而生。他通过一番英勇机智的斗争，迫使法老同意希伯来人离开埃及。约公元前15世纪，摩西率希伯来人走出埃及，经西奈向迦南行进。"出埃及"不仅意味着希伯来人摆脱异族奴役和自我觉醒，也是这个民族开始形成的一个标志。在途经西奈时，摩西声称耶和华在西奈山向他传授10条戒律，作为真主与希伯来人订立的约法，即"摩西十诫"。十诫不仅成为犹太数的基本教义，而且给后来的基督教和伊斯兰教以很大影响。由此，在亚伯拉罕开创的一神信仰基础上，人类最早的一神教——犹太教在西奈诞生，这对犹太民族的形成起了决定性的作用。因为在民族构成的诸多要素中，共同心理素质是一个最活跃而有生命力的持久因素，犹太教无疑是构成犹太民族共同心理素质的主要内容。即使在以后的历史岁月中，犹太流散民族部分地丧失或削弱其民族特征时，犹太教仍是维系民族凝聚力的强有力纽带。

约公元前13世纪希伯来人在约旦河谷及其周围山区定居下来。到公元前11世纪，爱琴海沿岸的腓力斯丁人逐渐控制迦南的地中海沿岸，"巴勒斯坦"即是他们对迦南的称谓。为抗击外来强敌，希伯来人要求结束部落分立、建立统一国家。公元前1025年便雅悯部落的扫罗被选为希伯来王国首位君主，标志着第一个希伯来人国家的建立。扫罗的继任者是犹大部落的大卫。大卫不仅将迦南人的飞地逐一征服，而且把腓力斯丁人逐至南方沿海。他以战略要塞耶布斯（即后来的耶路撒冷）为国都，将王国版图扩大到北起黎巴嫩山、南至埃及边界、西起地中海沿岸、东达约旦河东岸。他把犹太教定为国教，这样就把12个部落统一成一个由专制君主统治的国家。

公元前973年大卫去世，其子所罗门（Solomon）继位，希伯来王国达到鼎盛时期。颇具文韬武略的所罗门王对内加强军力和中央集权，对外以联姻方式建立睦邻友好关系，发展互惠贸易，更重要的是他花了7年时间在首都耶路撒冷为犹太教神主耶和华建造了豪华庞大、金碧辉煌的大圣殿，史称"第一圣殿"。从此四方游客商贾纷至沓来、络绎不绝，耶路撒冷也成了犹太教最重要的圣地和犹太民族最主要的精神中心。在所罗门时代，国运昌盛的希伯来王国成为当时西亚、北非最富庶的帝国。希伯来人逐渐由半游牧经济向农业经济过渡，形成以犹太教为核心的共同精神文化，至此犹太民族基本形成。

然而公元前930年所罗门死后，内乱骤起，统一的王国一分为二，北方以色列王国定都撒马利亚，南方犹太王国仍以耶路撒冷为首都。随后强盛一时的犹太人国家在南北争斗和异族入侵中逐渐衰落。公元前721年亚述王萨尔贡二世率军占领撒马利亚，灭以色列王国，将国王及其臣民27 000多人押回亚述。后来他们流散到各地，逐渐被异族同化，历史上称之为"失踪的10个以色列部落"。公元前586年尼布甲尼撒皇帝率新巴比伦军队攻陷耶路撒冷，捣毁所罗门圣殿，包括犹太王国国王、贵族、祭司、工匠在内的上万人被掳往巴比伦，史称"巴比伦之囚"。希伯来王国终于覆亡。亚述和新巴比伦先后将希伯来战俘掳往本国，导致了古代巴勒斯坦犹太人的第一次大流散，从此世界上其他地方的犹太人开始逐渐在数量上超过巴勒斯坦的犹太人。

前538年新巴比伦帝国又为新兴的波斯帝国所灭。波斯皇帝居鲁士准许流亡的犹太人返回家园，支持他们在耶路撒冷重建圣殿，复兴犹太教。但是，并非所有流亡在外的犹太人都踏上了归程。前516年耶路撒冷圣殿重建，是为"第二圣殿"。不久，巴比伦犹太学士以斯拉向犹太人宣读巴比伦文士膳写的律法书《托拉》，为犹太教确立第一部成文法典，犹太教系统的教义和教规逐渐成形。公元前334年马其顿王亚历山大率军灭波斯帝国，建立地跨欧亚非的亚历山大帝国。此后170年内巴勒斯坦犹太人一直处于希腊人统治之下。在幅员辽阔的亚历山大帝国境内，各被征服民族杂居交往，也造成犹太人历史上的第二次大流散。不但巴勒斯坦犹太人逐渐流散到南欧、地中海诸岛以及北非、中亚各地；散居在巴勒斯坦之外的犹太人中间也产生了打破民族界限的思想倾向。他们在文化、宗教、习俗各方面深受希腊的影响，出现了像斐洛这样沟通犹太教和希腊哲学的贤哲。

公元前167年巴勒斯坦犹太人在祭司马塔提亚及其儿子犹太·马卡比率领下，掀起一场摆脱异族奴役、恢复犹太教纯正信仰的民族大起义。经过25年的浴血奋战，终于扫除塞琉古王朝专制统治，再次建立了以耶路撒冷为首都的犹太国家——马卡比王国。马卡比王国维持了近一个世纪，公元前64年又为罗马帝国大将庞培所灭。公元66年至135年，巴勒斯坦犹太人发动数次反抗罗马统治的民族大起义，史称"犹太战争"。其中132—135年巴尔·科赫巴领导的那一次起义规模浩大，一度占领耶路撒冷，但终因寡不敌众而失败，成千上

万的起义军遭到罗马军队残酷屠戮。公元135年罗马皇帝哈德良下令将耶路撒
冷犁耕为田，不准犹太人跨入一步。经过数次起义，犹太人死亡150多万，幸
存者几乎全部逃离或被逐出巴勒斯坦，是为古代犹太人的第三次、也是最后一
次大流散。

此后1 800多年，犹太人失去了祖国，成为世界各地的"流浪儿"。在古
代，世界上大多数地方并没有形成近现代意义上的国家。因此，流散到世界许
多地方的犹太人无需持有现在我们所说的护照和签证，可以比较容易地在那里
定居下来。虽然有些人被同化了，大多数人也不得不融入当地的主流社会，但
就整体而言，犹太教和犹太文化习俗仍然是使他们继续保持犹太民族特征的精
神纽带。古代犹太国家鼎盛时期的光辉和荣耀，在散居世界各地的犹太人中世
代相传，使他们与故土巴勒斯坦和圣城耶路撒冷结下了不解之缘，成为鼓舞一
代代志士仁人为复兴民族国家而奋斗的精神源泉。

二、中世纪欧洲反犹浪潮导致的犹太人离散和避难

公元135年后，犹太民族进入世界性大流散时代。绝大多数犹太人离开巴
勒斯坦，除了一部分移居到小亚细亚、阿拉伯半岛、两河流域和北非外，还有
不少流散到英国、法国、德意志、意大利、西班牙、葡萄牙等欧洲国家。在长
达一千多年的中世纪黑暗岁月中，欧洲成为犹太人的主要聚居地，而欧洲各国
的反犹浪潮频频涌起，又使犹太人不得不再次备受迁移、离散和避难之苦。

在文化方面，犹太人没有宗教信仰自由，各种出自宗教偏见的诬陷和迫
害不时发生。中世纪欧洲是基督教一统天下的世界，罗马教会竭力宣传犹太人
是上帝唾弃的民族。他们一是力图改变犹太人的信仰，二是在达不到目的时对
犹太人进行宗教迫害。在西班牙，天主教牧师们以"死亡或改宗"相威逼，迫
使成千上万犹太人改信基督教。这些被迫改宗的犹太人通常私下继续信奉犹太
教，被称为"马兰内"，一旦被天主教异端裁判所查出后，就会遭到各种酷刑
甚至火刑的折磨。一些基督徒还制造毫无根据的宗教诬陷。1144年在英国诺
里奇发现一名男孩尸体，就有人诬告犹太人将此孩钉死在十字架上以血祭神，
从而挑起对犹太人的迫害。当时欧洲大多数大学将犹太人拒之门外。1240年
巴黎发生焚毁犹太书籍事件，24车的《塔木德》手稿和许多希伯来文书籍被

付之一炬。

在经济方面，犹太人就业经营受到排挤和限制，财产时常被无故剥夺。欧洲国家法律上禁止犹太人占有地产，而基督教会也不准犹太人及其帮工在星期天去田间劳动，在安息日（星期六）他们自然不工作，加之他们常被驱逐，漂泊不定，因而失去务农机会。10世纪欧洲城市手工业行会制度确立后，他们的手工业经营又普受限制。待到中世纪后期欧洲各国民族商业资本增强时，他们又在贸易、金融领域受排挤。欧洲各国统治者还通过征收重税、施用酷刑、驱逐出境、甚至屠杀等各种手段，达到敲诈、掠夺犹太人财富的卑鄙目的。

在政治方面，犹太人被视作一切罪恶的首魁，成为欧洲各国统治者转嫁矛盾的主要目标。1241年蒙古人进兵中欧时，就有人指称蒙古人可能是"失踪的10个以色列部落"的后裔，因而要犹太人对蒙古人蹂躏欧洲负责。1348年黑死病流行欧洲时，不少基督徒认为这是犹太人与魔鬼合伙造成的灾难。捷克胡斯农民战争爆发后，当局又指控犹太人支持波希米亚胡斯派信徒。1226年波兰统治者下令，严禁犹太人与基督徒住在一起。1516年，意大利威尼斯建立了欧洲第一个专供犹太人居住的区域，称为"隔都"（Ghetto）。此后，许多国家的犹太人都被迁入了这样的集体隔离区。

13世纪末叶起，西欧各国又掀起阵阵驱犹恶潮。1290年英王爱德华一世把16 000多名犹太人逐出英国。1306、1394年法国两度驱逐犹太人。1492年后西班牙伊萨贝拉女王将20多万拒绝改宗的犹太人全部逐出，此后葡萄牙也驱逐了犹太人。这些被驱逐的犹太人主要流往三个方向，一是在罗马教廷控制范围之外的俄罗斯、东欧、巴尔干东正教区域，二是奥斯曼帝国控制的西亚、北非和巴尔干南部伊斯兰教区域，三是跨过直布罗陀海峡，融入尚未完全被奥斯曼帝国控制的北非马格里布地区（今日摩洛哥、阿尔及利亚、突尼斯和利比亚）的东方犹太人社群。

奥斯曼帝国统治者苏丹巴耶济德二世听闻犹太人被驱逐出西班牙后，派遣了奥斯曼海军舰船护送犹太人安全抵达奥斯曼领土。这可能是我们所知的最早的由一国政府组织的大规模救助犹太人的行动。这些犹太人主要定居在萨洛尼卡（现希腊境内）和伊兹密尔（现土耳其境内），也有许多犹太人散居在奥斯曼帝国统治的巴尔干各地，包括现保加利亚、塞尔维亚、阿尔巴尼亚、波斯尼亚境内的一些地区。同时，到达北非马格里布地区和俄罗斯、东欧、巴尔干东正教区域的犹太人也都能找到安身之地。一种广为流传的猜测是，进入奥斯曼帝国和俄罗斯境内的犹太人中的一些人，又沿着丝绸之路继续东行，后来到了波斯、中亚、甚至中国。

西班牙、葡萄牙和中西欧很多国家大规模驱逐犹太人，其影响是非常深远的。据估计，1490年欧洲犹太人口为60万，其中57万（95%以上）生活在西欧和中欧。两个多世纪之后的1700年，欧洲犹太人达71.6万，只有约20%仍生活在西欧，[1]其余的则都在东欧和巴尔干半岛扎下根来。这个数字并没有包括俄罗斯犹太人和奥斯曼帝国境内的犹太人。

三、近代俄罗斯东欧反犹狂潮与犹太人北美大逃亡

中世纪西欧诸国周期性的迫害和驱逐把大批西欧犹太人赶到中东欧，到1650年波兰已成为当时世界最大的犹太人聚居国。经过列强三次对波兰的瓜分，犹太人居住最稠密的波兰东部地区并入俄国，再加上沙皇俄国的不断向外扩张，使包括波兰、乌克兰、立陶宛在内的俄国到19世纪成为世界上犹太人最多的国家。当时，全球近1 000万犹太人中有500万居住在俄罗斯帝国境内。

从18世纪末起，沙皇政府一直对犹太人实行歧视和迫害政策。主要表现在以下两方面。

一是实施歧视性的栅栏区制度，严格限制犹太人的居住和活动范围。从1792年起，女皇叶卡捷琳娜二世以不让犹太人"败坏"俄国社会为名，在新占领的波兰东部划出犹太人固定居留区——栅栏区。以后保罗一世、亚历山大一世在位时期栅栏区不断扩大，栅栏区从波罗的海一直延伸到黑海，直至包含了今天拉脱维亚、立陶宛、白俄罗斯、波兰、摩尔多瓦和乌克兰的一部分。其中的犹太人口，也由1825年的150万，增加到1897年的500万。不经当局特许，犹太人不得走出区外。即使在区内，信仰东正教和天主教的斯拉夫人受宗教偏见和当局煽动的影响，对犹太人持排挤和敌视态度。1802年亚历山大一

---

1   "Population," *Encyclopedia Judaica*, table 5, 1 page; Mendes-Flohr and Reinharz, *The Jew in the Modern World*, p702.

世又下令禁止犹太人租赁土地，经营酒馆，并把他们赶出农村。这样，众多犹太人只能流入城市，而政府所属公用事业又对他们紧闭大门，致使大多数犹太人没有固定职业，像"空气人"漂泊不定，只能靠做报酬低微的临时工来养家糊口。连反犹的俄国报纸也承认："大多数俄国犹太人由于饥饿正慢慢地走向死亡"。[2]

二是推行同化政策，引诱或逼迫犹太人皈依东正教。1817年亚历山大一世设立"以色列基督徒协会"，对接受洗礼的犹太人许以经济和法律上的宽容，鼓励或强迫犹太人将儿童送到公立学校，学习俄语，但这两项措施都收效甚微。1827年尼古拉一世又颁布"兵役法"，规定12岁（后提前到8岁）至18岁的犹太孩子要在童子军校接受军训，而后再服役25年。这一方面是为了扩充兵源，另一方面就是为了利用童子军校和兵营诱逼犹太青少年改变宗教信仰。这些做法使犹太孩子在精神和生理上备受摧残。犹太父母往往通过隐瞒年龄、甚至自残的办法来躲避兵役。而政府则派遣哈佩尔（密探）四处侦查，保证兵源。

1855年尼古拉一世因克里米亚战争惨败而服毒自杀。继位的亚历山大二世决意革新图强。他在实行农奴制度改革的同时，也开始为改善犹太人的状况采取了一系列措施。1857年，他废除了犹太人深恶痛绝的兵役制，随后又允许部分犹太富商、大学毕业生、工匠、医师和退伍士兵等在栅栏区外生活。此后，圣彼得堡、莫斯科等城市开始出现犹太社团。犹太人也获准拥有土地、从事农业。在部分地区的议会和司法部门中也出现了一些犹太议员和律师，形成犹太上层集团。舆论普遍认为，政府在解放犹太人的道路上迈出了第一步。同时，起源于德国的犹太启蒙运动也逐渐传入俄国，提倡学习现代科学文化，发展世俗教育，以全面改造犹太人生活和思想的基础，使他们融入俄国文化的主流。当时不在俄国控制下的罗马尼亚等东欧国家的犹太人状况也与俄国统治地区犹太人的情况基本相同。

然而，1881年3月亚历山大二世在民意党人的炸弹中殒命，因涉嫌被捕者中有一名犹太妇女，一场大规模的反犹风暴骤起，使俄罗斯帝国范围内的犹太

2　Walter Laqueur, *A History of Zionism*, New York, 1972, p 57.

人遭受了灭顶之灾。东正教会神父康斯坦丁·波贝多诺斯策夫成了刚刚继位的沙皇亚历山大三世的顾问。这位狂热的俄罗斯民族主义者制定了"解决"犹太人问题的疯狂计划：将犹太人三分之一消灭，三分之一驱逐，三分之一同化。在政府的默许和支持下，对犹太人疯狂的袭击、驱逐和屠杀很快由乌克兰南部蔓延到整个沙俄帝国。1883—1884年在罗斯托夫、叶卡捷林诺斯拉夫、雅尔塔等城市相继发生对犹太人的集体大屠杀"波格鲁姆"[3]。根据俄国内政部长伊格纳切夫在1882年5月颁布的"5月法令"，犹太人被明令禁止在栅栏区外建立任何新的居民点，准许乡村居民把"有罪的犹太"驱逐。亚历山大三世的继任者尼古拉二世（1894—1917年在位）进一步扩展了他父亲的反犹政策。他一登基，立即对犹太人从事某些专业和教育工作施加了更多的限制，从而使反犹迫害在20世纪初期进一步升级。同时，《锡安长老议定书》等伪造的反犹主义文件纷纷出笼，起到了十分恶劣的煽动作用。20世纪初，在基西涅夫、敖德萨等地，都发生了对犹太人的大屠杀。

始于1880年代初的这场反犹风暴，使俄国犹太人的心灵颤抖。反犹暴徒的肆虐，沙皇政府的敌视，甚至信奉自由主义的俄国知识分子的冷漠，一再表明俄国犹太人"解放"与"同化"前景的凄凉暗淡。苦难和恐惧致使大批犹太人逃亡国外。开始是每年5～6万人，1903—1908年达到每年10～20万人。1882—1914年间，总共有将近250万犹太人离开俄国及其统治地区，其中80%避难美国，也有数万犹太人穿越西伯利亚来到中国哈尔滨、大连等地，后来其中不少人辗转南下到天津、上海等地。

总体来看，作为移民国家的美国以宽容的态度接受了这几百万犹太难民。当然，由于受到欧洲基督教传统的影响，大批犹太人的涌入也引起了一些反犹言论和行动，但这与欧洲的反犹狂潮是不能相比的。经过几代人的艰苦奋斗，犹太人逐渐成为美国社会中十分成功的群体。同时，在没有基督教反犹传统的中国，俄国犹太人受到了更为友善的接待。由于享有"洋人"的一些特权，他们很快在商业、文化领域取得成功，成为欧洲犹太难民来华之前哈尔滨、上海等地最为活跃的犹太群体。

3　"波格鲁姆"在俄语中表示"达到毁灭程度的大屠杀"。

第十五章
纳粹暴政期间的犹太难民：
中国之外的避难和救助

在犹太难民来到中国避难的同时，世界其他地方也有通过各种途径来到的犹太难民，那些地方也做了许多救助犹太难民的工作。了解纳粹暴政期间中国之外的犹太人避难经历和对他们的救助，显然有助于我们通过比较来深入研究来华犹太难民和犹太离散避难史上"中国模式"的特点。

一、欧洲各国对犹太难民的救助

尽管欧洲大陆各国政府在犹太难民问题上不敢得罪纳粹德国，但各国广大民众、社团组织、慈善机构乃至不少中下级官员都对犹太难民的处境表现出深切的同情，并想方设法救助他们。瑞士虽然拒绝了一些犹太人的入境邀请，但也明里暗里接纳了3万犹太人。西班牙吸收了有限数量的犹太难民，并且很快把他们送到葡萄牙，再前往美国。1939年，法国、荷兰和比利时各接受了数百名被美国拒绝入境的圣路易斯号上的犹太难民。总部在瑞士的国际红十字会一直竭尽全力营救犹太难民，特别在战争状态下，由于红十字会的工作人员仍能进入交战双方控制的地区，因而他们在营救挣扎在死亡线上的犹太难民方面往往能发挥不可替代的特殊作用。欧洲基督教会历来对犹太人抱有宗教偏见，但当纳粹反犹暴行愈演愈烈之时，许多主教和教士公开站出来声援犹太人。在法国、荷兰、比利时、教堂往往是隐藏和保护犹太人的有利场所。战争爆发后，活跃在欧陆各地的游击队也都积极参与了营救犹太人的行动。值得一提的是，一些国家的外交官也想方设法救助犹太人。中国驻维也纳总领事何凤山是最早以通过发放签证的方式救助犹太难民的外交官之一，使用他颁发的签证逃离纳粹占领地区的犹太难民有数千人。日本驻立陶宛考那斯的领事杉原千亩（Chinue Sugihara），在紧要关头给近2 000名波兰和立陶宛的犹太难民签发了去日本的中转签证，使他们得以逃脱纳粹的捕杀。瑞典外交官瓦伦堡（Raoul Wallenberg）以中立国代表的身份来到匈牙利，以颁发外交护照等方式救出了上万名匈牙利犹太人。一些德国人也暗中支持和帮助犹太人，描写德国实业家奥斯卡·辛德勒保护犹太人的电影《辛德勒的名单》就是根据真人真事创作的，现在已是家喻户晓。下面再对其中几个不太为人所知或者人们不太了解详情的事例做些介绍。

瑞典"白色巴士"远征军　1944年底，挪威流亡政府派驻斯德哥尔摩的代表尼尔斯·克里斯蒂安·迪特莱夫（Niels Christian Ditleff）向瑞典政府提交了一个计划，试图救援仍滞留在德占地区各集中营的斯堪的纳维亚国家公民，包括犹太人。瑞典政府对这个行动计划表示了支持。1945年2月，瑞典政府派瑞典红十字会副主席福克·伯纳多特伯爵（Count Folke Bernadotte）前往柏林，就这一行动与德国人展开商谈。伯纳多特会见了一些德国官员，并最终见到了海因里希·希姆莱。当瑞典人答应支付行动花费后，犹豫不决的希姆莱批准了救援提案。瑞典政府派遣了一支"白色巴士"小组前往德国，由250名军方人员组成，他们都卸掉了制服上的军徽，以红十字会的标记代之。瑞典人不得不在德占区内的集中营里一个接一个地寻找目标。4月初，绝大多数斯堪的纳维亚国家的囚犯——包括400名犹太人，都已成功找到。"白色巴士"远征军于四月中旬到达特雷西恩施塔德，其主要目标就是救援犹太人。结果，从这座波西米亚和摩拉维亚保护国境内的集中营内，他们带回了423名犹太人。特雷西恩施塔德行动成功之后，"白色巴士"小组就将行动焦点放在拉文斯布吕克。从这座集中营里，他们居然救出了7 000名妇女，其中一半都是犹太人。虽然历史学家的估计差别很大，但可以肯定，为"白色巴士"远征军所拯救的斯堪的纳维亚和其他地区的囚犯约有2万至3.1万名，其中犹太人有5 000至1.1万名。[1]

瓦伦堡拯救匈牙利犹太人　1944年4月初，负责"犹太事务"的纳粹高

1　大卫·M·克罗：《大屠杀：根源、历史与余波》，上海人民出版社2015年版，第527页。

官艾希曼在一帮匈牙利官员的协助下，制订了一个计划，将这个国家的犹太人赶进隔离区，并攫取他们的财产。驱逐行动本定于5月15日开始。然而，人们突然发现，大部分装运犹太人的火车并不是开往德国，而是开往奥斯维辛。到达目的地后，"党卫军"将挑选其中约三分之一充当奴役劳工，剩下的则在毒气室里被处决。从5月15日至7月8日，德国人和匈牙利人一起，共将437 403名犹太人运走。7月7日，匈牙利总理霍尔蒂在不断增强的国际和国内压力之下，终于下令停止这一行动。驱逐行动停止后几天，瑞典驻匈牙利公使馆一等秘书罗尔·古斯塔夫·瓦伦堡（Raoul Gustav Wallenberg）抵达布达佩斯。他与布达佩斯的外交官群体密切合作，运用"美国犹太人联合分配委员"（JDC）的资金，通过美国"战时难民委员会"，向匈牙利犹太人发放特制的"保护通行证"。拥有此通行证的人，将被视为等候遣返的瑞典公民。虽然此类文件都是在情急之下制造的，但看起来非常正式，足以令大多数德国和匈牙利官员对其有效性信以为真。瓦伦堡还使用"战时难民委员会"的资金，在布达佩斯租了30幢房子，供这些"瑞典"犹太人在等待转移期间居住，并对外宣称这些房子都是不可侵犯的瑞典领土。在这30幢房子里，瓦伦堡等人共藏匿着将近一万名犹太人。瓦伦堡一次又一次冒着生命危险，尽可能多的救援犹太人。约翰·毕尔曼（John Bierman）描述了他的一次冒险经历："他爬上火车车顶，透过尚未被封死的窗户，向车里的人分发保护通行证。德国人命令他下来，可是他全然不为所动，……发完护照后，他令所有拥有护照的犹太人下车，走向附近停着的大篷车，这些车都喷成瑞典国旗的颜色。我不知道确切数字，但他的确拯救了好几火车犹太人的性命。"[2]

1945年1月，苏军到达布达佩斯后，在这个城市的两座隔离区内，仍居住着9.7万犹太人。1月13日，瓦伦堡要求与苏联官方会谈。四天后，他前往匈牙利东部的德布勒森，与苏联军方首脑协商，结果一去未返，就此失踪。1957年，苏联宣告瓦伦堡为美国间谍，10年前已死于卢比扬卡监狱，不过几年后关于瓦伦堡的报告，却坚持认为他死于苏联的战俘营系统中。以色列大屠杀纪念馆授予瓦伦堡"国际义人"称号，1981年，美国授予他荣誉公民。

2　John Bierman, *Righteous Gentile: The Story of Raoul Wallenberg, Missing Hero of the Holocaust*, New York: Viking Press, 1981, p 91.

　　门德斯向法国犹太人发放"救命签证"　1940年春德军入侵法国后，葡萄牙派驻法国波尔多的领事馆立即挤满了各类难民，他们都试图获得签证，以逃离即将开始的纳粹迫害行动。总领事阿里斯蒂德斯·德·索萨·门德斯（Aristides de Sousa Mendes）是改宗犹太人后裔，他的父亲系葡萄牙最高法院的一名法官。当时葡萄牙对犹太难民的政策相当简单：他们将获得30天的旅游签证，但不得在葡萄牙境内长期停留。然而，犹太族群也同时出现在不受欢迎外国人的名单上，因此他们可能遭遇拒绝入境。聚集在领事馆大门外的大量犹太难民的悲惨情景打动了门德斯，他决定为所有申请者签发签证。面对其下属的质疑，他解释道："我不能眼睁睁地看着这些人死去。他们中的很多人的确是犹太人，然而我国宪法规定，不能因某个外国人的宗教信仰或政治立场，而拒绝接纳其进入葡萄牙避难。我决定遵循以上原则。我打算向所有申请者发签证——无论他们有没有能力偿付签证费。"[3]门德斯的承诺立刻在波尔多的难民圈子中流传开来，数不清的签证申请表如雪片一般飞来。他只得开放领事馆和自己家的房子，以容纳挤得水泄不通的申请者。他的侄子小门德斯描述了当时的情景："从1940年5月10日至这座城市被占领之日，餐厅、画室和领事办公室都允许难民任意使用，男男女女、老老少少充满了屋子，而且大多数都是老人和病人。……领事馆内的工作人员整个白天和半个晚上连轴转。我叔叔因为劳累过度而生病了，下不了床。他权衡利弊得失之后，决定将领事馆的全部设施向所有难民开放，而不以其国籍、种族或宗教信仰而做出区分。他已决心承担一切可能的后果。在某种'神圣力量'（这是他自己的话）的支撑下，他从病床上走下来，下令向所有申请者免费发放签证。"[4]葡萄牙外交部对门德斯的行为大为震怒，并命令他立即返回里斯本。为了确保门德斯迅速回国，外交部派遣了两名"密使"，将他"挟持"至葡萄牙。当门德斯和他的同事抵达西班牙城镇比亚里茨时，他发现西班牙边境警察正依照葡萄牙政府的请求阻挡波尔多领事馆所发签证的持有者通过边境。门德斯最终还是成功说服西班牙边境

3　Mordechai Paldiel, *The Path of the Righteous: Gentile Rescuers of Jews During the Holocaust*, Hoboken, NJ, and New York, KTAV Publishing House in association with The Jewish Foundation for Christian Rescuers/ADL, 1993, p 60—61.

4　Avraham Milgram, "Portugal, the Consuls, and the Jewish Refugees, 1938—1941, " *Shoah Resource Center*, International School for Holocaust Studies, Yad Vashem, 2004.

警察，使犹太难民拿着来自波尔多的签证得以通过西班牙的边检站。门德斯回到里斯本后，葡萄牙外交部不但解除了他的职务，还剥夺了他应得的所有政府津贴。后来他虽然竭力向萨拉查政府申诉，却没得到任何回应。总部设在美国的"希伯来人收容与移民援助协会"向他提供了一些支持，并帮他的两个孩子移民至美国。他的妻子死于1945年，6年后，门德斯在"被遗忘、心碎、赤贫"的状态中去世。1966年，以色列大屠杀纪念馆宣布授予他"国际义人"称号。22年之后，葡萄牙政府恢复了他的名誉与声望。1996年，外交部重新给予他领事资历。这一年晚些时候，政府决定对他的家庭"做出赔偿"。人们会永远记住门德斯说过的一段话："如果就因为那一个基督徒（指希特勒）而导致成千上万犹太人受难，那么，当然也可以以一个基督徒受难为代价，换取成千上万犹太人的福祉。对于我曾经做的一切，我毫不后悔。"[5]

佩拉斯卡和布利兹救助匈牙利犹太人　1944年夏天，西班牙驻布达佩斯公使馆负责人安赫尔·萨恩斯·布利兹（Angel Sanz Briz）争得西班牙外交部支持，与匈牙利政府协商向200名西班牙裔犹太人发放西班牙护照。这位西班牙外交官在布达佩斯四处奔走，询问领子上有黄色大卫星标志的男男女女："你们中有人和西班牙有半点关系吗？"然而，在以德裔犹太人为主的布达佩斯，他一共只找到了45名符合条件的犹太人。于是他便向其他犹太人发放了"保护通行证"，原本200人的人数限额也被他刻意曲解为200户犹太家庭。他甚至通过一直发放序列号小于200的证件来规避人数限制。为了进一步保护得到通行证件的犹太人，从1944年秋天开始，布利兹还动用了领馆资金和个人捐款建立了四座西班牙领馆下属的庇护所，让犹太人居住在内，以躲避纳粹的侵袭。他聘请了一名叫乔吉奥·佩拉斯卡（Jorge Perlasca）的意大利裔西班牙人，负责监管这些庇护住宅。布利兹因西匈两国关系恶化而不得不离开布达佩斯后，佩拉斯卡承担起了救助犹太人的任务。他宣称："布利兹已留下特别指示，在他不在布达佩斯的这段时间，任命我全权履行他的一切权力与职责！现在站在你们面前的，就是西班牙政府的正式外交代表！"此后，佩拉斯卡竟成功地令匈牙利和德国官员都相信，自己就是西班牙政府的新代办。实际上，他根本

5　Avraham Milgram, "Portugal, the Consuls, and the Jewish Refugees, 1938—1941," *Shoah Resource Center*, International School for Holocaust Studies, Yad Vashem, 2004.

不具备任何官方外交职位。一天早上，他前去布达佩斯的约采夫法罗斯火车站寻找两名犹太儿童，他们是匈牙利人刚刚从一所庇护住宅内劫走的。在一队等待驱逐的人群中，他找到了这两个男孩，于是催促他们赶紧上他的黑色别克轿车，这辆车悬挂着西班牙国旗。佩拉斯卡刚刚把这两个孩子塞进后座，一位德国士兵走上来，命他交出孩子。佩拉斯卡厉声对德国士兵说，自己的车属于"外国领土"，如果他胆敢碰这两个男孩一根汗毛，那就触犯了"国际法"。这个德国警卫遂推开佩拉斯卡，试图抓住孩子。正在双方推搡扭打之际，一个党卫军官员走过来，命令士兵别再管那孩子。然后他告诉佩拉斯卡："走吧，尽管带他们走吧。反正迟早他们得死。"瑞典外交官瓦伦堡正好当时也在火车站，他走到这位西班牙"外交官"面前问道："你知道刚才那人是谁吧？"佩拉斯卡答道，"我不知道。"瓦伦堡告诉他："他就是阿道夫·艾希曼。"佩拉斯卡与全副武装的军队发生正面冲突，上述事件可不是唯一的一次。还有一次，一批人闯入一座西班牙庇护住宅，掠走了一批犹太人。然后，他们胁迫这批人朝多瑙河走，并打算在那里处决他们。佩拉斯卡再一次及时出现，并警告这支部队的头目，他打算给马德里政府发电报，告知这次对"西班牙外交权力的野蛮侵犯"。佩拉斯卡信誓旦旦地说，这一行动将破坏匈牙利和西班牙的关系。于是，那些人心虚了，不得不将所有犹太人又交还给佩拉斯卡。[6]

　　历史学家认为，佩拉斯卡和布利兹共救助了大约5 200名犹太人。他们都被以色列大屠杀纪念馆宣布为"国际义人"。[7]

　　荷兰外交官用"无需签证"印章救助犹太难民　1939年9月德军攻占波兰，大批波兰犹太人涌入立陶宛等波罗的海沿岸国家。同时，也有逃离欧洲其他德占地区的犹太难民辗转进入立陶宛。对于这些滞留在立陶宛的犹太难民来说，一个生死攸关的问题是：如何在德国人来到之前离开这个国家？要离开立陶宛，他们必须获得某个国家发的入境签证、至少是中转（过境）签证。在这紧要关头，荷兰驻拉脱维亚大使暨波罗的海各国代表德克（L.P.J.de Dekker）收到的一封来信使他想出了一个救助犹太人的办法。一位荷兰籍犹太人写信给

6　　Martin Gilbert, *The Righteous: The Unsung Heroes of the Holocaust*, New York, Henry Holt, 2003, p 400–401.

7　　前引大卫·M·克罗：《大屠杀：根源、历史与余波》，第521页。

德克，询问他去荷属殖民地库拉索是否需要签证。德克回信告诉他，进入库拉索无需签证，但需要获得该岛总督颁发的登陆许可证。德克明白，犹太人几乎不可能获得这样的登陆许可证，但他突然想到，"去库拉索无需签证"的印章也许能帮助犹太人获得其他国家发放的中转签证，此后他们不必去库拉索，可以在到达中转地后另寻出路。于是，他立即通知荷兰驻立陶宛代理领事茨华登迪克（Zwartendyk）可以在犹太人的护照上加盖这一印章。当时，茨华登迪克也正在想尽办法帮助犹太人。此后一段时间，他给数千名犹太难民的护照加盖了"去库拉索无需签证"的印章。获得这个印章的犹太难民又从日本驻立陶宛领事杉原千亩处获得了去日本的中转签证，从而逃离了立陶宛。1941年6月22日德军进攻苏联，随即占领立陶宛，没有离开那里的犹太人全部被杀害。来到日本神户的数千犹太难民无法获得去美国的签证，最终来到上海，并在上海度过了整个战争时期而幸存下来，其中包括欧洲最有影响的密尔经学院的全体师生。

战后，密尔经学院在纽约和耶路撒冷重建。至今，该院代表每年都要来到立陶宛、上海和神户，以纪念他们逃离大屠杀而幸存的难忘经历，也感谢荷兰、日本外交官和上海市民的救助之恩。

瑞士：在纳粹压力之下的暗中救助　在犹太难民事务上，瑞士人之所以被迫与德国人采取合作态度，很大程度上是出于对德军潜在入侵威胁的恐惧。1940年夏天，德国国防军的确曾制定过一个入侵瑞士的方案，名叫"圣诞树行动"。不过，这个方案没能得到希特勒的批准。瑞士还有一个行业在二战对德关系中扮演了关键性的角色，那就是银行业。德国从各个占领国攫取了大量黄金储备，而瑞士银行就是这些资产的主要储存和流通管道。当然，可想而知，这些财富中有很大一部分是从大屠杀受难者身上剥夺而来的。

1939年10月19日，瑞士政府发布法令，强化对犹太难民的严格限制。法令规定，将驱逐所有非法进入瑞士领土的难民。有些官员无情地执行如上法令，然而在很多地方，比如巴塞尔-兰德、巴塞尔-施塔德、纳沙泰尔、沙夫豪森和格劳宾登等州，当地官员为帮助"非法难民"付出了很多努力。不过，瑞士政府对违反移民法规的官员，惩罚是十分严厉的。1939年春天，为了使3 600名犹太人继续留在瑞士境内，圣加仑市警察局长保罗·格吕宁格尔上尉

（Captain Paul Grüninger）修改了他们的签证，结果遭革职处分。尽管很多人警告他停止此类"非法"行动，但格吕宁格尔坚持凭自己的良心行事，终于招致盖世太保的关注，后者将他的行动报告至伯尔尼的瑞士警察部门。格吕宁格尔失去了公职和所有政府津贴，并在贫困中度过了余下的一生。1971年，以色列大屠杀纪念馆宣布他为"国际义人"。在耶路撒冷举行的"国际义人"称号授予典礼上，格吕宁格尔对自己行动的解释是："在我的内心深处，那施予救援的倾向，根植于我深刻的基督教信仰和我的世界观……虽然我经常令自己处于困难的境地，但解决问题的出路总会呈现。我感到，上帝一直在以一种充满力量的方式帮助我。"[8]

　　虽然瑞士官方一直试图限制犹太难民潮的涌入，但随着战争形势的变化起伏，这个国家的难民政策也如墙头草般经常变化。1942年8月4日，担心再一次移民潮的到来，瑞士政府又颁布了一个新指令，声称：进入瑞士领土的移民"大多数为各国犹太人"，出于安全及经济原因，必须将他们驱逐至边境之外；唯一的豁免条款将针对政治难民，他们将不被遣送回国；"那些单纯出于种族原因——比如犹太人——而逃亡到瑞士的人，将不被视为政治难民对待。"尽管如此，在伯尔尼的警察部门长官会议上，大多数与会者又同意将犹太人视为政治难民；然而，出于外交和政治考虑，他们又不能得到政治难民的豁免待遇。在同一个月的苏黎世会议上，瑞士联邦司法与警政部首脑爱德华·冯·施泰格解释道，由于"在瑞士的'救生艇'上已没有多余的空间了"，所以自己的部门已采用上述政策。当年晚些时候，随着德军占领维希法国，瑞士的移民政策进一步收紧，拒绝一切难民入境。此后几年，瑞士对犹太难民的政策一直如此摇摆不定。但是，正是这种模糊、多变的政策，为瑞士国内各界提供了"上有政策，下有对策"的空间，千方百计救助了许多犹太难民。

　　整个二战期间，约有29.5万难民曾通过或滞留瑞士领土，其中51 129人为不具备入境签证的平民，2.1万以上为犹太人。"大屠杀"期间，总共有约3万犹太人在瑞士国土的某一个角落找到了避难所。[9]

8　Baruch Tenembaum, "The Example of Grüninger," International Raoul Wallenberg Foundation, p2.
　　http://www.raoulwallenberg.net/en/saviors/others/example-gr-uuml-n.

9　前引大卫·M·克罗：《大屠杀：根源、历史与余波》，第530页。

二、英国和美国对犹太难民的救助

1933年德国开始排犹后，英国和美国对犹太难民的政策一直摇摆不定。一方面，由于世界经济危机导致国内民生状况恶化、失业率急剧上升，保护主义、民粹主义、孤立主义情绪弥漫，严格限制，乃至拒绝包括犹太难民在内的移民入境的主张一直居于上风。英国不但严格限制犹太难民进入本国，而且为了拉拢阿拉伯人对抗德意法西斯，于1939年5月17日发表白皮书，对犹太难民关闭了其委任统治下的巴勒斯坦的大门。英国属地加拿大、澳大利亚、印度、南非、新西兰的情况也是如此。拥有庞大犹太社团的美国也对犹太难民入境加以种种限制：1939年5月，美国政府将载有900名欧洲犹太难民的"圣路易斯"号轮船拒之门外；1940年，美国国会否决了向难民开放阿拉斯加的议案；1941年，美国国会又拒绝了接纳2万名德国犹太儿童的建议。另一方面，出于对纳粹的痛恨和对犹太人的同情，英美各界人士、包括政府中的有识之士，也做了一些救助犹太难民的善事。特别是到了战争后期，随着纳粹大屠杀的真相逐渐披露，救助犹太人已经成为英美社会的共识，两国政府的政策也随之调整。下面着重研究英国救助犹太难童和美国安大略堡紧急难民庇护所两个案例。

英国救助犹太难童　1938年11月16日，就在德占地区发生的"碎玻璃之夜"暴行震惊世界后几天，经英国内阁讨论，英国难民委员会决定接纳17岁以下、没有亲属陪伴的犹太难民儿童。此后，跨教派联合组织"德国儿童关爱运动"（后更名为"难民儿童运动"the Refugee Children's Movement）向德国和奥地利派出人员，建立机构，传播消息，遴选和运输儿童难民，很快建立了一个全国性的组织网络。他们吸引了不少当地的青年志愿者，为了共同目标不分昼夜地工作。1938年12月1日，第一批儿童难民离开柏林，并于次日抵达英国的哈里奇港。这项工作实际上仅持续了9个月。1939年9月1日，就在二战爆发之时，最后一批成功获救的儿童难民离开德国。此后，儿童难民的营救工作被迫结束。此次施救行动的范围相当之广，除了德国以及先后被德国吞并的奥地利和捷克斯洛伐克之外，还包括波兰和但泽市。整个施救工作的重心前三个月在德国，之后转向奥地利。从1939年3月德国军队开进捷克斯洛伐克起，又转向捷克斯洛伐克。在波兰和但泽的施救工作，主要于1939年2—8月进行，但只救出了3个火车车厢的儿童难民。[10]

值得一提的是，还有不少独立的英国组织、家庭和个人，也为营救儿童难民做出了贡献。例如"青年阿利亚"（Youth Aliyah）和德国犹太人理事会（the Council for German Jewry）两组织，出于为巴勒斯坦培养农业人才的目的，将数百名年龄较大的犹太儿童难民运入英国，再想方设法将他们送去巴勒斯坦。史勒辛格一家（the Schlesingers）不仅从德国营救了12名犹太儿童，而且专门为他们建立了一个青年旅馆，予以妥善安置。被誉为"英国辛德勒"的股票经纪人尼古拉斯·温顿（Nicholas Winton），借助捷克斯洛伐克难民英国委员会（the British Committee for Refugees from Czechoslovakia）的名义，自创儿童分部，几乎凭一人之力，从捷克斯洛伐克成功救出并安置儿童难民669名。拉比所罗门·舍恩菲尔德（Solomon Schonfeld），因在1938—1948年间成功营救数千名犹太人而被视为大屠杀期间的英雄，由他独立营救至英国的儿童难民多达300人。在战争年代，由于英国不断遭受轰炸，这些在英犹太难童还经历过多次大疏散和重新安置。

战争结束后，大约有一半在英犹太难童继续定居于英国，其余的则移居美国、以色列等国，包括返回自己的祖国，如捷克斯洛伐克。[11]英国救助犹太难童行动总计救出了上万名犹太儿童，但也导致了他们与父母和亲属的分离。值得一提的是，这些难童中有些人的父母后来到了中国上海避难，战后得以与他们的子女重逢。但是，大多数赴英难童的父母和亲属均在纳粹的屠刀下丧生。

美国安大略堡紧急难民庇护所　1944年初，纳粹在欧洲大规模屠杀犹太人的消息不断传到美国，使各界人士义愤填膺，美国政府承受的压力越来越大。当时，整个世界都希望拥有最大犹太社团的美国承担起救助大屠杀受害者，尤其是犹太人的责任。罗斯福总统因此决定建立"战时难民委员会"，向美国和欧洲的救援计划提供资金，该项行动为大约20万犹太人的获救做出了

10　参见王本立："英国对纳粹德国儿童难民的营救"，《史学集刊》2014年第一期。

11　参见前引王本立："英国对纳粹德国儿童难民的营救"。

贡献。1944年6月12日，罗斯福总统宣布在纽约州奥斯威格的安大略堡（Fort Ontario）设立自由港，其中建立紧急难民庇护所。

接着，美国派出的特别代表列昂那得·阿克曼（Leonard Ackerman）前往意大利指导难民的挑选工作，并将被选中的难民集中在那不勒斯港。选择难民的条件是：只有走投无路的难民才有资格进入美国，而且应以妇女和儿童为主；除了维持难民营运作的若干拉比、医生和技工外，身体健全的参军适龄男性将不被考虑。1944年8月3日，982名来自18个不同国家（大多是犹太裔，主要来自南斯拉夫、奥地利、波兰、德国和捷克斯洛伐克）的难民抵达纽约，然后坐火车前往紧急庇护所。罗斯福将他们称作是自己的"客人"，从而避开了当时十分苛刻的移民人数限制。但是，这些难民也因此没有任何法律地位，而且必须在情况允许时被遣送回欧洲。

由于没有移民身份，这些难民无法离开安大略堡，甚至不能寻觅工作或者拜访已经定居美国的亲人。他们艰难地在难民营内维持着社群的运转，但是封闭的环境和迷茫的未来都使得他们承受着巨大的心理压力。关心难民问题的各界人士不断地游说国会和总统，恳请他们允许这些"客人"留在美国。1945年5月，德国投降，安大略堡的难民何去何从成了迫在眉睫的议题。大多数难民希望留在美国，有60%的人正在等待移民审查。1946年2月，在难民营接纳他们18个月后，国会小组委员会终于投票通过了将安大略堡紧急难民庇护所关闭的议案，于是杜鲁门总统得以允许这些难民合法进入美国。同时，杜鲁门总统放宽了美国移民限制，特别向大屠杀受难者打开了美国的大门，于是大量犹太难民涌入，其中包括许多来到中国的犹太难民，他们也在美国找到了自己的归宿。

尽管存在诸多困难，1933年至1945年间仍有许多犹太人冲破重重障碍、利用各种政策缝隙、通过各种途径进入美国。但是，没有人知道他们总共有多少人，只知道他们中的一些名人，如著名科学家爱因斯坦、后来成为美国国务卿的亨利·基辛格等。只有进入安大略堡紧急难民庇护所的那982个难民，是清清楚楚记录在案的，尽管其中少数人并非犹太人。[12]

12　Marks, Edward B. *Token Shipment: The Story of America's War Refugee Shelter.* Washington, DC: United States Government Printing Office, [1946]．(D 809 .U5 M275 1946)。这是安大略堡难民营自1944年开设到1946年关闭的官方历史，还包括难民营中的居民在此之后重新定居的数据。

三、拉丁美洲各国对犹太难民的救助

拉丁美洲国家虽然远离欧亚大陆的战火，却也难以避免遭受世界大战的冲击，欧洲犹太难民试图在拉美寻找避难地，就形成了这样的冲击。1941年前，只有多米尼加共和国向犹太难民打开了国门。到1941年后，由于纳粹屠杀犹太人的罪行不断被披露，拉美不少国家都开始接受犹太难民。到二战后，拉美更成为许多欧洲犹太难民、包括来华犹太难民的新定居地。

多米尼加共和国   1938年7月，在法国埃维昂举行了专门讨论德国犹太难民问题的国际会议。会上，32个与会国家中只有拉美国家多米尼加共和国明确表示愿意接受犹太难民。历史学家认为，当时统治该国的独裁者特鲁希略（Rafael Trujillo）之所以愿意接纳犹太难民，一是希望改善自己在"文明世界"的形象，因为他屠杀数万海地人的暴行曾受到强烈谴责，二是希望将自己的国家"白人化"，相信这些来自欧洲的"白人"会"制造"出肤色较浅的孩子。了解到多米尼加共和国欢迎愿意从事农业的犹太人之后，美国犹太人联合分配委员会（JDC）立即创建了一个特殊的组织，名为"多米尼加共和国定居协会（Dominican Republic Settlement Association, DORSA）"，随后资助该协会在多米尼加城镇索苏阿（Sosua）购置了26 000公顷曾被开垦为香蕉种植园的土地。1940年1月30日，DORSA官员与特鲁希略政权签署了一项协议。协议写道："共和国……同意给予定居者及其后代完全的机会继续他们的生活和工作，免受骚扰、歧视或迫害，给予完全的宗教自由……民事、法律和经济权利，以及其他人类生而拥有的权利。"

尽管多米尼加成为了离开欧洲的希望，但是由于大西洋的潜艇战以及同盟国运输军队和物资对船只的需要，难民的迁移极其困难。在该计划开始的第一年，只有50名犹太人抵达多米尼加共和国。这些新来的犹太难民得到了相当好的待遇，也没有遭遇肆虐欧洲的反犹主义。他们定居在当时还是丛林的海岸小镇索苏阿，每户移民会领到80公顷土地、10头牛、一头驴和一匹马。DORSA从巴勒斯坦请来了基布兹的专家，向索苏阿移民传输集体农业的知识。专家们还帮助设计并建造了肉类加工厂、黄油和奶酪工厂，并向居民推荐种植柠檬草榨取香水用油。

美国参战后，横跨大西洋变得更加艰难，但是仍有少量移民陆续抵达多米尼加。1941年10月，纳粹禁止欧洲被占领地区的犹太人向外移民。此时，索苏阿的犹太人口达到顶峰，共500人，DORSA已投资约一百万美元。1944年，索苏阿的状况得到了进一步改善。DORSA放弃了集体农业，开始给予定居者私有产业。犹太居民们自此开始专注于畜牧和黄油、奶酪的生产，并日趋繁荣起来。战后，尽管一些人迁居美国或以色列，另一部分人仍选择留下。此后，索苏阿一直有约25户犹太家庭。多米尼加共和国大部分黄油和奶酪消费都由他们的乳业生产供应。在索苏阿犹太会堂的边上，有一所博物馆。馆内展览的最后一行解说词是："索苏阿，生于痛、长于爱、终将代表生命的胜利。"[13]

玻利维亚　1941年前，其他拉美国家之所以不愿接纳犹太难民，一是担心外来新移民使失业率进一步上升，导致国民经济难以走出世界经济危机而复苏，二是拉美国家中的德裔受到种族主义和纳粹意识形态影响而同情反犹主义，对政府有一定影响，三是有的国家通过实施限制移民政策以博取民众支持。但是，1941年后纳粹屠犹骇人听闻的暴行不断传来，使一些拉美国家改变了对犹太难民的支持，其中玻利维亚最为突出。该国之所以能向犹太难民开门，是与犹太裔矿业巨头毛里西奥·霍却系尔德（Mauricio Hochschild）的重要作用分不开的。此人控制了玻利维亚矿产的三分之一，还与玻利维亚总统关系密切。在与巴拉圭的战争后，玻利维亚政府急于通过吸收欧洲移民振兴经济。霍却系尔德便抓住了这一机会，通过玻利维亚驻欧洲的五个大使馆接纳德国和奥地利的犹太难民。这些难民经海路抵达智利后，又坐被称作"犹太快线"的火车进入玻利维亚。[14]在美国犹太联合分配委员会（JDC）的协助下，霍却系尔德为犹太难民提供了一系列设施与服务。JDC档案显示，霍却系尔德、玻利维亚定居协会（Sociedad Colonizadora de Bolivia，SOCOBO）与JDC共出资16万美金支持培训犹太人参与农作。[15]许多犹太难民随后又通过玻利维亚宽松的

13　Loval, Werner. *We were Europeans: a personal history of a turbulent century.* Jerusalem ; New York: Gefen Publ. House, 2010. Print.

14　Cárdenas, José Arturo. March 16, 2017.
　　http://www.timesofisrael.com/decades-after-he-died-pre-wwii-files-reveal-unlikely-heroism-of-bolivian-schindler/

15　"Uncovering Jewish History in Bolivia." *JDC Archives*, archives.jdc.org/uncovering-jewish-history-in-bolivia/. Accessed 18 May 2017.

边境进入其他周边国家，尤其是阿根廷。据不完全统计，1941年后直至1948年，玻利维亚接纳了超过2万名犹太难民和移民。

墨西哥　在纳粹变本加厉地迫害犹太人之际，墨西哥驻法国马赛外交官萨尔迪瓦（Gilberto Bosques Saldivar）命令领事官员向任何有意逃亡去墨西哥的难民发放签证和护照，拯救了成千上万的犹太人和其他难民。萨尔迪瓦还在马赛附近租了一栋城堡和一个夏日度假营地供难民短期居住，称这些房产根据国际法属于墨西哥领地。1943年，盖世太保逮捕了萨尔迪瓦一家和40名领馆工作人员，直到一年后墨西哥政府通过交换囚犯将他们救出。[16]

萨尔瓦多　1938年，时任萨尔瓦多驻汉堡领事的卡斯特拉诺斯（José Arturo Castellanos）就注意到了犹太人在德国的绝境，请求上级允许他颁发签证、帮助犹太人离开德国，但是却收到了禁止发签证的命令。1939年1月2日，他再次写信给外交部部长，描述犹太人面临的险恶状况，试图使其改变想法，然而仍然没有得到许可。1941年，卡斯特拉诺斯成为驻日内瓦领事。眼看犹太人的处境日趋悲惨，他决定无视上级指示，向数千名犹太人发放了萨尔瓦多护照，以保护他们免受驱逐。这些犹太人与萨尔瓦多没有任何联系，甚至连西班牙语都不会说，但是这份来自第三方中立国的证件为他们提供了一定保护，甚至起到了挽救生命的作用。匈牙利犹太商人曼德尔（George Mandel）在1939年二战爆发前即与卡斯特拉诺斯密切合作，并给自己取了听上去非常像西班牙裔的化名曼太罗（Mantello），后被卡斯特拉诺斯任命为领事馆的一等秘书。经卡斯特拉诺斯同意，曼太罗向数千名欧洲犹太人发放了萨尔瓦多护照或身份证。1944年5月，萨尔瓦多政权更迭，新总统与一些积极拯救匈牙利犹太人的西方国家意见一致，自此卡斯特拉诺斯的营救行动终于获得国家的支持。2010年5月3日，以色列大屠杀纪念馆正式授予卡斯特拉诺斯"国际义人"称号。[17]

二战结束后，拉丁美洲成为大屠杀幸存者的重要移民目的地。超过2万名

16　Katz, Friedrich. "Mexico, Gilberto Bosques and the Refugees." *The Americas*, vol. 57, no. 1, 2000, pp. 1–12. JSTOR, www.jstor.org/stable/1007709.

17　"The Righteous Among The Nations: Castellanos Jose." *Yad Vashem*. Web. 21 May 2017. http://db.yadvashem.org/righteous/family.html?language=en&itemId=5604975.

无家可归的犹太人移民到了该地区。他们的目的地主要是已有一个活跃的犹太社团的阿根廷，也有不少人前往玻利维亚、墨西哥、萨尔瓦多、巴西、巴拉圭、巴拿马、智利、哥斯达黎加等国，其中包括不少来华避难的犹太难民。

第十六章

来华犹太难民特点之一：开放型的大城市
成为犹太难民的主要避难地

与欧美一些国家将犹太难民安置在庇护所、拉美一些国家安排犹太难民
从事农矿业不同，来华犹太难民基本上都来到了中国的大城市，这些城市都是
开放型的，而且具有政治上的包容性和文化上的多样性。本章就以上海、香
港、哈尔滨、天津、大连、青岛等城市为例来研究这一特点。

一、犹太难民都来到在开放中发展起来的大城市避难

上海、香港、哈尔滨、天津、大连、青岛都是列强打开中国大门后逐渐
走上开放、发展的道路的。

上海　绝大多数来华犹太难民都是首先进入上海的，而这个城市，正是
在开放中发展起来的中国第一大都市。1843年11月17日，根据《南京条约》
和《五口通商章程》的规定，上海正式开埠。从此中外贸易中心逐渐从珠江口
的广州移到长江口的上海。外国商品和外资纷纷涌进这个长江门户，开设行
栈、设立码头、划定租界、开办银行。至20世纪30年代，上海成为跨国公司
开展贸易和商务的枢纽，是亚太地区最繁华的商业中心，被称为"十里洋场"。
自开埠以来，来自江苏、浙江、安徽、江西、山东、广东、福建等省份的移民
和来自海外英、美、法、德、日、俄等国的移民一起为这座新兴城市的发展繁
荣作出了贡献。上海位于中国南北海岸线的中端和第一大河长江的出海口，近
靠中国传统文化经济繁华区域苏州、杭州和南京，远接广阔的两湖、巴蜀、鲁
豫、冀晋等区域，离韩国、日本、菲律宾、新加坡等国的距离适中，为上海在

开埠较短时间内一跃成为远东第一大都市创造了条件。从开埠到20世纪中叶的一百余年，来自全国各地的移民使上海的人口增长了20多倍，带来了海派文化的发展，并推动民族工商业在上海的繁荣，出现了先施、永安等四大百货公司、天厨味精厂、三友实业社等杰出的民族工商企业。

道光二十五年（1845年）上海县洋泾浜以北一带划为洋人居留地，后形成英租界。道光二十八年以虹口一带划为美租界。道光二十九年以上海县城以北、英租界以南一带为法租界。同治二年（1863年），英、美租界合并为英美公共租界，光绪二十五年（1899年）又改称为上海国际公共租界。此后，租界多次扩大。1899年5月，上海公共租界大规模扩展，面积扩展到33 503亩（22.59平方千米），北面的边界到达上海、宝山2县的交界处，西面一直扩展到静安寺。整个租界划分为中、北、东、西4个区。到1900年，上海城市人口超过100万，跃居全国第一。那以后，上海一直是中国第一大城市。1919年，上海人口已相当于苏州、重庆、香港、成都四个大城市人口的总和。1947年，上海人口相当于三个北平，或四个南京。至于在全国的经济比重更是高得让人难以置信。金融方面，1936年，外国在华银行总部全部设在上海，华资银行58家设在这里，占全国总数的35%。抗日战争前，除东三省外，外国资本对华出口贸易和商业总额有81.2%集中在这里，银行投资的79.2%、工业投资的67.1%、房地产投资的76.8%，都集中在上海。1936年，上海对全国各通商口岸贸易总值，占全国75.2%，1940年比重上升到88%。[1]

香港　一些犹太难民辗转来到香港，这是一个英国人统治下的开放型大都市。根据1842年的《南京条约》，清政府将香港割让给英国，香港沦为英国殖民地。1860年10月签订的中英《北京条约》，清政府又被迫将九龙司并入香港管理。1898年，英国又进一步强迫清政府订立了《展拓香港界址专条》，强租了九龙半岛及其周围岛屿（租期为99年，至1997年），香港的发展开始不再局限于香港岛。1851年太平天国起义，不少华南商人迁往香港逃避战乱。香港人口由1851年的33 000多人增加至1865年的12万多人。除了货物的转运外，香港亦成为华南中国人移居海外的中转站。从1851年至1900年期间，逾

1　熊月之：《开埠通商与上海人特性的形成》，载于《东方早报》，2013年11月19日。

200万广东人及福建人经由香港移居海外，或被运往海外充当苦力。成为自由港后，香港便逐渐取代广州，成为中国沿海的主要转口港。多间英国洋行在香港设立，也吸引不少华人从事与贸易相关的业务，如搬迁及运输等。部分华商也来港设立南北行经商。除了贸易，银行业和股票市场也在香港兴盛起来，为香港成为国际金融中心奠定了基础。每当中国内地发生动乱之时，许多达官贵人、富商巨贾便涌入香港，也把他们的财富和实业带入香港，而当中国内地繁荣和发展之时，中国和世界各国的实业家和文化人又把香港当作他们向中国内地挺进的桥梁和前进基地。到20世纪30年代，香港内接华南地区，乃至整个中国内地，外连东亚、东南亚、南亚、中东，乃至欧洲和北美，已成为一个拥有近百万常住或流动人口的、四通八达的、开放的大都市。

　　哈尔滨　一些犹太难民经苏联南下，或从上海北上来到当时属于"满洲国"的哈尔滨，这也是一个对外国人开放的城市。1896年，沙俄政府迫使清朝政府与之签订了不平等的《中俄御敌互相援助条约》，获得在中国东北修筑中东铁路的特权。1897年，中东铁路建设局由海参崴迁到哈尔滨，大批俄国人在哈尔滨定居。1905年日俄战争后，日本又与清政府签订《中日会议东三省事宜条约》，根据其《附约》规定，包括哈尔滨在内的众多东北枢纽城市纷纷于两年后开埠通商。随着其他各国势力的渗入，俄国人在哈尔滨的垄断局面被打破，先后有二十多个国家在哈尔滨设立领事馆或总领馆。中东铁路的修建刺激了哈尔滨地方官办与民族机器工业的兴起，而开埠通商则为民族工商业的迅速发展提供了机遇，官办、商办、官商合办民族工商业相继涌现，企业最多时达上千家之多，如在商业和工业领域均业绩显著的"同记"企业集团等。同时，以俄国资本为主的欧美、日本商业资本大量流入哈尔滨，近代大中型的商号开始出现。如当时全东北地区最大的俄商秋林洋行，既是大型百货批零兼营的商店，又是一个大型进出口商。其经营范围很广，以世界闻名的高档商品为主，并设有红茶、葡萄酒、肉肠、卷烟等加工厂。中东铁路的修筑与开埠通商使得哈尔滨人口急速增长。据统计，1903年，哈尔滨常住与流动人口数应在7万人左右，到1923年（民国11年），哈尔滨总人口接近50万（包括外国居民）。当时，哈尔滨已成为一个"华洋杂处"的国际化都市，有"东方莫斯科"之称，东西方文化系统中的各种子文化在此各自发展、彼此交汇。西方的科技和文化流入哈尔滨，极大改变了当地的物质和精神生活。火车、电影、电报、电话等西方技术革命的产物在哈尔滨陆续出现，报刊业兴起，对哈尔滨的文化生活产生重要影响。

天津　也有数百名犹太难民来到了天津这个开放型城市，一部分是从上海北上而到天津的，另一部分则是从哈尔滨南下来津的。1860年，英、法、俄强迫清政府签订《北京条约》，天津被辟为通商口岸，从此天津成为外国列强在中国倾销商品、掠夺原料、输出资本的重要基地。天津开埠以后，英国、法国、美国、德国、日本、奥地利、意大利、俄国、比利时九个国家在此相继强划租界。与此同时，国内的官僚、买办、富商、政客也在天津买房兴业，使天津成为近代殖民政治、经济、文化的聚合地。辛亥革命后，许多清廷的遗老遗少，包括末代皇帝溥仪等人，也聚居天津，时常往来于京津之间。开埠后的天津逐步成为中国北方开放的前沿和近代中国洋务运动的基地。由天津开始的军事近代化，以及铁路、电报、电话、邮政、采矿、新式学堂、司法等方面建设，均开中国之先河。天津成为当时中国几大工商业城市之一，也是北方最大的金融商贸中心。当时天津的工业主要有清政府官办工业、外国资本经营的工业和民族资本开办的工业三大类，如清政府官办的天津机器局、民族资本的贻来牟机器磨坊、启新洋灰公司、北洋烟草厂等以及中外合办的开滦煤矿等。在商业方面，洋货进入、土产外流，天津的内外贸易额大幅度上升，成为中国北方地区进出口贸易最集中、最发达的中心。天津的金融业也在此开放的环境下快速地发展了起来，成为中国北方的金融中心。在教育方面，除了洋务派开设的以军事、科技和医学为主的学堂，外国教会以及华人自办的教育事业也蓬勃发展，在女子教育和中学教育上成绩显著。开埠后，天津的报刊业兴起，以《中国时报》《大公报》为代表的报纸杂志影响着天津的文化氛围，起到了启发民智的作用。

大连　一些犹太难民从苏联或日本经大连去上海，但由于海路阻隔等问题最终决定留在这个中国北方的开放型自由港。沙皇俄国的军舰打着保护大清国利益的幌子，于1897年的冬天闯入旅顺口，并强凭零租金的条约在大连湾开埠建市。随着城市的建设，俄国传教士、商人、工程技术人员、工人陆续移入。20世纪初期，大连的城市人口以移民为主，其中包括大批俄国人，移居大连的中国人则主要来自辽南地区、山东和东三省。为了在远东的海运和国际贸易中获得更大利益，沙俄开始建设大连自由港。1905年日俄战争结束后，日本势力取代沙俄势力进入大连，开始40年的统治。1906年，日本政府宣布开放大连港与各国通商，以该港为自由港，使得大连港成为中国东北的对外贸易中心，与中国沿海各地、日本、朝鲜、俄罗斯、亚太地区的海上贸易蓬勃发展，甚至远达欧美。同时，海上贸易品进入大连后又通过辽南地区辐射整个中国东北乃至关内。到1919年，大连港成为吞吐量仅次于上海的中国第二大港。俄国十月革命后，大连与苏联的联系一度中断，但随着20世纪20年代苏日关系正常化又逐渐恢复。

青岛　少数犹太难民从上海、大连等地来到青岛，因为这个自由港有许多为外国海员、游客服务的餐馆、旅社、商店等，比较容易谋生。1897年11月，德国占领青岛胶州湾，并于1898年3月与清政府签订《胶澳租借条约》。9月，德国宣布青岛为自由港，实行自由地区制度，建造港口，修筑胶济铁路，积极发展对外贸易，使青岛在十几年内由一个小渔村变成中国北方的国际性商埠。到1910年，青岛贸易额反超烟台，成为山东第一大港，在全国各通商口岸中居第六位，仅次于上海、天津、汉口、广州和汕头。德国人在青岛引入近代交通、通讯，规划城市建设，改良公用事业，兴建西式建筑，设教堂，建学校，出版报纸杂志，客观上对青岛城市的形成、发展和现代化产生了促进作用。随后，美国、英国、俄国、日本等国在青岛设立领事馆，各国侨民涌入，使青岛的居民和市容更显多元色彩。1914年11月，日本乘第一次世界大战之机对德国宣战，出兵占领青岛，此后取代德国统治青岛30多年。到20世纪30年代，像大连一样，青岛与中国沿海各地、日本、朝鲜、俄罗斯、亚太地区、甚至欧美的海上联系十分密切。青岛的德国色彩始终十分浓厚，如著名的青岛啤酒，就源于德国啤酒。当时，青岛也是中外游客十分青睐的旅游胜地。

正是由于具有如此开放的氛围，犹太难民才可能进入这些大城市，并在这些城市避难、拼搏和生存下来。

二、犹太难民避难的城市都具有接纳政治流亡者的传统

前面提到的开放型的大城市往往具有包容性，特别是接纳政治流亡者和

难民的传统，上海在这方面最为突出，以致被称为"冒险家的乐园"。1843年后，上海向外国人敞开了大门。在近一个世纪里，包括犹太难民在内的各种各样的移民和难民都能轻而易举地在上海、特别是上海租界找到生存之地。这里，我们以反抗日本占领的韩国抵抗运动和逃离苏联的俄国政治难民在上海的活动为例。

大韩民国临时政府　1910年朝鲜半岛沦为日本殖民地，日本废除"大韩帝国"政府，设立"朝鲜总督府"。1919年3月，朝鲜境内爆发了声势浩大的"3·1"反日起义。这年4月10日，由流亡上海的韩国志士李光洙、孙贞道提议，在法租界金神父路（今瑞金二路）22号召开由来自韩国各地和海外的独立运动代表29人出席的会议，决定成立临时议政院，作为最高民意机关。次日，又在相同地点召开了大韩民国临时议政院第一届会议，制订《大韩民国临时宪章》十条，决定不采用君主制，成立大韩民国临时政府，通过临时政府《施政纲领》和政府成员《宣誓文》，会议确定采取国务总理制，选举李承晚任国务总理，并通过了告全体国民《布告》和告世界各国政府《宣言书》。1920年12月，李承晚在上海正式宣誓就任大韩民国临时大总统。

1921年5月20日，李承晚借口向西方列强呼吁朝鲜独立前往华盛顿，此后在美国努力扶植自己的势力。因此，1925年3月，大韩民国临时政府的议政院决定弹劾李承晚。此后，金九成为临时政府负责人。在金九领导下，韩国爱国志士在上海积极开展反日复国独立斗争。他们除从事一些地下的反日斗争外，还进行了暗杀日本军政要人的活动，最著名的要数1932年震惊中外的"尹奉吉事件"。尹奉吉是20世纪30年代初来沪的朝鲜革命志士，他参加了韩国临时政府领导人金九为首的"韩人爱国团"，并成为金九领导的绝密组织"太洛太"（暗杀队）的成员。1932年上海"一·二八"事变发生，中国十九路军奋战月余，给日本侵略者以沉重打击。后经英、美、法、意等国的"调停"，中、日双方于3月3日宣布停战。正当双方准备于5月初签署停战协定之时，日方却于4月29日在虹口公园举行"淞沪战争胜利祝捷大会"。消息传来，朝鲜爱国志士十分愤慨，决心给日本侵略者以迎头痛击。4月29日，尹奉吉将炸弹装进水壶混进了戒备森严的虹口公园。当日本侵沪总司令白川大将等日本在沪军政要员登上检阅台时，尹奉吉将装有炸弹的水壶奋力扔向检阅台，炸死炸伤白川大将等日酋30余人。[2]事发后，上海人心大振。中国的大小报纸都广泛地报道了这一事件。

1937年中国全面抗战爆发后，大韩民国临时政府迁往四川重庆。1945年日本投降后，大韩民国临时政府回归祖国。韩国人民不会忘记，大韩民国在上海正式废除君主制，成立民国；选举出了历史上第一任总统，第一任总理和第一任所有部长级长官；召开了大韩民国历史上第一次政府代表会议；成立了大韩民国历史上第一个议会；通过了大韩民国历史上第一部宪法。因此，今天的韩国政府仍以在上海成立临时政府的1919年作为大韩民国的开国元年。在上海，建立了大韩民国临时政府旧址纪念馆，位于马当路302—304号。1992年中韩建交后，韩国历任总统均前往该纪念馆参观访问，每年还有数万韩国中小学生前来纪念馆接受"爱国主义教育"。

"白俄"在上海　　1917年俄国爆发十月革命，此后经历了几年内战。到1922年10月，红军已取得全面胜利。于是，大批反对红色政权的俄国人开始逃亡国外，被称为"白俄"。人潮滚滚的白俄流亡者很快进入中国境内，在东北各地人数多达20万。比较富裕的白俄都投奔斯塔尔克将军的舰队，向上海驶去。1922年12月5日，斯塔尔克率领14艘舰船终于抵达吴淞口。这使中国官方和上海租界当局手忙脚乱。北京政府立即下令，除有特殊情况者外，白俄难民一律不准登陆。斯塔尔克决定实施小股登陆，但都被中国官兵发现并送回。偷渡不成，白俄难民中有朋友和亲戚在上海的便提出希望投亲靠友。上海当局觉得这个理由不太好拒绝，终于同意白俄士官生和在沪有亲戚朋友的1 200多人在上海登陆，其余的人随斯塔尔克分乘12艘较好的舰船前往马尼拉。

到了1923年3月14日，第二批白俄难民180人到达上海。1923年6月28日，第三批700名白俄难民乘俄舰"埃利多拉多号"到了吴淞口并滞留不走。9月14日，由远东哥萨克军团首领格列博夫率领的两艘战舰又驶进上海长江口，与前艘战舰汇合。中国海军派员上船检查，发现所载军火颇多，要求他们48小时内离开上海。格列博夫为达到离船登岸的目的，派人分散乘小船自己设法混上岸去。100余人偷登成功，拿出银两买通上海租界当局，在法租界租

2　潘光："反法西斯战争期间上海的国际统一战线"，《国际展望》2015年第3期，17页。

到一幢房屋，以登岸养病为名，让哥萨克官兵轮流上岸休养。格列博夫发现吴
淞口浦东沿江有两处房子，被称作检疫所闲置未用，就与江苏特派交涉员许秋
帆联系，将两所房子借给白俄难民轮流居住。到1923年底，有3 000多名白俄
难民进入了上海。其中西伯利亚和哈巴罗夫斯克两所士官武备学校的700多名
孤儿士官生，经一年多学习，已有530人前往塞尔维亚深造，后来成为南斯拉
夫王国军队的军官，另外170人自愿留在上海。上海当局刚松了一口气，不料
又有大批白俄难民自哈尔滨南下，这些难民大多一贫如洗，沦落到社会底层。

进入1925年，正当白俄难民感觉前途无望之时，上海日本内外棉纱厂工
人举行大罢工，资本家竟开枪打死工人，5月30日发生了震惊世界的"五卅惨
案"，上海租界当局急得手足无措。格列博夫发现，面对中国人民的反帝浪潮，
帝国主义在上海的兵力极其微弱。于是，他大力宣传他指挥的远东哥萨克仍是
一支很有战斗力的部队，可供列强保卫上海公共租界。当时，上海租界当局正
从外籍雇员里选拔青壮年，组织"万国义勇队"，于是拨出专款，正式授命格
列博夫筹组"俄国义勇队"。大笔金钱一下使流亡上海的数千白俄从死亡线上
挣扎了出来，成为"万国义勇队"的主力。这些原哥萨克官兵住在营区，被免
费供给膳宿，还能获得薪金，收入接近租界工部局雇员。不久后，上海万国商
团的俄国分队被扩大为俄国联队。其他白俄侨民发现这是个机会，也纷纷向格
列博夫和前俄国驻上海总领事格罗谢求援。此时上海许多工厂、企业停工，急
需招募人员。格罗博夫便提出可用白俄难民代替罢工的工人和职员。于是由俄
国联合会出面，向上海各大工厂和外国人开办的企事业单位派去所需的俄国难
民。大多数白俄难民找到了工作，得到了较为优厚的报酬。大批滞留在哈尔滨
的白俄得此消息，也纷纷南下到上海谋生，致使上海的白俄达13 500多人。在
随后的"四·一二"反革命大屠杀中，"白俄义勇队"又追随蒋介石和帝国主义
势力屠杀工人及革命者。为奖赏白俄的"卓著表现"，蒋介石政府和租界当局
准许他们成为上海的合法市民，还把没收的俄国三色国旗作为万国商团俄国联
队的队旗。从此，白俄难民在上海站稳了脚跟。1929年，中国和苏联在东北
边境发生武装冲突，在哈尔滨的白俄又有1 300多人南下进入上海。

中国抗日战争爆发后，许多白俄难民参加了抵御日本侵略者的战斗。其
中最著名的是莫洛契科夫斯基。他1926年来到中国，先任军阀张宗昌属下的

白俄铁甲车队指挥，后任北伐军总司令蒋介石的军事顾问。1937年日寇发动全面侵华战争，莫洛契科夫斯基积极参加"八·一三"上海保卫战。他率领白俄勇士组成的一列铁甲车，向盘踞上海北站与闸北的日本侵略者猛烈炮击，后为掩护中国部队撤出上海出了大力，堪称淞沪抗日英雄。其后，他又为重庆国民政府情报机关工作，在上海辣斐德路（今复兴中路）559号D架设秘密电台，为中国有关机构提供了许多有价值的情报。1941年10月26日晨，日本宪兵队侦知其在法租界内设有秘密电台，即赴其寓所拟加拘捕。莫洛契科夫斯基乃开枪壮烈自裁，年仅45岁。[3]抗战胜利后，由于苏联对白俄政策的改变，旅居中国的部分白俄返回了苏联，也有更多白俄移居欧美各国。

除了大韩民国临时政府和"白俄"外，20世纪上半叶在上海还有其他许许多多政治流亡者和难民：反对法国殖民统治的越南独立运动成员，反对英国殖民统治的印度独立运动团体，争取菲律宾独立的团体和人员，马来亚独立运动成员和团体，反对纳粹占领的波兰共和国流亡政府代表，等等。在哈尔滨、大连、天津、青岛等开放型城市，也有大批俄国、韩国等国的流亡者和难民。英国统治下的香港不但接纳了外国的政治流亡者和难民，还庇护了中国的政治流亡者，在近现代中国革命中扮演着重要的角色。孙中山等民主革命先驱便是在香港成立了反对清政府的兴中会，后来他们发动的广州起义和黄花岗起义也是以香港为指挥部策划、实施的。中国共产党人也利用香港作为自由港的便利，在此进行革命活动。在1941年12月8日珍珠港事变发生、日军占领香港之前，这个城市也接纳了成千上万来自中国内地的难民和抗日民主人士。

综上所述，可以发现几个规律性的特点：其一，政治流亡者和难民往往进入列强的租界／势力范围与中国政府统治区域的交叉地带以求得生存和发展；其二，政治流亡者和难民总是周旋于中国革命或内战的各派之间以获取政治和经济权益；其三，政治流亡者和难民在中国人民抗日战争中基本上都站在中国人民一边。显然，来华犹太难民到上海、哈尔滨、大连、天津、青岛、香港等开放型城市避难，与这些城市具有接纳政治流亡者和难民的传统密切相关。

3　潘光："反法西斯战争期间上海的国际统一战线"，《国际展望》2015年第3期，18页、21页。

三、犹太难民避难的城市都拥有欧式生活条件

上述开放型的大城市还具有经济、文化上的多样性，特别是拥有来自欧洲的犹太难民所熟悉的欧式生活条件，上海在其中最为典型。

自19世纪中叶开埠后，上海就是一座海纳百川的移民城市。来自中国各地和世界各地的不同肤色、不同信仰、不同语言的人们汇聚上海，互相碰撞，互相对话，互相交融，使这座城市成为完全开放的国际性多元文化都市。据不完全统计，20世纪30年代在上海有来自英、法、美、日、德、俄、意、葡、朝鲜、越南、波兰、捷克、印度等近40个国家的移民，最多时有15万多人。这些众多的国际移民密切了上海与世界各地的联系，推动了世界各种文化在上海的传播、交流、融合，丰富了上海的世界文化底蕴，使上海在20世纪的二三十年代成为举世瞩目的区域性文化中心。在这样的氛围中形成、发展的海派文化，实际上是来自中国内外许多地方的各种文化在一种开放的国际化环境中互补、交融而成的，具有浓厚的国际特色。

专家们指出，在上海形成了一些影响较大的文化圈和文化地域圈，如中国文化中的宁波—绍兴文化圈、苏州—无锡文化圈、广东文化圈等，又如以霞飞路（淮海中路）为中轴的法国、俄罗斯文化地域圈；以南京路和外滩为主要舞台的英美文化地域圈；以四川北路为代表的日本、韩国文化地域圈等。这些文化圈和文化地域圈本身往往就是多种文化互补、交融而形成的，而它们又与其他文化圈和文化地域圈进行着更为宽广的碰撞和交融。如在当年的法租界，中国文化与法国文化、俄罗斯文化的互补、交融就是这样。起先，在法式餐馆里只供应标准的法式西餐，后来开始供应法租界众多俄国居民喜欢的俄式罗宋汤和黑面包，再后来中国顾客越来越多，便又增加了一些中式餐饮，使上海的法国菜具有了其他地方的法式饮食所没有的海派特色。又如在犹太难民聚居的虹口舟山路、唐山路一带，中欧的德奥文化与犹太文化、中国文化互相交融，许多虹口居民学会说德语、吃犹太"贝哥"（一种犹式面包），而犹太难民也"开始吃几乎所有的中国食品，并无不良反应。"[4]同时，在以英法制度为主

4　前引潘光等主编：《犹太人忆上海》，第148页。

导的上海租界，当局也不直接干预文化活动，因此成了一块自由多元的文化飞地。不同的文化、种族、宗教信仰和政治意识形态，特别是各种宗教如佛教、基督教、伊斯兰教和犹太教等均可和平共存。这种开放性和包容性使不同信仰、肤色、语言的人群都能够找到适合自己的生存方式。所有这些因素，使上海成了当时最适合移民生存发展的国际性城市，也为欧洲犹太难民提供了他们所熟悉的欧式生活氛围。

哈尔滨、天津、大连、青岛等城市也具有相同的多元文化和欧式氛围。哈尔滨的宗教文化绚丽多彩，除了当地原有的佛教、道教和萨满教，俄罗斯东正教以及基督教的其他教派、伊斯兰教、犹太教均在哈尔滨有所发展。在建筑领域，巴洛克、新古典主义等流派的建筑均见于哈尔滨的大街小巷。随着外国人口的增加，西方的语言、音乐、舞蹈、饮食、服饰等也逐渐进入哈尔滨。作为最早与西方文明接触的中国城市之一，天津的风貌因租界的影响逐渐发生改变，水电、道路、邮政、医院等市政设施不断改造，出现了以"五大道"为代表的西洋风格建筑群。西方的语言、艺术、饮食、服饰等文化形式也不断渗入天津的城市生活，不同文明的交汇促进了天津文化的多元融合与发展，推动天津向现代国际大都会的转变。在大连，俄国和日本文化渗透到城市的各个方面。市政建设、舆论机构、教育、医院、文学等方面较早开始近代化，大连城市的风格也呈现多元化发展的特征。对于青岛来说，德意志文明与中国儒家传统碰撞互动，将近代西方的制度、文化、科技引入这个城市，使其在政治、经济、文化等领域都逐步向多元、开放的国际都市发展。英国人将西方的宗教信仰、文化艺术、生活习惯和社会时尚引入香港，使之成为一个中西文化交流的桥梁。一批香港的年轻人接受了与传统的儒家教育很不一样的新式英文教育，而他们对中国的文化也了解，由此形成了"中英双语精英"阶层。到19世纪末，以香港、澳门、上海为基地，形成了辐射广州、汕头、厦门、福州、宁波、天津、北京、汉口等大城市的外文报刊网络，不仅带动了中国新闻业的发展，也起到传播新思想、启发民智、转变知识分子观念、推动社会革命的作用，影响着中国的社会发展进程。

总之，以上海为代表的开放型大城市所具有的经济、文化多样性，特别是欧式生活氛围，为欧洲犹太人前来避难提供了有利条件。

第十七章
来华犹太难民特点之二：犹太难民生活在一个没有原发性反犹主义的氛围中

与基督教占主导地位的欧洲、北美和拉丁美洲不同，深受儒家、佛教、道教文化影响的中国不存在欧美类型的反犹主义，因此来华犹太难民生活在一个没有原发性（或土生土长的）反犹主义的环境中。本章着重考察中国人是如何看犹太人的，以及为什么中国没有原发性的反犹主义。

一、中国人的犹太观

19世纪中叶以后，中国人的犹太观经历了一个逐步形成并不断演变发展的过程，这一过程又与中国自身的内部剧变及面临的外部压力密切相连。

且不说古代，直到19世纪中叶，中国人对"犹太"这个民族的认识仍然是十分模糊的。据著名学者迈可·波拉克的不完全统计，从古代直到19世纪中，汉语中用来称呼犹太人和犹太教的词汇就有20个之多：术忽、竹忽、主鹘、主吾、术忽特、朱呼得、诸呼得、犹太、攸特和刀筋教、挑筋教、蓝帽回回、回回古教、一赐乐业教、天竺教、天教、希伯来、摩西教、翰脱、教经教。[1]难怪当时中国的一般老百姓实在搞不清犹太人和犹太教到底是怎么回事。

据费成康教授考证，"犹太"一词在中国首次出现于德国传教士郭实腊（Karl Friedrich August Gutzlaff, 1803—1857，又译郭士立）于1833年至1838年

---

[1] 迈可·波拉克（Michael Pollak）编：《罗文达中犹研究文献目录》(The Sino-Judaic Bibliographies of Rudolf Loewenthal)，美国辛辛那提希伯来联盟学院和加州帕罗奥托中犹研究会合作出版，1988年，第5—7页。

编印的《东西洋考每月统记传》中，此书中第一次出现了"犹太国"一词。[2]
此后，1836年出版的《耶稣降世之传》中出现了"犹太民"，1840年出版的汉
译《圣经》中出现了"犹太人"。中国士大夫编著的《瀛环志略》以及太平天
国颁布的官书也都沿袭了"犹太"这一译名，于是"犹太"成了通行于中华大
地的标准译名。

　　众所周知，反犬旁在汉语中带有贬义，带反犬旁的"犹"也有贬义，如
在《康熙字典》中，"犹"的第一个字义是"猴属的一种野兽"，第二个字义是
"犬子"，即狗崽子。因此有学者认为，郭氏用此译名乃是因为他的故乡德国有
着强烈的反犹主义传统，同时他也深知中国封建统治者盲目自尊，蔑视国内少
数民族和海外其他民族，往往在其名称上带有贬义的反犬旁。[3]笔者基本同意
这种观点，但要补充一点的是，中国统治者接受这种译法主要由于盲目自大
和无知，并非出于反犹主义的意识，因为他们也曾将法国人译为"犭去"人，
将英国人译为"犭英"人，此外中国也无反犹主义的宗教影响和思想基础，
这点前面已经提及。至于一般学者和百姓逐渐使用"犹太"一词，则主要是随
大流，且对犹太人本身知之甚少。当时不少人将开封犹太人称为"蓝帽回回"，
也说明那时中国人连犹太教与伊斯兰教的差异也不太清楚。

　　然而，正因为对这个问题不了解，一些中国学者开始对犹太民族产生了
浓厚的兴趣，并从不同角度对犹太人、犹太教、中国国内犹太人等问题展开了
执着的探索和研究，推出了一批成果。蒋观云最早从民族学和人种学的角度对
犹太人进行研究，称犹太人是源于闪族的"高加索种族"，外貌特征为椭圆形
的脸、大眼睛、薄嘴唇、高鼻子。[4]洪钧于1897年发表的《元世各教名考》一
文，是近代以来中国学者首次对中国境内犹太人进行独立研究后提出自己的见
解。[5]此后张相文、叶瀚、陈垣、张星烺等陆续发表著述，对开封犹太人等进
行研讨，俞颂华、育干、葛绥成、潘光旦等也继续从民族学（人种学），历史
学，国际关系学，宗教学等方面对犹太民族进行研究，或将一些西方的著述译

2　费成康："传教士安的什么心？——谈'犹太'译名最早出典"，《社会科学报》1994年12月8日。

3　前引费成康文，另见费成康："改'犹太'为'尤太'说"，《文汇报》1994年1月23日。

4　观云："中国人种考"，《新民丛报》第40—41期（1903年—1904年）第81页。

5　洪均："元世各教名考"，载《元史译文证补》一书，1897年（光绪二十三年）版。

成中文。有关中国犹太学研究的情况，前面理论篇已有专章论述。这些学者的开拓性研究和探索，使清末民初的中国人开始对犹太这个神奇民族的了解逐步趋于全面，也更加符合实际。

同时，由于中国民族民主运动的兴起，特别是其高潮1911年辛亥革命和1919年"五四运动"的爆发，使一些学者型的中国政治家、报人和外交家也对犹太民族和犹太文明产生了浓厚的兴趣。他们在这个问题上的研究和评论往往带有浓厚的政治色彩，试图从犹太民族的曲折经历中吸取有益的借鉴，以促进中华民族的自强和振兴。

著名报刊政论家王韬认为，犹太文化能在西方文化中生存下来并发挥重要影响，而在中国开封等地却被同化了，这说明中国文化远比犹太文化优越，也比西方文化优越。他由此得出结论，中国人不必害怕西方文化，向西方打开大门不会破坏优越的中国文化。[6]

著名外交家薛福成指出，犹太人被说成善于经营致富并非贬义，这种发展商业的精神正是中国所缺少的。他在游历英法等国后写道，英格兰是世界上最富的国家之一，但是伦敦最富有的人是犹太人，连英国皇室也无法与犹太人竞争，现在几乎没有国家敢与富裕的犹太人竞争；每一个想借几百万英镑的国家不得不与犹太人商量，否则就借不到钱，犹太人最终成了许多国家贷款的资助人，犹太人还拥有世界上每一个大银行的股份；人们认为英国人善于经商，但他们自己承认不能与犹太人竞争，因此犹太人才真正是世界上最强大的民族。[7]尽管薛福成的这些描述并不十分精确，但其言中之意却是非常清楚的：如果中国人能积极发展商贸达到犹太人那样富有，则中国就将成为世界上最强大的国家。有意思的是，许多海外华人后来就是自觉或不自觉地按照薛福成所说的意思去做的。他们中的一些人经艰苦拼搏而致富，以致被当地人称为"东方犹太人"。

清末著名改革派领导人梁启超则把"犹太人"看作是落后的"中国人"的反照，认为犹太民族精神正是自己所倡导的"新民"即集体的民族主义精神

6　王韬：《弢园尺牍》中华书局1959年版，第86页。

7　薛福成：《出使英法意比四国日记》，岳麓书社1985年版，第793页。

的最好例证，这种精神也是中国进步和发展必不可少的。他在访问美国后评述道：犹太人是美国移民中最强大、最有影响的团体，听说30～40%的美国银行是犹太人的，50～60%的美国银行职员是犹太人，犹太人完全控制了纽约地方政府；在现代，犹太人是最著名的民族，英国首相迪斯累里是犹太人，纽约的金融巨头是犹太人，纽约《每月丛报》报道的世界名人中有48位是犹太人；犹太人如此强大的原因是因为他们十分团结，从这方面来讲，没有其他种族可与犹太人相比；犹太人几千年来无国可归，但却作为一个民族生存下来了，还有着强大的权力，同时又保持了自己的种族特性，相反许多古老民族却没能像犹太人那样生存下来。[8]他内心的想法也十分清楚：中华民族要发展进步，就应向犹太人学习，以团结自强的精神在世界政治经济舞台上拼搏进取，这样中国的未来才有希望。

也有些学者和政治家从犹太人的悲惨遭遇中吸取反面教训，以告诫中国人不要重蹈覆辙。1900年八国联军攻入北京的事件发生后，中华民族面临着深重的危机，正好这时传来了犹太人在俄国和东欧被屠杀的消息。有篇题为"犹太遗民"（意为"没有国家的犹太人"）的文章对此评论道："没有国家，即使有钱，也不能拯救他们（犹太人）"（原文："无国之人，虽有财产，岂可保乎。"）。[9]文中还直截了当地指出："如果不能保卫自己的国家（保国），那么就不能保存自己的种族（保种）"。[10]陈天华在1903年撰写的鼓词"猛回头"中写道："怕只怕，做犹太，没有家乡"。[11]康有为于1909年访问耶路撒冷时目睹犹太人在哭墙前痛哭之惨象，也写下长诗疾呼：国人必须以犹太人亡国为鉴，奋起救亡。[12]他们都是要告诫国人：不能只顾自己而忘了国家民族，否则中国人就会像犹太人一样无国可归。

从某种程度上说，当时关于犹太人的这些切合中国实际的分析和评论要比前面提到的那些纯学术的研究产生更大的影响，对一般民众来说更是如此。

8　梁启超："新大陆游记"，载《新民丛报》专辑（1903年），12卷，第49-52页。也可参见《新大陆游记》单行本，湖南人民出版社1981年版，第39-40页。

9　"犹太遗民"，载《东方杂志》第4期，1904年，第10页。

10　"犹太遗民"，载《东方杂志》第4期，1904年，第10页。

11　刘晴波："猛回头"，载《陈天华集》，湖南人民出版社1958年版。

12　康有为：《万木草堂诗集·南兰室诗集》，上海人民出版社1996年版。

因此，清末民初一般中国人对犹太人的看法大致上是由以下这些观念和印象拼凑而成的：没有国家而离散于全球，遭到歧视、迫害和屠杀，精明能干而善于发财致富，十分团结而具有社团意识，以高度智慧创造了灿烂的文化艺术，控制着全球的金融业，对欧美国家具有非常重要的潜在影响。这些概念和印象虽然还比较零碎和片面，但已大致勾画出了犹太民族和文明的一个模糊轮廓。

二、中国人看反犹主义

在19世纪末叶之前，中国人不但没有在自己的土地上看到什么反犹主义，而且对世界上其他地方的反犹主义也知之甚少。在当时一些中国学者所写的关于犹太文明及开封犹太人的著述中，虽然也讲到犹太人亡国离散的历史，但却没有提到"反犹主义"（anti-Semetism）这一概念。虽然那时已有不少塞法迪犹太人来到香港上海定居经商，但这些以英国绅士自居的塞法迪富豪自然是不愿对中国人讲犹太人如何受歧视迫害的。

直到19世纪末叶，犹太人在俄国东欧遭到大规模杀戮，一些俄国犹太人为逃避迫害屠杀来到中国后，中国人才开始逐步了解外部世界存在的反犹主义。起初，是一些出国公干人员或其家属记述了他们亲眼目睹的反犹情况。1889年到1893年受清政府委派出使欧美一些国家的崔国因详细记述了俄国反犹的情况。如他在1890年十二月初二写道："俄人议逐犹太之民。已有出境者，饥寒所迫，伤亡甚多。"[13]1903年后随丈夫赴欧的单士厘在其所写"罗马之犹太区——格笃"一文中，记述了自己目睹的生活在隔离区内的罗马犹太人的悲惨状况。[14]在此前后，中国各地的许多报刊，如《新民丛报》《浙江潮》《江苏》《警钟日报》等，都对俄国东欧的反犹情况进行了报道，普遍谴责反犹暴行，对犹太人表示深切同情。[15]一些中国学者如俞颂华、育干、葛绥成纷纷写文章介绍犹太人的离散史、锡安主义运动、巴勒斯坦阿犹冲突、俄国犹太人的移民运动等，均谈及反犹主义。不过，当时中国一般民众对反犹主义的根源、实质尚无深入的了解。

13　崔国因：《出使美日秘日记》，黄山书社1988年版，第205页。

14　单士厘：《归潜记》，《走向世界丛书》，岳麓书社1985年版。

15　参见李长林："清末中国对反犹主义的了解"，载《西南交通大学学报（社科版）》2001年9月第2卷第3期。

　　在这同时，"强加"的或"进口"的反犹主义却已慢慢地渗入中国。这一是因为越来越多的欧美人来到中国定居，势必要将源于西方基督教地区的反犹主义带到中国，二是由于中西文化交流的发展使越来越多的西文著述被译成中文，其中也必然会有反犹主义或对犹太人怀有偏见的内容。比如在哈尔滨、上海等地发生的由日本人、白俄和纳粹分子策划的反犹活动和事件，都可归入"强加"的反犹主义一类，因为策划者和参与者基本上都是外国人，即使有少数中国人卷入，也绝非自发的或自愿的。与这些"强加"的反犹主义相比，"进口"的反犹主义来得更早，其产生的影响可能更大，而且往往是中国人不自觉的主观行动所造成的客观后果。如蒋观云从学术研究出发将德国亚述学专家德利兹赫（Friedrich Delitzsch）的著作《巴比伦还是圣经》译成中文，该书就具有强烈的反犹色彩。[16]又如兰伯（Charles Lamb）的《莎士比亚的故事》于1904年被译成中文后，不少中国读者便将高利贷者夏洛克视为犹太人的典型。1911年，在《东方杂志》上出现了一篇题为"犹太人之帝国"的反犹文章，但仔细一看，却也是从日文翻译过来的"进口货"。[17]直到20世纪20年代，戴季陶及其追随者在大力宣传"三民主义"中的民族主义思想时，也使用了法国民族主义者德鲁蒙特（Edouard Drumont）和莫拉斯（Charles Maurras）的思想，而这两人就是德雷福斯案件[18]后在法国建立的反犹主义组织的领导人，其思想具有强烈的反犹主义倾向。

　　总体来看，这些"进口"的反犹主义虽然会使一些中国人产生对犹太人的负面看法或偏见，但其影响是十分有限的，还谈不上使中国人当中产生系统的反犹主义理论和思想，更谈不上由此在中国人中引发反犹主义行动。如果与中国人当时对英国人、俄国人、日本人等的负面看法相比，中国人对犹太人的负面看法相对而言要少得多。而就犹太人在中国人眼中的整体形象而言，正面看法也大大超过负面看法。需要指出，这些"进口"的反犹主义有时过于刻薄和恶毒，也会产生另一面的效应，使中国人对反犹理论产生怀疑和抵触情绪。至于那些"强加"的反犹行动，则无一例外地引起中国人的反感和抗议。可以

16　译文最早发表于1901年至1903年的《新民丛报》上。

17　前刘："犹太人之帝国"（译自日本万朝报），《东方杂志》第8卷第9号（1911年）第17—19页。

18　法国犹太裔军官德雷福斯遭诬陷入狱，后平反，是一次反犹事件。

这么说，到20世纪20年代末30年代初，中国人对反犹主义的看法正处于从不太了解到有所了解，再到深入了解，从漠然视之到反感抵制，再到抗议反对这样一些演变过程之中。

1933年希特勒上台后发动大规模反犹运动，才使面临日本侵略的中国人大为震惊，对反犹主义的认识一下子大大加深，而且从不理解或不关心转向坚决反对。1933年5月13日，还在希特勒刚展开反犹运动之时，孙中山夫人宋庆龄即率代表团向德国驻沪领事R.C.W.伯赫瑞德递交了抗议书，强烈抗议纳粹的暴行。她的代表团里有蔡元培、杨杏佛、鲁迅、林语堂等几乎所有中国民权保障同盟的主要领导人。[19] 他们义正词严地指出："德国政府和法西斯党有计划地组织并鼓动起来的对犹太人的迫害以及反犹暴行是人类与文化倒退到中世纪和帝俄的最黑暗日子的象征"。[20] 20世纪30年代中以后，伴随着日本法西斯对中国的侵略步步升级以及日德法西斯的逐步合流，对欧洲反犹暴行的谴责和抗议在中国日趋高涨。特别是1938年11月9日和10日，德国各地的犹太会堂被烧毁，犹太商店被打砸，死伤的犹太人不计其数，有2万多人被关进集中营，9日夜被称为"玻璃破碎之夜"。这一事件发生后，中国公众的谴责和抗议达到高潮。1939年，白石撰写的通俗读物《犹太人与巴勒斯坦》由文化生活出版社出版，书中严词斥责纳粹的反犹暴行。[21] 倪秀章翻译的布拉恩所著《犹太民族史》由商务印书馆出版，译序中赞扬犹太民族在亡国后仍保持"始终不渝的思想、精神和信仰"，并对希特勒的反犹暴行表示愤慨。[22] 所有这些对德国法西斯的抗议，无疑也是对正在抗击日本法西斯的中国人民的一种鼓舞。需要指出，在20世纪头30年里，上海、哈尔滨、天津等城市接纳了大批遭受反犹主义迫害的俄国犹太人和欧洲犹太难民，这也是中国人民以实际行动抵制反犹主义，援助犹太人民的表现。

19　前引潘光主编：《犹太人在中国》，2005年版，第115页。

20　宋庆龄："谴责对德国进步人士与犹太人民的迫害"，载《为新中国奋斗》，人民出版社1952年版，第49–51页。

21　白石：《犹太人与巴勒斯坦》，文化生活出版社1939年版。

22　P. 布拉恩：《犹太民族史》，倪秀章译，商务印书馆1939年版。

三、中国人眼中的锡安主义

众所周知，锡安主义是反犹主义合乎逻辑的结果。因此，当中国人对反犹主义了解不多之时，他们自然也不大可能理解锡安主义。1897年在巴塞尔召开的第一届世界锡安主义代表大会及世界锡安主义组织的建立，在当时的中国几乎没有引起什么反应。但是，过了几年后，当上海犹太社团开始组织锡安主义活动，而关于俄国反犹暴行的消息也传到中国之时，中国人开始对锡安主义有所知晓了。1901年10月1日出版的《集成报》第19卷转载了《循环报》刊登的文章"犹人复国"，报道了西奥多·赫茨尔建立世界锡安主义组织等活动，并称赞他"有志者事竟成"。[23]前面提到的那篇文章所说的犹太人"没有国家，即使有钱也不行"的观点，虽说是要告诫中国人不忘国家民族之存亡，但也道出了锡安主义的核心思想：重建犹太国家是解决犹太人无家可归问题的唯一出路。那篇文章于1904年发表于上海《东方杂志》，而中国第一个锡安主义组织——上海锡安主义协会正是在前一年——1903年建立的，而且也于1904年开始在上海出版自己的刊物——《以色列信使报》，鼎力宣传锡安主义思想。可见当时锡安主义思想不但在上海这些大城市中的犹太人中传播，也开始影响中国人。因此，中国人写出了自觉或不自觉地附和锡安主义的文章就不奇怪了。此后十多年，由于越来越多的在华犹太人加入锡安主义队伍，锡安主义组织和报刊也在中国各大城市纷纷出现并日趋活跃，锡安主义思想在中国人中的影响也日趋扩大。在一些中国民族主义者看来，既然犹太人是一个有着共同的祖先和共同的文化精神的民族，那么他们要复兴民族，重建民族家园就是合理的和必然的。[24]正是在这样的情况下，1917年贝尔福宣言发表后不久中国政府就表示支持贝尔福宣言的精神，实际上是支持犹太人在巴勒斯坦建立自己的"民族家园"[25]。后来，中国官方又多次重申这一立场。如1928年7月16日，中国国民政府外交部部长王正廷就明确表示"国民政府完全同情犹太民族建立

23　《集成报》第19卷，中华书局影印本，第1099—1100页。

24　隐青："民族精神"，《东方杂志》第16卷第12号，1919年，第11页。另见俞颂华："犹太人与犹太的复兴运动"，《东方杂志》第24卷第17号，1927年，第26—27页。

25　锡安主义中央档案馆（Central Zionist Archives）：文献Z4/2039号，耶路撒冷。

一个自己国家的愿望，并相信锡安主义运动必将取得成功。"[26]

　　比官方的反应更重要的是，中国的民族民主运动和新文化运动逐渐发现主张重建国家和复兴民族的锡安主义运动在许多方面与自己有相同或相似之处：强烈的民族主义，崇尚民主与自由，复兴民族文化，空想社会主义理想，后来还有反法西斯主义。中国民主革命的先行者孙中山先生及其战友们把锡安主义运动视为犹太人争取解放和复兴的民族主义运动，并为这种将犹太人民紧密团结在一起的"犹太民族精神"所鼓舞。[27]孙中山先生1920年4月24日写给埃兹拉的信就集中体现了他赞扬和支持锡安主义运动的思想。后来，孙中山在多次讲演中均对犹太民族对人类文明所做的巨大贡献给予高度评价，对犹太民族主义运动——锡安主义运动表示支持。[28]中国新文化运动的重要领导人胡适也高度赞扬犹太人的治学本领和排除万难的精神，称犹太民族为"智慧型民族"。[29]著名学者俞颂华更主张将犹太人奉为重振中华民族的楷模，认为中国人要努力拼搏争创世界一流，才能使中华民族像犹太民族一样人才辈出。他充满信心地指出："我敢信我们中国的同胞对于开发本国的宝藏，促进本国的文化，如果能够具有犹太人对于他们复兴运动那样的热心与毅力，则收效之宏，远在犹民复兴故乡之上"。[30]如前文所述孙中山事业的继承者孙夫人宋庆龄也一直热烈支持犹太人的民族解放运动和反法西斯斗争，并与在华犹太人包括锡安主义组织的领导人保持着十分友好的关系。她周围有一批同情支持中国革命的国际友人，其中许多都是犹太人，如爱泼斯坦、魏露丝等。

　　总体来看，从第一次世界大战后期贝尔福宣言发表到1948年以色列国建立，中国舆论对试图重建犹太国家的锡安主义运动是持同情和支持态度的。这期间又可分为三个阶段。第一阶段是从一战结束到1933年希特勒上台。在这一阶段，中国报刊上出现了介绍锡安主义的译文和文章，基本上都对它持同情态度。第二阶段从1933年希特勒掀起反犹运动到1945年二战结束。在这一阶

26　《以色列信使报》1928年8月3日。

27　前引隐青文"民族精神"文第11页，另参阅孙逸仙：《三民主义》，上海1927年版。

28　前引王健《上海犹太人社会生活史》，第286–287页。

29　唐德刚编：《胡适口述自传》，华东师范大学出版社1993年版第30页。

30　前引俞颂华"犹太人与犹太的复兴运动"，第28页。

段，纳粹的反犹暴行激起了中国人民的无比愤怒，使中国舆论对犹太民族和锡安主义的同情更趋强烈，许多文章直接表示支持重建犹太国家。中国政府内的一些要员还曾试图在中国领土上划一块土地建立一个"犹太寄居区"，以接纳逃脱纳粹魔掌的犹太难民，后因种种复杂原因而未能成功。第三阶段从1945年二战结束到1948年以色列建国。在这一阶段，中国舆论已注意到了巴勒斯坦阿拉伯人所遭受的伤害和苦难，但受到纳粹大屠杀的震撼，仍然认为犹太人要求重建国家是合情合理的。1947年联合国就巴勒斯坦分治方案进行表决时，与包括阿拉伯国家在内的亚非国家保持良好关系的中国政府犹豫再三，最后投了弃权票。1948年5月以色列国宣告成立，包括中国共产党的报刊在内的中国舆论普遍表示欢迎。

四、为什么中国不存在原发性的反犹主义

从古至今，在中国的土地上从没出现过自发的土生土长的反犹主义，而只有过"进口"的或"强加"的反犹主义。这是人们一致公认的事实。实际上，为什么在中国土地上不但从无自发的土生土长的反犹主义，而且还存在着抵制反犹主义的强烈情绪？这大概可以从以下几个方面找到原因。

(1) 反犹主义源于基督教传统中根深蒂固的宗教偏见，这点在欧洲基督教地区表现得特别突出。而中国就整体而言基本上是属于受儒家文化和佛教、道教文化影响的地区，因而在中国没有反犹主义的宗教根源，不存在欧洲那种带有浓厚宗教色彩的反犹偏见。

(2) 前已论及，中国历代王朝都在异族人不干预中国内部政治的前提下倡导"中外一体"，实行"取异教异族之长"，即对异教异族之长处采取兼容并蓄的政策。因而在中国历史上，虽然不乏民族纷争和冲突，但各民族之间的融合一直是民族关系发展的主流。犹太人自进入中国后一直表现出杰出的经商本领和文化才能，且善于与各级官员建立和保持良好关系，因此成为历代统治者眼中的"模范臣民"。正因为此，在中国从没出现欧洲那种由统治者发动的自上而下的反犹主义运动。

(3) 中华民族和犹太民族都对世界文明做出了重大贡献，而且中犹两大古老文化有着许多相同之处，这里再看看古代中国犹太人自己的观点。前已提

及，开封犹太人在1489年树立的石碑上写道："我们的宗教与儒家学说只有很小的区别。两者都在言行上尊重天道，敬重祖先，忠于君王，孝敬父母，善待妻室。两者都重天伦，敬官长，广交友。"（原文为"其儒教与本教，虽大同小异，然其立心制行，亦不过敬天道，尊祖宗，重君臣，孝父母，和妻子，序尊卑，交朋友，而不外于五伦矣。"）[31]这些共同之处也正是反犹主义难以在中国人中产生影响的一个重要原因。

（4）近代以来，中国人民与犹太人民一样深受民族压迫和法西斯蹂躏之苦。鸦片战争后，中华民族遭受了英、法、俄、美、德等几乎所有资本主义强国的侵略和压迫。在第二次世界大战中，有3 500万中国人在日本法西斯的屠刀下死伤。特别需要指出的是，几个世纪以来，针对海外华侨和华人的反华排华运动时有发生，与反犹排犹运动有着惊人的相似之处。如在印尼发生的反华暴行，就与沙俄和纳粹的排犹暴行如出一辙。这样的共同遭遇，是使全球各地的中国人强烈抵制、反对反犹主义的重要原因。

综上所述，数万欧洲犹太难民前来避难的正是这样一片没有土生土长的反犹主义的土地，这是与他们在欧洲各国、北美和拉美避难的同胞所处的环境完全不同的，也是他们能与中国人民友好相处的重要原因。

31　前引陈垣和叶瀚《开封一赐乐叶教考》，第2页。

第十八章
来华犹太难民特点之三：犹太难民的避难地有一个先期到达的实力雄厚的犹太社团

在欧洲犹太难民来到之前，中国已经有了一个先期到达的犹太社团，由塞法迪犹太人和俄国（阿斯肯那齐）犹太人两大群体组成。本章就是要研究这个犹太社团的形成和发展及其对来华犹太难民的接待和支持。

一、塞法迪犹商集团在香港、上海的兴起

塞法迪犹太人是在鸦片战争后英帝国发动的对华商贸攻势中来到中国的，他们来华的主要目的是经商，而香港和上海这两个开放型外贸中心便成了他们据以发展的基地。

1. 塞法迪犹太人向东发展和沙逊家族的崛起

塞法迪（Sephardi）犹太人原指从西班牙、葡萄牙被驱逐出来的犹太人，后来泛指从地中海沿岸，特别是西亚北非移居世界各地的犹太人。1840年后来中国的塞法迪犹太人大多来自奥斯曼帝国属下的巴格达和英国统治下的印度等地，其中著名的有沙逊（Sassoons）、嘉道理（Kadoories）、哈同（Hardoons）、亚伯拉罕（Abrahams）、所罗门（Solomons）、埃兹拉（Ezras）、托依格（Toegs）、海亦姆（Hayims）、索福（Sophers）等家族。

第十四章已提及，犹太人聚居巴格达的历史可以追溯至4000年前，当时犹太人的祖先，闪族的一支希伯来人就生活在两河流域。据《旧约》记载，约公元前1900年希伯来人酋长亚伯拉罕受雅赫维神灵的启示，才率全族离开两河流域迁往迦南（即今巴勒斯坦地区）。约公元前1025年，便雅悯部落的扫罗

建立了统一的希伯来人国家，中经大卫，到所罗门时期达到了鼎盛。所罗门死后，王国内部出现纷争和分裂，国力逐渐衰落。公元前586年尼布甲尼撒皇帝率新巴比伦军队攻陷耶路撒冷，捣毁所罗门圣殿，包括国王、贵族、祭司、工匠在内的上万犹太人被掳往巴比伦（今巴格达一带），史称"巴比伦之囚"。虽然公元前538年新巴比伦帝国又为新兴的波斯帝国所灭，波斯皇帝居鲁士准许流亡的犹太人返回家园，支持他们在耶路撒冷重建圣殿，复兴犹太教，但并非所有流亡在巴比伦的犹太人都踏上了归程，其中有相当一部分人就留在了巴比伦。经过帝国更替和战乱冲击，到18世纪时，居住在巴格达的犹太人约有五六千人，大部分很贫困，但也有一部分犹太人善于经商，发家致富。他们或设摊买卖，或放高利贷，成为巴格达税入的主要来源。因此巴格达的行政长官长期以来习惯于委任一位犹太人担任首席财政官。沙逊家族作为当地犹太旺族，经常据有巴格达首席财政官这一职务。

到19世纪，居住在巴格达的塞法迪犹太人开始呈现出向东移民的趋势，移往印度、马来亚、新加坡、中国和日本。这是因为巴格达的土耳其当局日趋奉行一种明显的反犹政策，同时在东方却出现了更宽松的生存环境和更多的商业机会。沙逊家族在这样一个大背景下从巴格达到印度谋生，再从印度到中国发展的历史，便是当时塞法迪犹太人步步向东推进直到在中国兴旺发达这样一条成功之路的缩影。

1821年，土耳其政府任命达乌德出任巴格达行政长官。此人到任后，巴格达的反犹活动愈演愈烈。一些犹太著名人士遭到捕杀，如出任族长的犹太人埃兹拉就被土耳其政府逮捕，处以绞刑。在忍无可忍的情况下，沙逊家族之首领大卫·沙逊（David Sassoon）上书土耳其政府，要求解除达乌德的职务。达乌德闻讯后，意欲报复，制定了一个屠杀犹太人的计划，特别是要置大卫·沙逊于死地。于是，沙逊一家不得不逃离巴格达。当时英国国内的反犹太主义倾向正逐渐减弱，一批有识之士要求改变对犹太人的歧视态度，这其中就有担任孟买总督的罗伯特·格兰特爵士（Sir Robert Grant）。同时，1833年8月和1834年4月，英国议会相继通过法令，废止了东印度公司的对华贸易专利权和垄断特权，印度便成为日益发展的英国与远东贸易的枢纽，而孟买则成了英国商人进入中国的跳板。正是看到了这一系列发展中蕴含着无限商机，大卫·沙逊决定定居孟买，借重英国资本主义的力量再图进取。1832年，大卫·沙逊加入了英国籍，并在孟买设立了沙逊洋行（David Sassoon and Sons Company）。此后，他开始将兰开夏的棉纺织品和印度的鸦片等商品运往中国，销路很好，营业不断扩大。正如专门研究沙逊家属的著名学者罗斯所说："这是大卫·沙逊的极大发展，其报酬是：黄金雪片似地向他飞来。"[1]

    2. 以塞法迪犹太人为主的香港、上海犹太社团的形成

    1840年英国发动鸦片战争，打败了腐朽的清政府，并通过一系列不平等条约迫使清政府割让香港，开放上海等五个通商口岸。英帝国用枪炮打开了中国的大门，结束了中国长期闭关锁国的状况，为塞法迪犹商进入中国发展创造了有利条件。也就在这同时，沙逊洋行在中国的业务已具相当规模，大卫·沙逊便派次子伊里亚斯·沙逊（Elias Sassoon）前往广州负责在华业务。1841年，沙逊洋行在香港建立第一个办事处，后发展为分行。此后数年，利用其在英帝国范围内的广泛商贸联系，沙逊集团在香港的业务迅速发展，其他塞法迪犹商集团也纷纷进入香港。这些公司、洋行、办事处的雇员队伍随之扩大，其中的高级和中级职员不少是来自巴格达和孟买的犹太人。这样，在香港便出现了最初的犹太居民群体。1858年（一说1855年），第一个犹太公墓在香港跑马地（Happy Valley）建立，[2]这说明当时常住香港的犹太人已有相当数量，笔者估计有上百人，否则是无必要建立公墓的。可以说，一个小小的犹太社团此时已在香港形成。

    1843年上海开埠之后，其巨大的发展潜力和优越的经营环境自然不会逃过犹太人精明的商业目光。上海地处西太平洋黄金海岸的中点，又扼长江黄金水道的出口，是近代中国内外贸易两个辐射扇面的结合部，具有独一无二的经济区位优势。1832年英国东印度公司的职员H·林赛（Hugh Hamiltom Lindsay）在乘"阿美士德"号商船秘密考察上海后指出："和这个地方（引者按：指上海）自由进行贸易得到的利益将是无法估计的。"[3]同时，上海作为一个对外开

1　罗思（C.Roth）：《沙逊王朝》（The Sassoon Dynasty），伦敦1941年版，第47页。

2　罗狮谷（Dennis Leventhal）编，《香港犹太团简介》（The Jewish Community of Hong Kong, An Introduction），香港，1988年版，第3页。

3　黄苇著：《上海开埠初期对外贸易研究》，上海人民出版社1979年版，第13页。

放的通商口岸，其税收特惠对外国商人也有极大的吸引力。中英《南京条约》规定中国通商口岸的关税应"秉公议定"。此后，中英《通商章程善后条约》正式规定进出口货物税率，除丝、茶和鸦片作为例外另行订立外，一律值百抽五；中法、中英《天津条约》又准许外国商船在中国各通商口岸自由转口，而不予重复课税。这些特殊的优惠对外商进行对华贸易十分有利。更重要的是，上海外国租界的建立及拥有相对独立的行政权、立法权和司法权，使得外国商人在上海能够获得有利于其居住和投资的特权。

1845 年，沙逊洋行正式在上海建立分行，此后沙逊家族在上海的业务以惊人的速度增长，使上海很快超过香港和广州成为沙逊家族在华贸易投资的中心。1864 年大卫·沙逊病故后，其长子阿尔伯特·沙逊（Albert Sassoon）根据犹太习俗继承了沙逊洋行的财产和管理权。其次子伊里亚斯·沙逊于 1872 年自立门户，建立了另一个沙逊洋行（Messrs. E. D. Sassoon and Company, Bankers and Merchants），一般被称为新沙逊洋行。此后，老沙逊洋行在中国特别是上海的业务逐渐由新沙逊洋行取而代之。伊里亚斯的长子雅各布（Sir Jacob Sassoon）长期坐镇上海，鼎力发展孟买—上海及上海与中国内地的贸易，并进一步向日本、泰国、东南亚及中东拓展业务。就在沙逊集团在上海的事业不断发展之时，以新老沙逊洋行的犹裔职员为主的上海犹太社团便逐渐形成了，其成员绝大多数都是塞法迪犹太人。1916 年雅各布去世后，其侄子维克多（Sir Ellice Victor Sassoon）继任新沙逊洋行之总管，除继续发展进出口贸易外，还大力投资房地产和工业。因当时印度独立运动蓬勃发展，维克多时期的沙逊洋行完全将发展重点移到上海。经过三代人的苦心经营，新沙逊洋行到 20 世纪 30 年代已成为上海滩上首富，沙逊家族被称为"东方的罗思柴尔德"。[4]这是后话了。

在这同时，常住香港的犹太人在 19 世纪下半叶却并无显著的增长。上海犹太社团形成晚于香港，但其人数很快超过了香港。当上海出现犹太会堂之时，香港却只有一个小型犹太宗教活动场所（建于 1870 年），尚无犹太会堂，

4　罗思柴尔德家族（Rothschild Family）是欧洲最富有的犹太家族，200 多年来对欧美的金融乃至经济拥有巨大影响。家族的创始人为迈耶·阿姆谢尔·罗思柴尔德（Mayer Amschel Rothschild, 1744—1812）和他的 5 个儿子。

而犹太会堂往往是一个成熟的犹太社团不可缺少的宗教、文化、教育乃至政治活动的中心。究其原因，主要是因为塞法迪犹商当时全力向中国内地拓展，香港起先被他们视为前进基地，而后来又成了他们的后方基地，并没有成为他们在中国的主要活动中心。

到了19世纪末20世纪初，情况开始发生变化。由于香港的经贸实力日益增强，在远东乃至全球的地位日趋上升，且在英国统治下政治形势比较稳定，因而开始发挥内地一些大城市如上海、天津等难以替代的作用。于是塞法迪犹商更加重视香港，同时一些阿斯肯那齐犹太人[5]也来到了香港，使香港犹太社团进一步扩大。[6]

1901—1902年由沙逊家属捐助的奥海尔·利赫（Ohel Leah）犹太会堂在香港建立。1909年（一说1905年），嘉道理家族又捐资建造了香港犹太俱乐部。[7]这说明经过50多年的发展，香港犹太社团已成为一个成熟、活跃的社团，其内部结构也日趋完善。

1904年至1907年，犹太裔的马修·内森爵士（Sir Matthew Nathan 1862—1939）出任香港总督。他是香港历史上唯一的犹太裔总督（也有人说另一位总督是犹太裔，但其本人不承认这点）。在他任内，香港犹太社团获得了长足的发展。他亲自出任奥海尔·利赫犹太会堂的名誉主席，积极参加犹太社团的各项活动，还批准扩建犹太公墓。[8]今日九龙的内森路便是以其名字命名的。

二、俄国犹太人来华谋生之路

与塞法迪犹太人不同的是，促使俄国犹太人来到中国的主要不是商业动机，而是从19世纪80年代起在俄国和东欧掀起的反犹狂潮。[9]这股狂潮导致几百万俄国犹太人逃往北美，但也有几万俄国犹太人穿过西伯利亚来到中国

5　阿斯肯那齐犹太人（Ashkenazic），原意指欧洲犹太人，后主要指中东欧及俄罗斯犹太人。

6　前引罗狮谷书《香港犹太团简介》第3页。

7　前引罗狮谷书《香港犹太团简介》第3页。

8　鲁克（Alfred Luk）："马修·内森爵士：香港的犹太裔总督"（Sir Matthew Nathan：Hong Kong's Jewish Governor），载《向东方》第24卷第2号（Points East Vol.24 No.2），2009年7月。也可参见前引罗狮谷书《香港犹太团简介》第3页。

9　1881年3月，俄国沙皇亚历山大二世遇刺身亡。因涉嫌被捕者中有一名犹太人，俄国统治集团乘机在全俄掀起反犹狂潮，后扩至东欧，一直延续到上世纪初叶，见第十四章。

东北和内蒙古，再辗转到达天津、青岛、上海等地。其间中国东方铁路（The Chinese Eastern Railway，以下简称中东铁路）的修筑、俄国在华势力的扩大、日俄战争及俄国1905年和1917年两次革命又成了推动俄国犹太人来华的动因。当然，在这股俄犹来华的潮流中，也不排除有些俄犹商人主要是来华经商做实业的，但他们来华发展的一个重要原因正是：在俄国的反犹环境中根本无法生存，更谈不上在经济上有所进取。

1. 1917年前来华的俄国犹太人和哈、津等犹太社团/聚居地的形成

第十四章已提及，19世纪末的俄国是世界上犹太人最多的国家。截止1897年，生活在俄国栅栏区内的犹太人为500万，生活在栅栏区外的为32万。[10]同时，俄国犹太人又是当时世界上处境最差的犹太社团之一，他们不仅没有公民权，而且还在居住、经济发展和婚姻等方面受到严格限制。1881年，俄国犹太人因被指控参与谋杀沙皇亚历山大二世而遭到残酷迫害，大批犹太人纷纷逃离俄国，而沙俄政府也试图通过将犹太人迁移到边远地区和国外来减少国内的压力。如西伯利亚地区就移居了大约10万犹太人，他们中的一部分在西伯利亚地区的沙俄军队中服役，一部分则从事商业活动。

虽然早在19世纪80年代初已有少数俄国犹太人因逃避反犹恶浪而来到中国，但俄犹大规模移居中国还是在中东铁路修建以后。1896年，中俄签订《御敌互相援助条约》（即《中俄密约》），《银行合同》和《合办东省铁路（即中东铁路—作者）公司合同章程》，规定中国允许俄国修建从西伯利亚经由中国黑龙江、吉林两省，通往海参崴的铁路，该铁路由华俄道胜银行成立中国东方铁路公司（以下简称中东铁路公司）建造和经营。1898年，俄国又强迫清政府签订《旅大租地条约》，强占了旅顺港。1900年，俄国更利用八国联军侵华之机派兵侵占了中国东北三省。就在这一系列发展进程中，俄国在中国东北内蒙古的势力大增，前来中国东三省的俄国官员、军人、技术人员和管理人员也日益增多。为了鼓励更多的俄国人移居中国东北，沙俄政府竭力宣扬"满洲"是一个美好的"天堂"，并允诺任何愿意移居到这一"天堂"的俄国人（包括犹太人等少数族裔）"都将得到宗教信仰自由、无限制的商业权利和进入

10　马丁·吉尔伯特著：《犹太史图录》，上海人民出版社2000年版，第72页。

没有限额的学校。"[11]虽然东北地区当时算不上什么"天堂"，但为了摆脱国内
对犹太人的限制和迫害，获得渴望已久的自由生活，还是有相当一批俄国犹太
人移居中国，有的就在中东铁路和旅顺军港工作，有的则开始经商或办实业。
他们大多散居在哈尔滨、满洲里、海拉尔、齐齐哈尔、沈阳、大连等地，但也
有一部分俄犹继续往南迁移以寻找发展机会，在20世纪初来到了天津、上海
乃至香港。

　　由于哈尔滨地理位置优越，在中东铁路项目启动之时便被俄国人选为中
东铁路的交汇点和中东铁路公司的管理中心，由此大批俄国从业人员（其中包
括许多俄国犹太人）和中国工人云集哈尔滨，使之很快从一个小渔村发展为
一个大都市。哈尔滨的第一批犹太人来自西伯利亚，大约于19世纪最后几年
移居到这里，主要从事采矿业、畜牧业、乳品制造业和与中东铁路修筑相关
的建筑材料和食品贸易。目前可查到的最早移居哈尔滨的犹太人是来自俄国的
格利高里·鲍里索维奇·德里金。他出生于1846年，1894年来到哈尔滨，沿松
花江做生意，主要是低价收购粮食、牲畜，高价出售俄国和美国的商品。德里
金的货物存放处就在哈尔滨松花江岸，他在那里将粮食、牲畜装上自己的轮船
运往俄国，而本人为了做生意方便则留居在哈尔滨。他不仅是最早定居哈尔滨
的犹太人，也是哈尔滨最早的俄国侨民。[12]1903年，哈尔滨的俄国犹太人已达
500人，并建立了哈尔滨犹太人协会（后改名为犹太宗教公会）。[13]同年，第一
座犹太会堂——西那国窑（即"Synagogue"之音译）会堂建立，起先位于沙
曼街（现霞曼街），后迁到炮队街（今通江街）6号，舍维里·列文拉比成为该
会堂，也是哈尔滨犹太社团的第一位专职拉比。[14]战争时期，开赴前线的犹太
士兵都要到这里做祈祷，因此又称为士兵礼拜堂。这标志着哈尔滨犹太社团已
经形成。哈尔滨犹太社团是继香港、上海之后在近代中国形成的第三个犹太社
团，但与当时港沪两地犹太社团以塞法迪犹太人为主不同，这是中国第一个以
阿斯肯那齐（俄国）犹太人为主的犹太社团。除哈尔滨外，当时在东北、内蒙

11　前引马文·托克耶等：《河豚计划》中文版，第35页。

12　什捷英费利德著：《俄国在满洲的事业》，哈尔滨1910年版，第16页。

13　黑龙江省地方志编纂委员会编：《黑龙江省志69卷·外事志》，黑龙江人民出版社1993年版第137页。

14　刘爽：《哈尔滨犹太侨民史》，方志出版社2007年版第123页。

古各地散居的犹太人尚未组成稳定的社团。

1904年日俄战争爆发。日俄两强为争夺中国东北，在中国的土地上展开了拼杀。次年，日俄战争最终以俄国的失败而告终，这使俄国国内的社会危机进一步加剧，爆发了1905年革命。统治阶层为了转移矛头，进一步煽动反犹恶浪。反犹分子伪造了《锡安贤达议事录》，[15]使俄国的反犹活动达到高潮，数百个城市都发生屠杀犹太人的暴行，成千上万人死于非命。同时，沙皇政府对犹太人居住地域的限制也越来越苛刻，第一次世界大战爆发后还开始强征犹太人入伍。这导致越来越多的犹太人纷纷逃离俄国，也有更多犹太人来到中国。日俄战争结束后，在中国东北的俄军开始返回国内，日本方面也开始遣返俄军战俘，但许多犹太士兵和战俘不愿返回俄国，一些人就留在东北，也有部分来到了上海和天津等地。这使中国东北三省、内蒙古乃至华北和上海、香港的俄国犹太人数量增加。

关于1917年前哈尔滨犹太居民增长情况的说法十分不一，最高的统计说1908年哈尔滨犹太人已增至8 000人，[16]最低的统计则说1910年时哈尔滨有犹太人1 500名左右。[17]即使根据最低的估计，从1903年到1910年哈尔滨犹太人数量已翻了一番还多。到1916年，一般估计在哈尔滨的犹太人已达6 000人，[18]绝大多数都来自俄国和当时处于俄国统治下的东中欧地区。在此期间，在北满和内蒙古北部各地如齐齐哈尔、满洲里和海拉尔的犹太居民数量均有不同程度增长，海拉尔和满洲里的犹太人还分别于1910年和1912年开设了犹太教祈祷所。[19]在南满的情况则有所不同，奉天（沈阳）、大连等地俄犹在日俄战争前有所增加，但在日俄战争后因日本势力控制该地区又有所下降。在华北，北京当时也出现了一些犹太人，主要是外交官和教授，各国国籍均有。青岛也有一批犹太人定居，其中既有德国犹太人，也有一些从东北迁移过来的俄国犹太人。尽管这些城市都有犹太居民，但都不能说已形成了真正的社团，只有天津

15　见第八章第一节。

16　前引I.埃班《中国和犹太人》第37页。

17　前引H.迪克《远东的流浪汉和定居者，一个世纪来中国和日本的犹太社团》第22页。

18　J.高斯坦（Jonathan Goldstein）编：《中国的犹太人，卷1　历史和比较研究》（The Jews of China, Vol. One, Historical and Comparative Perspectives），纽约州阿蒙克1999年版第203页。

19　房建昌："近代内蒙古的犹太人"，载《阴山学刊（社会科学版）》，1997年第1期，第38页。

例外。

第二次鸦片战争之后，清政府于1860年被迫将天津列为通商口岸。有记载说最早到天津的犹太人是一位叫亚伯拉罕的塞法迪犹太人，他于1866年在天津去世，享年70多岁。[20]1901年，天津设立了俄租界，此后来津俄国犹太人迅速增长。1904年，犹太人在天津置地建公墓。1906年，吉利舍维奇拉比在天津建立犹太宗教公会（也称"犹太宗教会"），并租房作为临时会堂，供宗教活动用。[21]同年（一说1911年），犹太人又建立了天津希伯来协会（Hebrew Association of Tientsin，也称天津犹太公会）和慈善协会，募集资金救助贫困犹太人。[22]此时天津犹太人估计已有数百人，但无准确统计资料。犹太宗教公会、犹太会堂和犹太人自办社会救济组织的出现，表明天津犹太社团已经形成，这是中国第四个犹太社团，也是继哈尔滨之后又一个以阿斯肯那齐（俄国）犹太人为主的犹太社团。同时，香港、上海两地也有越来越多俄犹定居，使塞法迪犹太人在港沪犹太社团内部一统天下的局面开始改变。

2. 1917年后中国北方以俄犹为主的犹太社团和聚居地

1917年俄国"十月革命"爆发，随着国内战争的激化，大批俄国和波兰难民纷纷穿越西伯利亚涌入中国东北地区，定居在哈尔滨、沈阳、大连以及中东铁路沿线小城，其中就有大量的犹太人。于是，哈尔滨犹太人数迅速增加。据统计，1920年定居哈尔滨的犹太人已达12 000～13 000人，而经哈尔滨等地辗转去北美西欧的犹太人也达万人。[23]其中又有一部分俄犹继续南迁，来到天津、上海。同时，也有不少白俄和俄犹经海路直达津沪。

哈尔滨犹太社团在1917年后进一步发展。俄国二月革命以后，克伦斯基临时政府废除了所有基于民族和宗教歧视的禁令，哈尔滨的各类社团机构也因此进行了重组。1917年4月30日，哈尔滨犹太社团经选举产生了一个临时社团委员会，负责社团机构重组。[24]临时委员会中包括锡安主义者、正统

---

20 参见前引贝克曼"天津犹太社团"。

21 天津市档案馆藏，天津市社会局《犹太宗教会请备案》档案之一，犹太宗教会呈天津市政府社会局报告。

22 潘光主编：《犹太研究在中国：三十年回顾1978—2008》，上海社会科学院出版社2008年版第266页。

23 《远东报》，1926年12月7日。

24 拉威克维奇（I. Ravikovich）："哈尔滨犹太社团的重组，1917"（Reorganization of the Jewish Community in Harbin, 1917），载 Evreiskoie Slovo, No.1, 1918.

派、"崩得"[25]分子和其他人士。1919年，哈尔滨犹太社团协会（Harbin Jewish Communal Association）正式成立，又经过民主选举产生了社团领导机构——社团委员会（Community Council），负责指导和处理与犹太人相关的事务。这标志着哈尔滨犹太社团进入了鼎盛时期。到20世纪20年代，犹太社团建立了自己的医院、学校、图书馆、剧院、养老院、慈善社、免费食堂、墓地等文化教育和卫生福利机构，出版了一批报纸杂志。犹太人的经济活动也取得了长足的发展，创办了工厂、贸易公司、宾馆、商店、银行，甚至还积极参与哈尔滨股票交易所的各项投资活动，并在其中发挥了重要的作用。从1924年起，该股票交易所的董事长一职在较长时间里由犹太实业家卡巴尔金（Kabal Kin）担任。在建立第一座犹太会堂后，犹太人在哈尔滨又建立了第二座犹太会堂，比前者更为宏伟。来自俄罗斯的基塞列夫拉比（Rabbi Aron Moshe Kiseleff）于1913年来到哈尔滨任职，后成为哈尔滨犹太社团的首席拉比。1912年由俄国移居哈尔滨的A·考夫曼博士（Abraham Kaufman）是哈尔滨犹太社团委员会的主要领导人，他于1919年首次被选为社团委员会主席，以后长期担任这一职务，直到1945年。

　　天津犹太社团在1917年"十月革命"后迅速扩大，到20年代已达千人，到1931年日本侵占东三省后因哈尔滨犹太人南迁而进一步扩大。不过，关于天津犹太人数量的统计和说法差异极大。最高的统计称1935年天津有犹太人3 500名左右。[26]较低的统计说1935年天津犹太人大约为1 500～1 700人。[27]还有的学者则认为天津犹太人从未超过2 500人。[28]天津的犹太人不如上海、香港犹太人富裕，但在经营皮毛生意上十分成功。他们在东北和西北购得毛皮后在天津加工制作，然后远销欧美市场，盈利颇为丰厚。到1929年世界经济危机爆发后，皮毛出口遭受打击，一些天津犹商不得不改做其他生意。著名皮毛商格尔谢维奇（Leo Gershevich）长期担任慈善协会等组织的负责人，成为天津犹太社团的主要领袖。除前已提到的公墓和临时会堂外，天津犹太社团还陆

续建立了自己的医院、俱乐部、学校、养老院、图书馆等公共集体机构。1940
年，天津犹太人建立了一座宏伟的犹太会堂，以取代旧的临时会堂和祈祷所，
由莱文拉比主持。著名的天津犹太学校（Tientsin Jewish School）建于1925年，
不但为天津，也为华北和其他地方的犹太青少年提供就学机会。该校以英语授
课，不但讲授犹太宗教文化历史，还开设了各种社会科学和自然科学的基础课
程，教学质量较高，其毕业生大多能进入欧美大学继续深造。天津犹太俱乐部
创办于1928年，是天津犹太社团的文化活动中心，拥有图书馆、剧场、餐厅、
棋室、台球室等各种文化、娱乐、体育设施。

　　海拉尔和满洲里的犹太人主要都是做皮毛、木材、肠衣、运输生意的商
人。1917年俄国"十月革命"后两地犹太人数量上升，但1931年后又有所下
降。据日本方面1940年的调查，海拉尔和满洲里当时有犹太人130人。[29]另据
日本方面1924年的资料称，当时两地都已建有犹太会堂，[30]估计是由早期的祈
祷所发展而来。海拉尔犹太人还建立了犹太宗教协会，下设宗教部、文化教育
部和慈善部，[31]满洲里也有类似组织，称犹太侨民会（1926年成立）。[32]据伪满
洲国的文件提到，30年代在满洲里和海拉尔均有犹太学校，满洲里犹太学校
1934年有学生80名，教职工5名。[33]但也有学者认为，文中提到的两所学校可
能是指同一学校。[34]

　　齐齐哈尔早在20世纪初已有俄国犹太人居住，到1917年后人数增长，
1918年开设了犹太教祈祷所[35]。1931年日本侵占东北后齐市犹太人口也呈下降
趋势。根据日本方面的统计，1940年齐齐哈尔有犹太人50人。[36]

　　早期在大连的犹太人主要是俄国军队的犹裔军人，其中包括后来成为犹

29　满铁调查部：《在满犹太人：经济的过去及现在》，大连1940年第20页。

30　前引房建昌文"近代内蒙古的犹太人"，第38页。

31　前引房建昌文"近代内蒙古的犹太人"，第39页。

32　前引房建昌文"近代内蒙古的犹太人"，第41页。

33　前引房建昌文"近代内蒙古的犹太人"，第39页和41页。

34　前引房建昌文"近代内蒙古的犹太人"，第41页。

35　房建昌："近代中国犹太教会堂及祈祷所考"，载《世界宗教研究》1997年第1期，第84页。

36　前引满铁调查部《在满犹太人：经济的过去及现在》第20页。

太民族英雄的特鲁姆佩尔道（Joseph Trumpeldor）。[37]日俄战争后俄军撤走，但一些犹裔军人及其家属留了下来，在旅顺还建有俄军人墓地。此后不断有俄国犹太人前来大连，到1917年后数量更增。大多数人定居后经商办实业，主要从事皮毛、西药、食品、餐饮、宾馆、运输、化工等业，不少公司商号是欧美及上海、香港、哈尔滨犹太公司企业的分支或代理商。1929年12月8日，大连犹太人的社团组织——大连犹太协会成立。[38]1931年日占东北对大连犹太人影响不大，因为大连早已处在日本势力控制之下，倒是有些哈尔滨犹太人在卡斯帕事件后离开哈市来大连，使大连犹太人数量有所上升。根据1940年日本当局的统计，大连犹太人有259人。[39]大连犹太人建立了自己的犹太人会馆（也就是犹太俱乐部，附属于大连犹太协会，会馆是日本式说法），下设祈祷室、图书馆、事务室、会议厅等。[40]值得一提的是，大连犹太人一直没有建正式的犹太会堂，宗教仪式一直在会馆下设之祈祷室举行，这是我们没有把它称为"社团"的重要原因。虽然有少数塞法迪犹太人和来自中欧的犹太难民前来大连定居，但绝大多数大连犹太人是俄系犹太人。

前已提及沈阳（奉天）的俄国犹太人在日俄战争后一度减少。到1917年俄国革命后，这种情况有所改变，沈阳犹太人的数字又有所上升。与大连的情况相似，1931年后日本侵占东三省没有使沈阳犹太人数大减，因为虽有些犹太人因此离开了沈阳，但同时又有一些犹太人从北满南下来到了沈阳。据日本方面1940年的统计，沈阳约有犹太人100名。[41]沈阳犹太协会也是在1937年后才积极开展活动的，主要活动有救挤犹太贫民、帮助犹太难民就业，为巴勒斯坦民族基金募捐，捐款帮助天津水灾难民，为日本伤病员捐款，建立藏书达

37　特鲁姆佩尔道生于俄国，应征入伍后升为军官，驻在大连，在日俄战争中失去左臂，荣立军功。后移居巴勒斯坦，成为早期锡安主义军事组织负责人，在与阿拉伯人的战斗中阵亡。锡安主义修正派的青年组织"贝塔"即以其名字命名。见第三章附录二。

38　乔·伦纳（Joe Lerner）：《告别俄罗斯：一个"美国间谍"的回忆录》(Farewell To Russia: The Memories of An Alleged American Spy)，伦敦，1999年版。

39　房建昌、李薇："近代辽宁犹太人述论"，载《辽宁师范大学学报（社会科学版）》1997年第4期第82页。

40　前引乔·伦纳书《告别俄罗斯：一个"美国间谍"的回忆录》。

41　前引房建昌、李薇文"近代辽宁犹太人述论"第88页。

3 850册的图书馆等。[42]该会会长为A·雅诺维奇 (1938)。[43]沈阳犹太人也没有建犹太会堂，这是我们没有将其列为"社团"的主要原因。

虽然最早定居青岛的犹太人来自德国，但这个犹太人聚居地是随着1917年俄国革命后大批俄国犹太人的来到而发展起来的。根据1939年底的统计，青岛有犹太居民220人，其中无国籍者（主要为俄国犹太人）达173人。[44]随着纳粹反犹恶浪的升级，有65名说德语的中欧犹太难民在1940年来到青岛，使犹太社团的德国色彩有所增强。[45]青岛犹太人在20世纪20年代就建立起了青岛犹太人会（也称"青岛犹太联合会"），下设犹太会馆、俱乐部、临时会堂、拉比住宅等，会长G.E.蔡伯尔曼，副会长弗·米·托瓦宾斯基。[46]青岛犹太人主要经营舞厅、饭店、酒吧、理发店、医院诊所、西服店、乐器店等，面向各国船上人员和前来避暑的阔佬，一度生意十分兴隆。起初，青岛犹太家庭的不少子女都在青岛德国学校就学，但到1938年后，犹太学生都被赶出该校，纳粹的反犹政策居然扩展到了中国的这块德国人聚居地。[47]

前已提及，北京的犹太人主要是外交官和学者，其中比较著名的有苏联首任驻华大使卡拉汗 (Lev Karakhan)，燕京大学教授，德籍犹太人罗文达 (Rudolf Loewenthal)，协和医院解剖系主任，德国犹太人魏登瑞 (Franz Weidenrich) 等。日本方面1940年对北京的犹太人作过调查，得出的结果是北京共有犹太人120名。[48]由于一些外交官和学者不愿披露自己的犹太出身，且他们的工作地点变化频繁，这一数字必定是极不完整的。与前述各地不同，北京的犹太人各有自己的职业，并没有结合在一起形成自己的社会组织，也没有会堂，因此不但算不上社团，连聚居地也算不上。

综上所述，在中国北方，随着俄国犹太人来华潮流而兴起并发展的主要

---

42 前引房建昌、李薇文"近代辽宁犹太人述论"第87—88页。

43 前引房建昌文"近代中国犹太教会堂及祈祷所考"第84页。

44 房建昌"内蒙古、辽宁、北京、天津及青岛犹太人史1911—1949"，送交"犹太人在中国"国际学术讨论会论文打印稿，1997年9月，德国圣·奥古斯丁，第16页。

45 马查特 (W.Matzat)：《青岛德国学校简史1924—1946》(Short Chronicle of the German School in Tsingtao 1924—1946)，波恩，2001年，作者自行印制。

46 前引房建昌文"近代中国犹太教会堂及祈祷所考"第87页。

47 前引马查特《青岛德国学校简史1924—1946》。

48 前引房建昌文"内蒙古、辽宁、北京、天津及青岛犹太人史1911—1949"第10页。

是哈尔滨和天津两个犹太社团及满洲里、海拉尔、齐齐哈尔、沈阳（奉天）、大连、青岛等犹太聚居地，同时也有许多犹太人来华后散居于北京等其他城市。

3. 俄国犹太人南下沪港

从19世纪末起，主要来自俄国的阿斯肯那齐犹太人开始定居上海。一些材料提到，1887年来沪的哈莫维奇（Haimovich）可能是最早在上海定居的俄国犹太人。[49]接着，又有一些俄国犹太人办的商行，如经营茶叶的维舍茨基公司（W.Wissotsky & Co.）等，纷纷在上海设立分行或代办处。不过，在1902年以前，上海的俄国犹太人人数很少，尚不需要建立独立犹太会堂，宗教活动常与塞法迪犹太人一起进行。随着人数的增加，俄国犹太人于1902年建立自己的会堂委员会，由坎默琳（H.Kmmerling）任主席，租房建造了摩西会堂（Ohel Moishe Synagogue）。

1926年，应上海俄罗斯犹太人社团的邀请，迈耶·阿许根那奇拉比（Rabbi Meir Ashkennazi）从俄国远东城市海参崴来到上海。阿许根那齐拉比1891年生于俄罗斯，是一位宗教学者，属哈西德派[50]中最为正统的俄国支系卢巴维奇派。到上海后，阿许根那齐担任摩西会堂的拉比，成为俄国犹太人的精神领袖，在上海犹太人中的威望逐渐上升。后来，不仅来自俄罗斯、波兰等地的阿斯肯那齐犹太人尊敬他，而且塞法迪犹太人遇到宗教法律问题时也向他请教。他成为上海首席大拉比，直至1949年。

在阿许根那齐拉比的努力下，摩西会堂于1927年迁至虹口华德路（今长阳路）。新建会堂还依照犹太律法，设立了供妇女单独礼拜的专席。进入20世纪30年代以后，俄罗斯犹太人越来越多，超过了4 000人，原来的会堂显然已无法容纳。于是，俄罗斯犹太人积极筹划兴建新会堂。1937年11月，上海俄罗斯犹太社区在法租界购买了一块土地，成立了会堂建设委员会，负责新会堂的建设。许多俄罗斯犹太人纷纷捐款相助，如麦齐逊捐了2.4万英镑，皮萨列芙丝卡娅夫人捐了法币1万元，木材商托埃古捐了价值2.5 ～ 3万元法

49　维克多（P.Victor）："黄浦江边的上海"（Shanghai on Whangpoo），载美国俄侨历史协会（Russian American Historical Association）主编的《论文集》（Collection of Essays and Stories），华盛顿，1985年。

50　哈希德派是犹太教内的一个虔修学派，18世纪兴起于波兰。该派提倡感性和灵交，强调礼拜内容多样化。

币的木材。[51]1941年逾越节到来前，该会堂最终落成，取名"新会堂"（New
Synagogue）。新会堂能容纳 1 000 人进行宗教活动，因坐落在拉都路（今襄阳
南路）102号，故又被称为"拉都路会堂"。

由于上海俄罗斯犹太人大多是无国籍移民，因此刚来沪时都加入俄罗斯
无国籍居民于1926年成立的上海白俄居民委员会（White Russian Emigrants
Committee of Shanghai），其在委员会内的代表是上海摩西会堂俄犹协会
（Russian Jewish Community in Shanghai "Ohel Moishe Synagogue"）。不过，上
海白俄居民委员会内部具有较强的反犹倾向，使俄犹的合法权益难以得到保
障。因此，到1932年，上海俄犹成立了自己的独立组织——上海阿斯肯那齐
犹太宗教公会（Shanghai Ashkenazi Jewish Communal Association, SAJCA），简
称上海犹太宗教公会。上海犹太宗教公会的成立在上海白俄组织内部引起了争
议。白俄领袖格列博夫将军无端指责上海犹太宗教公会受苏联控制，并否认了
该会的代表资格。上海犹太宗教公会为此发表声明，表示该会与白俄组织的活
动无任何关系，也不承担任何责任。[52]1937年，上海犹太宗教公会正式在上海
工部局注册。

上海犹太宗教公会内设主席团和干事会，处理宗教、教育、救济、丧葬、
医疗、对外联络等方面事务，同时还兼有监督、指导犹太会堂、犹太贷款所、
犹太养老院、犹太圣葬社、犹太救济会等机构日常工作的职能。由于上海犹太
宗教公会组织严密、服务热情周到，深得俄罗斯犹太人的信任和拥护，参加人
数越来越多，影响也越来越大。久而久之，已成为上海犹太人的主要机构，以
致外界与上海犹侨打交道也大多通过宗教公会。相反，上海犹太社团协会则往
往只能代表塞法迪犹太社区的利益。

由于俄罗斯犹太人大多具有较强的锡安主义倾向，在哈尔滨就建立了一
系列锡安主义组织。来到上海后，俄罗斯犹太人一方面参加塞法迪犹太人创建
的上海锡安主义协会组织的各项活动，另一方面积极创立自己的锡安主义组
织。上海万国商团犹太分队的建立是俄罗斯犹太社区乃至整个上海犹太社团
深感骄傲的一件事。上海万国商团（Shanghai Volunteer Corps）始建于1853年

51　满铁调查部：《第三回极东犹太民团代表大会概观》（犹太问题调查资料第22辑），1940年，第44页。
52　汪之成：《上海俄侨史》，上海三联书店1993年版，第472–473页。

4月，又名上海义勇队。当时，太平天国起义震撼全国，上海的小刀会起义也使上海外侨感到十分害怕。于是，各国驻沪领事召开紧急会议，以保护侨民生命财产为名，集合在沪各国外侨组成了这个武装自卫团体。成立之初，商团仅200人左右。到了1870年，工部局成立"团练处"将它接管，遂使其得到迅速发展。到20世纪20年代末，上海万国商团一般保持2 000人。商团各队都独立操练，一般一周一次，成员均不领任何报酬与津贴，并自行保管商团司令部所发的军装和武器。1932年夏，部分来自哈尔滨的俄犹青年在静安寺路（今南京西路）某处开会，决定正式要求在万国商团内建立犹太分队。随之，他们将要求呈交给商团团长，并获得批准，但规定犹太分队必须先作为万国商团现有分队中的一个小队。于是，犹太小队被确定归属于由托德（C.C.Todd）上尉指挥的"H"分队。犹太小队于1932年9月22日正式成立。多年从事犹太童子军训练工作的雅各布斯（N.S.Jacobs）被任命为少尉，负责指挥犹太小队。小队的另两位军官是比特克（R.B.Bitker）中士和泰兰（M.Talan）中士。他们都是经验丰富的老队员，原分别在俄国分队和野战炮分队中服役。两个月后，第二支犹太小队宣告成立。比特克中士被升为少尉，并负责指挥这一新成立的小队，雅各布斯少尉则晋升为中尉。由于两支犹太小队队员热情高涨，成立犹太分队的时机已经成熟。1933年5月22日，"H"分队中非犹太队员转入其他分队，"H"分队便成为由清一色的犹太队员组成的犹太分队，队长雅各布斯中尉同时晋升一级。犹太分队成立后，在军事训练等方面取得了稳定的进展。[53]
不久，泰兰中尉离沪去香港，比特克中尉也于1936年10月去了巴勒斯坦，此时野战炮分队正好解散，戈德金（S.Godkin）中士和戈登堡（W.Goldenberg）中士被调到犹太分队担任军官。1938年，随着比特克中尉重返分队，犹太分队共有4名军官，即队长雅各布斯上尉，副队长戈德金中尉，小队长戈登堡中尉和比特克中尉。犹太分队训练认真，稳步发展，深得商团领导人的好评。商团团长汤姆斯曾建议将犹太分队的座右铭"稳扎稳打"作为整个商团的格言。在1937年和1938年万国商团的两次军事调动中，犹太分队都以出色的表现获得了工部局的嘉奖。此外，犹太分队还赢得了嘉道理家族设立的旨在奖励商团

53　上海通社编：《上海研究资料续集》，上海书店1984年版，第197页。

"神枪手"的"嘉道理杯"和商团"神枪手"盾型纹徽。[54]起初，这些身着大
卫星符号制服的犹太士兵都是俄罗斯犹太人，塞法迪犹太人则参加英国分队，
后来，也有少量塞法迪犹太人和中欧犹太人加入犹太分队。1942年，占领上
海的日本当局下令解散了万国商团，犹太分队也随之解散。队长雅各布斯在珍
珠港事变后被日军拘留，一直关押到战争结束。[55]

　　上海犹太总会（Shanghai Jewish Club）也是俄罗斯犹太社团创办的有影响
的机构。它于1932年1月开始筹建，地址在爱文义路（今北京西路）。许多知
名俄罗斯犹太人出席了隆重的奠基仪式，其中有阿许根那齐拉比，著名国际象
棋高手法因兰德等人。同年8月总会正式成立，当时仅有会员75人，1933年
增至200人。1947年4月犹太总会迁往法租界毕勋路（今汾阳路）新址。设在
由犹太富翁提供的一幢花园洋房内。犹太总会创始人、犹太总会终身理事长为
俄罗斯犹太社团领袖之一，从事木制品生产与经销的贝乐有限公司老板布洛
赫。列维京和比特克尔任该会副理事长。犹太总会经常举行各种文化活动和教
育活动，成为俄罗斯犹太社区的活动中心。上海犹太总会还建有一个图书馆，
其中的图书都是由犹太组织和个人捐赠的。其中阿许根那齐拉比捐赠的希伯来
语和意第绪语书籍尤为珍贵。此外，上海俄罗斯犹太人还建立了犹太圣裔社、
犹太养老院、犹太贷款所、犹太圣葬社、犹太助学会等组织。到20世纪30年
代中，上海俄犹人数已达5 000人，远远超过了塞法迪英籍犹太人。

　　总体而言，大多数俄国犹太人初到上海时一贫如洗，只能借钱做些小本
经营，但通过艰苦拼搏，逐渐成为上海滩上的中产阶级，其中少数人更成为巨
富，其职业构成多为商人和专业技术人员，也有不少文化人。俄国犹太人与重
视英国身份的塞法迪犹太人不同，他们并不把俄国视为自己的祖国，也不想返
回俄国，而是愿在中国长期居留下去。他们努力适应中国文化，与中国人友好
交往。他们中的一些人学会说中国话，乃至上海话，还有一些人与中国人通
婚。在上海的俄国犹太人虽然不如塞法迪犹太人那样富有，但人数众多，社团
意识强，活动能力也强，因而逐渐成为上海犹太人中最为积极而活跃的中坚力

54　《上海万国商团85年》(Eighty Five Years of the Shanghai Volunteer Corps, Shanghai)，上海，第216页。
55　前引瑞娜·克拉斯诺：《上海往事1923—1949，犹太少女的中国岁月》第98-99页。

量，这在后面还要详述。

同时，在20世纪头20年里，由于俄国革命和内战，也有俄国犹太人经中国北方来到香港。到30年代，由于日本军队入侵中国和中国人民抗日战争的爆发，中国内地陷入战乱之中，又有一些俄国犹太人离开内地来到香港。虽然塞法迪犹太人仍然在香港犹太社团内占支配地位，但俄国犹太人的来到改变了香港犹太社团的塞法迪单一性，使之逐渐具有塞法迪—阿斯肯那齐双重性，变得更加多彩。香港犹太会堂虽然是按照塞法迪传统建造的，但其宗教仪式却越来越按照阿斯肯那齐方式进行。原因在于塞法迪犹太人都是英国公民，不少人进入了港英中上流社会，因而对参加宗教活动并不积极。相反，俄国犹太人均属无国籍难民或移民，更注重保持自己的宗教和传统，积极参加社团的宗教活动，因而使香港犹太社团的宗教仪式逐步转向阿斯肯那齐传统。不过，塞法迪犹太人经济实力比阿斯肯那齐犹太人雄厚，因而在资助社团的宗教文化活动方面发挥了主导作用。

三、欧洲犹太难民来到之时的哈津沪港犹太社团

哈尔滨　从20世纪20年代末起，哈尔滨乃至整个东北犹太社团的社会和经济生活遭到了一系列外部冲击，开始逐渐由盛转衰。首先，围绕中东铁路的管理权争夺和由此引发的中苏冲突，影响了犹太社团的经济发展。1917年"十月革命"后，新生的苏维埃政权在其发表的第一次对华宣言中就宣布愿意将中东铁路无偿移交中国。但是，当时的北洋政府在帝国主义的唆使下不承认苏联，反而继续与旧俄当局的残余打交道，使中东铁路仍然被沙俄残余分子控制。直到1924年，在中苏之间先后签订了《中苏协定》和《奉苏协定》后，中东铁路才开始由中苏共管。1929年张学良与苏联爆发冲突的"中东铁路事件"发生后，中苏共管铁路协定终止。1935年，苏联单方面将中东铁路以1.7亿日元转让给伪"满洲国"，[56]中东铁路管理权最终落入了日本当局控制的伪"满洲国"政府手中。中东铁路管理模式的这种演变，大大增加了日本人和中国人在东北地区的经济实力，使依靠中东铁路的发展而繁荣的犹太企业，乃至

56　史丁：《日本关东军侵华罪恶史》，社会科学文献出版社2005年版，第80页。

整个犹太社团受到冲击。同时，中日、中苏、日苏之间的一系列冲突，也造成了哈尔滨地区，乃至整个东北地区的不稳定，使犹太工商企业的发展失去了良好的外部环境。其次，1929年美国纽约股市的暴跌和由此引发的世界经济危机，也给哈尔滨的犹太经济造成了严重危害，特别是一些从事国际贸易和毛皮业的犹太公司和商号损失更大。这些商号主要将产品出口到美国、欧洲等地，运费等各项开支上升导致它们的经营成本急剧上升，订单锐减更使它们的经营举步维艰。[57]因此，这一时期有大批犹太商人被迫关门歇业，离开哈尔滨南下天津、上海或去欧美投亲靠友。再次，1931年日本对东北地区的入侵和1932年伪"满洲国"的建立，使犹太社团的经济和社会生活遭到了沉重的打击。因为此前不管是军阀政权还是国民政府，对东北地区的统治一直非常松散，这正是犹太经济得以迅速发展的重要外部环境。但日本占领东北后，加强了对该地区的统治，建立一个集权体制来控制经济。这样，哈尔滨犹太社团便失去了得以迅速发展的相对宽松的外部环境。日伪当局最终控制中东铁路后，一些长期为铁路服务的犹太商人也失去了赖以生存的基础。同时，日本势力的经济钳制政策也窒息了以往充满活力的哈尔滨经济，使许多犹太贸易公司和商店的经营举步维艰。

更有甚者，在日本占领东北初期，哈尔滨等地频频发生由白俄挑起，得到哈尔滨的日、德法西斯党徒支持的反犹活动。由德国资助，并得到日本当局中某些人暗中支持的"国家社会主义（纳粹）俄国组织"在哈尔滨成立，为首的是康斯坦丁·罗德左夫斯基。[58]他们出版了反犹报纸《我们的道路》，进行恶毒的反犹宣传，还频频冲击犹太人的商店、学校、打碎犹太会堂的玻璃，绑架勒索犹太富商。特别要提一下的是，1933年现代大饭店（马迭尔饭店）犹裔经理约瑟夫·卡斯帕之子西蒙·卡斯帕（Simon Kaspe）遭绑票并被杀害，使哈尔滨的反犹活动达到了登峰造极的地步。约瑟夫·卡斯帕于1907年从俄国来到哈尔滨，到30年代初已经成为哈尔滨有名的犹太富商，并加入了法国籍。哈尔滨市中心赫赫有名的现代大饭店就是他名下的资产。其子西蒙是位卓越的钢琴

---

57 程维荣：《近代东北铁路附属地》，上海社会科学院出版社2008年版，293页。

58 笔者采访I.马吉德（Isador Magid）记录，1997年10月20日于墨尔本。

家，就学于巴黎音乐学院。1933年8月，西蒙暑假归来携女友外出，途中竟遭人绑票并残杀。事后，哈尔滨和上海的犹太社团都就此事向日本外务省提出了抗议。哈尔滨犹太社团为西蒙举行了盛大的葬礼，成千上万的犹太人，中国人和其他国家侨民参加了这一葬礼，并高呼反对日本当局，要求惩办凶手的口号。[59]1934年，在日本的操纵下，哈尔滨成立了"白系露人事务局"，隶属于伪满洲国政府民政部领导，对包括俄国犹太人在内的俄裔居民实行监控。[60]这种日趋恶化的生存环境致使哈尔滨犹太社团的繁盛局面不复存在。从1932年到1936年上半年，倒闭的犹太商店有31家，资本总额高达196.1万元。到30年代中期，差不多有70%的哈尔滨犹太人离开了这个城市。[61]哈尔滨的犹太居民数到1935年降至8000左右，到1939年时只剩下约5000人。[62]

　　天津　1929年世界性的经济危机和此后的经济大萧条使天津犹太人经营的皮毛出口业受到沉重打击。此后几年，不少从事皮毛贸易的天津犹太商人纷纷转营其他生意。前已提到，有专家估计，到1935年，天津还有犹太人3500左右。日军占领天津后，天津犹太人的数量开始下降。据估计，到1939年，天津犹太社团仅有1800人左右。欧洲出现反犹狂潮后，也有欧洲犹太人来津避难。据天津犹太人代表向远东犹太社团第三次代表大会提交的《天津避难民问题》报告称，截至1939年12月8日，已有169名欧洲犹太难民申请者获准来津居住，尚有128名待定，按许可证抵达者已有56名。[63]1941年12月"珍珠港事变"后，日本人关闭了所有英国人和美国人的学校，天津犹太学校就成了唯一能够给在津外国孩子提供英式教育的外国学校了，使犹太学校的非犹裔学生数量上升。[64]日本占领时期天津犹太人生活相对稳定的一个原因是苏联因素。天津犹太人大多数来自俄国，在天津被视为俄裔侨民。包括俄国犹太人在内的所有无国籍俄裔侨民都可以向天津的苏联领事馆申请苏联国籍，不少在津犹太

59　万斯白：《揭开大秘密——日本在华间谍》，黑龙江人民出版社1990年版第156页。

60　房建昌："伪满洲国时期的哈尔滨犹太人"，载《辽宁师范大学学报》（社科版），1996年第4期第80页。

61　前引托克耶等书《河豚计划》第37页。

62　前引迪克书《远东的流浪者和定居者，犹太人生活在中国和日本的一个世纪》第42页。

63　前引房建昌文"近代天津的犹太人"，第56页。

64　前引贝克曼文"天津犹太社团"。

人便提出了这一申请。虽然战争期间这些申请没有正式办理，但是苏联领事馆给每一位申请人发了一张证明，证明他们已经向苏联申请了国籍，苏联政府将考虑给予申请人苏联国籍，实际上把这些犹太人置于苏联的保护之下。由于当时苏日之间签订了《苏日中立条约》，日本当局对这些在苏联保护之下的犹太人便不能采取任何不利行动。

　　需要指出，由于受到中国革命和苏联的影响，天津犹太人中也有一些十分活跃的左翼人士。其中一些人直接参加了中国抗日斗争和中国革命。如伊斯雷尔·爱泼斯坦，在天津生活期间受到"一二·九"运动的影响，与"红色记者"埃德迦·斯诺结识，开始同情并支持中国革命。"七·七事变"后不久，他与斯诺一起帮助周恩来夫人邓颖超避居天津，又安排她离津赴上海。[65]

　　上海　到20世纪30年代中，上海俄犹人数已达5 000人，远远超过了千人左右的塞法迪英籍犹太人。大多数俄国犹太人初到上海时一贫如洗，只能借钱做些小本经营，但通过艰苦拼搏，逐渐成为上海滩上的中产阶级，其职业构成多为商人和专业技术人员，也有不少文化人。俄国犹太人与重视英国身份的塞法迪犹太人不同，他们并不把俄国视为自己的祖国，也不想返回俄国，而是愿在中国长期居留下去。他们努力适应中国文化，与中国人友好交往。他们中的一些人学会说中国话，乃至上海话，还有一些人与中国人通婚。在上海的俄国犹太人虽然不如塞法迪犹太人那样富有，但人数众多，社团意识强，活动能力也强，因而逐渐成为上海犹太人中最为积极而活跃的中坚力量。

　　到20世纪40年代初，上海的塞法迪犹太人、俄国犹太人及来自纳粹统治下欧洲的犹太难民总共已超过3万人，形成了远东最大的犹太社团。这个繁荣的社团拥有自己的宗教公会，犹太会堂、学校、医院、俱乐部、公墓、商会、出版物，活跃的政治团体（特别是锡安主义组织），以及一支小型的武装团队——上海万国商团犹太分队。"珍珠港事变"后塞法迪犹太人因敌侨之身份被日本占领军当局拘禁，但俄裔犹太人得益于《苏日中立条约》而依然可以自由活动。与哈尔滨、天津犹太社团以阿斯肯那齐文化为主导，而香港犹太社团以塞法迪犹太文化为主导不同，上海犹太社团形成了塞法迪文化、俄国犹太文

65　参见爱泼斯坦：《见证中国—爱泼斯坦回忆录》，新世界出版社2004年版。

化、中欧犹太文化三者互相融合的文化体系，这也是世界各地的犹太社团中不多见的，与后来逐步成形的以色列文化和美国犹太文化有相近之处。

香港　从1914年第一次世界大战爆发到1941年12月香港被日军占领，香港犹太人的数量仍然没有较大的增长，始终徘徊在数百人上下。1914年的一篇文章说奥海尔·利赫犹太会堂可容纳大约500人，但这并不意味着犹太社团有500人；1933年访问香港的人称犹太社团由50～75个家庭组成，但并没提到确切的人数；1936年的一份出版物估计香港犹太人大约为100人左右，这个数字显然是低于实际人数的。最近又有文章提到，据1939年2月统计，有2 500名犹太人从上海来到香港，到同年年底由沪来港犹太人增至17 000人之多。[66]这里所说的当然是指欧洲犹太难民。如前所述，1939年是犹太难民涌入上海的高潮时期，其中一些人从上海来到香港或经香港去其他地方是完全可能的。不过，有两点要指出：其一，后一个数字显然大大高估了，因为当时上海犹太难民的总数不过2～3万人，不可能有17 000人来到香港；其二，前一个数字是可能的，但这2 500犹太难民大多没有长留香港，因为二战时长住香港的犹太人始终没有超过千人。

1937年中国抗日战争全面爆发后，塞法迪犹商在中国内地的利益遭受重大损失，急忙将大量资产转移到香港。1941年12月8日太平洋战争爆发，日军向香港发动攻击，中英军民奋起抵抗，香港犹太人也积极参与了抗击日寇的战斗。俄国犹太人白德（Solomon Matthew Bard）医生加入了香港义勇军防卫队，不但全力抢救伤员，还直接参与作战。战后，因为在保卫香港战斗中的英勇表现，白德获得了英国政府颁发的服务成绩优异勋章和英国荣誉勋章。太平洋战争爆发后，为了不让电力设施落入日本人手中，嘉道理家族毅然炸毁了其经营多年的发电厂。当时，中国军队的犹太裔将军莫里斯·科亨（马坤）正在香港为中国军队争取军援。他毫不犹豫地参加了抗日战斗，全力奋战直至香港沦陷。他和被俘的战俘们一起被关押近两年，后因日本与加拿大交换战俘而获释，出狱时体重只有80磅。[67]获释后不久，他又回到中国参加抗日斗争。在抗

66　何伟杰："香港的犹太人精英：弥敦、马坤与嘉道理家族"（Jewish Elites in Hong Kong: Matthew Nathan, Morris Cohen, and the Kadoories），本文无发表时间，感谢美国高斯坦教授将此文赠送我们参阅。

67　丹尼尔·列维（Daniel Levy）；《双枪科亨》（Two-Gun Cohen: A Biography），纽约，1997年版，第326页。

击日寇的战斗中，香港犹太社团成员中有13人献出了自己的生命，至今在香港犹太会堂内还有一块纪念他们的石碑。[68]

日军占领香港后，香港犹太社团，特别是塞法迪犹商财团遭受了其发展史上最为沉重的一次打击。由于英国公民均被视为敌侨，英籍塞法迪犹商都被关进集中营，其企业和财产全部被日本占领军当局接管。沙逊集团的掌门人维克多·沙逊在太平洋战争爆发时正好不在中国，因而逃脱了日寇的魔掌，但沙逊集团在港财产全被没收，在港的中英籍员工也全被扣押。另一塞法迪富商嘉道理一家遭遇更惨，全家均被关押，家族的掌门人伊利·嘉道理爵士于1944年病逝于囚禁之中。[69]嘉道理集团的主要产业中华电力有限公司被日本当局接管，其他产业如半岛酒店和山顶缆车也被日本人强占，中电公司主席康普顿(A. H. Compton)被扣押。[70]在此期间，英籍塞法迪犹商集团实际上失去了在香港及其他在华日占地区的所有财产。可以这么说，在抗日战争中，香港犹太人与中国人民一样处于水深火热之中，共同度过了那艰难困苦的岁月。需要指出，在日占时期，拥有中立地位或处于苏联保护之下的俄国犹太人将塞法迪犹商的部分财产转入自己名下或手中，从而使香港犹太人的商业贸易活动能继续维持，但那是十分艰难的维持，自然不可能有什么发展。

四、塞法迪犹太人和俄国犹太人对来华欧洲犹太难民的支持

1933年，首批来到中国的德国犹太人都是掌握一定专业技能的知识分子，如医生、律师、教师和企业家，随身带有一部分积蓄。在上海犹太社团的帮助下，他们很快找到了工作，过上了比较安定的生活。

然而，到1938年，大批来自欧洲的犹太难民来到上海时均扶老携幼、身无分文，不少人身上还带伤，情景十分悲惨。上海塞法迪和阿什肯纳兹两大犹太社团纷纷伸出援助之手，帮助、救济和安置自己的犹太同胞。前已提及，1938年8月8日，由塞法迪犹太人和其他人士组成的"国际救济欧洲难民委员会"(International Committee for Granting Relief to European Refugees，简称IC)

---

68   前引潘光主编：《犹太人在中国》2005年版，第170页。

69   前引潘光等主编书《犹太人忆上海》第8页。

70   郭少棠、沈思：《光耀百年》，中华电力有限公司编，香港2001年版，第47页。

成立，委员会由匈牙利籍犹太人保罗·科莫尔（Paul Komor）担任领导。塞法迪犹太富商亚伯拉罕家族和托依格家族开设了公共厨房，维克多·沙逊爵士捐出河滨大楼作为接待站，阿哈龙犹太会堂也被用作接待站和难民厨房。为了加强救济活动的合作与协调，1938年10月，由犹太巨富嘉道理家族出面召集上海犹太社团人士和国际救济组织官员举行协调会议，成立了"援助欧洲来沪犹太难民委员会"（Committee for Assistance of European Refugees in Shanghai, CFA）。在这个委员会的董事会中，有塞法迪犹太人的代表如门德尔·布朗、D.E.J.亚伯拉罕和鲁本·D.亚伯拉罕父子，俄罗斯犹太人的代表H.根斯布格尔、迈耶·阿许根那齐拉比、刘易斯·格林伯格、H.卡默林和早期来沪的德籍犹太人代表伯纳德·罗森贝格博士和库特·马克斯博士。该委员会的领导工作不久转入了其首任司库米歇尔·斯皮尔曼（Michel Speelman）之手。到1938年底，委员会共筹到约8 000美元。

为帮助犹太同胞早日自食其力，1939年1月，埃利·嘉道理、M.斯皮尔曼、E.海亦姆等犹太人又发起成立了"复兴基金"（Rehabilitation Fund, IC），维克多·沙逊爵士为该基金捐了15万美元作为基金特别款项[71]。该基金旨在帮助难民同胞创办一些中小型实业，以增强自救能力、实现自力更生。到1939年12月，有1 300多人——连同家属共3 300名难民在经济上基本实现了某种程度的自给自足。从1939年1月起，援助欧洲来沪犹太难民委员会相继建立了爱尔考克路（今安国路）、兆丰路（今高阳路）、熙华德路（今长治路）、华德路（今长阳路）和汇山路（今霍山路）等多个犹太难民营。[72]

由于在沪建立的上述这些犹太组织和机构与在美国、欧洲等地区的犹太组织均保持一定程度的联系，因此国外的犹太组织能够及时获悉上海犹太难民的情况。当上海犹太难民自1937年夏开始猛增后，国际犹太组织也立即伸出了援助之手。1938年"世界犹太难民救济组织"（HICEM[73]）在上海设立了办事处，一年后又将其远东分部由哈尔滨迁到上海，以便更好地为上海犹太难民提供联系、咨询和贷款等各项服务。著名的"美犹联合分配委员会"（JDC）也

71　上海档案馆存档：U1—4—2971。

72　上海档案馆存档：U1—4—0277。

73　见第二章第二节。

于1938年在上海成立了办事处，并在上海派有常驻代表，常驻代表每隔一定
时间就会撰写一份反映上海犹太难民情况的报告。该机构在援助上海犹太难
民的过程中发挥了极其重要的作用，在来自国外犹太人和犹太组织的捐款中，
"美犹联合分配委员会"捐助的金额最多。据统计，救济上海犹太难民的大多
数经费均为"美犹联合分配委员会"所捐助[74]，该委员会在美国为上海犹太难
民募集了大量捐款，几乎平均每月达3万美元[75]。1941年3月，在"美犹联合分
配委员会"的支持下，上海的东欧和俄国犹太人又成立了"援助东欧犹太难
民委员会"（EASTJEWCOM /EJC, Committee for Assistance of Jewish Refugees
from Eastern European），专门救济来到上海的东欧犹太难民，尤其是波兰犹太
难民。

　　由于原有的上海犹太学校难以容纳大批涌来的犹太难民的子女，嘉道理
家族创办了上海犹太青年会学校（又称"嘉道理学校"），接纳了许多难民孩
子，允许付不起学费的难民子女免费入学。学校战时在校生一直保持在700名
左右，而且一直拥有很强的师资力量和较高的教学质量，在犹太难民中享有极
好的口碑。1941年8月，来自波兰的著名密尔经学院及其他经学院的四百多师
生抵沪后，上海犹太社团立即为他们提供阿哈龙会堂，以使他们能够继续学
业。上海的俄罗斯犹太社区通过"援助东欧犹太难民委员会"与总部设在美国
的"美犹联合分配委员会"取得联系，获得了相当大一部分的经费支持，将密
尔经学院学习所需的教材通过其他国家转运到上海。

　　在此期间，哈尔滨犹太社团为接纳来到哈尔滨的德、奥犹太难民做了很
多工作。例如，奥地利维也纳著名钢琴家、指挥家维里莫施·津格尔带其乐队
及家属一行19名犹太难民辗转来哈，就得到了当地犹太慈善组织的精心安排。
大连的犹太社团在哈尔滨犹太中央机构的领导下，充分利用自己特殊的地理位
置，将大连变为来自上海的犹太难民走进东北的入口。《以色列信使报》的一
则报道显示，1939年1月乘意大利邮船到达上海的一批犹太难民中，有20人
准备前往大连，共有近300名移民从大连港口当局获得了定居许可。[76]1939年

74　前引潘光、王健著《一个半世纪以来的上海犹太人》，第54页

75　前引马文·托克耶等著《河豚计划》，第35页。

76　《以色列信使报》，1939年1月20日。

　　12月，出席第3届远东犹太社团代表大会的大连犹太社团代表，无国籍商人考涅尔称，1939年夏天，犹太商人比尔布莱耶尔在大连发起建立犹太难民儿童收容所，收容了来自上海的贫穷难民儿童50人，其中男孩34人，女孩16人，经费则由哈尔滨犹太社团和大连犹太社团共同资助。[77]

　　1941年12月太平洋战争爆发后，总部在美国的"美犹联合分配委员会"被迫停止向处于敌国日本控制下的上海汇款。此时，经济并不宽裕的俄国犹太人则利用日、苏两国处于非战状态、自己拥有"中立国"侨民身份的有利条件，更加积极地投入到对难民同胞的救助工作中。俄国犹太人成立的"援助东欧犹太难民委员会"赡养了至少600～700名赤贫的中东欧犹太难民儿童[78]。先期抵沪的德、奥犹太难民组成的"厨房基金会"（Kitchen Fund）也发起了一个"监护职责运动"（Patenschaft）来筹款，每宗"肩负职责"的捐助款每月50～100元储备券，共争取到了900多宗[79]。

　　综上所述，在20世纪30年代，与欧陆各国犹太社团普遍处于自身难保的境况、而拉美许多国家还没有犹太社团相比，中国已经有了一个具有百年历史的成熟的犹太社团，这与英、美两国的犹太社团相似。虽然英、美两个犹太社团要比中国犹太社团人数多得多，实力更为强大，但反犹主义暗流和经济萧条却使他们难以促使政府向欧洲犹太难民打开大门。这种情况在当时的中国基本不存在，因此中国犹太社团可以放手接纳、救助来华的欧洲受难同胞，这是犹太避难"中国模式"的又一个重要特点。

77　房建昌："本世纪三四十年代中国各地犹太人概貌"，《近代史研究》1997年6期。
78　前引克兰茨勒著《上海犹太难民社区》第302页。
79　前引潘光、王健著《一个半世纪以来的上海犹太人》第59页。

第十九章

来华犹太难民特点之四：犹太难民群体本身具有很高的文化素质

来华欧洲犹太难民具有很高的文化素质，在艰苦的避难岁月能够发挥聪明才智、团结奋斗，这是他们在中国得以克服重重困难而幸存下来，战后又在新的"家园"取得成功的重要原因。

一、来华犹太难民是一个高素质群体

在这批来自德、奥、波等国的犹太难民中，有众多出类拔萃的知识分子和专业人才，如医生、律师、教师、工程师、建筑师、会计师、企业管理人员、编辑、记者、作家、演员、画家、音乐家等，以及各行业的技术工人，这是他们能在困难中互助自立的有利条件。

难民中有大批医护人员，仅内科医生就有200余人。1938年末，以他们为骨干，在难民营中建立了一个诊疗所。1939年3月，又建立了第一所难民医院，拥有60个床位。到1940年，据上海公共租界工部局年报载：华德路之犹太难民医院已拥有120个床位，且"设有X光部、牙科、眼科及产科等。该院之收入大概足敷开支。"[1]

难民中的教师们在困难的条件下仍继续组织难民的子女学习，并对难民中的成年人进行职业培训和文化补习。有些难民教师后来成了当时两所接收犹太难民子女的学校的骨干。波兰来的犹太难民还将犹太教正统派的教育体系带

1　上海公共租界工部局年报（1940年），第472页。

到了中国，如密尔经学院的正统派拉比学识渊博，将严格规范的宗教仪式和宗教教育带到了上海。同时，德国犹太人中的改革派拉比，则努力吸引难民中的非正统派犹太人参加宗教活动。这些，都进一步强化了犹太教育凝聚难民们集体认同意识的功能。

犹太难民中的编辑和记者们白手起家，自己办起了报纸杂志。从1939年开始，他们居然同时维持着多份德文和意地绪文报刊，这是相当不容易的。其中有影响的如：《上海周报》（Shanghai Woche），德文周报，主要报道世界政治新闻，也报道本地新闻和侨民新闻；《八点钟晚报》（Acht Uhr Abendblatt der Shanghai Woche），德文晚报，报道犹太难民新闻；《上海犹太早报》（Shanghai Jewish Chronicle），又称《上海犹太纪事报》，德文报纸，原是一张周报，后改为每日出版的早报，是历时最长的德文报纸；《黄报》（Die Gelbe Post），德文月报，由著名精神分析学创始人弗洛伊德的学生，心理学家A.J.施托福尔（A.J.Storfer）创办，该报以介绍文化活动为特点，也刊载政治新闻和本地新闻，反纳粹色彩浓厚，有社会主义倾向；《我们的话》（Unser Wort），意第绪文杂志，由波兰犹太难民创办，等等。

来华犹太难民中有众多艺术家，其中不乏已在欧洲家喻户晓的文化名流，如钢琴家兼指挥马哥林斯基、指挥普拉格、小提琴家卫登堡、大提琴家兼指挥舍恩巴赫、大提琴家克劳斯、歌唱家克拉索、爵士乐歌星克罗托勋斯基、电影导演弗莱克、电影明星兼歌手弗洛尔等人。他们成立了艺术、音乐、合唱、绘画等专业协会来团结艺术家，组织文艺活动，到1941年下半年时已至少组建了17个乐队。他们除了演奏犹太人的宗教音乐和民族音乐外，也将西方古典音乐和轻音乐作为重要的表演内容。马哥林斯基、卫登堡、舍恩巴赫等音乐家还常常去上海犹太总会演奏。[2]犹太难民艺术家们在1939—1947年间至少上演了60部德语戏剧，并帮助重建犹太业余剧社，积极创作意第绪语的轻歌剧和音乐剧，丰富了难民们的文化生活。需要指出，难民中的艺术家们在上海上演了意第绪语戏剧，这在中国历史上还是第一次。奥地利著名钢琴家、指挥家维里莫施·津格尔带其乐队来到哈尔滨，也促进了犹太社团和当地民众的音乐活

2　参见前引汤亚汀《上海犹太社区的音乐生活》。

动。可以说，犹太难民艺术家群体与俄国犹太艺术家共同支撑起了上海、哈尔滨等地犹太社团丰富多彩的文化生活。

相比那些教授和律师，犹太难民中的工程技术人员较容易找到工作和谋生。他们凭借其专业技能积极地融入上海的经济生活，或是改行做起小商小贩和打杂行当以千方百计地维持生计。到1943年2月日本占领当局在虹口设立"无国籍难民隔离区"时，犹太难民已经开办了307家商业机构。大部分犹太难民靠自身努力维持了生活，仅有2 500人居住在"家园"中并完全依赖救援组织。[3]如弗兰克·塞莱格是犹太难民中的一位工程师，先是当上了公共汽车公司夜班加润滑油的领班，接着又到英国人开办的公司中当工程师，后来又到中国人开的五金修理铺当设计师。当日本占领军强迫他们生产手榴弹和其他军火时，他便与中国工人密切配合，设法缩小引线尺寸使生产的手榴弹不能爆炸，以这种间接的方式支援中国人民的抗日斗争。[4]

二、犹太难民中的杰出人物

来华犹太难民中有许多杰出人物，这里介绍其中几位：音乐大师卫登堡、为中国和上海精神卫生事业做出重大贡献的韩芬教授、犹太难民中的画家白绿黑、德国犹太作曲家弗兰克尔、上海犹太画坛巨擘希夫、从难民少年成长为柏林爱乐乐团首席小提琴手的赫尔穆特·斯特恩、视上海如故乡的犹太工程师韩布葛、犹太难民中的比较语言学国际权威罗逸民。

阿尔弗雷德·卫登堡（Alfred Wittenberg）在纳粹上台前已是驰誉德国，乃至欧洲乐坛的小提琴家和钢琴家。然而，纳粹的反犹政策使他在德国无法演奏，甚至难以生存，不得不随成千上万的犹太难民来到上海避难。在上海，他受邀到"国立音乐专科学校"（上海音乐学院前身）任教，其音乐天才在艰苦条件下反而得到了超长的发挥，还培养出了一批优秀的中国学生。同时，他积极参加上海犹太难民社区的音乐活动，通过演奏小提琴和钢琴丰富难民们的业余生活，鼓舞难民们在艰苦条件下生存的信心。战后，他没有回德国，而是继

---

3   前引 [法] 荣振华、[澳] 李渡南等编著：《中国的犹太人》，385—408页，前引王健：《上海犹太人社会生活史》，第77—78页。

4   前引潘光等主编书《犹太人在上海》，第150页。

续在中国演奏和教学，直至生命的终点。卫登堡永远活在中国音乐人的心中。

奥地利犹太人范尼·吉泽拉·哈尔彭（Fanny Gisela Halpern），汉名韩芬，毕业于维也纳大学，师从诺贝尔奖获得者瓦格纳·尧雷格教授，也是精神分析法鼻祖弗洛伊德的学生。1933年，她应国立上海医学院之聘来沪任教，后又在上海圣约翰大学医学院担任神经系主任，开设精神学和神经学课程达10余年。纳粹开始反犹后，韩芬也成为上海犹太难民社团的一员，并为犹太难民们提供精神卫生方面的咨询。韩芬特别强调以医院及医学院作为训练各式精神卫生专业人才的主要基地，也重视社会服务、成人教育在拓展精神卫生网络方面的作用。她在建立上海，乃至全中国神经、精神科教医疗网络方面发挥了重要作用。

戴维·路德维希·布洛赫（David Ludwig Bloch，根据上海话发音起中文名"白绿黑"），1910年生于德国巴伐利亚州的犹太家庭，1940年来上海避难。白绿黑擅长木刻，细致绵密，最著名的作品是《黄包车》画册。其中一幅幅的画页，展示出黄包车在各种各样不同的场合所起的不同作用。1942年12月举行的白绿黑个人画展上，除了版画以外，还有白绿黑的50幅油画和水彩画，其中不少是在上海创作的。1943年5月5—8日，白绿黑又与其他13位犹太画家在上海犹太总会举行了犹太画家在上海的首次联合画展。第二次世界大战结束后，白绿黑于1946年在上海成了家，后移居美国。白绿黑的画展，曾在华盛顿、纽约、洛杉矶举办多次，还在法兰克福、柏林、特拉维夫、耶路撒冷、伦敦、巴黎等地展出。1996年，他曾回到"第二故乡"上海"探亲"。

沃尔夫冈·弗兰克尔（Wolfgang Fraenkel），是在音乐上具有多方面精深造诣的奇才，作曲、钢琴和提琴演奏、乐队和合唱指挥样样擅长。弗兰克尔出生在柏林，于1939年四五月间流亡上海。弗兰克尔到沪后，便在上海国立音专（上海音乐学院前身）上课，也通过私人讲授培养学生。他的中国学生中，有诸多后来成名的人物，如丁善德、瞿希贤、汤正方、桑桐、管荫深、李乃聪、庞宪聘、杨马石、李德伦、刘如曾、张宁和、朱建、董光光等人。根据德国慕尼黑巴伐利亚州图书馆藏的弗兰克尔档案，他共创作了6部交响曲，其中的第三部始作于1940年，第四部作于1944年，都是他居住上海时期。上述档案还提到，他从1939年至1947年居住上海的8年间，共写了6部作品，有交响音乐、歌剧、声乐曲和钢琴曲，但完成的仅有2部。弗兰克尔在上海的指挥和演奏活动，大致有钢琴独奏、钢琴伴奏、小提琴独奏、室内乐合奏、合唱指挥、乐队指挥等。
1946年3月1日，弗兰克尔曾指挥乐团在兰心大戏院举行了音乐会。

弗里德里希·希夫（Friedrich Schiff，中文名：许福），出身于维也纳的犹
太美术世家。父亲罗伯特·希夫是著名的画家，曾为奥皇画像。希夫为维也纳
的几家报纸所作的漫画，使他声誉鹊起，但他更向往到遥远的国度去扩大自己
的视野。1930年6月，他乘火车取道西伯利亚来到了上海。纳粹德国吞并奥地
利后，剥夺了奥地利犹太人的国籍，于是希夫也成了上海滩上的犹太难民，只
不过比大多数犹太难民早来了几年。希夫到上海不久，就掌握了中国人的特
征，画出生动逼真、多姿多态的中国人形象，更以高超的技巧绘出上海社会和
底层民众的风俗世态。他常说，"我爱中国人"，他的一幅画就以《我爱中国
人》为题。现在，《老上海浮世绘——奥地利画家希夫画传》已在中国出版，
受到各方好评。

赫尔穆特·斯特恩（Hellmut Stern）1928年出生于德国柏林，5岁学习钢
琴，9岁学习小提琴，从小具有音乐天赋。1938年12月，他与父母一起抵达上
海避难，后转赴哈尔滨，在那里继续学习音乐，17岁就进入哈尔滨交响乐团。
1949年，他与父母移居以色列，在那里加入以色列爱乐乐团，后加入过美国
和德国的多家乐团，最终成为柏林爱乐乐团首席小提琴手。他多次重返中国，
访问"故乡"哈尔滨，进行演出和讲学。这里的一草一木，令斯特恩感到十分
亲切。斯特恩还把募集的捐款作为奖学金提供给中国学习音乐的大学生，资助
许多中国青年出国深造，其中一些人已成长为著名的音乐家。

汉斯·格奥尔格·阿道夫·汉布格尔（Hans Georg Adolf Hamburger，中文名
韩布葛），1899出生，毕业于汉诺威工学院土木工程系，成为工程师。1933年
希特勒上台后，对犹太人的迫害逐步加剧，韩布葛虽只有四分之一犹太血统，
同样难逃厄运。1935年8月8日，韩布葛搭乘意大利邮轮到了上海，比大批来
华避难的犹太难民早了几年。韩布葛到达中国后，先后在金华的英士大学、杭
州的浙江大学、上海的同济大学，以及抗日战争期间迁校于上海租界的苏州
东吴大学和杭州之江大学任教，开设土木工程和德文课程，有时还教数、理、
化。整个抗战时期，韩布葛一直在中国辛勤工作，与中国人民同甘共苦。抗战
结束后，韩布葛继续留在中国工作。上海解放前夕，他到上海市工务局任职。

上海新中国成立后，他继续在上海市工务局（后改名城市建设局）供职，直到
1966年退休。

奥地利犹太人埃尔温·赖夫勒（Erwin Reifler，汉名罗逸民），祖籍罗马尼
亚的喀尔巴阡山区。从1932年到1947年，罗逸民除1938—1940年在香港工作
外，一直在交通大学、上海国立医学院、上海中法大学、震旦大学等校教授德
文、拉丁文、汉学和比较语言学。罗逸民是一个颇有政治远见的人。纳粹党于
1933年在德国夺权后，他预感到奥地利有被希特勒兼并的危险，虽远在上海，
却毅然主动放弃了奥地利国籍，而成为无国籍侨民。尽管命运坎坷，罗逸民
在教学、科研领域却成果卓著，被誉为"比较语言学的国际权威"。罗逸民与
中国德文界众多学者、教授共同编纂的《德华标准大字典》，至今仍是一部权
威著作。罗逸民对中国文化十分热爱和痴迷，熟读《论语》等中国古代经典。
1965年，罗逸民在美国西雅图去世，他的墓碑上镌刻着他十分喜欢的《论语》
的一段话："子如不言，则小子何述焉。"

三、犹太难民的团结互助

"中欧犹太协会"作为自治机构，自觉地承担起塑造难民们命运共同体意
识的重任，有力地增强了难民之间团结互助的自救能力，使之得以在日益险恶
的时局中克服重重困境而顽强地生存下来。日本对美英宣战后，就立即全面控
制上海，并将美英等盟国的侨民列为"敌侨"。这一举措不仅切断了"美国犹
太联合分配委员会"给犹太难民的汇款，而且属于英国公民的塞法迪犹太人也
被集中监禁起来并被剥夺资产。外部救援的中断给犹太难民社区带来了空前
严峻的生存挑战。对此，"中欧犹太协会"立即于1942年1月发布公告，建议
采取一系列措施以集中救援资源的分配和使用，主要包括：呼吁每个犹太家庭
至少向穷困者提供一顿正餐或每月支付一定比例的份子钱；饭店、供货商店、
咖啡店或酒吧强制征收10%的特殊附加税，其所得捐给犹太难民社区，用于
救济贫困难民；有经济能力者应以施舍为荣。这一呼吁得到了犹太难民们的
积极响应，尽管这种利害一致的团结只能救助其中为数有限的一批人。[5] 当年8

5　前引［法］荣振华、［澳］李渡南等编著：《中国的犹太人》，416–417页。

月，一些经济情况较好的犹太难民将已遭解散的"国际救济欧洲难民委员会"
和"援助欧洲来沪犹太难民委员会"进行重组，成立了新的互助组织"厨房基
金会"。该基金会采取"监护职责"的方式筹措资金，要求有经济能力的人以
一对一的方式救济最困难的难民。

　　1943 年 2 月，日本当局设立"无国籍难民隔离区"后，挣扎在生存边缘
的犹太难民处境更为恶劣。在此情况下，"中欧犹太协会"通过"厨房基金
会"等互助组织，想方设法地坚持慈善救济活动，尽可能地为难民们提供最基
本的生活保障。从 1942 年 11 月到 1944 年初，"厨房基金会"每天为难民提供
5 000 ～ 6 000 份热餐，约 1 000 名老人、儿童和营养不良者可以获得两顿热
餐。1943 年 7 月，"中欧犹太协会"建立专门的疾病救济机构筹集医药。9 月，
由"厨房基金会"成立的犹太难民医院成立，完全没有生活来源的难民可以获
得免费治疗。这一年的冬天，隔离区内还举行了"犹太冬季援助"的街头募捐
活动。同时，"中欧犹太协会"也提出了"以经济领导社区"的口号，成立专
门负责经济和就业的经济部和就业部，积极调动难民们潜在的人力资源和就业
能力，通过发展经济来解决生存问题。[6] "中欧犹太协会"在 1943 年 9 月犹太新
年之际撰文强调："作为犹太社区组织的犹太协会从现在开始又要求难民最大
限度地服从组织，在行动和思想上符合整体利益并为其服务。犹太协会不会对
个别人优先照顾，犹太协会只会关注所有流亡者的共同命运，不管是好是坏所
有流亡者都共同承担的命运。……流亡的困境使一些人有些动摇，因为他们没
有在共同体中找到足够的支持。现在，我们作为一个整体，要为那些弱者提供
更有力的支持。"[7]

　　具体而言，犹太难民增进集体认同的措施主要有以下几项。第一，在慈
善救济活动中恢复和凸显犹太人的宗教传统和习俗。如"中欧犹太协会"通
过在 1940 年成立的"妇女联盟"为老人和需要帮助者提供免费的安息日晚餐，
以在犹太难民中推广遵守安息日的传统，并邀请拉比在安息日会餐仪式中阐释
这一传统在犹太人作为一个不容拆散的整体中的重要性。此外，该协会还组织

6　　前引饶立华书《〈上海犹太纪事报〉研究》第 163–194 页。

7　　前引饶立华书《〈上海犹太纪事报〉研究》第 52–53 页。

供应无酵饼来帮助贫困的犹太难民过"逾越节"。[8]第二，成立独立的犹太复国主义组织并加强舆论宣传。在犹太难民到来之前，上海已有塞法迪犹太人成立的"上海锡安主义协会"、俄罗斯犹太人的"卡迪玛"上海分会、修正派青年组织"贝塔"分部等犹太复国主义组织。随着大批德奥犹太难民到来，"卡迪玛"和"贝塔"分别为新加入的德奥复国主义者成立了德语分部。1939年9月，犹太难民成立了自己的犹太复国主义组织"西奥多·赫茨尔锡安主义总会"。作为"卡迪玛"德语分部负责人之一的奥地利犹太难民奥西·莱温创办和主编了《上海犹太纪事报》(Shanghai Jewish Chronicle)，成为宣传犹太复国主义思想的重要舆论阵地之一。在"隔离区"成立后，《上海犹太纪事报》是唯一坚持出版的犹太难民报刊，其坚定的犹太复国主义信念成为激励难民的精神支柱。第三，在文化教育活动中增进对希伯来语、犹太教和犹太历史的学习。为解决犹太难民子女的就学问题，塞法迪犹太富商嘉道理家族专门在虹口创办了上海犹太青年协会学校，进行世俗的欧式教育。太平洋战争爆发后，"中欧犹太协会"接管该校，将希伯来语设为必修课，并讲授圣经和圣经历史。德国犹太人伊斯马·弗雷辛格(Ismar Freysinger)于1941年4月创办了弗雷辛格犹太学校(Freysinger's Jewish Elementary & Middle School)，而中欧犹太协会则创办了上海犹太知识学校，开设犹太历史和相关主题的课程。[9]此外，"犹太科学之家"还在虹口定期举办关于犹太教和犹太历史的讲座来强化难民的集体记忆。如题为"现代犹太人怎样看待犹太历史"的系列讲座就阐述了宗教力量对犹太历史的推动作用。[10]犹太难民在文化活动中也有意识地加强宗教和政治色彩来营造集体归属感。犹太难民中有300～400名艺术家，进行了大量反映世俗生活的创作和表演。他们的戏剧、音乐和小型演出与舆论报道相结合，在难民社团中产生了一种"公共意识"。此外，犹太难民举办各种的文艺晚会既有慈善募捐的功能，又时常通过表演犹太民族歌舞、创作以缅怀历史与传统为主题的配乐诗朗诵鼓舞难民的士气。如上海犹太复国主义组织举办了多场演出和

8　前引王健书《上海犹太人社会生活史》第223页。

9　前引潘光、王健书《犹太人与中国：近代以来两个古老文明的交往和友谊》，第70页。

10　前引饶立华书《〈上海犹太纪事报〉研究》第222页。

马卡比纪念会等，宣扬复国思想，号召人们为实现复国理想而斗争。[11]

　　难民们在艰难岁月表现出的团结奋斗精神是令人敬佩的。由于外部援助中断，1942—1944年对在沪犹太难民来说是最艰难的时期，死亡人数直线上升便说明了这一点：1940年130人，1941年167人，1942年320人，1943年311人。[12]特别在1943年2月被迫迁入虹口隔离区后，形势更为险恶。在这样的情况下，许多犹太难民不得不靠乞讨度日，但大家仍能团结一致、同舟共济。据当年的难民回忆：当时"尽管有相当多的内部摩擦，但大体来说，犹太社区显示出惊人的团结"；难民们组织了乐队和足球队，在虹口那狭小的天地里组织文艺体育活动，以乐观精神消磨那艰苦的时光；还有一些难民建立了流动图书馆，组织图书交换，在那困难条件下为难民们提供精神食粮。[13]

　　对难民来说，可以忍受艰苦生活的主要原因之一是有较多形式的娱乐活动。虹口有三四家中国人开的电影院，专放美国影片，难民们经常光顾。他们不仅渴望娱乐，还渴望有机会学英语。太平洋战争期间，美国影片当然被禁，但德国、法国、意大利和俄国的老片子还是使人得到相当令人愉快的享受。难民中有许多专业演员，还有一些业余爱好者，这些人很快就组织了剧团。音乐家创办了管乐队和管弦乐团，几位歌唱家甚至还组建了一个轻歌剧团，上演了一些非常成功的小歌剧。当然，到处都有咖啡馆和桥牌俱乐部，甚至还有夜总会，其中一个设在虹口最高建筑物之一的屋顶平台上，在酷暑时期是个好去处。在这人紧挨着人，十分拥挤的社区里，必然有大量的家庭娱乐，谈话艺术达到了空前高的水平。由于缺乏食物，女主人通常只提供开水，客人们则自带咖啡（或代用品）、茶叶、糖或糖精。

　　难民们到后不久就组建了足球队，几个月后还建立了三区业余足球联合会，每年举办一次联赛，中国和其他外国球队也参加比赛，热情的观众可达数千。流行运动还有拳击、乒乓球，少数人打网球和棒球。社区没有公共图书馆，一些有创业精神的难民搜集了一小批图书，建立了流通图书馆，年轻人把

11　详见《上海犹太纪事报》1943年11月18日第2版，1943年12月23日第3版，1944年2月5日第2版等。

12　该数字系综合前引戴维·克兰茨勒《上海犹太难民社区1938—1945》提供的数据和国际红十字会1943年关于上海德籍犹太难民状况的报告得出。

13　前引潘光等主编书《犹太人忆上海》第115页。

交换连环画搞得十分红火。犹太难民们还在虹口建立了亚洲研究会，专门讲授和研究中国及亚洲各国的文化、艺术、历史、哲学、医学等方面题目。[14]

在上海犹太成人职业培训方面表现最突出的是国际犹太人"培训就业组织"（The Society for Promotion of Handicrafts and Agriculture among Jews, ORT）在上海的工作。负责ORT在上海工作的C.H.罗森比斯（C.H.Rozenbes）是波兰犹太工匠，ORT中央局委员。1939年9月纳粹德国入侵波兰后，罗森比斯逃离波兰经由日本神户到上海。受ORT中央局授权委托，罗森比斯代表ORT在上海犹太难民中开展就业培训。上海ORT的培训目标从一开始就不仅是为了解决难民就业问题，而且还注重结合战后重建需要，特别加强实用技术培训和与建筑行业相关的课程。尤其需要指出的是，上海ORT注重犹太成人职业培训，并鼓励他们学习手工技艺。如上海ORT与手工业行会合作，建立了学徒补习学校（Complementary School for Apprentices），向学徒们教授从私人师傅那里学不到的技术理论知识。此外，上海ORT还举办了工程讲习班，聘请有经验的专家给年轻人传授更高级的工程技术知识。到二战结束时，上海犹太难民中共有2 200人接受了上海ORT的就业培训。其中建筑和技术课程有855人参加，所设科目有木匠、锁匠、电工、无线电、机械、焊工、司机等；缝纫课程有401人参加，所设科目有制衣、机器编织、服装设计、编织、男装裁剪等；其他各业培训课程有279人参加，所设科目有园艺、簿记、图书装订、美容理发、图书管理、喷漆、工艺劳作等；补习学校有学徒292人；工程讲习班有423人参加。[15]

综上所述，来华欧洲犹太难民之所以能在非常艰苦、有时甚至是十分险恶的环境下幸存下来，是与他们的素质、精神、技能、才智、团结、互助密不可分的。

---

14 《上海犹太纪事报》，1943年11月6日。

15 奥西·莱温主编（Ossie Lewin, ed.）：《上海年鉴1946—1947》（Almanac-Shanghai 1946/47），《上海回声报》（Shanghai Echo）出版，第46页。

附录一

《上海犹太纪事报》[1] 的社会作用和历史意义

作为一份报纸,《上海犹太纪事报》在犹太隔离区的社会作用怎样?从传播学的角度看,这些作用是如何发挥的?通过对《上海犹太纪事报》的内容分析,我们可以得出这样的结论,《上海犹太纪事报》是犹太隔离区民族性的集中体现,是犹太难民自治的舆论代表,是犹太难民瞭望外部世界的信息窗口,同时是犹太隔离区经济生活的重要组成部分。

第一节　隔离区犹太民族精神的集中体现

传播学者威尔伯·施拉姆说:"传播是社会得以形成的工具。传播一词(Communication)与社区(Community)一词有共同的词根,这绝非偶然。没有传播,就不会有社区;同样,没有社区,也不会有传播。"《上海犹太纪事报》作为难民报纸——犹太难民社会的大众传播——是犹太难民社区社会性和整体性的自觉表现,它的存在加强了犹太难民的民族意识,弘扬了民族传统,使犹太难民形成具有社会整体性的完全意义上的犹太社区。

从传播的角度看,传播成立的重要前提之一,是传受双方必须要有共通的意义空间,这一共通的意义空间从狭义上讲是指传受双方使用共同的语言,

---

1　《上海犹太纪事报》(Shanghai Jewish Chronicle),又称《上海犹太早报》,由上海犹太难民创办的德文报纸。原是一张周报,1939年5月5日改为每日出版的早报。二战结束后,于1945年11月改名为《上海回声报》(Shanghai Echo),一直办到1949年上海解放,是历时最长的德文犹太报纸。奥西·莱温(Ossie Lewin)任该报主编。

从广义上讲，是指传受双方有大体一致的生活经验和共同的文化背景。当成千上万的德奥犹太难民逃到上海，这一特定的社会人群不仅使用同一种语言——德语，而且由于共同的苦难和共同的命运使他们成为具有社会意义的共同语言的社会共同体，这一社会共同体最本质的特征，是犹太民族意识。

犹太人是具有强烈民族意识的民族，犹太教创立之初就规定，向上帝祈祷的最少法定人数为10人，当10个人共同祈祷时，上帝就在人们中间。犹太教认为，在上帝眼中，犹太民族是一个整体，犹太人在祈祷时不使用单数第一人称——我，而是使用复数第一人称——我们，如果有人违背了上帝的"约法"，上帝的惩罚往往降临到全体犹太人头上。在两千年的流亡历史中，因为一个犹太人被认为有罪而祸及整个犹太区的情形屡见不鲜，包括1938年11月9日的"碎玻璃之夜"，德国纳粹在全德国对犹太人大打出手，就是以德国犹太青年格林斯潘开枪打死德国驻法国大使馆秘书为理由发动的。内部凝聚力和外部压迫力的互相作用，使民族意识和民族责任感成为联结犹太人的坚韧的道义纽带。

在犹太难民民族认同的基础上，上海犹太难民报刊生气勃勃。难民报纸的出版，在犹太难民社区形成浓郁的犹太氛围，产生具有很强约束力的群体规范和群体价值——难民社区不成文的律法和行为规范，成为犹太难民社区的"社会语言"。在隔离区时期，由于居住集中，联系紧密和外界压迫力的作用，情形更是如此。隔离区中的《上海犹太纪事报》不遗余力地激发犹太难民的民族感情，呼唤民族觉醒，呼唤民族意识的回归，在犹太难民心理脆弱、心灵疲惫的时刻，以传统的民族英雄主义激发犹太人的民族自豪感和民族责任感。如果没有《上海犹太纪事报》，没有《上海犹太纪事报》立足民族文化历史传统所阐发的"命运共同体"的社区舆论，隔离区的自治和隔离区中规模之大、时间之长、使人叹为观止的救济工作是难以维持的。

在犹太民族遭受史无前例的摧残的历史时刻，犹太民族性的最高表现是对民族复兴理想的憧憬和追求，犹太复国主义是犹太民族的现代精神支柱。《上海犹太纪事报》在犹太复国政治形势晦暗不明，犹太难民面临沉沦边缘的时刻，以坚定而富有感召力的声音宣传犹太复国主义的政治主张；报道巴勒斯坦、世界各地和隔离区中的犹太复国主义活动；针对犹太难民的特点——德奥犹太人特定的历史文化背景，清算"同化运动"对犹太民族性的有害影

响；通过对法西斯反犹理论和反犹政策的报道警示犹太人放弃幻想，认清犹
太民族的命运和前途；和犹太复国主义运动的主战场遥相呼应，鼓舞和激励
犹太人投身民族复兴的伟大斗争，成为上海犹太难民流亡生活中犹太民族复兴
理想的一面旗帜。

《上海犹太纪事报》作为犹太难民民族性的集中体现，成为隔离区思想和
精神上的中心，极大地增加了犹太难民社区的凝聚力。

第二节　隔离区犹太难民自治的舆论代表

在隔离区时期，由于统一的领导机构——重新组建的犹太协会的出现，
在隔离区内形成了犹太难民的自治，《上海犹太纪事报》作为犹太难民社区的
信息总汇和神经中枢，在隔离区的社会生活中具有动员、组织、管理和服务多
种功能，成为犹太难民社区自治的舆论代表。

作为在社会异常变动的强压下形成的特殊的社会群体，就个人来说，犹
太难民之间的差异——职业、阶层、文化背景和社会经历——超过任何自然形
成的社会团体，命运的剧变使陌生人走到了一起。"我们是一个共同体，被共
同的命运联在一起！"《上海犹太纪事报》通过对民族历史文化传统的深刻阐述
和对隔离区现实生活的生动报道，不断阐发和表达犹太难民是一个有着共同历
史、共同信仰、共同境遇和共同苦难的"命运共同体"的社区舆论。

主编奥西·莱温在《新年——命运的转折》一文中这样阐释"集体——团
体——共同体"的意义："个人对集体的态度恰恰是道德的尺度，谁不参加有
益的合作，谁就对弱者的不幸负有连带责任。只有这种休戚相关的意识和共同
的斗争才能锻造出闪闪发光的武器，在最艰难的时刻为团体铺平道路，在暗淡
无光的时刻照亮我们的道路。在今天这样严峻的形势下，没有人再怀疑这一点
对我们犹太人的意义：我们每一个人对集体承担很大的义务。只有履行了这些
义务，我们才能在自我怀疑中创造新的价值并使自己从失望中再次崛起。"[2]

《上海犹太纪事报》的另一位主笔曼夫瑞德·罗森菲尔德在《英雄主

2　《上海犹太纪事报》，1943年9月29日，第3版。

义——犹太人的人生观》一文中阐述：英雄主义是理想主义的最高表现形式，集体主义——对民族的忠诚和爱——是英雄主义，只考虑自己则是机会主义。他这样阐述群体的性质和意义："每个群体中既有英雄主义者，又有机会主义者，关键当面临生死抉择时哪种精神起支配作用。回顾历史，人们很难找到纯粹机会主义群体。机会主义完全与群体的性质相冲突，纯粹的机会主义者既不能构成群体也不能在滑向机会主义的过程中长久保持群体，对其他群体来说它是一个能轻易到手的战利品，一个被强者鄙视的驯服的玩物。只有联合成民族、宗教团体，或者某种他们愿意为其理想献出生命的团体，人们才能长久生存。……机会主义从来没有能够统治犹太人的灵魂，凡是它出现的地方，历史都盖上了沉沦的烙印。"[3]

　　为了掌握自己的命运——犹太难民的共同命运——必须要有一个领导核心。《上海犹太纪事报》不遗余力地强调犹太协会作为犹太难民社区自治的领导机构的重要性和权威性，指出"一个可靠的机构是我们的生活所不可缺少的"，犹太协会是犹太难民自己的"独立的利益代表"，是犹太难民"整体利益"的代表，犹太协会的重组"证明难民已经有能力自己处理自己的事务"。《上海犹太纪事报》呼吁犹太难民对自治组织的合作，指出在这一历史性的时刻，与犹太协会合作是犹太难民的义务，要求犹太难民"最大限度地服从组织，在行动和思想上符合整体利益并为其服务。……唯有如此——每个犹太流亡者意识到这种密切相关的共同命运并相应地采取行动，他才可以要求犹太社区和组织为他服务。"奥西·莱温在《呼唤合作》一文中指出："借这个机会我要着重指出，尽管有人批评，但人们还是不得不承认犹太协会经过几个月有计划的工作已经建立了一个健全而强有力的组织，而且这个组织现在完全有资格作为犹太流亡者的代言人被人们所认同。过去这个组织的作用没有得到完全发挥，其根源正是缺乏团体的合作，而这种合作对一个犹太集体的代表组织来说是不可或缺的。"[4]《上海犹太纪事报》不遗余力地强调犹太难民社区的整体性，强调每个人都以某种方式和整体联系在一起，"每个人都是这个大轮子上的一

3　《上海犹太纪事报》，1943年8月15日，第7版。

4　《上海犹太纪事报》，1944年1月23日，第2版。

根轮辐"，强调在犹太难民社区的自治中，"不仅流亡者对它的领导者要有必要的信任，领导人也要像对自己的宿命一样信任流亡者。在这个艰难的时刻，每个成员要把'团结一致'这个词在它的邻居和同事那里转化为真实的行动。"[5]

《上海犹太纪事报》在作为自治的领导机构的代言人的同时，也是犹太难民公开发表个人意见的公共讲坛。个人意见的自由表达是"命运共同体"舆论和犹太难民社区自治的民主精髓。《上海犹太纪事报》并不隶属于犹太协会，作为面向整个社区的信息平台，《上海犹太纪事报》既传达自治组织的管理信息，又反映犹太难民个人的意见、愿望和要求。通过读者来信——犹太难民对社区公共事务的建议、批评、表扬，不同意见的讨论，通过署名文章中个人观点的系统阐述，通过广告中个人意志和个人情感的真挚表达，通过人们之间的互相致意和问候，加强了犹太难民个人与组织，个人与个人之间的互相交流和互相理解，休戚相关、同舟共济的公共舆论在犹太难民自由地公开表达的个人意见的和声中有力地显示出来。

信息互动——包括意见和观点的交流——是隔离区自治的必要条件，在隔离区社会生活的各个方面——救济工作、经济工作、教育工作、文化工作等，《上海犹太纪事报》都发挥着舆论的沟通和协调的作用，信息互动和社会互动无处不在。如果没有《上海犹太纪事报》——每天出版的日报——这一面向整个隔离区的信息平台和舆论中心所形成的信息和观点的互动，17 000人的犹太难民社区的自治是难以想象的。[6]

《上海犹太纪事报》的努力使"命运共同体"的口号成为犹太难民的共识，这一共识使犹太难民以新的姿态——具有统一意志、统一领导的社会共同体——迎接命运的挑战，这从犹太协会发出的公告和呼吁中，从犹太协会的建设计划和计划的实行中，从厨房基金会免费提供的饭菜统计数字中，从犹太难民对社区工作的批评和建议中，从青年再教育培训班的课程安排中，从为恢复和激励犹太难民的身心而进行的免费文艺演出中，从气氛热烈的集会中，从"冬季援助"街头募捐的热烈场面和捐款的数额中，从仲裁法庭独立的法律判

---

5   《上海犹太纪事报》，1944年1月30日，第1版。

6   这个数字指的是进入虹口隔离区的犹太难民，并非在整个上海的犹太难民。

决和执行中，从犹太"保甲"紧张而有序的工作中，从盛大的犹太新年祈祷仪式和遵守安息日的运动中都可看出。犹太难民团结一致的行动显示出"命运共同体"这一社区舆论的客观内涵——历史的、文化的、现实的合理性——和强大力量。

犹太难民社区的自治是犹太复国主义运动的题中应有之义。1897年的犹太复国主义第一次世界代表大会形成的《巴塞尔纲领》这样规定世界各地的犹太复国主义者的任务和方法：[7]

（1）不断鼓励犹太人定居巴勒斯坦。

（2）利用按照各地法律所成立的各种地方性和一般性的机构来组织和联合所有的犹太人。

（3）加强犹太民族感情和民族觉醒。

（4）采取准备步骤，来获得某些政府的同意，这是为达到犹太复国的目的所必需的。

这一纲领在犹太复国主义理想实现——以色列国建立——之前是世界各地的犹太复国主义者的指导性纲领，这一纲领明确规定"利用按照各地法律所成立的各种地方性和一般性的机构来组织和联合所有的犹太人"，上海犹太难民社区的自治符合这一纲领的精神。

在隔离区中，犹太人的自治就是犹太人的自救。正是犹太协会的有效工作，把所有的犹太难民组织和联合起来，依靠国际犹太组织的救援和犹太难民自己积极有序的工作，保证了17 000人的难民社区基本的生活需要，使犹太难民社区在整体上保持了心理的平衡和精神的健全。对于犹太人来说，在犹太民族面临历史上最深重的危机之时，生存就是胜利，上海犹太难民社区的存在本身，就是对世界犹太复国主义运动道义上的支持，在犹太难民组织的领导下，17 000犹太难民患难与共，同舟共济，在战乱和流离中守望着民族复兴的希望，并以各种方式为犹太复国主义运动的第一线——巴勒斯坦提供援助，当战

7　沃尔特·拉克：《犹太复国主义史》，三联书店上海分店1992年版，131页。

争结束，犹太复国主义理想实现时，5 000上海犹太难民迁往巴勒斯坦。[8]

《上海犹太纪事报》在民族生存面临危机的时刻自觉地意识到这一点并承担起了这一责任，成为犹太难民社区自治的有力的舆论工具。

第三节　隔离区犹太难民瞭望世界的信息窗口

虹口犹太隔离区不仅意味着对犹太难民人身的隔离，同时也意味着信息的隔离。从犹太难民在隔离区的实际处境来说，语言不通、行动受限、经济窘迫、通讯中断，使他们成为与外部环境发生隔绝的信息匮乏的人群。

与此同时，犹太难民又是对信息的需求如饥似渴的人群。他们是一个处于命运剧变之中，对世界和自身命运充满焦虑，对外部信息极为关注的群体。

《上海犹太纪事报》作为隔离区时期唯一的难民报纸是隔离区的犹太难民和外部世界保持联系的信息通道，是使其免于由于信息隔绝而精神窒息的信息窗口。

李普曼在其著名的新闻学著作《公共舆论》中曾描述了这样一个情景：大洋中的一个岛屿，住着英国人、法国人和德国人。岛上不通电讯，邮轮每60天来一次，1914年9月他们从船长处得知6个星期以来德国和英国、法国激烈交战，而在这个岛屿上，在这不可思议的6个星期中，英国人、法国人和德国人亲密相处，事实上他们已经成了敌人。信息的缺乏使人们生活在虚拟的环境之中。

隔离区由于《上海犹太纪事报》的存在而没有成为信息的荒岛。在隔离区，犹太难民被严格禁止收听短波收音机，《上海犹太纪事报》作为隔离区唯一的新闻报纸几乎成为犹太难民了解外部信息的唯一正式来源。《上海犹太纪事报》的国际报道、本地报道和亲友消息为他们带来了隔离区外的信息，尽管在日伪严格的新闻控制之下，《上海犹太纪事报》的国际报道和本地报道受到很大限制，但每天出版的报纸使隔离区中的犹太难民庶几了解外部的世界。

犹太难民关注欧洲的战事，那里是他们的家园，有他们的父母亲友，他

8　这里指的是二战后部分上海犹太难民移居刚刚建立的以色列国。

们期待着有一天能重返欧洲；犹太难民关注美国的消息，来自美国的经济援助是犹太难民社区救济经费的主要来源，许多犹太难民的最终梦想是去美国；犹太难民关注巴勒斯坦的形势，那里是犹太复国主义运动的第一线，是犹太民族复兴的希望所在；犹太难民关注上海，他们的命运已经和上海连在了一起……，"他们以浓厚的兴趣注视着战争，尽管大部分新闻由日本人的宣传机构传播，但他们几乎可以凭本能得知什么时候盟国又赢得了一场大胜仗。"[9]他们盼望着盟军获胜，但是不知道能否活着看到这一天，在隔离区，制造小道消息成为"犹太社区的主要行业之一"，隔离区的商业中心虹口舟山路因此以"小道消息之弄"而著称。[10]犹太人流散世界各地，犹太问题是一个世界性的现象，犹太难民敏感的神经和探知的触角关注整个世界，并借此思考民族和个人的前途和命运，寻求民族和个人的出路。

《上海犹太纪事报》作为难民报纸，了解犹太难民的心理需求和关注热点，在日伪严厉的战时新闻控制和消息来源受到严格限制的情况下，竭尽所能地提供犹太难民渴望了解的信息。作为有经验的新闻工作者，《上海犹太纪事报》努力透过日伪的新闻控制和宣传设置的屏障，以敏锐的眼光和嗅觉，以中立的编辑方针、客观报道手法、比照编排和提供事实背景等方式报道战争和国际形势，使犹太难民庶几了解战争的进程和外部世界的变迁，在隔离区中发挥着监测环境的重要功能。

对于犹太难民极为重要的是，《上海犹太纪事报》和国际红十字会、国际救援组织一起，成为维系犹太难民和流散世界各地的亲友联系的信息通道，对隔离区中的犹太难民来说，离散亲友的消息意味着安慰、欢乐和勇气，是犹太难民流亡生活中珍贵的精神寄托。

在现代社会，报纸是社会生活的必需品，对于陷入困境的人群，报纸更具有宝贵的社会价值。传播学的研究表明，必要的信息量是保证人的正常神智的基本前提，对于一个社会群体来说更是如此。在世界大战的动荡和离乱中，在言语不通的异国他乡，在日本法西斯的军事控制之下，一份每天出版具有相

9　前引潘光等主编：《犹太人忆上海》第112页。

10　前引潘光等主编：《犹太人忆上海》第112页。

当信息量的日报是使犹太难民对社会环境做出基本判断和采取正确的生存策略的必要前提。如果说作为隔离区自治的舆论代表，《上海犹太纪事报》更多地发挥了喉舌作用，作为隔离区和外界的信息联系，《上海犹太纪事报》则更多地发挥了耳目的作用，是隔离区中的犹太难民了解观察外部世界的信息窗口。

第四节　隔离区犹太人经济生活的一部分

《上海犹太纪事报》是隔离区经济生活不可缺少的有机组成部分。

《上海犹太纪事报》以犹太人的精明和务实充分认识到发展经济对于犹太难民社区的意义，指出"建立适应目前环境的经济生活，保证大批人最低的生活需要，这是我们的生命线。……这不仅关系到我们的荣誉，我们的尊严，还关系到我们的生存！"

与此同时，《上海犹太纪事报》也充分认识到报纸在经济活动中的意义，在1943年8月29日发表于"以经济领导社区"号外上的《交往和联系是生产力》一文，对报纸在隔离区经济生活中的作用作了系统的阐述：

《上海犹太纪事报》，1943年8月29日，星期日，第6版

交往和联系是生产力

交往这个词在《创世纪》中不太好，那时只有亚当和夏娃，这个词指的是男人和女人的关系。但是它包含了一种很深的智慧，几千年来，人类每天都在认识和检验它的正确性。按照亚里士多德的理论，人是"群居的生物"，如果我们把它翻译成"社会的人"就更好理解了。人为了生存要依赖于与其他人的关系和交往，独居在动物界都很少见，作为人来说更不可能了。

人们在古代就意识到，生产活动形成了交往和联系，民族之间的交往和群体内部人与人之间的交往在生产活动中非常重要。的确，交往不只带来好处，它也是陋俗的催化剂和兴奋剂。罗马文化之所以蜕化，就是因为它只因袭了希腊生活的形式，而没有继承希腊文化的精髓。不论对群体还是个人，交往确实存在危险，"滥交败坏风俗"这句话说得不错。

　　然而，人们没有因为交通事故而取消铁路，也没有因为交往的缺点而限制交往。交往是人类生活的主要动力，对交往的需求是人心灵中最强大的内在力量，剥夺人的交往，例如单独监禁，被看作是最严厉、普遍使用的有效的惩罚手段。

　　在这个意义上传播媒介具有重要的意义，书和报纸作为主要的物质的和精神的传播媒介具有重要的作用。德国谚语说：道路构成交通，我们也可以说：报纸形成交往。报纸发出倡议、推荐、警告，它的广告直接服务于物质交换。哪里有交往，哪里就有生活，哪里存在传播媒介，哪里就有活跃的交换和生产。对于精神生活和物质生活都是如此。交往具有创造性，他们创造新的价值并使原有的价值增值。

　　这一期《上海犹太纪事报》带了一个好头。它超出一般报刊的范围而成为经济交往的一部分。它至少使新关系的建立和在搬迁的动乱中失去的老关系的恢复成为可能。在我们安顿下来之后，《上海犹太纪事报》把建立犹太区内新的经济关系当作自己的责任。从现在开始，流亡者要适应这种新的关系。通过搬迁而形成新的关系和交往，这正是难民管理局的意图。如上所述，我们希望交往不仅被看成是一种聚会，不是为交往而交往，更多的是为了创造新的机会。流亡者住在一起可以更方便、更简单的交往，如果流亡者在更大的程度上互相照顾，就会产生新的经济机会。同胞聚居的区域在任何时代都是卓有成效的。对外来移民尤其如此。人们必须承认这种可能性并正确利用它。这一期《上海犹太纪事报》对此做出了极有价值的提示。

　　失去家园的犹太人在预言家Jereznia的指引下到巴比伦定居："盖房子并住在那儿，种葡萄并用它……"这适用于所有时代和任何地方的犹太人，同样也适用于隔离区的难民。相互之间的经济和文化交往肯定会加强他们的能量并创造价值，这是未来富裕生活和为上海的繁荣作出贡献的保证。如果我们正确地观察，生活和运动有什么区别呢？交往就是运动，生活和交往是一回事。经验总是告诉我们，哪儿有交往，哪儿就有生活，哪儿的交往中断，哪儿的生活之火就会熄灭，正是因为交往的可能性越来越少导致中世纪的物质和文化都低于古代，也正是因为缺乏对交往的需求，北美的印第安人几千年来没有可值得称道的文化。

交往创造着并持续着，被滥用的交往在相互影响中经常产生诽谤，但在总体上交往是有益的和符合道义的，交往是人类生存的生产性力量。

曼夫瑞德·罗森菲尔德

可以看出，《上海犹太纪事报》的这篇文章引申了马克思、恩格斯《德意志意识形态》中的"交往"概念。马克思、恩格斯在其唯物史观的第一部著作《德意志意识形态》中指出：人类的生产是以个人彼此之间的交往为前提的。德语的"Verkehr"有交通、交往、流通、性爱、活动等意。马克思、恩格斯在使用这一概念时从总体上包括了"Verkehr"的各种含义，即社会交往——既包括物质交往，也包括精神交往——是人类生产活动的前提。《上海犹太纪事报》准确地理解和领会了这一历史唯物主义的观点，从理论和实践两个方面对此做出了自己的阐述："书和报纸作为主要的物质的和精神的传播媒介具有重要的作用。德国谚语说：道路构成交通，我们也可以说：报纸形成交往。报纸发出倡议、推荐、警告，它的广告直接服务于物质交换。哪里有交往，哪里就有生活，哪里存在传播媒介，哪里就有活跃的交换和生产。对于精神生活和物质生活都是如此。交往具有创造性，他们创造新的价值并使原有的价值增值。"

基于对"交往是生产力"这一唯物主义观点和报纸对于商业交换和物质生产的作用的认识，《上海犹太纪事报》以建立犹太难民社区的经济交往和联系为己任，正如《上海犹太纪事报》自己所说："这一期《上海犹太纪事报》带了一个好头。它超出一般报刊的范围而成为经济交往的一部分。……《上海犹太纪事报》把建立犹太区内新的经济关系当作自己的责任。……相互之间的经济和文化交往肯定会加强他们（犹太难民）的能量并创造价值，这是未来富裕生活和为上海的繁荣做出贡献的保证。"

从"以经济领导社区"的号外中，从《上海犹太纪事报》注销的关于隔离区经济建设的计划、建议、呼吁和整体设想中，从所有难民公司和企业按行业和职业注册的广告所提供的"经济指南"中，从《上海犹太纪事报》注销的有关经济的富有创意和启发性的文章中，从每天大量注销的广告中，可以看出《上海犹太纪事报》建立经济的"联系和交往"的努力和功效，看出犹太人杰出的经济头脑和经济能力。

只要有一线可能，犹太人就会做生意。当隔离区出现了这种可能，《上海犹太纪事报》就提出了"以经济领导社区"的口号。对于这一行动的特殊意义，《上海犹太纪事报》这样解释：

我们尝试着在指定区域里做生意，通过建立经济组织，我们表现出了一种不可战胜的生活勇气。我们告诉他们，在新的形势下，我们也会用犹太人不竭的精神力量和不懈的努力，争取犹太人的生存希望。在今天，这叫做生意！[11]

作为隔离区的信息总汇，《上海犹太纪事报》是一张商业气息非常浓厚的报纸。

第五节　隔离区犹太难民生存信念和意志的纪念碑

通过对《上海犹太纪事报》的内容分析可看出，生存是隔离区犹太难民社区生活的主题。无论是"以救济为中心"，还是"以经济领导社区"，无论是"力量来自欢乐"——隔离区中使犹太难民免于崩溃和沉沦的生气勃勃的文化生活，还是"最好的事情"——为了青年，为了民族文化和民族传统得以延续的教育，以及"不朽的希望"——在对宗教的虔信中表现出来的对生命的意义的追求，都体现了犹太人坚强的生存信念和意志。

在《上海犹太纪事报》的每一天每一版的字里行间都可看出"生存"二字。

在这部命运交响曲中，作为民族复兴理想的旗帜，《上海犹太纪事报》奏出了犹太复国——民族生存信念的最强音；作为隔离区犹太难民社区自治的舆论代表，《上海犹太纪事报》发挥了宣传、组织、管理和服务多种功能，使犹太难民团结在隔离区的领导核心犹太难民自治组织周围，形成一个强有力的整体，互助互救，生死与共，作为指挥者和协调者，奏响了面对厄运同舟共济

11　《上海犹太纪事报》，1944年1月30日，第1版。

的主旋律；作为隔离区的信息总汇，《上海犹太纪事报》在流亡经济这一生存之战中表现出杰出的经济意识和经营能力，而这种能力正是犹太民族顽强的生存能力和生存意志的体现；就是其对日本军事当局的态度——就其本性来说属于精神分裂的政治立场的矛盾性，也是这一生存主题在时势的压迫下曲折迂回的一种变奏。

生存是第二次世界大战时期整个犹太民族命运的主题。

当上海犹太难民在隔离区中为生存而战时，他们的欧洲同胞在德国的集中营中直接面对死亡，上海犹太隔离区只是第二次世界大战时期德国法西斯建立的遍布欧洲犹太集中营中的一个东方翻版。从1941年开始，德国纳粹大规模的杀害犹太人，600万犹太人相继死去。即使如此，在德国纳粹的死亡营里，犹太人的生存意志并没有被摧毁：

1943年8月2日，特雷布尔卡死亡营率先打响了暴动的第一枪。在暴动中犹太人打开了武器库，见人影奔来就大喊一声事先约好的口令"死亡"，若对方回答"生存"就塞给他一支枪和几排子弹，一时间，"死亡！生存！"的呼喊响彻整个营区。

1943年10月14日，索尔堡死亡营发生大规模暴动和逃亡。

1944年10月7日，奥斯维辛死亡营发生暴动。

由此上溯两千年，一部犹太流亡史的主题何尝不是生存二字。两千年中，生存还是死亡，是犹太民族始终面对的问题，他们无数次地被驱逐、被剥夺、被杀戮，不断地迁徙流亡，生活在不同国家不同民族之间，他们的"隔都"被视为是"在一切其他形式中都已绝迹了的文明的一个变成了化石的遗物"，但是，尽管如此，犹太民族没有消亡。对此历史学家汤因比说[12]：

到今天犹太人还作为一种特殊的民族存在着，而腓尼基人和非利士人却早已经面目不辨了。他们的古代叙利亚邻居已经回炉重新炼制了，变成了新的民族，取得了新的名称，而以色列人却不为这种冶金术——历史上所实现的无数次统一国家、统一教会、民族大迁移的严酷考验——所损伤。

12　（英）汤因比：《历史研究》（上），上海人民出版社1966年版，116页。

历史的冶金术遵循优胜劣汰的法则，犹太民族和犹太文明的顽强生命力成为人类精神文明的宝贵财富。

上海虹口隔离区是犹太民族两千年流亡史上的最后一个隔离区，在这场生存之战中上海犹太难民是最后的胜利者。当第二次世界大战以德、意、日法西斯的彻底失败而结束，他们撕扯下隔离区的标志，在大放光明的上海街头握手拥抱，跳舞狂欢。当他们最终迎来了以色列的新生，看到大卫之星飘扬在两千年魂牵梦绕的民族家乡的上空，他们内心深处最响亮的声音一定是：以色列人活着！当这一天到来的时候，能够活着是多么美好！

公正战胜邪恶、理智战胜疯狂、生存战胜死亡，《上海犹太纪事报》记录和表达了上海犹太难民在流亡中的团结、尊严、理息和意志，是上海犹太隔离区一座生存信念和意志的纪念碑。

（本文作者饶立华是研究旧上海犹太报刊的专家。她在中国人民大学攻读博士学位时，写出了博士论文"流亡者的报纸——《上海犹太纪事报》研究"。正式出版时，书名改为《上海犹太纪事报研究：流亡者的精神家园》，新华出版社2003年版。本文摘编自该书。此次刊发时，编者对正文、标题和注解做了少量修改和补充。）

附录二

流亡中国的知识难民

对于任何一个犹太难民来说，如果他能设法弄到一份经过法国或意大利的过境签证以及一张价值540美元的船票，便可以在的里雅斯特或是热亚那登上轮船，经亚历山大港，进入苏伊士运河（或是绕过好望角），途经孟买、新加坡、香港地区，最后抵达这次长达4个星期航行的终点——中国的上海。无论怎样，这条航线在1940年6月10日意大利参战前对来自纳粹德国的难民是开通的。但是在此之后，若他仍想逃到上海来，那他就只能使用陆上交通线了，而这意味着他必须首先进入苏联，然后从莫斯科开始，通过横贯西伯利亚的大铁道，途经哈尔滨、再到大连，最后才能乘船抵达上海。

为什么来自纳粹德国的犹太难民会希望途经7 000多英里的航程去一个对于大部分西方人来说很难理解其文化和语言的国家呢？为什么这些难民愿意来到对一个身无分文的外国人来说很难取得经济成功的城市呢？答案是：他们往往属于在欧、美找不到流亡接收国的犹太难民，若不离开纳粹的恐怖统治，便有被关进集中营甚至丢掉性命的危险，而中国的上海既不需要签证，也不要求警方证明；既不需要健康证明，也不需要经济独立证明；既不要求外来者的道德清白，也不在乎外来者属于什么政党；既不需要得过诺贝尔奖，也没有什么名额限制。这个东方城市是一个真正无肤色偏见、容忍所有宗教和政治信念的地方，也是当时世界上唯一的任何国家的难民都可以随意进入的地方。[1]

1　参见Jarrell.C.Jackman and Carla M.Borden(eds.)，*The Muses Flee Hitler，Cultural Transfer and Adaptation.1930—1945*，Washington，D.C.：Smithsonian Institution Press，1983，P284。

　　流亡中国上海的中欧犹太难民主要来自德国、奥地利和捷克斯洛伐克这三个国家，这场犹太难民的迁移大致可分为三个阶段。

　　第一阶段始于1933年后。这时到来的难民一般都是来自德国的犹太医生、律师以及技术专家之类的专业人员，他们人数并不多，约有300人，从某种程度上讲，受到了已在上海建立了10年之久的"犹太人共同体"[2]的诚挚接待，也得到了上海各界人士的同情、帮助和支持。而且这些知识难民由于逃离纳粹德国较早，设法带出了一些金钱和值钱的物品，至少能勉强支撑一段时间的经济生活。他们也往往有机会进入劳动市场，甚至能过上受人尊重的生活，因为上海与其他欧、美各难民接收国不同，没有要求流亡医生和律师必须参加新的医学水平和律师资格考试，过去在德国获得的开业执照证明书通常对他们在上海的开业或是在一家医院里找到工作是足够的。这种情况能从1931年来到中国的德国商人弗里茨·考夫曼（Fritz Kauffmann）的回忆中得到证实。考夫曼这样回忆道："当我1931年到上海时，这里仅仅生活着10家中欧犹太人。1933年以后的那4年，来自希特勒德国的头一批难民，是大约总数为300名左右的医生、律师和技术专家。这些人当时还能带些钱逃出德国，他们到来时并非两手空空。而在上海的'犹太人共同体'成员一般是很富有的，他们还专门为难民设立了一个小小的慈善救济委员会，但是直到1936年，只有两家人必须给予金钱上的资助。"[3]

　　第二阶段出现在1938年11月9日"帝国水晶之夜"[4]以后，并在1939年年初达到入境顶峰。由于当时大部分国家已经对欧洲难民关闭了大门，因而进入上海的德国和奥地利的犹太难民多达17 000人。比起第一阶段来的犹太难民，这些人在上海的生活要困难得多，因为他们大多只是一般性质的难民，而不是知识难民，如果说其中有人可以算做知识分子的话，也往往只是一些名声较小的、贫穷的大众艺术家。尽管上海的"犹太人共同体"没有把这些人关在门外，但总的来说，这些新来者是不太受欢迎的。

　　第三阶段出现在1939年8月以后。由于吸收难民所造成的经济负担对于

2　中文一般译为"犹太社团"，下同——编者注。

3　Fritz Kauffmann，"Juden in Shanghai"，in：Bulletin des Leo Baeck Instituts，73 / 1986，S.14.

4　现在一般译为"碎玻璃之夜"或"玻璃破碎之夜"，下同，编者注。

当地人口以及上海的"犹太人共同体"组织来说都太沉重了，因此，开始对来上海的难民实行严格的名额限制，以致在1939年11月1日后已经完全停止了难民入境。然而在希特勒德国入侵波兰后不久，一批来自波兰的犹太难民开始利用横贯西伯利亚的大铁道穿过苏联向东逃亡，他们到达符拉迪沃斯托克后，少部分人进入了俄国犹太难民最集中的哈尔滨，大部分人继续乘船到达了日本的神户。这条陆上的逃亡通道终因1941年6月苏联遭到德国军队进攻而被关闭。1941年秋，"珍珠港事件"的前几个月，日本当局为了新的战争准备，需要进行秘密军事训练的场地，便将当时已到达神户这2 000多名波兰犹太人，以及在欧战爆发前已到日本并拥有去美国和加拿大签证的1 000多名犹太难民一起押送到了上海。这批最晚到达上海的3 000多名犹太难民，绝大多数都是东欧犹太人，其中包括1 000多名波兰犹太大学生[5]和250多名立陶宛犹太大学生。[6]

经过这三个阶段的迁移，到1941年秋，在中国的上海，来自德国、奥地利、捷克斯洛伐克、匈牙利、波兰、立陶宛的犹太难民，再加上1931年"九·一八事变"后被日本人从哈尔滨赶出来的数千俄国犹太难民，其总数已达25 000多人。[7]

这些新来的难民在中国的上海是如何设法生存的呢？要回答这个问题，必须了解1933年后上海的社会面貌。当时的上海拥有400万中国人口，另外还有10万外国人口，其中包括29 000名日本人、15 000名俄国人、9 000名英国人、5 000名非犹太的德国人和奥地利人以及4 000名美国人。这座城市有5所大学，几家学术性的研究机构，一支优秀的交响乐队，一家英语剧院，几家一流饭店，另外还有许多阴暗的鸦片馆。妓女、乞丐、骗子和饥饿的人力车夫充斥这座城市。1935年一个冬日的夜晚，露宿街头而被冻死的人就数以百计，仅是这一年，街道上堆积的尸体总数就达20 746具，其中绝大部分是中国人。[8]

上海就像德国两位著名的流亡剧作家贝托尔特·布莱希特（Bertolt Brecht）

---

5   这里指密尔经学院的宗教学生，编者注。

6   参见Joseph Friedenson and David Kranzler, *Heroine of Rescue.The incredible story of Recha Sternbuch who saved thousands from the Holocaust*, Brooklyn：Mesorah Publications，1984，P78。

7   参见Woolfgang Benz, (Hrsg.), *Die Juden in Deutschland 1933—1945*, München：C.H.Beck Verlag，1988，S.496。

8   参见Jarrell.C.Jackman and Carla M.Borden(eds.), *The Muses Flee Hitler*, *Cultural Transfer and Adaptation.1930—1945*, Washington，D.C.：Smithsonian Institution Press，1983，P285。

和库尔特·摩尔（Kurt Weill）创作的歌剧《马哈戈里城市的兴衰》中的马哈戈里一样，为了区区几分钱都能发生重大的刑事案件。这座城市中的绝大部分穷人遭受着控制这座东方城市的外国利益代表者的剥削，国内的战争以及日本人的折磨，使他们的生存比那些流亡来的难民更加艰难。许多早期流亡来的犹太难民不时还可能雇佣一个中国仆人，但中后期来的犹太难民却不得不为极少数有钱的中国主人打扫房间，做午餐。由于绝大多数在上海的中国人生活水平太低，以致外来的难民经常在大街上遭到抢劫。

1937年中日战争前的上海是一座较为富裕的城市，因为1929年始于美国的世界经济大危机实际上为上海的发展提供了机会，不少西方投资者转向上海。故而在这几年间，上海的消费品供应充足，外国商品不用征税，纺织品、食物和棉花替代了原先的茶叶、生丝和鸦片，廉价劳动力和内陆水路运输弥补了能源和原材料的不足，工业品通常在私人家庭的车间里生产，电费廉价。简而言之，对于这座城市中的极少部分人来说，称得上经济繁荣。然而随着日本的侵略，这座城市断绝了与内地的联系，当西方投资者开始寻找其他投资点的时候，上海的经济迅速恶化，到1939年后，上海已不再是一座经济繁荣的城市了。

早期到来的欧洲难民还可以住在三个外国人住宅区里，即国际租借区[9]、法租界以及日本人控制的"小东京"；而中后期到来的难民基本上都只能居住在上海荒凉的东北部——虹口，因为这个地区的巷间房屋的房租要比其他地方低75%，食品也要便宜得多。

1939—1941年是流亡上海的大部分犹太难民的日子相对来说较好过的一段时间。这3年里似乎充满了希望、乐观和共同感，而且这种精神上的东西变成了积极的行动，并把欧洲犹太人重要的价值观大量引入了上海。在美国犹太人援助组织的资助下，犹太难民们通过自身的努力，重建了千疮百孔的虹口街道，开设了商店、餐馆和咖啡馆，创建起"小维也纳"，办起了自己的学校和幼儿园，修建了犹太教堂，组织了足球俱乐部和童子军，发行了5份德语报

9　指英美租界合并后的公共租界，编者注。

纸，其中以《上海犹太人编年史报》[10]最为有名。难民们还设立了一个成年教育中心，讲授关于犹太史、中国诗歌、希腊文化对欧洲的影响以及其他知识科目的课程，尽管听这些课程的一般只有10来个学生。[11]

正是在这段时期，聚集在上海的来自德语世界的流亡艺术家多达271人，他们带有欧洲风格的精美艺术作品在上海极受欢迎。尤其是那些专业的音乐家显得最有活力，他们在虹口举办了许多场音乐会和其他的音乐活动，并为拥有自己的室内管弦乐队而自豪。另外还有一些业余音乐家也很活跃，例如，流亡医生埃里希·马尔库塞（Erich Marcuse）同时也是一位杰出的乐队指挥，流亡医生阿图尔·沃尔夫（Arthur Wolf）的作曲以前在德国就受到过热烈欢迎，这些人都曾在上海流亡期间大显身手。

1939—1947年间，虹口至少上演过60部德语戏剧作品，多为胡戈·冯·霍夫曼斯塔（Hugo von Hofmannsthal）、贝托尔特·布莱希特、库尔特·魏尔、特奥多尔·莱辛（Theodore Lessing）、奥古斯特·施特林德贝格（August Strindberg）等这些德国戏剧名家的作品，演出这些戏剧作品的主要是来自柏林和维也纳这两座城市的流亡戏剧艺术家。虽有一家依底语戏院在虹口存在了近两年，但与德语的潜在观众相比，这类语言的观众却要少得多。

尽管这些来自纳粹德国的犹太难民创造了自己的艺术世界，但他们并没有对当地的文化环境产生太大影响，这与这些犹太知识难民与本地人民直接交往不多有关。流亡画家汉斯·雅可比（Hans Jacoby）可算是与中国人有较多交往的难民，据他回忆，他曾为中国市民画过不少肖像画。最初，他曾试图在非外国人居住区长期居住，但由于这样的地方犯罪猖獗，而不得不搬回外国人居住区。在难民作家的作品中，也没有几篇以中国人为主题的作品，这也与他们往往不学习汉语有关。然而据几位流亡作家后来宣称，在虹口的犹太文化社团给中国音乐留下了影响。这是极为可能的。中国学者潘光的研究也认为，"俄国犹太人和德波裔犹太难民中的文化人，特别是音乐家和医学教授，也以自己的方式影响了中国人，他们培养的一批中国学生至今仍活跃在中国的音乐界和

10　一般译为《上海犹太纪事报》，编者注。

11　参见Jarrell.C.Jackman and Carla M.Borden(eds.), *The Muses Flee Hitler, Cultural Transfer and Adaptation.1930—1945*, Washington, D.C.; Smithsonian Institution Press, 1983, P287.

医学界。"[12]

　　无论怎样，犹太难民在上海的这种相对有利的发展，却由于太平洋战争的爆发而猛然终止。首先，金钱来源，特别是美国犹太人援助组织提供的金钱来源开始枯竭；其次，日本在德国的影响下对在上海的犹太人采取了日益敌视的态度，以致他们与美国和英国的现存商业业务关系被迫中止，对所有日本敌对国的出口也被停止；再者，战争引起了日益严重的通货膨胀，所有这些，都使难民们已难以弄到钱来布置舞台灯光、购买纸张、钉子以及最便宜的服装了，甚至无法提供冬天排练时所需要的供暖设施。因此，流亡艺术家几乎全部沉默下来，不再上演曲调不严肃的戏剧和音乐会。

　　1941年12月7日"珍珠港事件"后，日本人已经完全控制了整个上海。到1943年2月，日本宣布虹口的一个不足1平方千米的地区为"隔离区"，并强迫所有1938年后流亡来的犹太难民都必须迁往这里，而这个"贫民区"里已经住有10万名中国人了，现在又塞进来16 000名犹太难民。据考夫曼回忆："日本人同时还宣布在这个隔离区内，一名犹太人，除非能证明自己在隔离区外有一份职业，方能允许他在早晨7时至晚上7时之间离开。要想获得一份通行证，必须提供为某家已登记的公司和机构工作的证明。日本人还要求隔离区内的犹太人设置自己的保安队，以维持隔离区内的治安和公共秩序。整个区域都被用铁丝网围住，只需很少的日本人就能监控人员的进出。"[13]

　　1943—1945年，对于这些难民以及中国人来说是真正的艰难岁月，隔离区内的犹太人已经很难继续经营自己的商店了，生存问题占据了他们的绝大部分时间，他们已经没有多少时间、金钱和精神来从事文化和艺术创作了。而且虹口还经常遭遇到日军的空袭，至少有130多名难民在日军的空袭中丧生。第二次世界大战后返回东德的共产党员阿尔弗雷德·德雷弗斯（Alfred Dreyfuss）在中国流亡期间曾在上海大学教过书，他回忆起他当年正在举办一场家庭音乐会时遭遇空袭的情景。那时，他组织的乐队正在演奏勃拉姆斯的第51号作品《c小调奏鸣曲》，一枚炸弹击中了房子的楼上，炸断了一个小男孩的一条腿。

12　潘光主编：《犹太人在亚洲：比较研究》，上海三联书店，2007年版，第93—94页。

13　Fritz Kauffmann，"Juden in Shanghai"，in：*Bulletin des Leo Baeck Instituts*，73 / 1986，S.21.

尽管付出了沉重的生命和财产的代价，犹太难民还是挺过了整个战争时期。

1945年9月后，随着日本人的投降，虹口的"隔离区"终于再度开放，犹太难民们的行动也获得了自由。在联合国援助组织的资助下，他们快速地回到正常的生活中来。在上海的犹太人绝大多数都在第二次世界大战后陆续移居到了以色列或美国，以致在战争结束后的短短几年间上海"犹太人共同体"就解体了。[14]当1954年新中国政府希望所有外国人离开时，整个上海只剩下12位难民了。到1981年4月，当年流亡上海的犹太难民中只剩下马克斯·莱博维茨（Max Leibwitz）一人了，他因患帕金森病完全瘫痪而留了下来，后来在上海去世。

1933年后流亡到中国的犹太难民并非都到了上海，也有部分人来到日本人占领的哈尔滨，例如，世界著名的小提琴大师赫尔穆特·斯特恩（Helmut Stern）就是其中之一。斯特恩属于第二代流亡艺术家，他是跟随他的母亲流亡到中国来的。斯特恩1928年出生于柏林一个贫穷的犹太人家庭，他的母亲沃尔夫·彼·安妮斯（Wolf P.Annes）是位受过良好教育的钢琴演奏师。1938年11月"帝国水晶之夜"后，希特勒开始杀害德国犹太人，有钱的犹太人纷纷出逃，安妮斯利用某种关系与哈尔滨的一家剧院签订了工作合同，并带着一家人，经意大利的热亚那、巴勒斯坦的塞德港、孟买、斯里兰卡、新加坡、中国香港抵达大连，然后北上到达了哈尔滨，那时斯特恩只有10岁。由于斯特恩的一家被日本人误认为是日耳曼人，因而得以在哈尔滨平安地生活下来。在哈尔滨流亡期间，有音乐天赋的斯特恩进入了俄国犹太人开办的音乐学校，师从当时流亡到哈尔滨的俄国犹太人、世界级小提琴大师、前圣·彼得堡马林斯基剧院乐队首席弗拉基米尔·达维多维奇·特拉赫滕贝格（Vladimir Davidovich Trachtenberg）。为了能为家庭多挣一点钱，他在学习之余，经常给俄国人的芭蕾舞团的演出伴奏，也经常在街头巷尾为中国人的婚礼助兴演奏。正是在哈尔滨流亡期间，他举办了他人生的第一场音乐会。1949年，在经历了日本占领、苏军进驻、国共内战以及东北人民政府成立这些重大的历史事件后，在哈尔滨生活了11年之久的斯特恩与父母一起去了以色列，后又到了美国，1961年才

14　Paul Sauer, *Die Schicksale der Jüdischen Bürger Baden-Wurttembergs während der national-socialistischen Verfolgungszeit 1933\1945*, Stuttgart；Kohlhammer Verlag，1969，S.247。

返回西柏林，成为柏林交响乐团的首席小提琴演奏家。[15]

　　除了流亡中国上海和哈尔滨的犹太难民外，还有一些犹太难民流亡到了中国的其他地方。他们人数极少，往往没有在当地形成像在上海和哈尔滨那样的"犹太人共同体"组织，然而，这样的犹太难民却恰恰是真正意义上的流亡科学家。

　　讲德语的流亡科学家一般都选择欧美国家，而不是中国作为他们的流亡首选国，这主要是由于东、西方语言文化上的隔阂、中国大学教育和科学发展上的相对落后以及中国人民正在进行艰苦的八年抗战所导致的。但例外的情况却相当典型地发生在流亡中国的德国汉学家身上。当然，即使是这类专门学科的犹太专家，选择流亡中国的也同样不多。美国哥伦比亚大学著名汉学家马丁·克恩（Martin Kern）教授在他1998年发表的《德国汉学家的流亡，1933—1945》一文中，列举了一份在1933年后离开德国的所有29名汉学家（包括流亡中的第二代汉学家）的传记名单。在这29人当中，21人直接选择了流亡美国或英国，只有8人选择流亡中国，他们是古斯塔夫·艾克（Gustav Ecke）、瓦尔特·李本塔（Walter Lebenthal）、鲁道夫·勒文塔（Rudoff Löwenthal）、弗兰茨·米歇尔（Franz Michael）、埃尔温·赖弗勒（Erwin Reifler）、恩斯特·施瓦茨（Ernst Schwarz）、赫尔穆特·威廉（Helmut Wilhelm）、恩斯特·沃尔夫（Ernst Wolff）。这8人中，只有2人流亡上海，其余的6人都流亡到了中国的其他地方。[16] 了解这些人在中国的流亡经历，对于研究讲德语的知识难民在中国的经历也是有意义的。

　　古斯塔夫·艾克在流亡前就有在中国长期工作的经历。他于1922年获得汉学博士学位后，第二年就来到中国，先后受聘于厦门大学（1923—1928）和清华大学（1928—1933）。1933年他回国待了两年后，却被迫以流亡者的身份再度来到中国，并在辅仁大学任教（1935—1948）。在华期间，他与人共同创办了《华裔学志》，还担任过北京中国画院的讲师，1949年被聘为美国檀香山艺

15　Institut für Zeitgeschichte München und The Research Foundation for Jewish immigration(Hrsg.)，*Biographisches Handbuch der deutschsprachigen Emigration nach 1933*，Bd.III.New York：K.G. Saur，1983，S.66。

16　Martin Kern，"The Emigration of German Sinologists 1933—1945：Notes on the History and historiography of Chinese Studies"，in：*Journal of the American Oriental Society* 118.4(1998)，PP.517-527。

术学院院长。

　　瓦尔特·李本塔在1933年刚拿到布雷斯劳大学的汉学博士，便被迫于1934年流亡中国，先在燕京大学中印学院做助理工作（1934—1935），1935年被任命为北京大学梵语、德语讲师。1937年日本军队侵入中国内地后，他随北京大学迁往长沙和昆明，1946年回到北京，1952年离开中国前往印度。[17]

　　鲁道夫·勒文塔于1933年在柏林大学获得新闻学博士学位，1934年流亡中国，成为燕京大学新闻学讲师。在中国期间，他还与在北京的德国汉学家联络，并为他们提供学术翻译资料。1947年，他离开中国，移居美国，先后在康乃尔大学、乔治敦大学任教，写过关于中国出版业发展的著作和不少关于中国犹太人的著作。

　　弗兰茨·米歇尔于1933年在弗莱堡大学获法学博士学位，却因有犹太血统而被迫流亡中国。1934至1938年，他任教于国立浙江大学，并在日本入侵时随校迁入内地。1938年离开中国，前往美国霍布金斯大学任研究助理，后任华盛顿大学教授。

　　埃尔温·赖夫勒[18]最初并不是以难民身份来到中国的。这位维也纳人于1931年以《中国古代的国家与行政》一文获得维也纳大学的政治学博士学位，又很快以商人身份于1932年来到上海。在这里，他成为奥地利国家顾问联盟的助理，同时还担任了交通大学的德语教授（1932—1937）。1937年8月日本入侵上海后不久，奥地利在1938年3月被纳粹德国吞并，这时他才以难民的身份去了香港，并在那里教中文和德语（1938—1940）。此后，他又返回上海成了"国立医学院"（1940—1941）和中法大学（1941—1942）的拉丁语和德语教授。由于他的岳父是西班牙裔犹太人会堂的拉比，因此他与上海的犹太人社区联系紧密。1943至1947年，他在法国天主教的震旦大学任汉学教授，1947年去了美国，后成了华盛顿大学的汉语教授。[19]

　　恩斯特·施瓦茨属于流亡者中的第二代人。1938年他作为犹太学生从维也

17　Martin Kern, "*The Emigration of German Sinologists 1933—1945；Notes on the History and historiography of Chinese Studies*", in：*Joural of the American Oriental Society* 118.4(1998), P.521。

18　中文名"罗逸民"，见本章第二节"犹太难民中的杰出人物"，编者注。

19　Martin Kern, "The Emigration of German Sinologists 1933—1945；Notes on the History and historiography of Chinese Studies", in：*Joural of the American Oriental Society* 118.4(1998), P.522。

纳流亡到上海，在这里他开始学习中文并主要从事体育教学。日本投降后，他于1945年秋前往南京，在中国的国家图书馆工作。他后来担任了"中华民国教育部"部长秘书，还在金陵大学1946年秋从成都迁回后任该校外语系教师。1947到1950年间，他任奥地利驻南京使馆的秘书，后在中国外文出版社做翻译工作。1958至1960年间，他在杭州大学教英国语言和文学，1960年返回民主德国，后在柏林洪堡大学任教。

赫尔穆特·威廉，汉文姓名"卫德明"，生于中国青岛，父亲是著名的德国传教士、汉学家卫礼贤。一战后他在法兰克福新建立的中国研究院协助父亲工作，1928年师从著名汉学家福兰格，并于1932年获得柏林大学汉学博士学位。1933年离开德国，到国立北京大学任讲师（1933—1937），同时还兼任中德文化协会会长。在从事了几年的私人研究后，他又任北京大学日耳曼学教授（1946—1948）。1948年他前往美国华盛顿大学，后任该校的中国史教授。

恩斯特·沃尔夫出生于中国天津一个德国犹太商人家庭。1928年在柏林大学学习法律，同时在该校东方语言研究院学习汉语。1933年他刚在柏林法院工作后不久，便因其犹太背景很快被从公职人员中除名。1936年他流亡到中国，加入了唐山和天津的开滦矿业公司，一直工作到1951年。后经香港去东京，并在1959年进入美国华盛顿大学，任远东和斯拉夫语系的研究员。

这些流亡汉学家大多在流亡结束后从中国迁往美国，而不再返回德国，对此马丁·克恩指出了三点原因：一是美国有更为有利的条件来发展其新的学术兴趣和研究方法；二是大多数流亡者都是在流亡后或流亡中才获得教授职位的，对于这些年轻学者来说，政治流亡是其生涯中最富有决定性意义的一步，因而不大可能在第二次世界大战后重新返回故乡；三是相对于其他领域来说，德语环境对于从事东亚研究的学者并不重要。[20]

20世纪30—40年代流亡到中国的犹太难民，只要还活在世上，都在战后离开了中国，但他们在离开之时都表达了对中国的深深谢意。尤其在上海，这些难民还举行了隆重的离别仪式，他们排出了100朵鲜花组成的艺术图案，以

20　Martin Kern，"The Emigration of German Sinologists 1933—1945：Notes on the History and historiography of Chinese Studies"，in：*Journal of the American Oriental Society* 118.4(1998)，P.526。

表达对这座城市在纳粹统治时期为他们提供了避难所的感激之情。[21]许多人对
中国在他们人生最关键的时刻接受他们的恩情念念不忘，那位对中国"故乡"
怀有深厚情感的世界著名小提琴大师赫尔穆特·斯特恩于1979年10月还专门组
织了一个德国室内乐团，访问了他阔别整整30年的哈尔滨，实现了他"重归
故里"的愿望。

　　总之，在流亡到世界其他国家的知识难民中，最为幸运的要数那些前往
英国和土耳其的知识难民。尽管英国最后成为战争的前线，并对来自敌国的难
民采取过错误的"拘押政策"，但它毕竟有更为发达的教育和科学水平，因此，
在这一错误政策结束之后，知识难民仍能找到发挥他们才能的机会。始终保持
中立的土耳其虽在教育和科学发展水平上远远不如英国，但在当时呈现出一种
积极的发展趋势。由于有着更为强烈的接收并利用外来智力财富的愿望，这个
国家对知识难民采取的相关得力政策，使它在并没有接受一般难民的情况下，
却与英国一样地成为德国智力财富的受益者。作为英联邦成员国的加拿大，由
于奉行宁愿接受体力劳动者也不愿接受脑力劳动者的古怪政策，使得无论是前
来避难的还是被英国的"拘押政策"遣送而来的知识难民，都难以在这个国家
发挥他们的文化潜力，外来的智力财富对这个国家的贡献，往往不是体现在第
一代知识难民身上，而是体现在他们被关押于集中营期间创办的学校所培养出
来的第二代知识难民身上。处于纳粹德国入侵可能性压力之下的瑞士，由于对
外来者实行严厉的管制政策，也使得与之同文的知识难民对这个国家科学、文
化发展上的贡献微乎其微。而拉丁美洲诸国，对前来避难的流亡者提出的"从
事农业"的优先权，只能使流亡到此的知识难民变得无所作为。至于当时山河
破碎的中国，虽为走投无路的犹太难民敞开了它的怀抱，却由于东西方文化沟
通上的特殊困难以及抗战时期的特殊局势，也未能从数量有限的知识难民身上
获得足够的智力收益。

　　由此可见，讲德语的知识难民并不是流亡到任何一个国家都能对接收他
们的避难国发挥文化和科学上的影响力的。这种影响力的发挥，不仅取决于这
些国家的接收意愿，而且取决于这些国家的接收政策；不仅取决于这些国家

21　Jarrell.C.Jackman and Carla M.Borden(eds.)，*The Muses Flee Hitler*，*Cultural Transfer and Adaptation.1930—1945*，
　　Washington，D.C.；Smithsonian Institution Press，1983，P289。

的安全局势，而且取决于这些国家的教育、科学发展水平或发展趋势。正因为如此，绝大多数流散于世界各国的讲德语的知识难民，或是在战争期间，或是在战后，涌向了美国或巴勒斯坦，因为美国在以上所有四个条件上都胜过了世界上任何一个国家，而巴勒斯坦则是所有遭受纳粹浩劫之后被迫走上"犹太复国主义"道路的难民们"重建古老家乡"的地方。本书作者没有将巴勒斯坦列入流亡接收国行列，是因为迁入巴勒斯坦的犹太难民并不将他们的迁入视为"流亡"，而是将此视为"回归故土"和"复兴以色列国"。

（摘自 李工真：《文化的流亡：纳粹时代欧洲知识难民研究》，北京：人民出版社2010年版。编者又就若干不同译法做了注解。）

第二十章

来华犹太难民特点之五：犹太难民利用列强的矛盾在夹缝中求生存

与来到欧陆各国、英美和拉美国家避难的犹太难民不同，大多数来华犹太难民避居的中国城市在1937年后、特别是在1941年12月后被希特勒的盟友日本法西斯所占领，这与生活在纳粹占领下的欧洲土地上的犹太人有相似之处。然而，日本毕竟不是德国，日德之间在对犹政策上始终存在差异和分歧。而且，还有一个与在华犹太人关系密切、名义上"中立"、实际上与日本明争暗斗的苏联存在。这一复杂的格局，为在华犹太难民在列强矛盾下得以生存提供了重要机遇。本章就对此做一阐述和剖析。

一、日本一度推行的"扶犹"政策与"河豚计划"

希特勒的盟友日本法西斯为何允许犹太难民进入上海，而且没有对上海的犹太难民下毒手？第十二章第三节已对此作了详细分析，这里再对日本一度推行的"扶犹"政策做一追溯。

1931年"九·一八事变"以后，日本在全面侵略中国的道路上一步步推进，与在华拥有既得利益的西方国家及苏联之间的矛盾日趋尖锐。在这种形势下，日本的"犹太问题专家"便提出了"河豚计划"。[1] 从1931年到1937年，日本政府也确实采纳了这些人提出的一些措施。1937年"七·七事变"后，日本侵华战争全面爆发，包括美、英、法、苏等国在内的世界舆论同声谴责日本

1　前引托克耶书《河豚计划》，第29—35页。

的侵略行径，包括中国境内犹太人在内的世界各国犹太人对日本也持越来越强烈的批评态度。前已提及，就在这样的形势下，1938年12月5日，日本首相召开了由外务大臣、陆军大臣、海军大臣、大藏兼通商产业大臣参加的"五相会议"，专门讨论对犹政策问题。在这次会议上，虽然五相之间在对犹政策上存在分歧，但基本上认可了"犹太问题专家"们的构想和努力，并希望他们把"河豚计划"进一步细化，并制定具体的实施措施。

就在"五相会议"后不久，以安江等人为核心的"犹太问题专家"经过多次会议和细致研讨，将"河豚计划"扩大为一个长达90页的文件，标题为"关于引进犹太资本的研究和分析"。前已提及，该计划要在日本占领下的中国土地上建立一个"犹太人居留地"，建立这一"居留地"的费用由美国犹太财团提供，为此需要在美国等西方国家宣传该计划，并邀请世界各地犹太知名人士来访问"居留地"。日本统治集团和"犹太问题专家"们指望通过建立该"居留地"吸引犹太资本，改善与犹太人的关系，进而通过犹太院外集团影响美国等国的政策，缓和与美国等西方国家的关系，削弱它们对中国抗战的支持。[2]在得到高层批准后，"犹太问题专家"们四出推销此方案，重点做上海、哈尔滨犹太人士的工作，还派人去美国游说。

虽然该计划由于日德逐步合流而注定要失败，然而对于生活在中国境内和"满洲国"的犹太人来说，它在短期内却产生了一个不坏的效应：日本当局对犹太人的态度变得友善了，而且对犹太难民涌入上海和中国其他被日军占领的地方采取了默许态度。

二、俄国犹太人的特殊处境和作用

谈到俄国犹太人，还需追述一下历史。早在20世纪30年代，由于政治局势的恶化，特别是日本法西斯入侵中国和"满洲国"的建立，已有数万俄国人离开哈尔滨等地返回苏联，其中包括许多俄国犹太人。前已提到，令他们没有想到的是，从1937年开始，在苏联展开的大清洗逐渐扩大化，结果不少"哈尔

2　前引托克耶书《河豚计划》，第50—51页。

滨犹太人"被逮捕，其中一些人被处死。[3]

到1941年12月"珍珠港事变"后日军进占上海租界并攻占香港，仍留在中国境内的俄国犹太人几乎都已处于日本统治之下。然而，与逃难来沪的欧洲犹太难民和沦为敌侨的塞法迪犹太人相比，他们的处境要好得多，主要原因正在于他们的俄国背景。前已提及，1941年4月，日本与苏联签订了《苏日中立条约》。条约规定：缔约双方保证维持两国之间的和平友好关系，并互相尊重缔约另一方的领土完整与不可侵犯；如缔约一方成为第三方的一国或数国的军事行动的对象时，缔约另一方在整个冲突过程中将保持中立。[4]1941年6月苏德战争爆发后，该条约使苏联得以免遭德日两国的两面夹攻。同样，1941年12月日本与英美开战后，也希望利用该条约阻止苏联加入对日作战，因此想尽一切办法与苏联维持友好关系。

这样一种国际态势对处于日本统治下的俄犹是十分有利的：部分俄犹出于自身安全的考虑领取了苏联护照，因而享有中立国侨民身份；那些正在申请苏联护照的人，也获得了一张证明，置于苏联的"保护"之下；到后来，所有具有俄罗斯背景的犹太人无形中都有了"中立国人员"的保护伞。这样，在日本及其傀儡统治的区域里，俄国犹太人一般都可自由迁移、工作、上学、经商等。如在上海，日军进占租界后，塞法迪犹商的部分财产便转入俄裔犹商名下或手中。华北各地俄国犹太人的情况与上海差不多：利用其中立国侨民身份继续经商办实业，同时小心翼翼地维持与日本当局的友善关系，尽可能避免介入一切政治纷争。

因为"满洲国"被日本人视为一个独立国家，因此东北各地俄犹的境况又具特殊性：所处的环境比较安定，与日本上层的关系更为密切，在救助上海等地犹太人方面能发挥独特的作用。如在说服日本决策集团不要执行"梅辛格计划"方面，哈尔滨犹太社团就发挥了重要作用。总体而言，除了极少数人以外，大多数俄国犹太人在日占时期并没有与日本法西斯同流合污。

正是由于战时这种特殊的历史条件，到战争结束之时，中国境内俄国犹

3　参见前引玛拉·穆斯塔芬《秘密和间谍：哈尔滨档案》。

4　参见前引李巨廉、金重远主编：《第二次世界大战百科词典》。

太人的境况要比遭受重重磨难的欧洲犹太难民和塞法迪犹太人好得多，因此他
们中大多数人都希望长久在中国居留下去，有的人还准备利用和平重建的好时
机大显身手，再图进取。不过，1946年后中国内战爆发使他们中不少人的希
望破灭。因此一些俄犹，特别是那些比较富裕的人便也随着欧洲犹太难民离
去的潮流移居北美、澳洲等地。到1948年，由于国民党政府与苏联的关系急
剧恶化，一批持苏联护照的俄国犹太人也被迫离去，但只有少数人真正回到苏
联，大多数人还是移居到了其他国家。1948年12月，刚成立不久的以色列政
府派摩西·尤瓦尔（Moshe Yuval）作为外交部代表来到上海，向犹太人发放前
往以色列的签证。同时，耶路撒冷的犹太代办处也积极配合此事，帮助在华犹
太人预订赴以色列的船票和机票。1949初，尤瓦尔离开上海，以色列政府任
命伊萨多·马吉德（Isador Magid）为驻上海名誉领事，直至1951年。1951年
后，阿比什博士（Dr.Abish）又短暂地行使了领事职责。[5]据马吉德回忆，尽管
当时中国和以色列国并未建立正式外交关系，但中国政府和上海有关部门并没
有阻止他们的活动。[6]据估计，他们共签发了7 000多份以色列护照和赴以色列
签证，实际到达以色列的上海犹太人约有4 000～5 000人[7]，其中大多数是俄
国犹太人和欧洲犹太难民，塞法迪犹太人极少。

前"满洲国"境内俄国犹太人的遭遇又颇为奇特。1945年4月5日，苏联
宣布《苏日中立条约》失效。此后不少俄犹便丧失了中立国侨民的礼遇，处在
严密监视之下。8月8日，苏联正式对日宣战，百万苏军攻入中国东北。自知
大势已去的日寇遂对一些苏联公民下了毒手，其中包括不少持苏联护照的俄国
犹太人。如在海拉尔，日本宪兵队于8月9日逮捕了18名"内控"的苏侨，其
中就有12人是犹太人，他们全部被杀害。[8]正因为此，大多数俄国犹太人是欢
迎苏军进驻的。但苏军进驻了东北一些大城市后，又逮捕了一些俄犹领袖，指
控他们与日本当局勾结。如哈尔滨犹太社团领导人A.考夫曼，便被逮捕并押

5　高斯坦主编：《中国与犹太——以色列关系100年》，中国社会科学出版社2006年版第58–59页。

6　前引高斯坦主编《中国与犹太——以色列关系100年》第58–59页。

7　参见前引奥弗文"以色列政府和犹太组织：来自上海的犹太移民研究"。

8　魏寿山："日伪宪警在海拉尔市对苏联侨民进行集体屠杀见闻片断"，《海拉尔文史资料》1992年第4辑第
　　53–55页。

往苏联，罪名是反苏，与日寇勾结，从事间谍活动和锡安主义活动。这些事态剧变是使东北地区一些俄国犹太人离去的原因，这与关内的情况又有不同。不过，由于战后中国共产党的力量很快在东北占了上风，哈尔滨、大连等大城市解放都比较早，因此后来内战愈演愈烈及国民党政府与苏联关系恶化对东北俄犹的影响又要比关内小得多。不少持有苏联护照的俄国犹太人更是利用这有利时机经商办实业，有的还成了"苏联专家"。

三、太平洋战争爆发后日德在对犹政策上的分歧

无论日本人如何努力，"河豚计划"最终仍没能成功，原因很简单：日德法西斯逐渐合流并发动世界大战，使全世界犹太人清醒地认识到日本统治集团与希特勒完全是一丘之貉，因而断然拒绝支持所谓"居留地"计划。1941年12月太平洋战争爆发后，日本当局最后放弃了"河豚计划"。日本外相东乡在给驻汪伪政权"大使"的信中称："由于大东亚战争的爆发，我们不得不重新考虑对犹太人的措施"。[9]正是在这样的形势下，德国以为日本必然会转而奉行反犹政策，因此抛出了要求日本占领军屠杀上海犹太人的"上海最终解决方案"（即"梅辛格计划"，因为该计划由约瑟夫·梅辛格上校提交给日本当局）。然而日本并没有在对犹政策上亦步亦趋地追随德国，双方的对犹政策仍然存在着明显的分歧和较大的差异。日本最终也没有实行"梅辛格计划"，只是在上海虹口建立了"无国籍难民隔离区"。前已提及，之所以出现这种情况，专家们认为主要有以下五方面的原因，这里再强调一下。

（1）日本内部主张对美媾和的力量仍把中国境内犹太人视为与美国维持联系的桥梁，"犹太问题专家"们也仍在发挥着有限的影响，他们反对按照纳粹的要求屠杀犹太人；[10]

（2）日本统治集团仍然希望保持与苏联的非战关系，而如果屠杀包括俄国犹太人在内的所有上海犹太人，必然会对日苏关系产生不利影响，这是他们希望避免的；

9　前引克兰茨勒书《上海犹太难民社区1938—1945》，第311页。

10　直到1945年，日本高层内仍有人想要恢复"河豚计划"，以试探对美媾和之可能性。

（3）上海犹太社团通过"满洲国"和日本的犹太人在日本高层官员中进行活动，甚至游说日本皇室，劝说日本当局不要实施"梅辛格计划"，这在一定程度上也发挥了作用；

（4）日本和中国都是传统的儒家、佛教、道教文化区域，不存在欧洲基督教地区那种根深蒂固的反犹宗教、民族、文化偏见，因而上海的中下层日伪官员在思想上和感情上也对"梅辛格计划"十分抵触，有的人还暗中帮助犹太人，如日本驻上海外交官柴田付领事就因向犹太人通风报信而被撤职逮捕，后被押送回日本。[11]

（5）苏联在苏德战场上击败纳粹德国。德国学者海因茨·埃伯哈德·毛尔的新著《日本为何没有迫害犹太人》分析了日本态度转变的过程：1942年夏，德国在苏德战场上似乎要取胜，因此日本开始考虑德国方面提出的消灭上海犹太人的计划，但当德国在斯大林格勒战役中大败后，日本拒绝对苏开战，对屠杀犹太人的态度也发生变化，最终采取了将犹太人隔离的方式。他指出了两个重要的时间节点：1943年1月数十万德军在斯大林格勒投降，1943年2月日本宣布在上海虹口建立"无国籍难民隔离区"。他的关键结论是：挽救上海犹太人生命的不是日本的宽宏大量，而是战争进程的转折。[12]

综上所述，日本对犹政策的摇摆和日德之间在对犹政策上的分歧和差异，以及一个"中立"的苏联的存在，为在华犹太难民提供了一个列强矛盾的缝隙，是他们可能在夹缝中求生存的有利条件。

11　马文·托克耶采访柴田（Mitzsugi Shibata）记录，1976年5月14日，丁日本东京大仓饭店。

12　海因茨·埃伯哈德·毛尔（Heinz Eberhard Maul）：《日本为何没有迫害犹太人，国家社会主义时期日本帝国的对犹政策1933—1945》（*Warum Japan Keine Juden verfolgte, Die Judenpolitik des Kaiserreiches Japan wahrend der Zeit des Nationalsozialismus 1933—1945*），ludicium Verlag GmbH 2007年版。

附录一

"梅辛格计划"和"无国籍难民隔离区"

随着1941年12月太平洋战争的爆发，上海犹太难民社区的生存环境发生了巨大变化，从而处于极其危险的境地。首先，由于日本与英美开战并进占上海租界，美犹联合分配委员会等组织遵照美国等盟国政府的有关规定，停止向处于敌国日本控制下的上海汇款。其次，塞法迪犹商大多属英籍而被列为"敌侨"，因而被集中监禁，且丧失了所有产业，自然无法继续提供援助资金，致使上海犹太难民社区出现了前所未有的经济窘境。在这种情况下，美犹联合分配委员会办事处等召集上海各犹太社区负责人开会，想方设法精简救济机构，削减日常开支，并在上海较富有的犹太人中筹措资金以缓危局。同时，俄罗斯犹太人则利用日苏处于非战状态使自己拥有"中立国"侨民身份的有利条件，更加积极地投入难民救助工作，救助对象由东欧犹太人逐渐扩大到德、奥等国的中欧犹太难民。如有一部分俄罗斯犹太人成立了"中欧难民委员会"，赡养了至少600～700名赤贫的中东欧犹太难民儿童。[1]德、奥犹太难民也组成了厨房基金会（Kitchen Fund），并计划发起一个"监护职责"（Patenschaft）运动来筹款。

就在犹太难民们为生存而拼搏、奋斗之时，一个不仅针对他们，而且是针对上海所有犹太人的险恶阴谋正在策划之中。

1　前引克兰茨勒：《上海犹太难民社区1938—1945》第302页。

上海"最后解决"方案——"梅辛格计划"

1941年12月太平洋战争爆发后，日本开始调整对犹太人的政策，转而对犹太人采取压制措施。就在这时，纳粹德国盖世太保驻日本首席代表约瑟夫·梅辛格（Josef Meisinger）上校于1942年夏抵达上海，向日本当局提出了"最后解决"上海犹太人的计划（"Final Solution in Shanghai"），要求日本当局按照"德国方式"抓捕、屠杀所有在上海的犹太人，该计划也被称为"梅辛格计划"。

根据著名学者托克耶的描述，大致可以看出该计划的一个轮廓。它分两个步骤实施：首先，利用上海犹太人在1942年犹太新年（一般在公历9月）合家团聚的机会，以突然袭击方式围捕所有在沪犹太人，不让一人漏网；接着，用果断措施"解决"这些犹太人。至于用什么方法来"解决"他们，该计划提出了三个供选择的方案：① 用几艘旧船将犹太人运至东海，然后让他们在海上随波漂流，饥渴而死；② 强迫犹太人去黄浦江上游废弃的盐矿做苦工，使他们劳累而死；③ 在崇明岛上建立若干集中营，在营中用犹太人做医学试验，使他们在痛苦中慢慢死去。[2] 美犹联合分配委员会常驻上海代表劳拉·马戈利斯回忆道："当时（指1942年——引者注）日本当局的反西方情绪明显高涨，从东京新来的宪兵军官每天光顾虹口地区。犬冢大佐已离开上海，取代他的实吉大佐对犹太人问题不像他那样感兴趣。某天，佩雷茨告诉我们日本人正在对犹太难民策划一场灾难性的事件，将把难民装在船上驶到海上去沉掉，要我们尽快想对策。我们从其他可靠来源也听到了同样的消息。"[3]

"无国籍难民隔离区"

德国人提出的"最后解决"上海犹太人计划在日本占领军当局内部引起了激烈争论，有支持者，也有反对者，最终的方案是不杀犹太人，但也要采取

2　参见前引托克耶等《河豚计划》。

3　前引潘光等主编《犹太人忆上海》第27页。

一些措施以应对纳粹的压力，其中的复杂原因在本书后面一文中会做详细分析。

虽然这个按照希特勒"最终解决"思想精心泡制的计划最终并没有实施，但上海的日本当局还是在1943年2月采取了一个近似于建立集中营的措施，搞了个"无国籍难民隔离区"，这是各派势力达成妥协的结果。2月6日，《上海时报》上登载了一篇文章，为建立无国籍难民隔离区制造舆论。文章点了亚伯拉罕家族、海亦姆家族、维克多·沙逊爵士和许多上海著名的犹太富豪的名，提到他们如何靠贩卖鸦片和其他不光彩的手段致富，把这些人作为国际犹太人的典型例子。2月18日，上海报纸和电台都宣布了上海日本当局的《关于无国籍难民之居住及营业之布告》：

1. 依据军事上之必要，自本日起，凡居住于上海地区内之无国籍难民，其居住及营业地区，以下列地区为限：公共租界内兆丰路（今高阳路）、茂海路（今海门路）及邓脱路（今丹徒路）一线以东，杨树浦河（今杨树浦港）以西，东熙华德路（今东长治路）、茂海路及汇山路（今霍山路）一线以北，公共租界之界线（引者注：指公共租界北界）以南。

2. 目前在前项所指定地区以外居住或营业中之无国籍难民，应自本布告公布之日起至昭和18年（中华民国32年）5月18日止，将其住所或营业所迁移至前项所指定地域内。目前在前项所指定地区以外之无国籍难民，其居住或营业上所需要之房屋、商铺及其他设备，如拟买卖、转让或租借者，应先得当局之许可。

3. 除无国籍难民外，其他人等非得许可，概不准迁移至第1项所开地域内。

4. 凡违反本布告或有妨碍本布告之实施者，决予严惩不贷。

上海方面大日本陆军最高指挥官

上海方面大日本海军最高指挥官

昭和18年（中华民国32年）

2月18日 [4]

4　《新闻报》，1943年2月18日。

虽然布告中未用"犹太人"或"隔离区"的字样，但与布告同时发表的一篇文章将"无国籍难民"一词定义为"1937年以来由德国（包括以前的奥地利和捷克）、匈牙利和以前波兰、拉脱维亚、立陶宛、爱沙尼亚等国来上海避难至今无国籍者"，指的就是欧洲犹太难民。于是，约有1.4万（一说1.8万）名犹太难民，包括收容所的2 800名住户在内，被迫迁入"指定地域"。23日晚，主管搬迁事务的日本官员久保田在犹太总会召集了上海阿斯肯那齐犹太人开会。会上久保田辩解说，发布这一公告并不反映日本人民的反犹情绪，而是因为上海的住房与食品供应问题严重，必须对几千名无国籍者进行某种控制，并呼吁俄国犹太人与他们合作。实际上，久保田的讲话是一份最后通牒，威胁犹太人如不与日本当局合作就会受到"严惩"。

于是，欧洲犹太难民们开始了他们上海避难生涯中最为艰难的"隔都时期"。在此之前，英籍塞法迪犹太人已被作为"敌侨"而监禁。俄国犹太人虽然仍没有失去自由，但也面临着随时可能降临的危险。

战后关于"梅辛格计划"的争议

第二次世界大战结束后，国际上关于"梅辛格计划"一直存在着很大的分歧和争议。焦点是：其一，到底有没有"梅辛格计划"？其二，"梅辛格计划"的主要内容是什么？

关于第一个问题，起因在于上海"最后解决"方案的原始书面文件一直没有被找到。实际上，德国和日本当局在战争结束前销毁了大量可能被作为罪证的文件，因此许多涉及屠杀和迫害的文件档案消失了，上海"最后解决"方案也许就是其中之一。于是，就有人提出，这个"梅辛格计划"可能根本就不存在，因为没有书面证据，就像有些人否定南京大屠杀、奥斯维辛集中营等法西斯罪行的论调一样。感谢国际上一批具有正义感的学者，他们认为口述史料同样可以作为证据，于是开始采访许多亲历者。特别是美国著名学者马文·托克耶，几十年如一日，采访了许多亲历者，包括1942年时担任日本驻上海副领事的柴田和美犹联合分配委员会常驻上海代表劳拉·马戈利斯等人，初步搞清了"梅辛格计划"的基本情况。研究大屠杀问题的国际权威机构西蒙·维森塔尔中心、上海犹太研究中心、斯坦福大学胡佛研究所、美国中犹研究会、依浮研究所（The Yivo Institute），利奥·贝克研究所（The Leo Baeck Istitute）、上海犹太难民纪念馆等机构的研究人员也采访了许多当年在上海的犹太人，基本确认了上海"最后解决"方案／"梅辛格计划"的存在。

　　关于第二个问题，主要是对马文·托克耶所著《河豚计划：二战时日本人与犹太人之间一段不为人知的故事》（Tokayer, Marvin and Swartz, Mary, *The Fugu Plan: The Untold Story of the Japanese and Jews during World War II*, New York, London, 2004）一书中所叙述的"梅辛格计划"两个实施步骤有些不同看法。一些人认为，这些叙述可能是被采访者的道听途说，然后被作者编写成了骇人听闻的惊险故事。不过，近年来人们对这方面的争论已经不再有什么兴趣，因为这个杀害犹太人的计划已被公认为是历史存在，那么计划以什么具体方法杀害犹太人这样的细节也就无足轻重了。

　　（摘自 潘光主编：《来华犹太难民资料档案精编第四卷：专家视点》，上海交通大学出版社2017年版。本文由潘光、陈心仪撰写。）

附录二

柴田回忆自己因暗中支持犹太人而被捕的经历

我与犹太社团以及上海的其他外侨如英国人均保持着友好的关系，因此有人一直指责我对"敌对人士"太"友好"。在犹太社团中，我与亚伯拉罕（Rubin Abraham）和海亦姆（Ellis Hayim）关系较密切，来往也较多。

在上海的日本官员中，比较了解犹太问题、并与犹太人保持良好关系的是海军陆战队的犬冢大佐，因此许多涉及犹太人的问题往往请他处理。他与亚伯拉罕和海亦姆的关系也不错。在他离开上海调往海军后，宪兵队填补了这个空白，对犹太人的态度明显变坏。

1942年夏，德国人来到上海，向我们提出了"解决"犹太人的计划。我记得，是约瑟夫·梅辛格（Josef Meisinger）和普特卡莫（Putkammer）提出了具体的细节。大家都知道梅辛格，因为他在东京工作过，但不太知道普特卡莫，我也不太清楚此人的详细情况。他们计划的主要内容是先把上海的犹太人"控制"起来，然后把他们丢到无人居住的小岛上"自然消亡"。后来又有各种说法，如在崇明岛建立集中营关押犹太人，将犹太人送到黄浦江上游的废弃盐矿做苦工，等等。这些说法我都听到过，但我并没有看到过书面的计划。不过，我可以肯定存在这个计划，因为对我讲这个事情的不是一个人，而是几个人，而且他们中有人还参加了与梅辛格等人研究"计划"的会议。

后来，情况更趋严重，因为宪兵队对波兰犹太人"闹事"[1]十分恼怒，准备

1　波兰犹太难民一直坚持自己不是"无国籍难民"，因为有波兰流亡政府存在，日本当局对此十分恼火。

对犹太人"采取措施"。我不清楚他们是否要按照梅辛格的计划做，但这种可能无疑存在。于是，我就把梅辛格来沪策划屠杀犹太人的事偷偷告诉了我的犹太朋友。我们还在斯皮尔曼家里开了一个会商议对策。参加会的有托帕斯、比特克、佩雷茨、卡迪格、考夫曼。

几天后，我们都被宪兵抓了起来。据说，有人走漏了风声，听说此事的人便去向宪兵首脑询问，结果把我们私下开会的事泄露了出来。宪兵首脑对尚未确定的计划过早曝光勃然大怒，下令把我们抓了起来。当然，因为我是日本人，所以我的"罪责"最为严重，被指控犯了"叛国罪"。我在提篮桥监狱被单独关押了40天，还遭到了拷打。听说参加会议的其他人都被抓了，托帕斯还遭到了拷打。我在监狱中还见到了海亦姆，我们当然不敢说话。他并没有参加会议，不知为什么被带到监狱，也许他们要询问他与我的关系，甚至他与犬冢大佐的关系。

最终，我被押解回日本。他们警告我，50年内不得回到中国，否则将被处决。也许，他们认为50年后日本还在统治中国。实际上，三年后战争就结束了。所以，我当然可以自由自在地回到中国。

这里还要告诉你，我的夫人是中国人。战争期间，由于种种原因，我们并没有举办婚礼。直到战后，我们才举办了正式婚礼。我想，这也许是宪兵队一直对我"另眼相看"的一个原因。

（摘自美国学者马文·托克耶采访日本原驻上海副领事柴田（Mitzsugi Shibata）的记录，采访日期为1976年5月14日，地点是东京。感谢马文·托克耶将此材料提供给本书编者使用）

关于来华犹太人和来华犹太难民研究的
主要参考书目和资料来源

Ⅰ 中文

1. 阿巴·埃班著，阎瑞松译：《犹太史》（中文版），中国社会科学出版社1986年版。

2. 阿文著：《哈同全传》，中国人事出版社1997年版。

3. 白慕申著：《马易尔：一位丹麦实业家在中国》（中文版），团结出版社1998年版。

4. 白石著：《犹太人与巴勒斯坦》，文化生活出版社1939年版。

5. 布拉恩著：《犹太民族史》（中文版），倪秀章译，商务印书馆1939年版。

6.（丹麦）曹伯义、韩悦仁著：《从光辉灿烂的昨天到生机盎然的今天——大上海地区的丹麦人和丹麦公司 1846—2006》，上海书店出版社2008年版（中英文）。

7. 陈从周、章明主编：《上海近代建筑史稿》，上海三联书店1988年版。

8. 陈天华著：《陈天华集》，湖南人民出版社1958年版。

9. 陈垣和叶瀚著：《开封一赐乐叶教考》，上海商务印书馆1923年版。

10. 程维荣著：《近代东北铁路附属地》，上海社会科学院出版社2008年版。

11. 崔国因著：《出使美日秘日记》，黄山书社1988年版。

12. 邓丽兰编著：《临时大总统和他的支持者——孙中山英文藏档透视》，中国文史出版社1996年版。

13. 冯彩章和李葆定著：《红医将领》，北京科学技术出版社1991年版。

14. 高斯坦主编：《中国与犹太—以色列关系100年》（中文版），中国社会科学出版社2006年版。

15. 格·卡明斯基主编：《中国的大时代——罗生特在华手记》（中文版），中国社会科学出版社2003年版。

16. 格·卡明斯基著：《老上海浮世绘》（中文版），上海文艺出版社2003年版。

17. 郭少棠、沈思编：《光耀百年》，中华电力有限公司，香港2001年版。

18. 郭卫东主编：《近代外国在华文化机构综录》，上海人民出版社1993年版。

19.《哈同先生荣哀录》，上海，1932年版。

20. 韩天艳、程洪泽、肖洪著：《哈尔滨犹太家族史》，黑龙江人民出版社2010年版。

21. 赫尔穆特·斯特恩著：《弦裂》（中文版），人民文学出版社2003年版。

22. 黑龙江省地方志编纂委员会编：《黑龙江省志》，黑龙江人民出版社1993年版。

23. 洪均著：《元史译文证补》，1897年（光绪二十三年）版。

24. 黄苇著：《上海开埠初期对外贸易研究》，上海人民出版社1979年版。

25. 黄瑶和张惠新著：《一个大写的人——罗生特在中国》，解放军出版社1992年版。

26. 江文汉著：《中国古代基督教及开封犹太人》，知识出版社1982年版。

27. 蒋作斌主编：《国际义人何凤山》，岳麓书社2007年版。

28. 金诗伯著：《我在中国的六十年》（中文版），中国青年出版社1991年版。

29. 康有为著：《万木草堂诗集·南兰室诗集》，上海人民出版社1996年版。

30. 雷麦著：《外人在华投资》（中文版），商务印书馆1959年版。

31. 李德滨、石方著：《黑龙江移民概要》，黑龙江人民出版社1987年版。

32. 李敦白等著：《红幕后的洋人：李敦白回忆录》（中文版），上海人民出版社2006年版。

33. 李工真著：《文化的流亡：纳粹时代欧洲知识难民研究》，人民出版社2010年版。

34. 李述笑编著：《哈尔滨历史编年，1763—1949》，哈尔滨出版社2000年版。

35. 李述笑等编著：《哈尔滨旧影》，人民美术出版社2000年版。

36. 梁启超著：《新大陆游记》，湖南人民出版社1981年版。

37. 刘广京著：《英美航运势力在华的竞争》，上海社会科学院出版社1988年版。

38. 刘爽著：《哈尔滨犹太侨民史》，方志出版社2007年版。

39. 刘欣欣、刘学清著：《哈尔滨西洋音乐史》，人民音乐出版社2002年版。

40. 罗澍伟主编：《近代天津城市史》，中国社会科学出版社1993年版。

41. 罗小未主编：《上海建筑指南》，上海人民美术出版社1996年版。

42. 马文·托克耶和玛丽·斯沃茨著：《河豚计划：二战时日本人与犹太人之间一段不为人知的故事》（中文版），上海三联书店1992年版。

43. 苗苗编著：《黑龙江百年故乡音乐家》，黑龙江人民出版社2004年版。

44. 聂宝璋著：《中国近代航运史资料第一辑》，上海人民出版社1983年版。

45. 潘光、陈超南、余建华著：《犹太文明》，中国社会科学出版社1999年初版，福建教育出版社2008年再版。

46. 潘光、金应忠主编：《以色列·犹太学研究》，上海社会科学院出版社1991年版。

47. 潘光、李培栋主编：《犹太人忆上海》，上海市政协文史资料编辑部1995年版。

48. 潘光、王健著：《一个半世纪以来的上海犹太人：犹太民族史上的东方一页》，社会科学文献出版社2002年版。

49. 潘光、王健著：《犹太人与中国——近代以来两个古老文明的交往和友谊》，时事出版社2010年版。

50. 潘光、余建华、王健著：《犹太民族复兴之路》，上海社会科学院出版社1998年版。

51. 潘光旦著：《中国境内犹太人的若干历史问题——开封的中国犹太人》，北京大学出版社1983年版。

52. 潘光主编：《艰苦岁月的难忘记忆——来华犹太难民回忆录》，时事出版社2015年版。

53. 潘光主编：《来华犹太难民资料档案精编第二卷：亲历记忆》，上海交通大学出版社2017年版。

54. 潘光主编：《来华犹太难民资料档案精编第三卷：杰出人物》，上海交通大学出版社2017年版。

55. 潘光主编：《来华犹太难民资料档案精编第四卷：专家视点》，上海交通大学出版社2017年版。

56. 潘光主编：《来华犹太难民资料档案精编第一卷：文件报刊》，上海交通大学出版社2017年版。

57. 潘光主编：《离散与避难：犹太民族难以忘怀的历史》，时事出版社2013年版。

58. 潘光主编：《纳粹大屠杀的政治和文化影响》，时事出版社2009年版。

59. 潘光主编：《犹太人在上海》，上海画报出版社1995初版，2005年、2015年再版（中英文）。

60. 潘光主编：《犹太人在亚洲：比较研究》，上海三联书店2007年版。

61. 潘光主编：《犹太人在中国》，五洲传播出版社2001初版，2005年、2015年再版（中英法德文）。

62. 潘光主编：《犹太研究在中国：三十年回顾1978—2008》，上海社会科学院出版社2008年版。

63. 曲伟、李述笑主编：《哈尔滨犹太人》，社会科学文献出版社2004年版。

64. 曲伟、李述笑主编：《犹太人在哈尔滨》，社会科学文献出版社2003年初版，2006年再版（中英文）。

65. 曲伟、特迪·考夫曼主编：《哈尔滨犹太人的故乡情》，黑龙江人民出版社2005年版。

66. 饶立华著：《上海犹太纪事报研究：流亡者的精神家园》，新华出版社2003年版。

67.（法）荣振华、（澳）莱斯利著，耿升译：《中国的犹太人》（中文版），中州古籍出版社1992年版。

68. 瑞娜·克拉斯诺著：《上海往事1923—1949，犹太少女的中国岁月》（中英文版），五洲传播出版社2008年版。

69. S·罗森塔尔编：《尼尔斯·玻尔》（中文版），上海翻译出版公司1985年版。

70. 沙博理编著：《中国古代犹太人：中国学者研究文集点评》（中文版），新世界出版社2008年版。

71. 沙博理著：《我的中国》（中文版），北京十月文艺出版社1998版。

72. 山姆·莫辛斯基著：《别了，上海——一个犹太少年的回忆》（中文版），上海三联书店2012年版。

73. 单士厘著：《归潜记》，《走向世界丛书》，岳麓书社1985年版。

74. 上海市公用事业管理局编：《上海公用事业（1840—1986）》，上海人民出版社1991年版。

75. 上海市政协文史资料委员会等合编：《列强在中国的租界》，中国文史出版社1992年版。

76. 上海通社编：《上海研究资料》正、续集，上海书店1984年影印版。

77.《上海外事志1994—2010》，上海市人民政府外事办公室编，2016年。

78.《上海外事志》编辑室编：《上海外事志》，上海社会科学院出版社1999年版。

79. 尚克强、刘海岩主编：《天津租界社会研究》，天津人民出版社1996年版。

80. 尚明轩和唐宝林著：《宋庆龄传》，北京出版社1996年版。

81. 沈寂著：《风云人生》，上海书店出版社1998年版。

82. 史丁著：《日本关东军侵华罪恶史》，社会科学文献出版社2005年版。

83. 宋安娜主编：《犹太人在天津》，五洲传播出版社2004年版（中英文）。

84. 宋安娜著：《神圣的渡口—犹太人在天津》，天津人民出版社2007年版。

85. 宋妍主编：《虹口记忆：1938—1945犹太难民的生活》，学林出版社2005年版。

86. 汤亚汀著：《上海犹太社区的音乐生活》，上海音乐学院出版社2007年版。

87. 特迪·考夫曼著：《我心中的哈尔滨犹太人》，黑龙江人民出版社2007年中文版。

88. 万斯白著：《揭开大秘密——日本在华间谍》（中文版），黑龙江人民出版社1990年版。

89. 汪敬虞著：《19世纪西方资本主义对中国的经济侵略》，人民出版社1983年版。

90. 汪之成著：《俄侨音乐家在上海1920s—1940s》，上海音乐学院出版社2007年版。

91. 汪之成著：《上海俄侨史》，上海三联书店1993年版。

92. 王耿雄著：《孙中山与上海》，上海人民出版社1991年版。

93. 王健主编：《犹太难民与上海》，上海交通大学出版社2015年版。

94. 王健著：《救亡与拯救——二战中的犹太难民与上海》，上海交通大学出版社2016年版。

95. 王健著：《上海的犹太文化地图》，上海锦绣文章出版社2010年版。

96. 王健著：《上海犹太人社会生活史》，上海世纪出版集团2008年版。

97. 王韬著：《弢园尺牍》中华书局1959年版。

98. 王铁崖著：《中外旧约章汇编》第1册，三联书店1957年版。

99. 王渭泉、吴征原、张英恩编著：《外商史》，中国财政经济出版社1996年版。

100. 王渭泉、吴征原、张英恩编著：《外商史》，中国财政经济出版社1996年版。

101. 王一沙著：《中国犹太春秋》，海洋出版社1992年版。

102. 威廉·比瑟著：《香港经济与未来》，中国财政经济出版社1982年版。

103. 魏子初著：《帝国主义在华投资》，人民出版社1951年版。

104. 吴亮著：《老上海》，江苏美术出版社1998年版。

105. 徐新吾，黄汉民主编：《上海近代工业史》，上海社会科学院出版社1998年版。

106. 徐铸成著：《哈同外传》，上海文化出版社1983年版。

107. 许步曾著：《寻访犹太人：犹太文化精英在上海》，上海社会科学院出版社2007年版。

108. 薛福成著：《出使英法意比四国日记》，岳麓书社1985年版。

109. 杨嘉佑著：《上海老房子的故事》，上海人民出版社1999年版。

110. 杨荣秋、谢中天著：《天街异彩·哈尔滨中央大街》，解放军文艺出版社2000年版。

111. 叶华著：《世纪之恋——我与萧三》（中文版），中国社会出版社1999年版。

112. 叶丽茶主编：《来自异国的朋友——在中国有过特殊经历的外国人》，解放军出版社1993年版。

113. 伊斯雷尔·爱泼斯坦著：《见证中国——爱泼斯坦回忆录》（中文版），新世界出版社2004年版。

114. 泽夫·苏赋特著：《中以建交亲历记》（中文版），新华出版社2000年版。

115. 张绥著：《犹太教与中国开封犹太人》，上海三联书店1990年版。

116. 张铁江著：《揭开哈尔滨犹太人历史之谜：哈尔滨犹太人社区考察研究》，黑龙江人民出版社2005年版。

117. 张艳华、王健著：《空间故事上海犹太人》，译林出版社2011年版。

118. 张艳华编著：《提篮桥——犹太人的诺亚方舟》，同济大学出版社2006年版。

119. 张至善编译：《西班牙反法西斯战争时期的国际纵队与中国》，北京大学出版社2007年版。

120. 张仲礼、陈曾年著：《沙逊集团在旧中国》，人民出版社1985年版。

121. 张仲礼主编：《近代上海城市研究》，上海人民出版社1990年版。

122. 赵立中、许良英编：《纪念爱因斯坦译文集》，上海科学技术出版社1979年版。

123. 中国福利会编：《中国福利会六十年》，上海画报出版社1998年版。

124. 中国人民政治协商会议上海市委员会文史资料工作委员会编：《旧上海的外商和买办》，上海人民出版社1987年版。

125. 中国社会科学院近代史研究所翻译室：《近代来华外国人名辞典》，中国社会科学出版社1981年版。

126.《中华民国史》（第二编，第五卷），中华书局1996年版。

127 . 中山大学历史系孙中山研究室等编：《孙中山全集》（第五卷），中华书局1985年版。

‖ 英文

1. *All About Shanghai and Environs*, Shanghai, 1935.《上海及其周边地区全貌》，上海，1935年版。

2. Alpher, Joseph ed., *Encyclopedia of Jewish History*, New York, 1973. 约瑟夫·阿尔夫编：《犹太历史百科全书》，纽约，1973年版。

3. Asia-Pacific Jewish Association ed., *Asia-Pacific Survival Guide*, Melbourne, 1988. 亚太地区犹太协会编：《亚太地区犹太遗址指南》，墨尔本，1988年。

4. Ben-Eliezer, Judith, *Shanghai Lost, Jerusalem Regained*, Israel, 1985. 朱迪丝·本—埃利泽著：《上海失去，耶路撒冷重获》，以色列，1985年版。

5. *Betar in China 1929—1949*, Commemorative Anthology for the 50th anniversary of Betar (1923—1973), Israel, n.d..《贝塔在中国1929—1949》，纪念贝塔成立50周年文集，以色列出版。

6. Beth Hatefusoth, the Nahum Goldmann Museum of Jewish Diaspora ed., *The Jews of Kaifeng: Chinese Jews on the Banks of the Yellow River*, Tel Aviv, 1984.

贝思·哈特夫所斯大离散博物馆编：《开封犹太人：黄河岸边的中国犹太人》，特拉维夫，1984年。

7. Beth Hatefutsoth, The Nahum Goldmann Museum of the Jewish Diaspora ed., *Passage Through China, The Jewish Communities of Harbin, Tientsin and Shanghai*, Tel Aviv, 1986. 贝思·哈特夫所斯大离散博物馆编：《移居在中国：哈尔滨、天津、上海的犹太社团》，特拉维夫，1986年。

8. Bieder, Joan, *The Jews of Singapore*, Singapore, 2008. J.比德著：《新加坡的犹太人》，新加坡，2008年版。

9. Chan Heng Chee, *A Sensation of Independence: David Marshall Political Biography*, Singapore, 2001. 陈庆珠著：《独立之激情：戴维·马歇尔政治传记》，新加坡，2001年版。

10. Chan Sui-Jeung, *The Jews in Kaifeng: Reflections on Sino-Judaic History*, Hong Kong, 1986. 陈瑞璋著：《开封犹太人：关于中犹历史的思考》，香港，1986年版。

11. Clegg, Authur, *Aid China, 1937—1949: A Memoir of a Forgotten Campaign,* New World Press, Beijing , 1989. 亚瑟·克勒格著：《援助中国，1937—1949：一场被遗忘的运动》，北京新世界出版社，1989年版。

12. Clifford, N., *Spoilt Children of Empire: Westerners in Shanghai and the Chinese Revolution of the 1920's*, Hannover, London, 1991. N.克利福德著：《被宠坏的帝国孩子：上海的西方人和20年代的中国革命》，汉诺威，伦敦，1991版。

13. *Commemorative Anthology for the 40th anniversary of Beth Rivkah Schools Lubavitch*, New York, 1981.《贝思·瑞夫卡赫鲁巴维契学校40周年纪念文集》，纽约，1981年。

14. *Council of The Jewish Community Shanghai, Report*, Shanghai. 上海犹太社团委员会年度报告（简称"犹联"年报），上海。

15. Crisswell, C, *The Taipans, Hong Kong's Merchant Princes,* Oxford, 1981. 克里斯韦尔著：《大班们：香港的商业王侯》，牛津1981年版。

16. Curtis, Michael & Gitelson, Susan Aurelia ed., *Israel in the Third World,*

New Jersey, 1976. M.柯蒂斯和S. A.吉特尔森编：《以色列在第三世界》，新泽西，1976年版。

17. Dicker, Herman, *Wanderers and Settlers in the Far East: A Century of Jewish Life in China and Japan*, New York, 1962. 赫尔曼·迪克著：《远东的流浪者和定居者，犹太人生活在中国和日本的一个世纪》，纽约，1962年版。

18. Finnane, Antonia, *Far From Where? Jewish Journeys From Shanghai to Australia*, Victoria, Australia, 1999. 安东尼娅·芬娜尼著：《来自何方：犹太人从上海到澳大利亚的旅程》，维多利亚，澳大利亚，1999年版。

19. Friedman, I.S., *British Relations with China，1931—1939*, New York, 1940. I.S.费里德曼著：《英中关系，1931—1939》，纽约，1940年版。

20. GAO Bei, *Shanghai Sanctuary, Chinese and Japanese Policy toward European Jewish Refugees during World War II*, Oxford Univ.Press, 2016.高蓓著：《上海避难地，二战期间中国和日本对欧洲犹太难民的政策》，牛津大学出版社，2016年版。

21. Gilbert, Martin, *Atlas Of Jewish History*, New York, 1993. 马丁·吉尔伯特编：《犹太历史地图集》，纽约，1993年版.

22. Ginsbourg, Anna，*Jewish Refugees in Shanghai,* Shanghai, 1940. 安娜·金斯伯格著：《上海犹太难民》，上海，1940年版。

23. Goldstein, Jonathan ed., *The Jews of China，Vol. One, Historical and Comparative Perspectives,* Armonk, New York, 1999. 高斯坦编：《中国的犹太人，卷1　历史和比较研究》，纽约州阿蒙克，1999年版。

24. Goldstein, Jonathan ed., *The Jews of China，Vol. Two, A Sourcebook and Research Guide,* Armonk, New York, 2000. 高斯坦编：《中国的犹太人，卷2　资料文献和研究指南》，纽约州阿蒙克，2000年版。

25. Grebenschikoff, I. Betty, *Once My Name Was Sara: A Memoir*, Ventnor, 1997. 贝蒂·格雷本希科夫著：《我曾经叫萨拉，回忆录》，文特诺，1997年版。

26. Heppner, Ernest，*Shanghai Refuge: A Memoir of the World War II Jewish Ghetto*, Lincoln, Nebraska, 1993. 欧内斯特·哈帕纳著：《上海避难所，回忆二战时的犹太隔离区》，内布拉斯加州林肯市，1993年版。

27. Hochstadt，Steve，*Exodus to Shanghai, Stories of Escape from the Third Reich,* Palgrave Macmillan, 2012.斯蒂芬·霍奇斯塔特著：《避难上海：逃离第三帝国的故事》麦克米兰出版社，2012年版。

28. Hong Kong Jewish Community Center ed., *A Vision Fulfilled,* Hong Kong, 1995.香港犹太社团中心编：《美景成真》，香港，1995年。

29. Kaplan, William，Tanaka，Shelly and Taylor, Stephen, *One More Border: The True Story of One Family's Escape from War-torn Europe*, Vancouver, 1998. 威廉·卡普兰，谢利·坦那卡和斯蒂芬·泰勒著：《更宽的边界：一个逃离战时欧洲的家庭的真实故事》，温哥华，1998年版。

30. Kipen, Israel, *A Life to Live.* Australia, 1989. 伊斯雷尔·基彭著：《颠簸人生》，澳大利亚，1989年版。

31. Kounin, I.I.，compiler, *Eighty Five Years of the Shanghai Volunteer Corps,* Shanghai, 1938. I.I.库宁编：《上海万国商团85年》，上海，1938年版。

32. Kranzler, David, *Japanese, Nazis and Jews: The Jewish Refugee Community of Shanghai, 1938—1945*, New York, 1976. 戴维·克兰茨勒著：《日本人，纳粹和犹太人：上海犹太难民社区1938—1945》，纽约，1976年版。

33. Krasno, Rena, *Strangers Always: A Jewish Family in Wartime Shanghai.* Berkeley, 1992. 瑞娜·克拉斯诺著：《总是陌生人：战时上海的一个犹太家庭》，伯克利，加州，1992年版。

34. Kupfer, Peter ed., *Youtai-Presence and Perception of Jews and Judaism in China,* Frankfurt and Main, 2008. 彼得·科普佛主编：《犹太人和犹太教在中国：存在和感知》，德国法兰克福和美因兹，2008年版。

35. Lamberton, M., *St.John's University, Shanghai, 1879—1951*, New York, 1955.兰伯顿：《上海圣约翰大学，1879—1951》，纽约1955年版。

36. LeFevour. E，*Western Enterprise in Late Ch'ing China, A Selective of Jardine, Matheson & Company's Operartions, 1842—1895*，Harvard University Press, 1970.勒费窝著：《清末西人在华企业》，哈佛大学出版社1970年版。

37. Leo Baeck Institute and Austrian Cultural Institute ed., *Destination Shanghai: Refuge for Stateless Jews 1938—1948, exhibition catalog*, New York，

1996. 利奥·贝克研究所和奥地利文化研究所编：《目的地上海：无国籍犹太人的避难所 1938—1948, 展览说明》, 纽约, 1996年。

38. Lerner, Joe, *Farewell To Russia: The Memories of An Alleged American Spy*, London, 1999. 乔·伦纳著：《告别俄罗斯：一个"美国间谍"的回忆录》, 伦敦, 1999年版。

39. Leventhal, Dennis and Mary ed., *Faces of The Jewish Experience in China*, Hong Kong Jewish Chronicle, 1990. 罗狮谷夫妇编：《犹太人在华经历面面观》,《香港犹太社团记事》出版, 1990年,

40. Leventhal, Dennis and Mary ed., *The Jewish Community of Hong Kong*, Hong Kong, 1988. 罗狮谷夫妇编：《香港犹太社区》, 香港, 1988年。

41. Leventhal, Dennis, *Sino-Judaica: Whence and Whither*, Hong Kong, 1986. 罗狮谷著：《中犹研究：从何处来, 向何处去》, 香港, 1986年版。

42. Levy, Daniel, *Two-Gun Cohen: A Biography.* New York, 1997. 丹尼尔·列维著：《双枪科亨》, 纽约, 1997年版。

43. Lewin, Ossie ed., *Almanac-Shanghai 1946—1947*, Shanghai, 1947. 奥西·列文编：《上海年鉴1946—1947》, 上海, 1947年版。

44. Liberman, Yaacov(Yana), *My China: Jewish Life in the Orient 1900—1950*, Jerusalem, New York, 1998. 雅科夫·利伯曼著：《我的中国：犹太人生活在东方1900—1950》, 耶路撒冷, 纽约, 1998年版。

45. Malek, Roman ed., *From Kaifeng to Shanghai, Jews in China*, Sankt Augustin, 2000. 罗曼·马雷克编：《从开封到上海：犹太人在中国》, 圣奥古斯丁, 2000年版。

46. Matzat, W., *Short Chronicle of the German School in Tsingtao 1924—1946*, Bonn, 2001. 马查特：《青岛德国学校简史 1924—1946》, 波恩, 2001年, 作者自行印制。

47. Meyer, Maisie, *From the Rivers of Babylon to the Whangpoo: A Century of Sephardi Jewish Life in Shanghai*, University Press of America, 2003. 梅西·麦耶著：《从巴比伦河到黄浦江：塞法迪犹太人在上海的一个世纪》, 美国大学出版社, 2003年。

48. Miller, Frieda ed., *Shanghai: A Refuge during the Holocaust, Teacher's Guide*, Vancouver Holocaust Education Center, 1999. 弗里达·米勒编：《上海：大屠杀期间的避难所，教师指南》。温哥华大屠杀教育中心，1999年。

49. Moshinsky, Sam, *Goodbye Shanghai, A Memoir*, Mind Film & Publishing, Australia, 2009. 莫辛斯基著：《再见吧，上海：回忆录》，澳大利亚，2009年版。

50. Moustafine, Mara, *Secrets and Spies: The Harbin Files*, Australia, 2002. 玛拉·穆斯塔芬著：《秘密和间谍：哈尔滨档案》，澳大利亚，2002年版。

51. Nance, W.B., *Soochow University*, New York, 1956. 文乃史：《东吴大学》，纽约1956年版，

52. Needle, M. Patricia ed., *East Gate of Kaifeng: A Jewish World inside China*, Minneapolis, 1992. 帕特里夏·尼德尔编：《汴梁祖风：中国的一个犹太世界》，明尼阿波利斯，1992年。

53. Nissim, Matook, *An Oral History*, Making History Associates, U.S.A., 2000. 马托克·尼西姆著：《口述史》，美国，2000年版。

54. Pollak, Michael ed., *The Sino-Judaic Bibliographies of Rudolf Loewenthal*, Cincinnati and Palo Alto, 1988. 迈可·波拉克编：《罗文达中犹研究文献目录》，美国辛辛那提希伯来联盟学院和加州帕罗奥托中犹研究会合作出版，1988年。

55. Pollak, Michael, *Mandarins, Jews , and Missionaries: The Jewish Experience in the Chinese Empire*, Philadelphia, 1980. 迈可·波拉克著：《中国官员、犹太人和传教士：犹太人在中华帝国的经历》，费城，1980年版。

56. Reinisch, George, *Shanghai Haven*, Cheltenham, Australia, 1984. 乔治·莱尼西著：《上海避难地》，切尔坦海姆，澳大利亚，1984年版。

57. *Report: Tientsin Jewish School, Fifteen Years of Progress 1925—1940*, New York, 1941.《天津犹太学校报告：15年发展历程 1925—1940》，1941，纽约，存纽约依浮研究所。

58. Ristaino, Marcia, *Port of Last Resort: The Diaspora Communities of Shanghai*, Stanford, 2001. 玛莎·瑞斯塔诺著：《最后求助的港口：上海的离散者社团》，斯坦福，2001年版。

59. Ross, James, *Escape to Shanghai, A Jewish Community in China*, New York, 1994. 詹姆斯·罗斯著：《逃往上海，中国的一个犹太社区》，纽约，1994年版。

60. Roth, Cecil, *The Sassoon Dynasty*, London, 1941. 塞西尔·罗思著：《沙逊王朝》，伦敦，1941年版。

61. Rubin, Evelyn, *Ghetto Shanghai*, New York, 1993. 伊夫琳·鲁宾著：《上海隔离区》，纽约，1993年版。

62. Shapiro, Sidney ed., *Jews in Old China: Studies by Chinese Scholars.* New York, 1984. 沙博理编：《旧中国的犹太人：中国学者的研究》，纽约，1984年版。

63. Skall, Lily, *My Story,* Makou Jewish Community Library, 2000. 丽莉·斯卡尔著：《我的故事》，澳大利亚，2000。

64. The World Federation of Jewish Journalists ed., *Our Press*, Tel-Aviv, Israel. 世界犹太记者协会编：《我们的报刊》，以色列特拉维夫。

65. Tobias, Sigmund, *Strange Haven: A Jewish Childhood in Wartime Shanghai*, Urbana, Ill., 1999. 西格蒙德·托帕斯著：《陌生的避难所：战时上海一个犹太孩子的生活》，尤巴那，伊利诺斯州，1999年版。

66. Tokayer, Marvin and Swartz, Mary, *The Fugu Plan: The Untold Story of the Japanese and Jews during World War II*, New York, London, 2004. 马文·托克耶和玛丽·斯沃茨著：《河豚计划：二战时日本人与犹太人之间一段不为人知的故事》，纽约，伦敦，2004年版。

67. Vancouver Holocaust Education Center ed., *Diplomat Rescuers and the Story of Feng Shan Ho*, Vancouver, 1999. 温哥华大屠杀教育中心编：《外交救命恩人：何凤山的故事》。温哥华，1999年。

68. Warhaftig, Zorach. *Refugee and Survivor: Rescue Efforts during the Holocaust*, Jerusalem, 1988. 佐拉赫·瓦尔哈夫蒂格著：《难民和幸存者，大屠杀期间的拯救努力》，耶路撒冷，1988年版。

69. Widener Library (Harvard University) ed., *China and the Jews, exhibition catalog*, Cambridge, Mass., 1992. 哈佛大学维德纳图书馆编：《中国和犹太人，

展览目录》，剑桥，马萨诸塞州，1992年。

70. Zhou Xun, *Chinese Perception of the Jews and Judaism: A History of the Youtai*, Cuzon Press, 2001. 周迅著：《中国人看犹太人和犹太教：中国人犹太观的发展史》，库森出版社，2001版。

Ⅲ　德文、法文、希伯来文、日文

1. Armbruester , Georg, Koehlstruck , Michael and Muehlberger , Sonja ed., *Exil Shanghai 1938—1947, Juedisches Leben in der Emigration*, Teetz, 2000. 格奥尔格·阿姆布鲁斯特，米歇尔·科尔施特鲁克和索尼娅·谬伯格编：《逃亡在上海1938—1947，流亡中的犹太生活》，蒂兹，2000年。

2. Bando, Hiroshi, *Japan's Policy Towards Jews, 1931—1945* (Japanese), Tokyo, 2002. 阪东宏：《日本对犹太人的政策　1931—1945》（日文），东京，2002年版。

3. *Flacht nach Shanghai, Vom Ueberleben Oesterreichischer Jueden in einer asiatischen Metropole, 1938—1949*, Salzburg, 1995.《逃往上海：奥地利犹太难民避难东亚大都市，1938—1949，学术讨论会和展览会简介》，萨尔茨堡，1995年版。

4. Fradkin, Abraham , *Periods in the Circle* (Hebrew), Israel, 1990. 亚伯拉罕·弗拉特金著：《流散生涯》（希伯来文），以色列，1990年版。

5. Juedisches Museum im Stadtmuseum Berlin ed., *Leben im Wartesaal: Exil in Shanghai, 1938—1947*, Berlin, 1997. 柏林市犹太博物馆编：《流亡在上海1938—1947》，柏林，1997年。

6. Kahn, Michele, *Shanghai-la-juive,* Paris, 1997. 米雪尔·卡娜著：《上海犹太城》，巴黎，1997年版

7. Kaminski, Gerd and Unterrieder, Else, *Von Oesterreichern und Chinesen*, Wien, 1980. 格尔德·卡明斯基和爱尔丝·约特瑞德著：《奥中友谊史》，维也纳，1980年版。

8. Kaminski, Gerd, *General Luo Genannt Langnase, Das abenteuerliche Leben*

des Dr.med.Jakob Rosenfeld, Wien, 1993. 格尔德·卡明斯基著：《罗生特将军传》，维也纳，1993年版。

9. Kaminski, Gerd, *China gemalt-Chinesische Zeitgeschichte in Bildern Friedrich Schiffs*, Wien, 1983. 格尔德·卡明斯基著：《绘画中的中国——弗利德里希·希夫画笔下的中国现代史》，维也纳，1983年版。

10. Kneucher, Alfred, *Zuflucht in Shanghai*, Wien, Koln, Graz, 1984. 阿尔佛雷德·克瑙科：《上海避难地》，奥地利，1984年版。

11. Kreissler, Francoise, *L'Action culturelle allemande en Chine*, Paris, 1989. 弗兰西丝·克瑞斯勒著：《德国文化在中国的影响》，巴黎1989年版。

12. Manchuria Railway Authorities, *The Jews in Manchuria, Past and Present Economic Status* (Japanese), Dalian, 1940. 满铁调查部：《在满犹太人：经济的过去和现在》〔日文〕，大连，1940年。

13. Marinsky, Arieh, *In Light and in Darkness* (Hebrew), Isreal, 1993. 阿里耶·马林斯基著：《光明和黑暗》（希伯来文），以色列，1993年版。

14. Maruyama, Naoki, *The Pacific War and the Jewish Refugees in Shanghai* (Japanese), Tokyo, 2005. 丸山直起：《太平洋战争和上海的犹太难民》（日文、英文），东京，2005年版。

15. Maul, Heinz Eberhard, *Warum Japan Keine Juden verfolgte, Die Judenpolitik des Kaiserreiches Japan wahrend der Zeit des Nationalsozialismus 1933—1945*, Iudicium Verlag GmbH, 2007. 海因茨·埃伯哈德·毛尔：《日本为何没有迫害犹太人，国家社会主义时期日本帝国的对犹政策 1933—1945》，德国，2007年版。

16. Schomanmn, Stefan, *Letzte Zuflucht Shanghai*, Germany, 2008. 斯特凡·舒曼：《最后的避难所：上海》，德国，2008年版。

IV 报刊和其他印制资料

1.《申报》

2.《大公报》

3.《冀中导报》

4.《东方杂志》

5. 中国第二历史档案馆编:《民国档案》, 南京出版。

6.《国际人才交流》, 北京出版。

7. *North China Herald*《北华捷报》

8. *Israel's Messenger*《以色列信使报》

9. *Shanghai Jewish Chronicle*《上海犹太早报》

10. *Die Gelbe Post*《黄报》

11. *Our Life*《我们的生活》

12. *The Los Angeles Times*《洛杉矶时报》

13. *New York Times*《纽约时报》

14. *Jewish Times Asia*《亚洲犹太时报》

15. The Women's Zionist Organization of America ed., *Hadassah*, New York. 美国妇女锡安主义组织编:《哈达萨》, 纽约。

16. Igud Yotzei Sin in Israel (Association of Former Residents of China)ed., *Bulletin*, Tel-Aviv. 以色列前中国居民协会编:《简报》, 特拉维夫。

17. The Israel-China Friendship Society ed., *Israel-China Voice of Friendship*, Tel-Aviv. 以色列中国友好协会编:《以中友好之声》, 特拉维夫。

18. The Shanghai Reunion ed., *The Hongkew Chronicle*, Van Nuys, California. 上海联谊会编:《虹口纪事》, 美国加州。

19. Washington State Jewish Historical Society ed. *Bulletin*, Seattle, U.S.A. 华盛顿州犹太历史协会编:《简报》, 美国出版。

20. The Sino-Judaic Institute ed., *Points East*, Seattle & Menlo Park, California. 美国中犹研究会编:《向东方》, 美国出版。

21. Rickshaw Reunion ed., *Rickshaw Reunion News*, Philadelphia, U.S.A. 美国"黄包车联谊会"编:《黄包车联谊会新闻》, 美国费城。

22. Center of Jewish Studies Shanghai (CJSS) ed., *Jewish Studies Bulletin*, Shanghai, China. 上海犹太研究中心编:《犹太研究简报》, 中国上海。

V 档案文献

1. 上海档案馆资料汇集。

2. 天津档案馆资料汇集。

3. 黑龙江省档案馆资料汇集。

4. 开封博物馆资料汇集。

5. 上海犹太研究中心资料汇集。

6. 上海图书馆资料汇集。

7. 上海犹太难民纪念馆资料汇集。

8. 香港犹太社团中心资料汇集。

9. China Collection at the YIVO Institute, New York. 依浮研究所中国资料档案，纽约。

10. Shanghai Collection of United Nations Archives, New York. 联合国档案馆上海资料汇集，纽约。

11. China Collection at the Beth Hatefusoth, the Nahum Goldmann Museum of Jewish Diaspora , Tel Aviv. 贝思·哈特夫所斯大离散博物馆中国资料档案，特拉维夫。

12. Shanghai Collection of Yad Vashem Archives, Jerusalem. 耶德·瓦谢大屠杀档案馆上海资料汇集，耶路撒冷。

13. Shanghai Collection at Hoover Institute, Stanford University. 胡佛研究所上海外侨资料汇集，美国斯坦福大学。

14. Shanghai Collection at the Leo Baeck Institute, New York. 利奥·贝克研究所上海资料档案，纽约。

15. China Collection of Central Zionist Archives, Jerusalem. 锡安主义中央档案馆中国资料汇集，耶路撒冷。

16. China Collection of Jabotinsky Institute in Israel, Tel-Aviv. 贾波丁斯基研究所中国资料汇集，特拉维夫。

17. Old China Hands Archive，California State University, Northridge. "老中国通"文献委员会，美国加州北岭州立大学。

后 记

　　我担任首席专家的国家社科基金重大项目《来华犹太难民研究（1933—1945)》于2017年5月顺利完成，并上报全国哲学社会科学规划办公室申请结项。经全国规划办认真审核，正式批准结项，结项证书于2017 年8月7日颁发。此后两个月，我和项目组同仁全力以赴，对项目最终成果《来华犹太难民研究（1933—1945)：史述、理论、模式》进行精雕细琢，努力使之成为高质量的专著以尽快出版。终于，审核与统稿工作在2017年国庆、中秋双节长假即将结束之际全部完成。至此，我感到一种很久没有过的轻松和愉快。

　　在这里，我要衷心感谢前述项目组成员名单中没有的几位：上海社科院国际问题研究所办公室姚勤、李颖、李丹凤、王颖，上海社科院科研处李波，上海市社科规划办公室李安方、董卫国。没有他们的支持，我们的工作是不可能顺利完成的。

　　我还特别要感谢上海交大出版社的谈毅董事长、刘佩英社长兼总编辑、钱方针主任和本书的责任编辑吴雪梅，没有他/她们的支持和帮助，本书是不可能在这么短的时间内问世的。

　　尽管我们全力以赴，仍可能会有考虑不周、挂一漏万之处，希望领导、专家、国内外同行和广大读者批评指正。

　　愿本书能为进一步促进对来华犹太难民的研究做出微薄的贡献。

潘光

2017年10月7日

于上海犹太研究中心